国际传播范式的中国探索与策略重构
——基于会展国际传播的研究

Organizing Events: As a New Academic Paradigm and
Strategy for Developing Country's International Communication

郭 立 著

经济管理出版社
ECONOMY & MANAGEMENT PUBLISHING HOUSE

图书在版编目（CIP）数据

国际传播范式的中国探索与策略重构——基于会展国际传播的研究/郭立著. —北京：经济管理出版社，2020.8

ISBN 978-7-5096-7367-6

Ⅰ.①国… Ⅱ.①郭… Ⅲ.①展览会—传播媒介—研究—中国 Ⅳ.①G245 ②G219.2

中国版本图书馆 CIP 数据核字（2020）第 152457 号

组稿编辑：宋　娜
责任编辑：宋　娜　张鹤溶　丁凤珠
责任印制：黄章平
责任校对：张晓燕

出版发行：经济管理出版社
　　　　　（北京市海淀区北蜂窝 8 号中雅大厦 A 座 11 层　100038）
网　　址：www.E-mp.com.cn
电　　话：（010）51915602
印　　刷：唐山昊达印刷有限公司
经　　销：新华书店
开　　本：720mm×1000mm/16
印　　张：24.75
字　　数：354 千字
版　　次：2020 年 10 月第 1 版　2020 年 10 月第 1 次印刷
书　　号：ISBN 978-7-5096-7367-6
定　　价：98.00 元

第八批《中国社会科学博士后文库》编委会及编辑部成员名单

(一) 编委会

主　任：王京清

副主任：马　援　张冠梓　高京斋　俞家栋　夏文峰

秘书长：邱春雷　张国春

成　员（按姓氏笔划排序）：

卜宪群　王建朗　方　勇　邓纯东　史　丹　朱恒鹏　刘丹青

刘玉宏　刘跃进　孙壮志　孙海泉　李　平　李向阳　李国强

李新烽　杨世伟　吴白乙　何德旭　汪朝光　张　翼　张车伟

张宇燕　张星星　陈　甦　陈众议　陈星灿　卓新平　房　宁

赵天晓　赵剑英　胡　滨　袁东振　黄　平　朝戈金　谢寿光

潘家华　冀祥德　穆林霞　魏后凯

(二) 编辑部（按姓氏笔划排序）

主　任：高京斋

副主任：曲建君　李晓琳　陈　颖　薛万里

成　员：王　芳　王　琪　刘　杰　孙大伟　宋　娜　陈　效

苑淑娅　姚冬梅　梅　玫　黎　元

本书获中国社会科学院新闻与传播研究所 2018 年横向课题"新媒体国际传播的内容生产与海外运营策略研究"、国家社科基金重大项目"周边传播理论与应用研究"（编号：17ZD288；国家广播电视总局社科研究项目"电视春晚节目创新研究"（编号：GD1947）项目资助。

序 言

　　博士后制度在我国落地生根已逾30年，已经成为国家人才体系建设中的重要一环。30多年来，博士后制度对推动我国人事人才体制机制改革、促进科技创新和经济社会发展发挥了重要的作用，也培养了一批国家急需的高层次创新型人才。

　　自1986年1月开始招收第一名博士后研究人员起，截至目前，国家已累计招收14万余名博士后研究人员，已经出站的博士后大多成为各领域的科研骨干和学术带头人。其中，已有50余位博士后当选两院院士；众多博士后入选各类人才计划，其中，国家百千万人才工程年入选率达34.36%，国家杰出青年科学基金入选率平均达21.04%，教育部"长江学者"入选率平均达10%左右。

　　2015年底，国务院办公厅出台《关于改革完善博士后制度的意见》，要求各地各部门各设站单位按照党中央、国务院决策部署，牢固树立并切实贯彻创新、协调、绿色、开放、共享的发展理念，深入实施创新驱动发展战略和人才优先发展战略，完善体制机制，健全服务体系，推动博士后事业科学发展。这为我国博士后事业的进一步发展指明了方向，也为哲学社会科学领域博士后工作提出了新的研究方向。

　　习近平总书记在2016年5月17日全国哲学社会科学工作座谈会上发表重要讲话指出：一个国家的发展水平，既取决于自然科学发展水平，也取决于哲学社会科学发展水平。一个没有发达的自然科学的国家不可能走在世界前列，一个没有繁荣的哲学社会科学的国家也不可能走在世界前列。坚持和发展中国特色社会主义，需要不断在实践中和理论上进行探索、用发展着的理论指导发展着的实践。在这个过程中，哲学社会科学具有不可替代的重要地位，哲学社会科学工作者具有不可替代的重要作用。这是党和国家领导人对包括哲学社会科学博士后在内的所有哲学社会科学领域的研究者、工作者提出的殷切希望！

中国社会科学院是中央直属的国家哲学社会科学研究机构，在哲学社会科学博士后工作领域处于领军地位。为充分调动哲学社会科学博士后研究人员科研创新的积极性，展示哲学社会科学领域博士后的优秀成果，提高我国哲学社会科学发展的整体水平，中国社会科学院和全国博士后管理委员会于2012年联合推出了《中国社会科学博士后文库》（以下简称《文库》），每年在全国范围内择优出版博士后成果。经过多年的发展，《文库》已经成为集中、系统、全面反映我国哲学社会科学博士后优秀成果的高端学术平台，学术影响力和社会影响力逐年提高。

下一步，做好哲学社会科学博士后工作，做好《文库》工作，要认真学习领会习近平总书记系列重要讲话精神，自觉肩负起新的时代使命，锐意创新、发奋进取。为此，需做到：

第一，始终坚持马克思主义的指导地位。哲学社会科学研究离不开正确的世界观、方法论的指导。习近平总书记深刻指出：坚持以马克思主义为指导，是当代中国哲学社会科学区别于其他哲学社会科学的根本标志，必须旗帜鲜明加以坚持。马克思主义揭示了事物的本质、内在联系及发展规律，是"伟大的认识工具"，是人们观察世界、分析问题的有力思想武器。马克思主义尽管诞生在一个半多世纪之前，但在当今时代，马克思主义与新的时代实践结合起来，越来越显示出更加强大的生命力。哲学社会科学博士后研究人员应该更加自觉地坚持马克思主义在科研工作中的指导地位，继续推进马克思主义中国化、时代化、大众化，继续发展21世纪马克思主义、当代中国马克思主义。要继续把《文库》建设成为马克思主义中国化最新理论成果宣传、展示、交流的平台，为中国特色社会主义建设提供强有力的理论支撑。

第二，逐步树立智库意识和品牌意识。哲学社会科学肩负着回答时代命题、规划未来道路的使命。当前中央对哲学社会科学愈加重视，尤其是提出要发挥哲学社会科学在治国理政、提高改革决策水平、推进国家治理体系和治理能力现代化中的作用。从2015年开始，中央已启动了国家高端智库的建设，这对哲学社会科学博士后工作提出了更高的针对性要求，也为哲学社会科学博士后研究提供了更为广阔的应用空间。《文库》依托中国社会科学院，面向全国哲学社会科学领域博士后科研流动站、工作站的博士后征集优秀成果，入选出版的著作也代表了哲学社会科学博士后最高的学术研究水平。因此，要善于把中国社会科学院服务党和国家决策的大智库功能与《文库》的小智库功能结合起来，进而以智库意识推动品牌意识建设，最终树立《文库》的智库意识和品牌意识。

第三，积极推动中国特色哲学社会科学学术体系和话语体系建设。改革开放30多年来，我国在经济建设、政治建设、文化建设、社会建设、生态文明建设和党的建设各个领域都取得了举世瞩目的成就，比历史上任何时期都更接近中华民族伟大复兴的目标。但正如习近平总书记所指出的那样：在解读中国实践、构建中国理论上，我们应该最有发言权，但实际上我国哲学社会科学在国际上的声音还比较小，还处于"有理说不出、说了传不开"的境地。这里问题的实质，就是中国特色、中国特质的哲学社会科学学术体系和话语体系的缺失和建设问题。具有中国特色、中国特质的学术体系和话语体系必然是由具有中国特色、中国特质的概念、范畴和学科等组成。这一切不是凭空想象得来的，而是在中国化的马克思主义指导下，在参考我们民族特质、历史智慧的基础上再创造出来的。在这一过程中，积极吸纳儒、释、道、墨、名、法、农、杂、兵等各家学说的精髓，无疑是保持中国特色、中国特质的重要保证。换言之，不能站在历史、文化虚无主义立场搞研究。要通过《文库》积极引导哲学社会科学博士后研究人员：一方面，要积极吸收古今中外各种学术资源，坚持古为今用、洋为中用。另一方面，要以中国自己的实践为研究定位，围绕中国自己的问题，坚持问题导向，努力探索具备中国特色、中国特质的概念、范畴与理论体系，在体现继承性和民族性、体现原创性和时代性、体现系统性和专业性方面，不断加强和深化中国特色学术体系和话语体系建设。

新形势下，我国哲学社会科学地位更加重要、任务更加繁重。衷心希望广大哲学社会科学博士后工作者和博士后们，以《文库》系列著作的出版为契机，以习近平总书记在全国哲学社会科学座谈会上的讲话为根本遵循，将自身的研究工作与时代的需求结合起来，将自身的研究工作与国家和人民的召唤结合起来，以深厚的学识修养赢得尊重，以高尚的人格魅力引领风气，在为祖国、为人民立德立功立言中，在实现中华民族伟大复兴中国梦的征程中，成就自我、实现价值。

是为序。

王京清

中国社会科学院副院长

中国社会科学院博士后管理委员会主任

2016 年 12 月 1 日

摘　要

　　全球传播资源分配不均，信息流动的不平衡现象普遍存在，发达国家在以大众传播为主要形式的国际传播上有先发优势。国际社会受西方媒体对中国形象塑造的影响，已经形成刻板印象，很难完全依靠大众传播获得对和平崛起的中国的足够认同，想争取与国家实力匹配的话语权不仅需要通过强调中国媒体"走出去"，加强国际传播能力建设，更好地对外发声，还需要借鉴西方强国崛起的经验，采用"请进来"的方式，让不同国家的人民来到本国亲身体验。承办世界性的会展是强国吸引各国人民到本国的重要形式，会展因其复合传播功能对于全新的技术发明、国家形象和发展理念传播有着无可比拟的优势。

　　本书综合运用传播学、艺术学、文化学、管理学、政治学等多学科理论，遵循"提出问题—分析问题—解决问题"的研究思路，从发展历史、现实困境、实践活动等方面分析会展的传播本质以及作为聚合平台在国际传播方面的重要意义，结合中国的实践，从政治、经济、文化传播三个方面论述会展作为国际传播平台的优势。以博鳌亚洲论坛为例，本书对会展的国际传播效果进行实证分析，通过对国内外主流和社交媒体的语义抓取，分析办展前后国际媒体对中国印象的变化。基于多学科视角探索构建会展国际传播三维评价体系，从三个维度为发展中国家利用会展的形式，突破国际传媒秩序下信息流动的歪曲与不平衡，凭借传统、多元的传播手法打破国际社会的刻板印象，传播本国的新形象。最后，本书的主要结论为，在理论分析和实践分析的基础上，发现后发国家国际传播力提升的另一种可能，即"走出去—请进来—引进来"，并结合以会展作为"请进来"

国际传播平台的优势，提出"会展国际传播：一种对话式国际传播秩序的建构"的观点。

关键词：会展；国际传播；政治传播；经济传播；文化传播

Abstract

The very unequal distribution of media industry resources made the problem of international information flowing unbalance. Malevolent misrepresentation of historical or modern China in many reports by western media caused the negative stereotypes of China. Since the complex of Chinese culture itself, modern China's economic transformation and social change brought more uncertainty to China. A range of issues that Chinese reformation has made a profound impact on its development. It has become an urgent strategic task for China to make our international communication capability match its international status, which may creating an international consensus circumstance for the China's development. Besides sending Chinese information out through international mass media, events like international conferences and exhibitions integrates various types of media mode, such as interpersonal communication and mass media communication. Events like Expo and Olympic Games etc. have an unparalleled advantage in draw international attention. By organizing an excellent Events can change the negative impression of host country, and the world will learn more information about the country. In order to strengthen its international communication capacity, China needs to learn from the western countries experiences and use the "invite-in" strategies to make foreigners come China in person, sharing their personal experiences and forming their independent judgments. Hosting world-wide famous exhibition and event is a very efficient way to attract people world widely to the country.

This book applies the theories of various subjects, such as communication, art, cultural anthropology, management and politics. Following the research framework and steps of "Putting forward problems –Analyzing problems –Solving problems". By Sorting out historical documents of ritual communication and interpersonal communication, we try to analysis the dilemma of international communication and find a more effective way to improve the realistic pattern of international Communication. Combined with Chinese practice, this book discusses the advantages of exhibition as an international communication platform from three aspects: politics, economy and cultural communication. Taking the Boao Forum for Asia (BFA) for example, this book makes an empirical analysis of the international communication effect of helding events and exhibition, and analyzing the changes of the impression of the international media on China before and after through the semantic grasp of their mainstream and social medias home and abroad. In order to break through the distortion and imbalance of information flow among international medias, breaking through the stereotype of the international community and building up a new image of the country by means of traditional and pluralistic communication techniques, the three–dimensional evaluation system of international communication for developing countries is explored from the multi–disciplinary perspective. The main conclusion of this book is that on the basis of theoretical analysis and practical analysis, it is found that another possibility to enhance the international communication power of developing countries, that is, "Going out–Please come in–Take the initiative to come", and combined with the advantages of exhibition as the international communication platform attract foreign visitors. This book puts forward the point of view that "Conduction International Events: Convention and Exhibition is a new Construction of a new International Communication Paradigm" which based on Dialogues among countries.

Key Words: Exhibitions; International Communication; Political Communication; Economic Communication; Cultural Communication

目　录

Contents

第一章　引　言

第一节　研究简介

一、研究背景

　　会展是在特定时间和空间范围内举办的，由人、物、信息集聚而形成的，遵循一系列程序与规则，能引起广泛聚集与参与，并有明确主题和目标的活动①。由于会展业对经济本身有 1∶9 的拉动作用②，它经常被视作一种经济现象，注重会展的经济效益，而在一定程度上忽视了会展最本质的传播价值。张健康认为，会展的传播本质被表面的经济现象所掩盖，容易被人忽视。也有学者从传播学角度看，会展是一种特殊的媒介平台，它集各种传播手段于一体，并伴随高密度的信息流动。③ 近年来，随着国家频繁承办重要国际会议和大型赛事，学界和业界逐渐发现仅仅将会展业看

---

① 张健康（2013）曾在《会展学概论》进行过相关阐述。
② 2000 年 12 月 7 日《中国信息报》刊登的国务院发展研究中心市场经济研究所《会展对经济推动力有多大？》一文曾有相关论述。
③ 朱秀凌认为"会展活动本身就是人类一种特殊的传播活动。这种传播活动以会展为信息交流的媒介，通过综合运用各种传播手段，进行信息的组织与传播。它的运作过程始终伴以高密度的信息运动，它的活动结果就是信息传播的效果"。

作拉动城市基础设施建设、促进经贸发展的产业定位已不能涵盖会展在国家影响力提升方面的价值。2018 年 3 月 10 日，在中国上海会展产业研究院成立仪式上，时任中国会展经济研究会常务副会长提到了会展业发展的 1.0、2.0、3.0 版本，指出到了 3.0 时代，会展将成为国家对外开发和多元整合的重要平台，以开放实现社会各部门的协同优化，进一步支撑中国的开放战略，每一个国际会展都体现着主办国的经济实力、政府组织能力和产业配套能力。在会上，国际展览业协会名誉主席陈先进总结梳理了国际展览业协会（UFI）十年议题，特别提到在互联网的去中介时代，为什么会展这样强中介属性的形式还会继续存在，而且还在国际关系舞台上扮演着越来越重要的角色。上海会展研究院执行院长张敏呼吁应加强会展在传播领域的研究。

与此同时，会展在国际传播上的独特作用和影响力也越来越引起学界和业界的重视。国际传播与国际关系有着天然的学缘关系，国际传播即为国际交往，及在国际交往中形成的国际关系，两者在现实世界是一体两面的同一关系。从信息流动的角度看，国际传播活动归属于国际传播，从社会结构或关系的角度看，则是国际交往活动，属于国际关系现象。国际传播是信息化的国际交往，国际交往则是社会化的国际传播。"国际传播关系"实际上是国家关系在传播领域的体现。我们既可以从国际传播的角度看待国际交往或国际关系现象，也可以从国际交往和国际关系的角度看待国际传播现象。中国国际关系的发展理念集中体现为"一带一路"高峰论坛上提出的"共商""共建""共享""共赢"，突出的特点就是以"一带一路"倡议为带动，对内实现跨部委的协调合作，整合部门，优化执行力，对外争取最大的共同利益。从上海 APEC、北京奥运会、杭州 G20、东盟博览会到金砖国家峰会、"一带一路"高峰论坛，再到 2019 年 11 月召开的第二届"中国国际进口博览会"，无不体现着国家凭借特定主题策划大型项目优化现有组织职能，提升中国国家形象的战略意图。

历史上，强国崛起之路大都伴随着大型会展的身影。以世博会为例，1851 年伦敦万国博览会奠定了这一现象的雏形，四年之后的巴黎也是通过密集的会展活动奠定了"19世纪首都的地位"。①而从19世纪中叶起，比利时也通过承办1897年、1905年、1910年、1913年、1935年、1939年的世博会，成为名副其实的"欧洲首都"。②尤其是"二战"后的布鲁塞尔世博会上的标志性建筑原子球，促进战争灾难后的人类反思战争给人类带来的浩劫，颂扬和平与文明发展。后来，原子球建筑不仅成了1958年比利时世博会的标志，也成为比利时国家形象的象征，众多的国际组织选择在比利时首都布鲁塞尔设立办事机构，布鲁塞尔也因此成为著名的国际城市。第二次科技革命使美国完成了跨越式发展，美国成为继英国之后人类经济史上的第二个世界工厂。借鉴英国工业革命后凭借博览会展示最新的科技成果，世博会同样成为美国展示科技实力的重要平台。③

由此可见，会展活动本身就是一国重要的媒介事件，在规定期间内聚集多国、多元文化交流，直接影响与会者对一国国家形象的认知。同时，会展作为一个信息共享的过程，会展传播将信息变独有为共有，包含人际、广告、舆论、宣传、营销、公关等传播形式，在一个复杂的信息传播系统里通过大量信息交互，分享对事物的认知和判断。参会期间，参与者既是信息的发布者，也是信息的接收者，具有双重身份，参会者不论是政要、运动员、设计师、记者，还是制造商、批发商、分销商，他们所进行的信息交流从会展场内人际传播到大众媒体、社交媒体上的媒介传播形成了一个多圈层、涟漪式的信息传播圈。随着我国会展业逐渐朝专业化、规

① 1855年，巴黎首次举办世博会。此时的法国恰好处于一个新的历史时空的起点上。拿破仑三世于1851年宣布恢复帝制，为了与英国竞争举办万国博览会，法国政府不惜花费巨资改造巴黎，专门兴建了工业宫和艺术宫，以展示法国的工业实力和艺术成就。巴黎正是充分通过举办世博会，来奠定本雅明所说的"19世纪的首都"这一地位的。第一届巴黎万国博览会后，法国又于1867年、1878年、1889年和1900年成功召开数次万国博览会，将其"花都"之名发挥到极致。

② 包括1897年布鲁塞尔世博会、1905年列日世博会、1910年布鲁塞尔世博会、1913年根特世博会、1935年布鲁塞尔世博会、1939年列日世博会等。

③ 美国于1853年、1876年、1893年、1904年、1915年、1926年、1933年、1939年先后举办数次世博会。作为庆祝美国第一任总统乔治·华盛顿任职150周年的超豪华献礼，1939年纽约世博会对美国和整个西方文明而言，都是一个历史性的重大节日。纽约世博会展出了各式各样的最新发明和技术，以此告诉参观者以及全世界：这些就是当今最为先进的技术，人类可以选择某种工具使用它通往更好的明日世界，人类就是建造者，同时也是决定者。

模化方向发展，国际化趋势也日益显著，会展国际传播的价值日益凸显。高水平、影响力广的会展对办展基础和传播策略都有较高要求，然而，高水平的会展在获得客观经济效益的同时，在传播影响力上也具有无可比拟的优势。

二、研究意义

1. 理论意义

（1）针对现有国际传播秩序的不平衡，亟须突破西方中心主义理论范式。大众传播资源在国家间分布不均衡导致信息跨国流动的不平衡，以美国为首的西方工业国家控制了世界绝大部分的媒介产品制作和发行的渠道。普华永道在《2016~2020 娱乐及媒体产业展望》中提到，2016 年全球媒体和娱乐市场规模达 19000 亿美元，仅美国就占据了全球市场的 1/3 以上，达 7120 亿美元，预计 2019 年还将比这个数据上升 8.6%。长期以来，在全球传播体系中，发达资本主义国家掌握着核心话语权，并处于核心地位[①]。西方前 50 家跨国媒体公司控制了全球 95% 的传媒市场，80% 以上的国际新闻来自美联社、路透社等世界性大通讯社。以萨米尔·阿明和贡德·弗兰克为代表的依附理论派曾提出，资本主义的中心地带在技术、金融、资源、武器和传媒方面的"五大垄断"[②]，尤其在国际传播"核心—边缘"的两极对立格局中造成了整体意义上的"全球失序"。

（2）针对现有研究视角的局限性，引入国际传播学、国际关系学等多学科拓展研究的深度和广度。会展研究以经济学为主，旅游学、市场营销、公关等学科视角也都服务于会展经济，传播学角度研究会展的理论成果较少，少量会展应用与实务类学术论文中有提及，涉及国际传播学视角

---

① 不平衡的世界传播秩序主要是由于传播技术、业务、报道策略、制作水平、报道框架、传播量、话语国际接受度、大众化程度和信息资源的占有和使用的不平等决定的。
② 来自于国际传播思想略论，《互联网文档资源》，http：//wenku.baidu.c。

的文章更是少之又少。仅凭展位的多少、展馆的面积以及展会的收益无法作为衡量会展规模和影响力的标准,在其评价体系里,也应该有对会展国际传播效果的评价。因此,本书的研究结论将弥补这一方面的缺憾。

2. 实践意义

(1)借助会展的传播本质,弥补中国提升国际传播能力的建设"短板"。中国为提升媒体国际传播能力做出了许多努力,2018 年 3 月 22 日,中央电视台、中央人民广播电视台、中国国际广播电台三台合并为"中国之声",体现了强化国际传播能力建设的决心。然而我们必须正视的是,西方媒体对于媒介议程设置、传播策略、传媒人才储备等确实有显著的先发优势,尤其像中国这样崛起中的发展中国家,盘根错节的利益关系、国际社会的刻板印象,很难依靠狭义的国际传播,即大众传播充分实现中国对外传播的意图。通过会展这一形式进行国际传播本质上是从传播"走出去"到"请进来"的过程。正如习近平总书记 2017 年 10 月 25 日在十九届中共中央政治局常委同中外记者见面时所说:"'不要人夸颜色好,只留清气满乾坤',希望各国记者多到中国来亲自走一走,看一看,我们不需要更多的溢美之词,我们一贯欢迎客观的介绍和有益的建议。"国家通过举办一系列大型会展为世界各国政要、工商界、学界、传媒人士提供近距离观察中国的机会,跳出西方媒体报道中"差等生""威胁论"等形象窠臼。以"请进来"配合传统的"走出去"方式进行国际传播,会展平台为国家提供了一个提升国际影响,具体可行、可评估的载体,方便学界和业界以会展形式对国际传播策略与效果进行研究。

(2)借助会展的传播效果,打破西方社会对中国国家形象的刻板印象。在西方国家的媒体上,中国的国家形象多以"负面形象"出现。一是"差等生"的形象。1994 年,美国《国际先驱论坛报》刊登美国世界观察研究所所长、美国前农业部部长顾问莱斯特·布朗的长文《谁将养活中国?》,核心观点是说中国由于其庞大的人口基数,以日韩的发展经验,中国工业化的实现过程必将导致全球土地和粮食供给的短缺,即便全世界的粮食都供应到中国,也将无法满足其粮食缺口,而短缺造成的粮食在世界范围的涨价将加剧中国经济的负担，成为经济发展的巨大包袱。更糟糕的是，中国引发的粮食危机甚至可能像 1973 年的石油危机那样导致世界性经济衰退，中国的危机很可能蔓延到全世界，最终导致一场世界性危机。二是"专制独裁"的形象。西方的分析家曾经认为，经济基础决定上层建筑，中国经济的市场化改革必将导致政治制度的重大变革，中国将会一步一步"西方化"，逐渐向西方靠拢，但中国快速发展的现实让西方的预言如幻想般破灭。尽管改革开放使中国在政治、经济、社会、文化、民生等各个领域都发生了巨大的变化，但并不妨碍美国一些人继续把中国的体制视为"专制独裁"，攻击中国在政治上"走在过时的道路上"，并通过大众传媒有力地影响着公众舆论。三是"不负责任"的形象。在后冷战时期，美国是世界上仅存的唯一超级强国，倚仗着强大的军事实力，在中东、中亚、北非等全球热点地区过分地使用武力，破坏全球稳定，却反过来指责中国的武器销售和军事转让行为。一时间，有关"中国军火加剧战乱""中国武器出口煽动暴力""中国是世界上最大、最秘密和最不负责任的武器出口国"的新闻报道甚嚣尘上。四是"即将崩溃"的形象。2001 年 7 月美籍华裔律师章家敦出版《中国即将崩溃》，预言中国会因为经济问题和银行坏账逐步走向崩溃。

（3）借助会展的传播平台，探索缓解大国关系冲突与矛盾的传播路径。近期，我国与主要西方国家的冲突不断升级，渐有硝烟弥漫之势。特朗普宣布对中国 600 亿美元的商品征收关税，随即中国也宣布了对美国的征税清单，一场"贸易战"似乎已经不可避免。实际上，这些冲突背后与长期以来西方传媒界对中国崛起的恶意扭曲和攻击不无关系。一是对苏联冷战思维的延续。冷战时期，美国出于自己与苏联世界争霸的政治需要，在媒体上把苏联这个竞争对手塑造成为一个敌视美国、心怀叵测的坏人形象。随着 20 世纪 90 年代以美国为首的西方国家赢得对于苏联的冷战的胜利，美国媒体又把对付苏联的那一套用在了中国这个潜在的竞争对手身上。在美国，出现了层出不穷的"中国间谍事件""中国人窃取美国国防机密案"等耸人听闻的新闻报道和调查报告。二是指控中国"抢走美国人饭碗"。中美之间的经贸关系本来是互利、互补、互惠的，但由于中美两国各自经济结构上的差异，以及美国拒不放开对中国出口高科技产品的限制，中国对美国间的贸易顺差逐年增加，美国政府并不反思，没有调整美国的对华贸易政策和产业结构，而是在媒体上攻击中国的贸易出口政策和人民币汇率问题，刻意把中国描述为操纵人民币汇率、借助不公平的外贸手段"抢走美国人饭碗"的奸商形象。三是中国威胁论。随着中国经济实力的增强，中国的一些企业开始走出国门涉足包括美国在内的海外市场，这本来是正常的经济活动，但在过度敏感的美国媒体看来，中国的海外并购是对美国经济的侵略，将严重危害美国的经济利益和安全。1997年，理查德·伯恩斯坦和罗斯·芒罗出版《即将到来的美中冲突》明确地把中国定位为美国的竞争对手，将威胁美国统治世界的战略。"9·11"事件后，中国作为美国"战略伙伴"的形象一度重新得到强化。但迄今为止，"即将到来的美中冲突"的"对手"形象在美国主流社会中仍然具有很大的市场。而各种"中国威胁论"不仅在西方世界持续发酵，而且出现了向一些发展中国家扩散的趋势。

三、研究思路

本书按"提出问题—分析问题—解决问题"的研究思路，共分为五大部分。

第一部分，引言部分。即第一章。从会展发展历史、现实困境、实践活动分析会展的传播本质以及作为聚合平台在国际传播方面的重要意义。

第二部分，理论分析部分。即第二章至第三章。梳理空间理论的核心思想和演变，将空间理论运用到国际传播领域，形成国际传播的空间范式，在实体空间和虚拟空间两个空间维度内讨论国际传播的重要意义。

第三部分，实践分析部分。即第四章至第六章，结合中国实践，从政治、经济、文化传播三个方面论述会展作为国际传播平台的优势，为此后会展国际传播力评价体系指标选取提供参考。

第四部分，实证分析部分。即第七章至第八章。第七章是会展的国际传播效果的实证分析。以博鳌亚洲论坛为例，通过对国内外主流和社交媒体的语义抓取，分析办展前后国际媒体对中国印象的变化。指出互联网时代自媒体平台兴起，公民有了突破主流媒体垄断，通过新媒体平台发声的权利。第八章是基于多学科视角探索构建会展国际传播三维评价体系。从三个维度为发展中国家利用会展形式，突破国际传媒秩序下信息流动的歪曲与不平衡，凭借传统、多元的传播手法打破国际社会的刻板印象，传播本国的新形象。

第五部分，结论部分。即第九章至第十章。梳理了国际传播领域的经典范式，提出国际传播的空间范式，依据现有的国际传播实践经验，在国际传播主体政治经济目标的主导下，以文化研究范式为底色，结合现代传播技术、空间展示技术建构的一种包容多重身体在场的国际传播实践。发挥展示空间人际传播、组织传播、群体传播、大众传播的全息传播特点，为发展中国家提升国际传播力寻找一种新的可能。

四、研究方法

本书注重对多学科视角的综合运用，包括传播学、文化学、政治学、艺术学、国际关系学等多学科理论，结合归纳与演绎分析、实证和规范分析、案例与比较分析、注重宏观和微观视角的平衡，保障研究的理论性和实用性。

1. 归纳分析和演绎分析相结合

本书从会展和会展传播的一般理论出发，在汲取詹姆斯·凯瑞仪式传播观、对话理论、周边传播理论的基础上，从政治、经济、文化三个方面构建会展国际传播理论框架，对国内外大型会展国际传播经验进行总结和归纳，进一步探索和演绎出适合中国国情的会展国际传播力之路。

2. 实证分析和规范分析相结合

本书采用实证分析方法，通过对国内外主流和社交媒体的语义抓取，分析博鳌亚洲论坛前后国际媒体对中国印象的变化。同时，对于会展的基本概念、基本理论、传播功能等采用规范分析，得出具有一般规律性的结论。

3. 案例分析和比较分析相结合

本书选取诸多国内外大型会展国际传播的相关典型案例，基于事件回顾与传播过程分析案例成功的主流经验，通过横向不同类型案例间的比较与纵向时间维度上的观照，比较分析各会展国际传播的实践差异及突破创新之处。

4. 宏观分析和微观分析相结合

宏观分析和微观分析是贯穿本书研究的两条主线。理论分析部分，既有来自宏观层面对会展国际传播力的整体分析，又有立足于政治功能、经济功能、文化功能在微观层面的具体分析。实践分析部分，同样遵循从宏观到微观的逻辑主线，通过"东道国影响力""城市支撑力""复合传播力"三个维度，构建会展传播三维评价体系。

第二节　研究依据

一、概念界定

1. 会展的定义

对会展的定义大致可分狭义和广义两个学派。

（1）狭义派对会展的界定提出了严格限制。在他们看来，会展就是会议和展览。如有学者认为，会展是集合会议、展览、节庆、赛事等聚集性活动的简称，是人们通过制度或非制度性的安排，在特定地域和展示空间中定期或不定期聚集的活动，不过，他们虽将会展仅仅理解为会议和展览，但对两者其实仍有倚重。如有学者基于展览在会展活动中的重要作用，坚持把会展的内容主要放在展览层面来理解（华谦生，2004）。也有学者认为，会议是一个大概念，理应把展览包容在内，即展览只是会议的一种，坚持把会展的内容放在会议层面来阐释（赵烈强，2005）。诸如此类的观点其实源于欧洲。在欧洲传统的意义上，会展的定义被限制于会议和会展两种活动，其他相关活动均需纳入这两类活动的名目之下。不过，欧洲对会展的理解随着时间的推移也在发展变化，不断突破旧时狭隘的界定，走向更加宽广的新境界。

（2）广义派有意拓宽了会展的范围，体现出产业融合的发展方向。这被称作美国派。然而，他们的看法相互间也有出入。其中较具代表性的观点主要有两种：一种是把会展理解为 MICE（Meetings，Incentives，Conventions，Exhibitions），即公司会议、奖励旅游、协会与社团所组织的会议、展览的总称（孙智君，2007），或 Meetings，Incentives，Conventions，Events（曾亚强等，2007）。区别在于对"E"的理解，即以"Events"替代"Exhibitions"。另一种是直接通过外延扩张，调和了上述两种认识间的分歧。在 MICE 的基础上，增加了"Events"，使会展的范围更加宽广。值得注意的是，这种理解得到了许多学者的认同。

上述探讨总体上表现出两种倾向：一是与时俱进，兼收并蓄，对象范围不断扩大；二是从外延描述出发，取团块式列举界定方法，囿于"形而下"的经验描述，形成了一种"篮子里数菜"的局面，未及深入会展活动的本质。因而有学者主张，对会展定义的探讨，应当从"形而上"的整体特征入手（曾亚强等，2007）。按照我们的看法，就是要摆脱经验式外延罗列的老路，走科学化内涵概括的新途。所谓内涵，即概念所指对象的本质属性的总和。所谓外延，即概念所指的对象的全体。例如，人这一概念，其内涵是能够制造并使用工具进行劳动的高级动物，其外延是古今中外所有的人的集合。当然，作为完整的定义，内涵与外延不能相互替代、彼此分割。本书的"会展"是业界所定义的广义会展，包括会议、展览、节庆、体育赛事、演艺等多种活动相融合的"大会展"概念。

不过，也有人尝试对会展本质做出理论抽象。如有学者提出，会展即信息传播（俞华，2003）。可惜由于各种原因，至今应者寥寥。

2. 会展业的特点

作为现代服务业，会展业自有其不同于其他产业的特点。学界对其概括不尽一致，但大多涉及高效益、集聚性、关联性等内容。

（1）高效益，这已成为学界共识。会展业在低能耗、低物耗、低污染的同时，具有高影响、高就业、高效益，如收益率常在20%~25%以上，以美、德、英、法、中国香港等为例（王新刚，2004）。这既是讨论中经常遇到的话题，也是会展业在许多地方格外受重视的原因。

（2）集聚性，指资源与信息集聚的特点，会展活动的效率根据。会展业带来巨大的人流，可以在举办地形成巨大的信息流、技术流、商品流、财富流，对经济社会与文化发展产生巨大的作用（唐柱娟，2007）。

（3）关联性，指会展与相关行业之间存在的一种相互促进的关系。会展的前向关联涉及为会展业提供所需服务的相关行业，如通信、交通、餐饮、酒店、物流、广告、搭建、装修等；后向关联指会展业为之提供服务的各行各业，如机械制造、航空航天、美容化妆品、消费电子、汽车、家具等（吴子瑛，2005）。换句话说，会展业的关联性，在于其"一业兴百业、一行连万行"的龙头带动作用，通过专业化营销沟通联系，实现共同发展与繁荣。

此外，有学者提到现代会展的周期性特点，既体现于固定空间，也体现于轮换空间（吴子瑛，2005）。有学者把会展特点归结为市场化、专业化、国际化，以及规范化、集团化、规模化和品牌化（李里，2006）。不过，也有学者把这些内容视为非本质概括，或会展发展的阶段性特征。相关问题仍值得深入探讨。

3. 功能与作用

目前学界对会展功能与作用的认识多半属于随机归纳，尚未形成学界共识，纳入系统化理论。相关理解基本上是从经济与社会两个维度出发，缺乏对精神文化内容的关注，也较少系统讨论会展在国际传播上的价值和可能发挥作用的空间。

二、文献综述

(一) 会展史相关研究综述

学界对会展史方面的研究尚未形成一致看法,但无论是在国内还是在国外,大致都经历了从集市交易到精神和信仰需求,再到商业化、展示化转变发展的过程。从莱比锡市集到中国乡镇中的赶集,会展的贸易功能都是由市集演变而来的,于是便形成了会展史研究的"市集演变"说,以及原始社会后期,并无市集可言,只不过在乡村十字路口摆摊交易的"物物交换"说。现代会展源于原始社会的物物交换,随着社会发展,逐步从物质交换扩大到精神和文化的交流层面,甚至把展览作为一种关乎信仰的艺术表现载体。不同学说对会展在不同历史阶段发挥的作用有不同的认识,其主导的地位往往与社会生产力发展有着密切的联系。①

国外会展业的发展历史悠久。1890 年德国莱比锡举办的样品展览会被认为是世界上第一个样品展览会,这在 20 世纪五六十年代关于国际会展萌发的一些研究中都有相关表述。20 世纪 70 年代起,公开发表的有关会展的研究开始兴起,到了 20 世纪 90 年代,以会议或展览为主题的专著有了显著增长。1982 年,美国学者翰伦的《贸易展览会营销组合》对贸易性展览会进行了系统的阐释,包括贸易博览的演进史、展会价值、办展动力、策展、运营成本管理、利益相关方、效果评估等相关问题,它与1991 年克里斯汀·克里斯曼出版的,附有大量清单、表格和案例的《贸易博览会展示大全》都被会展业界视作实务宝典。这些著作有很强的实践指

---

① 展览的形态因生产水平的发展而不断演变,从原始社会在岩石上作画或图腾文身到贸易性展览上丰富的家禽、家畜、陶铁、酿酒等消费品,还有用于祭祀的铭文、器乐等,展出形式也伴有大量的仪式助兴。到货币出现后,对贸易和流通的促进,大型博览会在形式上、内容上都发生了质的飞跃,展示形式上采用声、光、电综合手段,各种交互和体验技术也运用到展示中。

导性，涉及筹备、运作、办展后续的各个环节，涵盖了会展运作的全过程。

中国会展研究正式起步于会展史的研究，这类研究主要集中在清末对世博会资料的收集、整理和研究上，对不同主体在会展中的作用、会展的时代背景、社会环境的研究都是学界关注的焦点。全国图书馆文献缩微复制中心的《中国早期博览会资料汇编》《中华民国参加美国世界博览会筹备委员会资料汇编》，中国第一历史档案馆的《清宫万国博览会档案》、上海市档案馆《近代上海参加世界博览会史料选》、苏州档案馆《宣统年间清政府参加意大利博览会史料》，以及广州地方志办公室对广交会历史的关注和梳理等都在会展史料方面做出了卓有成效的贡献。

20 世纪 80 年代后，中国近代博览会史起步于商会档案的整理和国内商会史研究的兴起，研究的焦点主要是商会组织参与博览会的经济功能。1999 年云南昆明举办的世界园艺博览会和 2010 年上海世博会的申办成功让学者开始重视这类研究。台北中央研究院的清末外交档案——《赛会公会档案》为台湾学者提供了研究博览会的一手资料。中国近代博览会史的专题史料十分有限，2002 年上海科学技术文献出版社出版的《中国与世博：历史记录（1851~1940)》梳理了中国早期参与世博会的历史；中央党校的《中国早期博览会资料汇编》（全七册）对南京图书馆馆藏的南洋劝业会和西湖博览会资料进行梳理、汇总；上海图书馆上海科技情报研究所的《中国与世博：历史记录（1851~1940)》注重研究中国的世博渊源，详尽介绍世博百年历程与早期中国的关系；其他论文集① 将会展在中国的演变放在近现代中国社会发展的广阔背景下考察，比较全面地解释了中国近代博览会与中国社会经济发展、人们的观念行为演进之间的良性互动关系。②还有一些研究以博览会为切口，在博览会事业的发展历程中观察近代中国

---

① 如《博览会和近代中国》《中国和美国世界博览会：1876~2010》《民族主义与中国近代博览会事业：1851~1937》《陈琪与近代中国博览会事业》《百年演绎：中国博览会事业的嬗变》《中国近代博览会史研究的回顾与思考》等作品。

② 如乔兆红的《百年演绎：中国博览会事业的嬗变》（上海世纪出版集团，2009 年）考察了不同地区博览会的产生、发展及运作，分析百年来中国博览会事业的发展变迁、对社会工商业现实的影响以及中国与世界博览会交错的因果。

在民族、文化、理念上的演变，由小及大①。扬州广陵书社影印出版的《清宫万国博览会档案》（全六册）②、《晚清赴美参加圣路易斯博览会史料》、《光绪三十二年中国参加意大利米兰赛会史料》等一些资料在之前已经零星刊登在各刊物上。还有一些国外学者对中国近代博览会专题史进行了研究③。而随着中国会展业的发展，城市会展的研究也逐步兴盛起来，《博览会与武汉城市发展互动研究（1909~2010)》《上海会展业发展史》《上海展览业研究（1978~2007)》《广州会展史研究》《台湾博览会志》《始政四十周年纪念：台湾博览会》等都呈现了近代中国地方会展业发展史的概貌。

（二）会展理论与实务方面的研究综述

钱学森认为"展览学是作为用实物形象地向观众进行信息传递的学问"，提出要关注展览学的培育并呼吁设立展览学院。一系列会展学方面的力作为展览学奠定了基础，包括中国农业展览协会于20世纪90年代编写的一系列会展学方面的力作，包括《展览学概论》《展览学导论》《现代展览与陈列》《展览知识与实务》等。

进入21世纪，会展领域研究迅速升温，出版了大量的重要专著，包括2004年金辉主编的《会展概论》，2005年俞华、朱立文的《会展学原理》，2005年陈志平、刘松萍、余国扬的《会展经济学》，2005年马洁、刘松萍编著的《会展概论》，2006年郭聚荣的《会展导论》，2008年邹树梁的《会展经济与管理》等。2009年后，随着会展经济的快速发展，会展理论的论著也迅速增多，如2012年来逢波主编的《会展概论》，2013年谢苏、焦巧主编的《会展心理》，2013年梁赫的《会展成长的逻辑：文化、创意与预警》，2014年剧宇宏的《我国会展业可持续发展研究》，2014年王春雷等的《国际城市会展业发展理论与实践》，2016年成都市博览局的《会展经济

---

① 如王水卿的《民国时期中国与世博会关系研究》以民国时期为例，分析和考察中国与世界博览会的关系。
② 该书收集了从同治到光绪、宣统三朝，中国参加世界博览会的一系列原始档案。
③ 如美国加利福尼亚大学 Susan r. Fernsebner 在 "Material Modernities：China's Participation in World's Fairs and Expositions" 中，以清末十年和社会主义初期中国在博览会的参与和展出情况，探讨展览与民族认同和民族共同体塑造之间的关系。

论：以成都为例》等。这些著作首先为中国的展览学明确和规范了会展和会展行业的基本概念和研究对象，对行业的演变和发展进行了梳理和分析，并对会展关联产业的发展，如旅游业、策展服务、会展人才培训、市场机制、运行管理办法进行了介绍。

实务操作方面的著作也有很多，多为会展设计类、策划类、营销类、管理类和布展类等。2000年至2010年上海世博会的成功举办，中国会展实务的研究随着办展实践经验的积累而迅速增长。杨明刚的《国际知名品牌中国市场全攻略》，华谦生的《会展策划与营销》，马勇等的《会展管理的理论、方法与案例》，2004年武少源等的《会议运营管理》，2004年刘德艳的《会展胜地形象策划》，2005年王肖生的《会展设计》，2008年华谦生的《会展管理》，2010年庞华主编的《会展运营与服务管理》，2011年王重和的《国际会展实务精讲》，2011年刘红霞主编的《会展实务》，2011年王红梅的《会展管理信息系统》，2012年白世贞、陈化飞关于会展外包服务与经典案例研究，2013年李志飞的《会展服务管理》，2013年丁烨编著的《会展业对国民经济贡献的分析方法与指标体系研究》，2014年于世宏主编的《会展管理信息系统》，2015年方玲玲和洪长晖编著的《会展文案写作》，2015年王彦华主编的《现代会展招商推广》等，从会展实务的各方面解析了会展业的运作、经营和管理，对推动中国会展经济研究起到了重要作用。

整体来看，这些图书在理论和实务上都有涉猎，从会展项目管理到产业组织、配套、政策研究，再到会展对区域经济发展的影响都有丰富的实例和详细的分析阐释。但从局部图书的分类来看，分布情况并不均衡，不是过于分散，就是过于集中。例如，会展学原理类图书仅有俞华、朱立文（2005）编写的；而会展概论类图书则有吴信菊（2003），马勇、肖轶楠（2004），周彬（2004），郑彬、黄奉康（2007），马勇、梁圣蓉（2007），赵春霞（2007），郭英之、王云龙（2007），张晓娟（2008），刘晓广（2009），过聚荣（2010），王华（2010），普亚强、张义（2010）等编写的。除此之外，还有大量关于会展管理、会展活动设计类、信息发布类、系列专业教材、专业期刊及译作问世。

(三) 会展经济相关研究综述

我国会展经济研究大致可以分为行业整体研究以及局部研究两种类型。整体研究主要包括一些发展报告，如政府部门的商务部服贸司和会展研究机构合作的《中国会展业行业发展报告》、郭聚荣等的《中国会展经济发展报告》。局部研究从若干不同角度展开对会展经济的研究，包括政府政策角度、区域经济角度、城市经营角度、统计数据角度、发展模式角度和会展旅游角度等。以马勇、杨开忠、谷玉芬、徐爱萍、王晶、李文亮、楼嘉军等的研究为代表[①]。在区域经济角度，大多数文献关注于会展与区域经济之间的关联性、意义以及具体实施计划等方面。朱海森（2004）以德国和中国香港为例，研究会展业空间布局普遍性的条件和经验，并对我国会展产业布局提出建议；彭晓寒（2009）在《会展经济带动区域经济发展的路径分析》中分析了产业结构优化升级、城市建设管理以及功能优化三大路径。在城市经营角度，这一领域的文献相当丰富，胡斌、王春雷、张铁、孙明贵、戴冰等基于 SWOT 对我国一些城市分别进行了分析，戚能杰采用层次分析法建立了会展旅游城市竞争力评价系统。赵秀芳、赵萍运用模糊综合评价法建立了城市会展业竞争力评价指标体系和多级模糊综合评价模型，并指出迅速整合是现代会展业在市场竞争立于不败的关键。陈心德和邱羚用定量模型的方法从项目管理视角研究会展运营，胡平、杨杰以上海新国际博览中心为例分析会展与经济的关系，得出上海地区展览业的 1∶8.4 的经济拉动力，约等于发达国家的拉动比率。在案例研究方面，戴光全、保继刚对昆明世博会效应的定量评估也具有代表性。许春晓、柴晓敏和付淑礼以"2006 杭州世界休闲博览会"为例对城市居民对重大事件的感知变化进行了分析。应丽君从会展营销方面，强调项目定位和办展策略对会展竞争力的影响，项目的不同主体可以采取针对主办

[①] 从政府对中国会展业发展的影响上，着重分析了政府部门在会展业管理中的失衡，并分析其成因，从政府管理的定位、范围、制度和战略等方面提出了相应的对策和建议。

方、参展商、观众、消费者等导向和定位各异的办展策略。吴虹、王育军和张锋分析了昆明市会展项目成功性的标准，杨顺勇、徐烜基于层次分析法对会展项目成功度评估进行了研究。孔俊姣（2013）研究了山西省会展传播的现状与发展趋势。黄维敏（2011）对体验经济视角下的广东会展传播策略创新进行分析。聂伟（2017）基于上合会分析会展业对郑州城市文化传播的影响。靳文敏、罗秋菊（2012）选取广州、深圳、东莞作为研究对象，认为三地在会展资金上的政策具有特色，广州的税收改革、深圳的会展专项资金、东莞全免型展会都成为当地的亮点。

中国对外贸易促进会的行业报告、社会科学文献出版社的会展经济发展蓝皮书系列、北京中世航会展经济研究中心编写的中国会展经济报告系列、商务部的《中国展览业调查报告》系列、中国贸易报发布的《中国民营外资会展企业发展状况调查》是统计数据的主要来源。由于尚未形成统一的权威性机构，因而造成统计方法和统计口径均有所不同，它们提供的数据存在一定的差异。

从发展模式角度，借鉴国外会展经济的成功模式，促进我国现代城市发展是该领域的研究主题①。

会展学在许多高校作为旅游专业的二级学科使会展旅游角度的研究成为重要的研究方向之一。会展业与旅游业有交叉，也有重合，王保伦、郭峦、梁留科、鞠航、田金信、万立君等都对会展与旅游业协同发展等模式提出了各自的建议②。会展业的发展必须处理好政府、协会、企业等各参与主体的利益关系，逐步向市场化、产业化、规范化的市场主导型发展模式转化，如何去除行政化管理模式是政府面临的严峻挑战。刘松萍、陈玲探、刘桂芬等探讨了会展业一体化互动发展的概念模型，但内容的创新性

---

① 王春雷从会展发展模式入手，探索了政府产业政策、展会组织、会展产业配套分工协作的优化模式，探讨会展产业持续健康发展的策略。
② 梁留科、曹新向和孙淑英将发展模式分为产业联动、空间布局、项目运作几种模式。差异性和不均衡发展模式是会展产业发展的必由之路，鞠航、田金信、万立君等对该发展模式进行了肯定与建构。

相对较小①。郭蔓、博云新基于服务外包理论构建了会展与旅行社的互动流程图，从会展前、中、后三个阶段有针对性地提出了实现两者良性互动发展的建议；王磊磊从会展旅游的概念辨析入手，从产业链角度探讨了会展业与旅游业的互动关系；姚厚忠从产业互动基础、管理体制、市场化情况、配套设施建设等方面对如何打造厦门市会展、旅游与商贸业互动平台做了初步探讨。

从其他经济角度来看，既有基于地方产业优势开发特色会展品牌的，又有强调会展具有政府职能协调优化的重要价值②。李生校等以中国柯桥国际纺博会和中国轻纺城为例，通过实证分析认为两者之间存在相互促进的作用机理。乐仁油等也通过研究发现体育产业与体育会展之间相互促进的关系。

（四）会展与传播

会展是提升举办国家或举办城市知名度的重要渠道，不仅能促进举办国家或举办城市的经济发展，也是信息交流传播的媒介。研究会展传播的文章并不多，大体可以分为以下几类：

1. 强调会展传播价值

范娜娜（2017）认为全球性的大型展会因为受众广泛，是展示和传播本国文化的重要窗口。我国大型国际会展中的文化传播主要体现在塑造全新的中国形象、对传统文化进行梳理和包装、促进文化产业的发展三个方面。张博（2014）认为会展是全面的信息传播方式。会展活动是整合多种媒介优势并使其服务于某个对象相关信息的传播过程，会展本身只能在有限的时空传播，但传播媒介的介入扩大了会展的传播范围，建构了一个相对无限的传播时空，在实物和现场的基础上完成了直接和间接两条信息获

---

① 会展配套服务对产业本身的影响作用也很显著，陈玲、刘桂芬、肖红艳、王雅静、于水海、孔庆馥、李淼焱都对会展与配套服务的互动关系做了分析研究，并提出大量实践性强的建议，促进了会展业观念创新、管理实践和产业发展。
② 叶莉以湖南会展业为例，分析会展与其当地优势产业的互动，对会展发展的定位和模式、品牌培育和政府服务等提供了发展思路。

取方式的融合，通过对来自不同信源信息的比较挖掘出潜在信息，充实了信息传播的内容，从而实证了信息集中而全面的传播，适应了信息社会对信息获取快速、高效的要求。洪晔（2014）运用传播学框架分析了信息传播在现代会展活动中的突出作用，分析了影响会展传播的要素，建构了会展传播模型，认为会展活动可以被视为一种特殊的传播活动。多线程信息、多形态传播媒介、多圈层传播使会展成为一个复合传播的载体。

2. 强调会展策略与要素

闵德霞（2013）采用案例分析法，对北京奥运会、上海世博会、西安园艺会等大型会展的跨平台传播进行了思考，强调传播贯穿于会展活动始终，实施有效的传播策略对提升会展活动的影响力至关重要。跨媒体传播是会展在媒介融合时代的传播策略选择，单一媒体已经不能满足会展传播的需求。林元媛（2012）以传播学的五要素（传播者、传播对象、传播内容、传播媒介、传播效果）对会展活动中的参展商、展品、展馆和效果结合起来分析，为会展研究提供了一些新思路。胡广梅（2009）从传播学视域透视会展经济中传播要素的构建，以"5W"传播模式为分析框架，对会展传播主题、传播渠道、受众、会展传播效果等环节进行分析，深入解读会展活动的传播本质，重视并改善会展信息的传播效果。

3. 强调会展品牌传播

覃冠玉（2007）利用传播学的系统理论和方法探讨会展品牌传播活动的一些普遍规律，着重解决如何有效传播会展品牌信息的问题。刘佳艺等（2016）、张熙圣（2016）从品牌入手，分析影响会展品牌塑造的因素和品牌传播的有效策略。张熙圣认为会展业对酒店、餐饮、交通、旅游都有拉动作用，对外又能成为与国际品牌交流合作的平台，对中国经济发展有积极的促进作用，明确品牌定位、提高品牌意识、提升会展品牌的推广和传播策略有助于推动我国会展业的长远发展。

4. 强调网络传播手段

俞烨操（2009）侧重于会展视觉形象设计与传播的研究，以上海世博会为例，分析这一当代国际会展的典型形式在当前互联网环境中的视觉形象设计与传播，从具体到抽象，总结出会展视觉形象设计在互联网传播环境中的普遍规律。谭敏（2015）对网上会展这种新样态进行了分析，以我国网络科技会展平台为例，分析网络会展品牌化传播的社会和技术环境，用 SWOT 定性分析的方法分析我国网络科技会展平台营造品牌化传播的宏观环境，得出我国网络科技会展的最佳品牌定位。王祚（2015）分析了会展传播的基本框架以及移动互联时代会展传播面临的挑战和需要的理念创新。张茂伟（2016）在"互联网+"理念下，分析了区域会展品牌对接产业品牌的可能，需要会展与产业的强强联手，重视会展品牌的定位与内涵建设，提升传播策略，引导区域会展品牌与区域相关产业联动发展。温玲（2011）通过比较网络会展与传统会展的特点和优劣势，从大众传播的社会效果理论分析了网络会展的运用对受众心理、舆论、行为及大众传播效果的影响，探究网络会展传播的新理念，挖掘我国会展发展的新潜力。魏玲（2014）指出当网络技术融入到会展业时，会催生出一种全新的会展模式——虚拟会展，虚拟会展的网络平台在传播主体与客体间搭建起互动交流的桥梁。她认为在良性循环沟通的机制下，传播主体和传播客体均可达到最理想的信息传播和信息接收效果。

5. 强调新媒体传播手段

王杏丹（2016）认为，将新媒体传播手段运用到会展活动中是时代发展和科技进步的要求，并指出将新媒体传播与会展活动相结合的合理性以及通过新媒体来宣传会展活动的优势所在。渠小玉（2017）详细介绍了新媒体对会展项目传播可能产生的影响，并细致分析了两者之间的关系。许丽芳（2016）通过回顾国内外关于会展品牌塑造与传播理论研究的相关文献，从新媒体对会展品牌塑造与传播的影响着手，分析会展品牌塑造的四个主要要素，即品牌定位、主题设计、专业化服务和媒体宣传，提出利用大数据、品牌网站、虚拟社区、在线展会作为传播会展品牌的有效路径。周明苇（2011）指出，全媒体时代打破了新旧媒体的条块化分割，将不同的媒介形态融合形成全新的传播平台。新的传播生态使受众能够全方面、立体化地接触媒体，更便捷地获取信息。温志超（2016）认为，现代科技成就了全媒体时代，会展在融媒体环境中将以多元化媒介向公众传递的方式进行传播。都薇（2016）认为，为了获得消费者的青睐和认可，会展品牌的塑造和传播要在时代的语境下塑造，这是一项复杂的工程，需要结合互联网等技术手段的传播优势，利用多样化的传播手段打造个性化的品牌形象。

（五）会展与国际传播

在会展在国际传播方面的价值上，学界主要围绕近年来有代表性的大型会展，如对北京奥运会、上海世博会、东盟博览会、博鳌亚洲论坛、杭州 G20 峰会、义乌和大连等系列会展进行分析。用到的分析方法涉及史料分析、国际关系分析、报道话语分析等。以下面几本著作为代表：

万晓红在《奥运传播与国家形象建构——以柏林奥运会、东京奥运会和北京奥运会为样本》一书中，总结了奥运传播建构国家形象的共同规律，认为奥运传播是宣传国家形象的重要渠道，是塑造国家形象的有力方式，是引导受众认知的最佳途径，是维护国际传播的透明窗口。通过分析纳粹德国举办奥运的动机，"二战"后日本通过东京奥运会，励精图治塑造国家软实力，展示全新日本政治形象，以及北京奥运会后外国媒体的报道对中国先前极端形象的修正，解释了奥运给国家政治形象带来的改变。在奥运与国家经济形象分析中，她指出柏林奥运会的传播使德国制造走向世界，东京奥运会展现了日本经济的强势崛起，北京奥运会的"绿色""科技"理念建构了中国经济良性发展的形象。在国家文化形象传播上，她指出柏林奥运变相成为种族主义的宣传工具，通过文化控制对德意志民族文化造成扭曲和消解，东京奥运将太和文化进行全面渗透和展示，北京的人文奥运则展现了中华文化"和谐"的理念。

胡斌在《何以代表中国——中国在世博会上的展示与国家形象的呈现》通过大量史料，介绍了晚清政府在圣路易斯世博会参展的情况，以及清政府效仿世博，推出了"南洋劝业会"的实践。民国时期，政府参加了巴拿马世博会、费城世博会、比利时世博会、芝加哥世博会、纽约世博会和金门世博会，以此树立国家新形象，改良精品、促进工商业发展，发展国际贸易，提高国际地位。还对新中国贸促会赴外参展的情况和上海世博会的组织架构进行介绍。同时，他还以中日在世博会上的展示做比较，分析"世界视野中的中国"，通过分析中国在世博会上形象展示的民族动因，揭示形象展示与民族主体性的关系，指出当时中国的展示符号与创新焦虑。

吴瑛在《中国声音的国际传播力研究》一书中分别对一国的政府国际传播力、媒体国际传播力、智库国际传播力、民间国际传播力和中国国际传播新渠道与新路径探索进行分析。其中，在国际传播新渠道与新路径中特别提到重大活动的国际传播，认为这是近年来中国主场外交的亮点，是中国向世界展示国家形象、传播中国方案和中国主张的有利契机。在书中，她以二十国集团会议杭州 G20 为例，认为杭州 G20 让世界不同体制、经济与文化的国家在同一平台上解读"全球性媒介事件"，呼吁中国在未来总结经验，以这种方式提升重大活动议程设置的能力以及国际传播的针对性与时效性。

还有一些国外著述涉及这一论题。如 2004 年"东亚汉文化圈与中国关系"国际学术会议上，韩国河世风在他的《从近代博览会看到的中日关系》中，通过对比博览会上帝国秩序走向瓦解的中国展品与日本展品，反映出两国间政治外交关系和形象塑造的变迁。John Haddad（2000）细致陈述了在 1876 年费城世博会上，美国人对于中国传统展品、日本展品的态度差异，探测了东方异域文化对西方受众的感染力差异。

还有一些论文也对会展国际传播效果进行了分析。如陈文洁（2011），通过广西政府在中国—东盟博览会上扮演的角色，指出会展在政府国际形象塑造与传播方面的作用和存在的问题。

三、理论依据

（一）"传播的仪式观"理论

美国传播学者詹姆斯·凯瑞在 1975 年就提出仪式传播观。他发现仪式的很多元素特征与传播特征有相似性，即强调人们对传播的参与，以及在参与到仪式的过程中，人们对意义的建构与分享。这与当时主流的信息传递观很不相同，信息传递观把传播媒介和媒介所承载的信息分离，把信息传播视同普通的物质运输，认为传播是时间对空间的消灭。仪式传播观在一定程度上是对美国经验传播研究的纠偏，致力于探究传播更为本质的意义。科泽在他的《仪式、政治与权力》一书中提到，没有仪式和象征就没有政治和国家。政治组织的建立、政治共识的达成、对政治世界的理解，以及政治权力的争夺都离不开对政治仪式的参与。

传播的定义可分为传递观（a Transmission View of Communication）和仪式观（a Ritual View of Communication）。在传播的"传递观"中，"传授"（Imparting）、"发送"（Sending）、"传送"（Ransmitting）或"把信息传给他人"（Giving Information to Others）这些词常用来定义传播。结果形成如下对传播的基本理解："传播是一个讯息在空间传递和发布的过程，可以对距离和人进行控制。"从仪式的角度定义，传播一词则与"分享"（Sharing）、"参与"（Participation）、"联合"（Association）、"团体"（Fellowship）以及"拥有共同信仰"（the Possession of Common Faith）这类词有关。换言之，传播的"仪式观"反映了"共性"（Commonness）、"共有"（Communion）、"共享"（Community）与传播"（Communication）等具有同一性和共同的词根。

凯瑞的"传播仪式观"旨在对抗美国传播学主流研究中的创新力匮乏，倡导文化研究，呼吁学界突破专注于效果的实证主义研究，开展传播研究的新路径，开创传播学研究的新局面。凯瑞认为，"传播是一种符号化过程，是对社会现实进行符号生产（Produced）、保持（Maintained）、迭代（Repaired）和转化（Transformed）的过程"。正是传播使现实完成了符号形态的建构，便于社会大众的理解和达成共识，也为理解之上的创造和反思现实提供抓手，形成了与真实世界共在并存在对应关系的存在系统。从起源的意义上看，传播的最高境界，并不是知识或信息的传递，而是生产和建构一个平行于现实的符号，以维护社会的整体秩序。

"传播的仪式观"在欧美文化研究（Culture Studies）风靡之际提出，

在欧美学界已呈现蓬勃之势。随着 1957 年理查德·霍加特《识字的用途》、1958 年雷蒙德·威廉斯《文化与社会》，以及 20 世纪 60 年代相继推出的《漫长的革命》《英国工人阶级的形成》，英国伯明翰大学的文化研究逐渐形成气候，成立了"当代文化中心"，逐渐产生广泛而深远的影响。

与凯瑞相呼应的是当时麦克卢汉在北美的"媒介环境学"（Media Ecology），在英尼斯 19 世纪 50 年代思考媒介对传播影响的两部著作（《帝国与传播》和《传播的偏向》）的基础上，麦克卢汉于 60 年代陆续推出了一系列有影响力的作品，《古登堡群英》《理解媒介》《媒介即讯息》等著作名噪一时。

此外，法兰克福学派从 19 世纪 40 年代起，以霍克海伏、阿多诺的《启蒙的辩证法》和马尔库塞的《单向度的人》就开始从政治经济学的角度对资本主义社会文化工业进行批判。美国对文化帝国主义的批判以赫伯特·席勒的《大众传播与美国帝国》和 70 年代的《传播与文化支配》为代表，也逐渐形成气候。

凯瑞的学术立场与传统的法兰克福学派的文化工业批判并不相同，但却与伯明翰学派的文化研究、北美"媒介环境学"的文化研究有相通之处。在凯瑞看来，马歇尔·麦克卢汉说的不错：就像鱼并没有意识到水的存在，媒介构成了我们的环境，并维持着这种环境的存在。同样，传播通过语言和其他的符号形式，也构成了人类生存的周遭环境。[①] 他赞同斯图尔特·霍尔的看法，认为"他们所做的最明智的决定是把伯明翰中心与当代文化而不是与传播学或大众传播学联系在一起"[②]。不过，与伯明翰学派和北美"媒介生态学"的文化研究相比，凯瑞的视野更为开阔，旨趣更加宏远，是一种偏重于人类学、社会学的文化研究。按照他自己的说法，凯瑞的文化研究深受两方面思潮的影响：一是杜威，杜威认为传播是一种创建符号的过程，通过符号生成意义从而建构社会。对此，凯瑞全盘接受。

---

①② ［美］詹姆斯·凯瑞：《传播的文化研究取向》，《作为文化的传播》，丁未译，华夏出版社 2005 年版。

二是涂尔干（迪尔凯姆）和格尔兹（吉尔茨）的文化人类学，这是凯瑞这一代美国文化研究学者的普遍兴趣倾向。他们对宗教感兴趣，因为宗教是诗性智慧最重要的部分。宗教关怀人生，重视生命体验，探究生存要旨，凝聚社会人心，发挥着重要的社会整合作用。凯瑞认为，"文化研究的目标远比其他研究传统来得平实，它有意义、能够用来支配和容纳人类行为的文化世界"。因此，"研究传播就是为了考察各种有意义的符号形态被创造、理解和使用这一实实在在的社会过程"。"根据仪式模式重新打造传播研究的目的，不只是为了进一步把握传播这一'奇妙'过程的本质，而是为重构一种关于传播的模式（a Model of）并为传播再造一种模式（a Model for）提供一条途径，为重塑我们共同的文化提供一些有价值的东西。"①

1977 年，凯瑞在《大众传播与文化研究》中又强调，"传播的仪式观把传播看作创造（Created）、修改（Modified）和转变（Ransformed）这样一个共享文化的过程，于是其典型的情形是：对从人类学角度看待传播的人来说，传播是仪式和神话；对那些从文学批评和历史角度涉及传播的人来说，传播就是艺术和文学。传播的仪式观不是指空间上信息的拓展，而是指时间上对社会的维系（尽管有人发现这种维系以统治为特征，因而并不合理）；它不是一种传递信息或影响的行为，而是共同的创造、表征与庆典，即使有的信仰是虚幻的。如果说传播的传递观其核心在于信息在地理上的拓展（以控制为目的），那么传播的仪式观其核心则是将人们以团体或共同体的形式聚集在一起的神圣典礼"。②

不是根据支配人类行为的法则以寻求关于人类行为的解释，也不是把人类行为消极解释为其所基于的结构中，而是寻求对人类行为的理解。文化研究不是试图预测人类行为，而是试图诊断人类的意义。在更积极的方面，它绕过了行为研究所看重的经验主义与正规理论空中楼阁式的观念，并深深扎根于经验世界中。因此，至少从文化科学（Cultural Science）常

①② ［美］詹姆斯·凯瑞：《传播的文化研究取向》，《作为文化的传播》，丁未译，华夏出版社 2005 年版。

常更忠实于人的本性和经验这点看，把传播学的目标设想为文化科学较为适合，且更具人性。凯瑞还引述格尔兹的论述："对文化的分析不是寻找规律的实验科学，而是寻求意义的阐释性科学。"① 因此，"以文化为路径，凯瑞推崇的是北美传播学研究的另一种学统：以杜威为代表的早期芝加哥学派和以经济学家的眼光研究媒介的英尼斯。在方法论上，他信奉格尔兹的文本阐释。凯瑞借他对英尼斯的一番评价表达了他本人的学术志趣与理想：'一种历史的、经验的、阐释的和批判的学术型研究模式'。"②

在文化研究蓬勃兴起之后，凯瑞倡导的传播文化研究最为独特的还是从仪式的视角来审视传播研究。然而，究竟如何从仪式的视角来切入传播研究，"传播的仪式观"为何以及如何成为文化研究的学术路径，凯瑞却未做具体论述。这自然是一个很大的理论缺陷，却也给后人留下了学术想象的空间。

（二）对话理论

进入 20 世纪 90 年代以来，一种以沟通不同国家间的"交流战略"已获得了国际社会越来越多的认可。联合国教科文组织在第 25 届大会上提出并实施的"交流战略"，其核心思想是鼓励大家开展广泛的交流与合作，促进信息更加广泛、均衡地传播。西方的"多元文化论""多样性"和"差异的流行"也都反映了这种多元的趋向。越来越多的学者开始反思传播全球化掩盖下的文化霸权，以及所引起的对本土文化的冲击，对国家形象的歪曲，甚至开始倡导国家在传播领域的全球对话精神。

1999 年国际传播学会年会的主题为"传播通过对话接受差异"，在众多的讨论中，"对话"成为大会的一个热词。现代对话理论根源早自苏格拉底、柏拉图，晚至布金、哈贝马斯。大会的主题表明，当代对话式传播处于拥抱、领悟、接受、包含差异和理解之间的张力地带。传播过程接受差异，寻求一种方法论上的转变。以往传播研究更多地关注解决差异，使

---

① ［美］詹姆斯·凯瑞：《传播的文化研究取向》，《作为文化的传播》，丁未译，华夏出版社 2005 年版。
② 丁未：《电报的故事——詹姆斯·凯瑞〈作为文化的传播〉札记》，《新闻记者》2006 年第 3 期。

差异消失；现在则倡导通过对话去更多地接受差异，通过对立的张力，寻求新的见解、对话，而非对抗，这已成为内部的主流观点，传播领域的对话应是对整个世界潮流的一种特别的响应。

20世纪德国哲学家埃德蒙德·胡塞尔（Edmund Husserl）提出"交互主体性"的概念，在"交互主体性"这一概念出现之前，与之相对应的哲学概念是"主体性"。所谓"主体性"，是指以人为主体，发挥人的主观能动性去认识客体的一种哲学认知方式。"主体性"的提出是西方近代社会的产物。"主体性"提倡以"人"为中心，反对中世纪的以"神"为中心；提倡发挥个人的主观能动性去掌握客观的知识，反对中世纪神权对人的主观能动作用的束缚。在其产生之初，确立了"人"在社会生活中的核心地位，代表了一种历史的进步，这是值得肯定的。但是"主体性"对于个体本位的确认，自身也存在着明显的局限性，即过分地强调个体本位的中心地位，造成个体本位意识的极度膨胀，其结果是片面地强调自我的中心地位，把自我幻想成一个无所不能的主体，而把自我之外的一切事物包括他人统统视作自我的客体。

19世纪末20世纪初，人们已经对当代生活中由个体本位主义导致的各种弊端有了切肤之痛，作为对个体本位主义的反驳，胡塞尔提出"交互主体性"的概念。如果说传统的"主体性"关注的是"单个的主体"，那么"交互主体性"关注的则是"复数的主体"，确切地讲，"交互主体性"关注的是"主体"与"主体"之间的相互联系。

在胡塞尔看来，传统的"主体性"的认知方式由于强调的是个体本位主义，造成了主体之间的隔绝和不理解，而"交互主体性"的提出解决的就是主体之间的共同性和彼此沟通的可能性。胡塞尔认为，"交互主体性"就是承认他人同自我一样，都具备主体性质。当我把他人看作是同自我一样的主体后，我不仅承认和尊重自我对客观世界的感受，同时也承认和尊重他人作为主体对客观世界的感受，由于"每个人都有自己的位置并从这个位置上去看身边的事物，每个人都因此而看到不同的事物现象"，这就使得相互间的沟通和理解成为必要，而"交互主体性"对相互间的主体性的积极认可又为主体之同的沟通和理解提供了可能。这样，胡塞尔的"交互主体性"的提出，就重新印证了主体之间相互沟通和理解的必要性和可能性，并为人与人之间确立相互沟通和理解的对话关系铺平了道路。

胡塞尔之后，德国宗教哲学家马丁·布伯（Martin Buber）进一步将主体与主体之间的相互沟通和理解确定为"对话"。马丁·布伯一生致力于探讨如何建立一种人与人之间相互沟通和理解的新型关系。他受到胡塞尔"交互主体性"的启发，并把胡塞尔"交互主体性"揭示的人类的沟通和理解定义为"我—你"双方的对话关系。在这种关系中，"你"对"我"亲切地说话，而"我"则对"你"所说的一切做出积极回应。两者间不是经验与被经验、分析与被分析的关系，而是相互提问、应答，互为依存的关系。在布伯看来，"我—你"的关系在人类社会人与人的交往中早就不复存在。在社会中人与人之间最常见的是"我—它"的关系模式。"我—它"的关系模式是指当人与人相处时，每个人都各自以"我"为主体、为中心，而把他人视作客体、视作研究对象，这样原本活生生的与"我"同为主体的他人，被硬性地剥夺了作为主体的身份，成为一个无生命的"它"。布伯认为，"我—它"的关系模式虽然表示的也是人与人之间的"交往"，但这种"交往"是被扭曲了的、不正常的，"交往"的双方是不可能真正相互理解的。要改变上述局面，实现人与人之间的正常交往，就必须放弃"我—它"的关系模式，重新确立"我—你"的关系模式。布伯认为，"我—你"的关系模式本质上是一种对话。正是由于对话对于建立人类"真正的共同人生"是如此的重要，所以布伯一生始终如一地呼唤在人类社会中构建一种"我—你"的对话关系，并真诚地相信，人与人只有真正地置身于相互间的对话中，才可以消除彼此间的冲突和矛盾，实现人类社会的和平共处与共同发展。

早在 20 世纪 60 年代初，哈贝马斯在分析资本主义社会的组织结构时，就提出了"公共领域"（Public Sphere）的概念。在社会生活中，代表不同利益的各方都试图维护各自的利益，产生错综复杂的利益冲突。这种利益冲突单纯地局限于某一特定的私人领域是不可能得以解决的，为了调和彼此间的冲突，代表不同利益的各方不得不在其中达成妥协，形成一个相互合作、相互依存的公共领域。20世纪60年代末，哈贝马斯又进一步把人与人之间的这种相互合作关系定义为"交往对话"。[①]总之，交往对话是主体与主体之间以语言符号为媒介的相互作用。交往对话是以"理解为导向的行为"，或者说是"以理解为目的的行为"。哈贝马斯认为，首先在对待对话的态度上，对话双方都有获得一致性的愿望，并愿意为获得相互间的一致展开真正的对话。其次在对话的过程中，对话双方必须遵循使彼此间的对话成为有效的原则，这些有效性原则包括：①真实性，即对话双方在对话过程中所陈述的内容都是真实的，而非虚假的；②正确性，即对话双方在对话过程中的语言表述是合乎语言规范的、是正确的，是彼此双方都能明白的；③真诚性，即在对话过程中对话双方都真诚地表述自己的意见，并且双方都真诚地相信彼此所说的话。最后对话的最终目的是消除彼此间的差异，达成相互间的一致。

四、研究述评

从国内外文献来看，现有研究存在一些问题，有待进一步探讨：

（一）涉及会展研究传统领域，国外研究水平高于国内研究

根据世界各国会展业发展的历史经验，一国会展发展的水平受该国综合经济实力的影响，是与国家经济总量和发展水平相适应的。西方发达国家得益于科技、交通、通信、服务业方面的优势，在全球会展经济发展中占据了主导地位。在会展实践方面已经有了一整套专业化的跨国会展运作经验。国内会展业起步较晚，相应的学术研究也有迟滞，不论是在专著还是与会展业相关的论文上都处于快速追赶阶段。近年来，有关会展设计、营销、管理、经济、产业等方面的研究增长显著。

[①] 哈贝马斯"交往对话"强调，两个以上的主体，以符号和语言为媒介，通过媒介协调，依据特定的社会规范，以一定的仪式巩固，通过对话达到不同主体间的沟通与理解。

（二）涉及会展研究新兴领域，国内研究早于国外研究

互联网时代使网络会展成为会展业发展的新特点，国外对网络会展的研究成果反而少于我国，这与我国重视媒体融合建设，重视网络传播渠道的建设不无关系。随着社会的演变与科技的进步，中国的会展业逐渐成为融合经济、传播、文化、政治等元素的综合体，在形式、内容上积极拥抱新技术、新应用，在功能和办展方式上探索新的可能，会展业的各个方面都在与时俱进。随着科技的进步，我国相关研究将会再上新的台阶。

（三）涉及城市会展传播领域，国内外关注焦点不同

从学术趋势上看，进入 21 世纪以来，会展传播研究文献呈现百花齐放、百家争鸣的局面。由于目前我国市场经济体制尚需完善，不同地区城市之间的经济发展无论是在制度政策方面，还是在资源分布方面，还是在社会、经济、政治、文化发展状况方面都存在着明显的差异，而且大部分城市的经济发展阶段与国外发达国家还存在一定差距，具有明显的中国特色，政府对会展行业的介入深度也与其他国家不同。这从国内学者的研究内容上得到了充分体现。

（四）涉及会展传播评价领域，多从管理学、经济学角度切入

传统会展业定性评价体系大多源自管理学的研究视角，而传统定量评价体系多以经济学研究视角为主。这些研究局限性在于要么将会展业视为一个具体的产业或是企业，并没有认为会展业和其他产业有本质区别；要么将会展业视为可以带来经济效益的产业或是企业，而对会展业带来的政治传播和文化传播影响力基本不涉及。

（五）涉及会展传播研究对象，大多数以城市、企业、展览等为主

现有大多数研究的出发点和落脚点为某个具体的城市及企业，或是城市与城市、企业与企业、展览与展览之间的比较。这种研究视角的局限性在于，将会展业局限于一个地域、行业的概念或研究框架下，而忽视会展对于整个国家政治、文化、经济战略的意义。

第三节　实践依据

一、国际经验

（一）欧洲会展业发展情况

欧洲是世界会展业的发源地。100 年的积累与发展使欧洲会展经济整体实力领先，世界级的会展业大国往往聚集于此。东欧会展业的发展主要以俄罗斯、捷克等国家为代表。

欧洲目前是世界上会展产业竞争最激烈的地区。从总体上看，欧洲会展的质量、贸易效果和活动组织水平普遍高于其他地区，德国、法国、英国、意大利、西班牙、瑞士等国，不仅拥有许多著名的品牌会展，而且产业具有成熟度最高、产业集中度最高、活动组织水平最高的"三高"特点，代表着当今世界会展产业发展的最高水准。

创立于欧洲的重要国际会议组织有两个：国际协会联盟（Union of International Associations，UIA）和国际大会及会议协会（International Congress & Convention Association，ICCA）。国际协会联盟（UIA）创建于 1907 年，总部在布鲁塞尔，是一个为全球组织提供会议信息的非营利性的先驱者，是全球国际性社团组织最主要的机构。国际大会及会议协会（ICCA）于 1963 年在阿姆斯特丹创立，是国际会议市场最重要的国际组织之一。会展强国具有一些整体的风格与特点，如数量多、规模大、历史悠久、国际化程度高、注重办展特色等。欧洲展会对欧洲经济产生了很大影响，如获得优质资源、提高主办城市知名度、带动地方经济发展、提升支持力度、增加就业机会等。

1. 现代英国会展业

（1）英国会展业的特点。

1）政府扶植会展。

从 20 世纪 70 年代开始，英国政府就意识到会展的经济价值，包括对投资贸易、旅游、外汇增长与就业的拉动作用。80 年代，英国政府就设立了伦敦会议局，90 年代之后，英国主要城市都有了提供咨询和服务的会议局。20 世纪 80~90 年代，英国政府在场馆和基建方面给予会展业很大的支持，伦敦、格拉斯哥、伯明翰、爱丁堡都成为世界著名的会展城市，尤其是伦敦，会展中心、会议酒店等设施齐全，全英每年超过 30% 的展览会在伦敦举办。

2）助推产业发展。

英国会展业为文化创意、金融服务、旅游、基建和电子产业等带来可观的效益，加上从发展会展业之初，英国政府及行业协会便有意建立会展与横向产业，如金融、文创、旅游、节日经济、建筑业等支柱产业的多层次结合，围绕会展业打造相关业态，经过多年的实践，行业间顺利借助会展业平台混合成为各行业综合配套的发展模式。

3）行业协会监管。

英国的会展行业协会对展览业进行管理，而非政府直接参与。展览的组织、场地、策划和配套服务公司均有统一的行业行为规范。协会会员自觉遵守这些规定，而会员单位发布的展览会统计数据和标准也都服从协会的统一规范，方便行业的有序发展和科学管理预测。

4）完善的服务系统。

对展览服务的信息资源进行二次开发是英国展览成功的关键。通过建立完善的数据库维护与现有客户的合作关系，完善的客户数据库方便展览企业跟踪售后服务，也为办展财务管理提供便利，计算机网络服务系统更让这些企业如虎添翼，方便会展企业间的联动，形成强大的客户信息网。

5）高度的国际化。

英国会展业的国际化程度很高。源于英国的全球资源及其独特的国际视野，英国会展业从一开始就呈现出国际化特点。

英国会展尤其重视外国公司和参展商，使国际国内市场相接轨，甚至其专业展会的摊位也是依据参展商的产品类别而非国别划分。举办大型会展的外国参展商和产品都力争超过半数。他们在全球范围内开拓市场，在全球有大量代理合作伙伴，在场地销售和广告宣传方面发挥重要作用。与欧洲其他国家相比，为控制会展成本、重组市场，国际著名的大型跨国会展集团每年都为英国会展业贡献上亿美元利润。

（2）英国的节事活动。

英国节事活动的发展历史悠久，文化艺术类节事是英国节事的主要构成部分。到 1981 年，英国就拥有了 200 多个艺术类节事活动，1989 年的英国官方年鉴提到了 400 多个艺术类节事。截至 2005 年，全年有 650 个专业艺术节在英国举行。其中，爱丁堡国际艺术节是世界上最为盛大的艺术节；诺丁山狂欢节也名声在外，英国还举办各种体育赛事，如温布尔登的网球"四大满贯"锦标赛、谢菲尔德的世界职业台球锦标赛等。

1）英国爱丁堡艺术节。

一年一度的爱丁堡艺术节（Edinburgh Arts Festival）始于 1947 年，是世界大型综合性艺术节之一。其宗旨是加强欧洲国家间的文化交流，推广高雅艺术，为欧洲的和平与团结提供一个活动的舞台。后来由于不断有世界著名艺术家的参与，逐渐演变成一个雅俗共赏的艺术盛会。起初，组织者只邀请一些著名的音乐家和剧团参加，但也有些剧团不请自来，并以其通俗化、喜剧化的表演吸引了不少观众。因此，爱丁堡艺术节其实是由两个艺术节组成的，一个是"正式的"，另一个是"非正式"的。每年 8 月至 9 月初，组织者都会邀请来自英国及世界各地著名的歌舞艺术团体和个人到爱丁堡进行表演，时间大约持续 3 个星期。由于两个艺术节举行的时间大致相同，人们就把它们均视为爱丁堡艺术节的组成部分。此后，不仅戏剧、音乐，许多别的艺术门类也开始在此期间举行大型的节庆活动，使爱丁堡艺术节的规模越来越大。爱丁堡艺术节的一个重要特色是外国民间艺术活动，让成千上万的观众一饱眼福。

2）英国诺丁山狂欢节。

诺丁山狂欢节是欧洲规模最大的街头文化艺术节，每年在伦敦西区的诺丁山地区举行。诺丁山地区的黑人居民多半不是来自非洲，而是来自加勒比海或拉美地区。20世纪60年代，诺丁山的移民文化孕育了诺丁山狂欢节，规模仅次于巴西里约热内卢狂欢节，是伦敦地区最炙手可热的、展示多元文化的旅游项目之一。

2. 现代法国会展业

法国是全球会展业最为发达的国家之一，也是重要的国际会议接待国。巴黎一直是全球举办国际会议最多的城市之一，每年接待各类国际会议的数量在全球国际会议市场以及欧洲会议市场中都占有较高的比例。政府投资建设场馆，再由公司经营管理，这是法国会展业展馆设施的主要经营办法。

（1）法国会展业的特点。

1）专业机构主办。

法国的办展机构从20世纪五六十年代的行业协会到专业展览公司，行业协会或合资组织或保留一定比例的股份，把展会的经营进行公司化改制。

2）集团化运作。

会展是一个资金、资源和智力密集的产业，会展市场对展览的要求不断提高，小型展览公司通过与公司间的重组和并购形成集团化的趋势。全法国最大的13家展览企业就包揽了展览业总产值的2/3。爱博展览、励展、博闻集团、巴黎展览委员会等是法国展览市场的主要集团。

3）品牌化经营，发展规模型展会。

巴黎国际建材展、食品展、葡萄酒展、面包糕点展、巴黎国际农牧业机械农业展等都是法国在国际上具有垄断地位的品牌展。经过市场的优胜劣汰，法国的展览会逐渐确立了自己的垄断地位，吸引来自世界各地的国外参展商和参观客户，力争使展会成为欧洲甚至全世界的龙头展会。

（2）法国著名会展。

1）巴黎航空展。

巴黎航空展的正式名称为"巴黎—布尔歇国际航空航天展览会"，是世界上规模最大、最负盛名、历史悠久的国际航空航天展览会。巴黎航空展由法国航空航天工业协会组织，两年一次，在巴黎东北的布尔歇机场举行。第一届航展于 1909 年 9 月 25 日开幕，随后每年举行一次。在两次世界大战期间，巴黎航空展被迫中断。但由于战争促使了航空工业的高速发展，战后航展迅速恢复了举办。巴黎航空展于 1919 年第 6 届以后改为每两年举办一次。

2）巴黎时装周。

巴黎一直被誉为"时装中心的中心"，国际上公认的顶尖时装品牌总部大部分设在这里。从这里发出的信息是国际流行趋势的风向标，引领国际时装风潮。也正因如此，巴黎时装周与纽约、米兰和伦敦时装周并称全球四大时装周。时装周期间，全球各大时装品牌、知名服装设计师，以及服装设计界新锐，在巴黎向业界和公众展示他们的最新作品，携手引领时尚，打造流行。

3）戛纳国际电影节。

戛纳国际电影节成立的初衷是为了对抗法西斯政权控制的意大利威尼斯国际电影节。"二战"后，首届电影于 1946 年在法国南部戛纳举行。每年 9 月举行，一般持续半个月。1951 年起，特地将时间调整到 5 月举行，以便在档期上早于威尼斯国际电影节。1957 年起，戛纳电影节的最高奖由"金鸭奖"改为"金棕榈奖"。

3. 现代意大利会展业

（1）意大利会展业发展特点。

意大利历史悠久，经济实力强大，是一个以加工业为主的国家。自 1898 年创办展会以来，在每年的 3 月都能吸引 700 多家参展商和 175 万专业观众前来参展。展商覆盖种植业、渔业、畜牧业、酿酒业等几乎全部农业领域。维罗纳同时还承办意大利大理石展，展品涵盖了天然大理石、人工大理石和大理石加工等。国际著名的大理石集团 Marmomaco 每年都要预订 6 万平方米的展位，并组织 1100 个参展商参展。同时，该大理石展上 40% 的观众和 1/3 的参展商均来自国外。SIBA 则是该地举办的一个国家级食品工业论坛，每逢奇数年，面包和酥油制造商就会会集到亚得里亚海滨，就意大利面食、比萨的生产和国际贸易进行探讨。除了各种各样的食品展览外，还有意大利工程机械协会（ANIMA）支持的意大利国际包装及食品加工工业展览。

意大利的展览会大多不是由展览会场地所有者举办，而是由专业人员组织，往往是与该领域的企业协会或贸易协会联合。意大利展览协会主要由展览促进会、意大利工业展览委员会（CFI）以及 EIOM、BIAS 等展览公司组成，主要展览有国际自动化、仪器仪表和微电子展，国际化工展，国际信息与通信技术展等。而意大利工业展览委员会（CFI）是意大利最大的、行业代表性很强的专业展览会机构，CFI 的展览会集中在米兰、佛罗伦萨和帕尔马，总展览面积为 80.6 万平方米，主要展会有机械展、家具建筑展、服装纺织展、制鞋展、食品展、化妆品展、农业展、光学仪表展以及电子安全展等。

（2）意大利的著名会展。

1）米兰国际家具展。

米兰国际家具展创办于 1961 年，被称为全球家具业的"奥林匹克"，是全世界家具家居、服装设计、建筑灯具、配饰等设计专业人士的设计圣地。自举办以来形成了米兰国际家具展、米兰国际灯具展、米兰国际家具半成品及配件展、卫星沙龙展等系列展览，设计时尚前沿，是全世界家具流行的风向标。

2）米兰国际时装周。

米兰时装周是国际四大著名时装周之一，是世界时装设计和消费潮流的"晴雨表"，每年举办两次，聚集了时尚界大腕、时尚杂志和大量专业买手。春夏时装周在 9~10 月举行，秋冬时装周则在 2~3 月举行，时装周期间一般都会举办 300 余场高水平的时装发布会。

4. 现代德国会展业

（1）德国会展业发展特点。

德国是高度发达的工业国家，经济实力位居欧洲首位。在这种环境下，会展业得到了很大的发展空间。第二次世界大战后，德国的经济制度已发展为社会市场经济。国家在市场经济中主要负责调节任务、规定市场活动的框架条件，经济活动主要由市场决定。德国会展业在产业化的同时也实现了市场化的经营机制与运营模式，实现了会展业的优胜劣汰。

经过百余年的发展，德国会展产业已经形成政府积极引导，行业协会管理，展览公司、参展商、媒体协作的完整体系。由于展会对城市的经济发展和就业的拉动作用明显，不少地方政府把会展业作为本地的支柱产业，加强展馆及其配套的设备，完善交通设施，使会展硬件逐渐得到改善。德国已基本形成了一套功能完备、核心突出、配套齐全的会展产业体系。

（2）德国著名会展。

1）汉诺威工业博览会。

汉诺威工业博览会创办于 1947 年 8 月，经过半个多世纪的发展与完善，已成为当今规模最大的国际工业盛会，被认为是联系全世界技术领域和商业领域的重要国际活动。汉诺威工业博览会是世界顶级的专业性贸易展览会，每年一届。博览会荟萃了各个工业领域的技术，引领着世界工业的创新与发展，是世界工业发展的"晴雨表"，并且已经发展成为全球工业贸易的旗舰展和影响力最为广泛的国际性工业贸易展览会。每一届汉诺威工业博览会开幕都会有各国政要出席，随着世界会展经济的发展，汉诺威工业博览会每届都有新的亮点，展会的质量也在不断提高。2011 年，汉诺威工业博览会净展出面积达 25 万平方米，有来自中国、美国、加拿大、俄罗斯、英国、法国、意大利、瑞士、日本、韩国、印度、巴基斯坦、土耳其、马来西亚等 60 多个国家和地区的 6400 家厂商参展，共接待观众 20 万人次，其中专业观众的比例达到 96%。中国共有 441 家企业（内地 426 家，香港 15 家）参展。

2）法兰克福书展。

法兰克福书展的历史可以追溯到中世纪，也就是约翰内斯·古腾堡在距法兰克福数公里的地方发明西方活字印刷术的时候。1949年，法兰克福书展由德国书业协会创办，每年10月的第一个星期三至第二个星期一在法兰克福举行，为期5天。其展览宗旨是：允许世界上任何出版公司展出任何图书。法兰克福书展（Frankfurt Book Fair）是德国举办的国际性图书展览，是世界上最大的图书博览会，也是全球最重要的国际图书贸易信息服务平台和国际知识产权交易平台。据统计，每年在书展上达成的版权交易份额约占世界全年总量的75%。在全球文化领域，该书展也具有重要的国际影响，是全球范围内文化交流活动的风向标，被称作出版业的"奥运会"。法兰克福书展展览面积约为17.2万平方米，展出图书40万种，每年有100多个国家约7000多名来自世界各地的出版界人士、1000多位作家和1.5万名记者参加，是世界文化的一次全面交汇。法兰克福书展对全球下一年度图书出版产生重要的影响。随着法兰克福书展影响和规模的不断扩大，各国在举办主宾国活动的过程中，不断丰富主宾国的活动内容，通过展示大量本国出版物、组织大批作家参加博览会、举办多种形式的文化活动，达到了全方位展示本国文化与传统、提升本国国际影响力、树立良好国际形象的目的。

3）慕尼黑啤酒节。

世界最负盛名的三大啤酒节分别是英国伦敦啤酒节、美国丹佛啤酒节和德国慕尼黑啤酒节，它们在国外家喻户晓，被欧美的啤酒专家们誉为"每一个啤酒爱好者都该至少要去一次的狂欢"。德国慕尼黑啤酒节是世界上最大的节庆活动，据慕尼黑观光事务当局的统计，每年啤酒节都会吸引超过600万名的观光客，平均吃掉20万根香肠、60万只烤鸡，并喝掉600万升的啤酒。

慕尼黑泰瑞莎广场上的所有啤酒大棚都是临时搭建的，每个大棚都有2000平方米左右，有独立的舞台和啤酒销售柜台，人们坐在传统的长板凳上在长木桌前享受着举世闻名的德国啤酒和具有当地特色的烤猪腿。除了街头张灯结彩、人们开怀畅饮之外，由慕尼黑市内的 7 家大酒厂组成的游行队伍也纷纷上街载歌载舞，还有许多民俗活动，如音乐会、马戏团表演，更有许多贩卖站与游乐设施，如旋转木马与摩天轮等。啤酒节活动一般在晚上 11 点结束，可是不少游客仍意犹未尽、流连忘返，许多人会转战至通宵开放的酒馆续饮。走进慕尼黑酒棚的会场中，会看到十余座由各家知名啤酒公司及餐厅合开的大型啤酒屋帐篷（Beer Tent）。虽名为帐篷，但每个帐篷都宛如小巨蛋。为容纳每晚数千至数万人，各家啤酒屋挖空心思来满足不同游客的需求，从 7 月中旬就开始搭建巨型棚子，棚内外都布置得各具特色。十几个啤酒棚共可容纳慕尼黑啤酒节的 9 万多个座位，每个啤酒生产商都会在帐篷内展示他们的啤酒。大家在啤酒棚内唱歌、跳舞，吃烤鸡、烤鱼及德国面包，另外，有不少的啤酒棚里还设有乐队表演舞台，每晚都会有乐队表演一些耳熟能详的德国歌曲。

（二）美洲国家会展业发展

美洲的传统节日很多，如感恩节、母亲节、父亲节等。感恩节是美国和加拿大的节日，由美国首创，目的是感谢印第安人，后来人们常在这一天感谢他人。自 1941 年起，感恩节被定在每年 11 月的第四个星期四（11 月 22~28 日），从这一天起将休假两天，人们和自己的家人团聚，不管多忙（有些特殊岗位除外）都是如此。感恩节是美国国定假日中最地道、最美国式的节日。加拿大的感恩节则起始于 1879 年，是在每年 10 月的第二个星期一，与美国的哥伦布日相同。在传统节事的庆祝方面，不同国家的庆祝方式各有特点。以新年为例，古巴人有泼水除旧岁的风俗，每逢除夕之夜，家家户户，男女老少尽情地玩耍、载歌载舞，每人都准备好一碗水，等午夜的钟声敲响后，大家便端着自己的一碗水，泼到屋外去，以示去旧迎新。智利人在除夕彻夜不眠，男女老少都穿上华丽的服装，参加节日的各种庆祝活动，午夜的钟声一响，人们便喜笑颜开地涌向公园和广场，在欢快的乐曲声中尽情地歌舞，一边跳舞，一边燃鞭炮、放焰火，通宵达旦，热闹非凡。哥伦比亚在元旦的前一天，每条街上都要做一个表示旧年的大玩偶，除夕午夜时分，"玩偶"被炸得一片片飞散，大家便互相祝贺、亲吻、跳舞、唱歌。节日活动长达数天，此外，还要举行假面舞会，人们在3天内要把手和脸涂成黑、白、黄各种颜色。阿根廷人过新年时，有一种十分文雅美妙的活动，他们认为水是最圣洁的。每年元旦，地处南半球的阿根廷正是盛夏季节，全家人去江河中行"新年浴"，以洗去身上的一切污秽。下水之前，先将一篮鲜花瓣撒在水面上，然后跳进"花水"中沐浴，并用鲜艳的花瓣揉搓全身，以求幸福吉利。

巴西人视一种不易生长的"金桦果"为幸福的象征。每年除夕，等午夜的钟声响过之后，人们便举家出动，高举火把，哼着轻快的小调，兴高采烈地拥向树林中，去寻找稀有的"金桦果"，谁找到的果子最多，谁就最幸福。巴西人将新年之前的五天定为冷餐日，大家都不举炊。等到元旦到来的那一天，教堂的钟声鸣响，才生火做饭，饱餐一顿，互祝新年快乐。

美洲各类文化艺术节日众多。如美国的奥斯卡金像奖、孟菲斯的五月国际节、肯塔基州的赛马节以及大众参与广泛的"纽约梅西感恩节"等。现在美洲举办的世界级的大型体育赛事包括奥运会、冬奥会、足球世界杯、一级方程式赛车等。其中由美国两大篮球组织"BAA"和"NBL"合并而成的"NBA"比赛，具有全球影响力。随着大众健身和极限运动的兴起，一些休闲运动类节日也备受青睐。如美国雷德岩热气球节、美国NEA赛场、休斯敦热气球节等。美国的双胞胎节从1976年起每年举行一次，成为吉尼斯世界纪录人全中人数最多的双胞胎集会。

在宗教庆典活动中，圣诞节几乎成为最被人们广泛接受的宗教性节日。在多民族聚集的地区和国家，这项庆典也各具特色，异彩纷呈。纽约洛克菲勒中心摆放的圣诞树和滑冰场盛大的溜冰活动、在华盛顿给白宫圣诞树装饰的活动，是美国圣诞节中最亮丽的风景线。在墨西哥的圣诞节庆祝活动中，一群群城镇市民挨家挨户地走访，象征着刚出生的耶稣的拜访者。在天主教盛行的南美洲，圣诞节的庆祝活动充满着宗教色彩。世俗的风俗和互赠礼物是欧洲和美洲土著人传统的混合体，并且正越来越多地受到美国文化的影响。在哥伦比亚，赠送礼物的传统中有一个为孩子们带来礼物的"小基督"，在智利则为"圣诞老人"。圣诞老人可以通过很多方法在晚上进入孩子们的房间，从梯子到跳跃床，应有尽有。在阿根廷，人们在1月6日赠送圣诞礼物，那是孩子们在去伯利恒朝圣的路上遇见的圣者用点心和小礼物装满孩子们放在床下的鞋子。

和世界其他各地一样，美洲以娱乐狂欢为主要内容的节日众多，一些节日已享有国际声誉，如巴西狂欢节、乌拉圭狂欢节、哥伦比亚巴兰基亚狂欢节等。每年的乌拉圭狂欢节持续一个多月，是世界上持续时间最长的狂欢节。哥伦比亚巴兰基亚狂欢节期间，盛装的游行队伍走上街头，音乐、花车、美女使海滨城市巴兰基亚充满了色彩和欢乐。巴兰基亚狂欢节作为哥伦比亚国家文化遗产已成为加勒比沿岸地区最重要的节日之一。

（三）亚洲国家会展发展概况

1. 日本会展业

日本是亚洲地区第一个举办世博会及奥运会的国家，已经成功举办了4次世博会。早在1964年，日本东京就成功举办了奥运会，可以说日本会展业已达到了世界先进水平。日本是世界商业贸易中心之一。日本会展业的优势在于，一方面，日本的国际认知度高，作为世界知名的商业中心，受到许多国际商务会议和展览的青睐；另一方面，高新技术为日本收集和统计会展资料、进行会展研究提供了技术支持，日本的展览业无论是展览的档次、水平，还是展馆的设施和经营管理，都非常好。但由于日本国内市场一直非常发达，所以日本长期以来只专注于国内市场，很少面向欧美，对国际市场的开拓缺乏进取意识。绝大多数展览商和观众也都来自日本国内的企业。

亚洲地区设有众多的国际组织总部，国际组织的定期会议在客观上促进了亚太地区会展的发展。就举办国际会议的数量而言，日本位居亚洲的第一位。在日本，国际会议产业自20世纪60年代起步以来，特别是90年代以后，与IT业、旅游业共同成为推动日本经济增长的重要产业。目前，日本的会议产业已取得了可观的经济和社会效益，提高了会议举办地的知名度，有力地促进了区域振兴。除东京、大阪、福冈等大城市外，一些中小城市国际会议产业的专业化、国际化水平也比较高。

2. 现代韩国会展

1988 年的汉城奥运会使韩国的国际声誉得以提高，国内基础设施的改善也为韩国会展产业的发展奠定了基础。韩国的 IT 行业、通信业、消费品以及文化休闲业都非常发达，这在一定程度上辅助了韩国会展业的发展。会展的品质吸引了越来越多的国外展商及购买者。韩国正在逐渐成为各种展会的新的亚洲中心。

在韩国，会展业被称作"旅游业之花"，会展活动对于旅游等其他关联产业的拉动作用也更加明显。据韩国观光公社的统计，2007 年国际会议参加者在韩国的消费额是每人 2488 美元，为一般游客的 27 倍，韩国政府十分看重会展产业在提升国家品牌效应方面的作用。据有关部门推算，2002 年韩国通过举办世界杯足球赛，国家品牌价值提升了约 8 万亿韩元。韩国展示产业的政策管理部门是知识经济部，在该部的推动下，韩国于 2008 年 3 月制定了《展示产业发展法》，并于当年 9 月开始实行。韩国政府对会展业的政策措施主要有扩大和改进展示产业基础设施；推动展示会的专业化、大型化和国际化；强化展示产业的发展基础；向展示业界提供实质性支援，通过税收、保险等制度改革，帮助会展企业解决实际困难等。

2009 年 1 月 13 日，韩国总统李明博主持召开了国家科技委员会和未来企划委员会会议，会上将会展产业列为高附加值产业的代表。韩国政府采取多种措施对会展业予以扶持。包括政府出资支持会展业相关教育课程的日常运行；支持构建统一的韩国会展业信息系统；继续为会展产业的培育构建法律制度和环境；建立专门的官民合作机构支援会展产业等。此外，韩国政府还在国外设置招揽国际会议的专门机构，并加强对国际会展市场的开发和研究。韩国地方政府也纷纷采取措施支持会展业发展。韩国京畿道政府出资 1200 亿韩元（约为 1 亿美元）支持建设韩国国际会展中心的第二展馆，第二展馆建成后，韩国国际会展中心的展场总面积将超过 10 万平方米。首尔市政府则宣布于 2014 年前在首尔火车站附近新建一处综合会展中心，该中心包括三个能容纳 7500 人的大会议厅以及两个面积为 8000 平方米的大型展厅，总面积达到 5 万平方米，规模将超过韩国首尔世界贸易展览中心。大田市将 2009 年定为"大田会展产业的飞跃之年",动员所有行政力量对会展业给予支援。

二、中国实践：国家主场外交的新形式

（一）新中国成立初期的中国展会

1. 重要事件节点

（1）赴印度、巴基斯坦参展。

新中国成立后不久，先后接到了印度国际工业博览会、巴基斯坦国际工业博览会的邀请，中央贸易部对外贸易司负责于 1951 年 11 月，由全国各机构抽调 30 人组成中国参展团，赴印度和巴基斯坦参展，中国展出规模 5000 平方米。其中在印度展出 45 天后，中国展团由印度转往巴基斯坦参加于 1952 年 3 月 9 日开幕的巴基斯坦国际工业博览会，博览会经过 35 天的展出，于 4 月 14 日闭幕。

（2）中国贸促会的成立。

1952 年 5 月 4 日，中国国际贸易促进委员会（以下简称中国贸促会）正式成立。从此，中国以展会的方式与国际展开了经贸往来。经周恩来总理批准，赴印度、巴基斯坦参展的展团人员留任，成为中国贸促会的首批工作人员，团长陈明任中国贸促会展览部第一任部长。中国贸促会成立后不久，便邀请出席莫斯科国际经济会议的日本代表访问北京，时任中国贸促会主席的南汉宸与日方签订了中日民间贸易协议。1953 年 10 月、1955 年 3 月、1958 年 3 月，中国贸促会又相继与日本有关团体签订了第二次、第三次和第四次中日民间贸易协定。其中，第三次的贸易协定规定：中日双方在日本的东京、大阪和中国的北京、上海互办商品展览会。

（3）北京展览馆。

1952 年，苏联提出在中国展示苏联的建设成就，包括经济、文化、科学技术、建筑技术和建筑艺术等。为此，中央决定在北京、上海建设苏联展览馆以学习、借鉴苏联社会主义建设的经验。苏联派了建筑专家来我国

帮助设计和施工。1953 年，由中央财政部投资 2700 万元建设西苑大旅社、西郊商场，工程耗资 2400 万元。1953 年 10 月 15 日，在建馆工地举行了隆重的开工典礼，中央人民政府和北京市人民政府有关方面的领导同志以及参加建馆的工人、干部出席了开工典礼。在建设过程中，周总理曾指示全国各省市应支援展览馆的建设，当时我国 20 多个省市为建设展览馆，在人力、物力上提供了大力支援。工地上 1 万多名建筑工人和 6000 多名解放军战士日夜奋战，经过一年的努力，于 1954 年 9 月竣工。当时，整个展览馆占地面积约 132 万平方米，主要建筑物占地面积 8.85 万平方米，建筑面积 504 万平方米。主体建筑以中央大厅为中心，并附设影剧场、餐厅、电影馆，还铺设了专用的铁路支线。中央大厅正面大门上镶有毛泽东主席亲笔题写的"苏联展览馆"五个镏金大字。1954 年 10 月 2 日至 12 月 26 日，在新落成的苏联展览馆，举办了"苏联经济及文化建设成就展览会"。1955 年 4 月和 1956 年 10 月，相继在此地举办了"捷克斯洛伐克十年社会主义建设成就展览会"和"日本商品展览会"。1958 年，根据周恩来总理的意见，苏联展览馆更名为北京展览馆。这一时期，北京展览馆属于行政事业单位。随着我国社会主义经济建设事业的发展，北京展览馆成为我国接待五大洲几十个国家、地区和我国举办各种展览、交流活动的场所，为促进国内外经济、文化、科技交流，发展我国经济贸易关系，增进我国人民同世界各国人民的友谊发挥了积极作用。1956 年 10 月 6～29 日，日本商品展览会在坐落于北京西直门的苏联展览馆举办。此次展会规模为 18 万平方米，参展商 807 家。作为新中国成立后最早的来华展之一，日本商品展览会引起了不小的轰动，毛泽东主席亲临展会现场参观。

2. 代表性会展：糖酒会与广交会

在我国会展业发展的初期，有两大展会非常重要，那就是素有"天下第一会"之称的糖酒会和"天下第一展"之称的广交会。直到今天，这两大展会仍在发挥着不可替代的作用。1956 年，由当时的城市服务部组织的全国供应大会在北京西苑大旅社（今西苑饭店）召开，这成为全国糖酒会的开端。在完全计划经济时期，全国糖酒会扮演了一个供应会的角色。

1984 年，糖酒会开始在春秋两季举行。

从这一年开始，烟从糖酒会的交易范围内分离出来，同时糖酒会的名称更改为"全国糖酒三类商品交流会"，正式确定了开放式办会的组织原则。从此，糖酒会打破了行业封闭和原有交流形式的束缚，适应了商品流通的特点。1956 年 6 月 12 日，时任广东省外贸局局长的严亦峻，以个人名义向外贸部电报称，自举办一些出口物资交流会以来，许多港澳商人一再到内地参观并达成了买卖交易。他建议，当年（1956 年）9 月或 10 月，在广州举办一场全国性的出口商品展览交流会（后称"广交会"）。经批准，1956 年 11 月 10 日，中国出口商品展览会如期召开，这是广东物资交流会的前身。此次展会历时两个多月，出口成交 5380 万美元，接待海外客商近 3000 人。在此基础上，1957 年春由中国国营进出口企业联合举办了第一届中国出口商品交易会。

广交会共经历了两大发展时期：1957~1978 年，为新中国构筑"友谊的纽带，贸易的桥梁"；1979 年至今，在改革开放中成为外贸出口的"晴雨表"。党的十一届三中全会以来，广交会的规模、形式和内容都发生了很大变化。出口商品的展览一改过去按口岸分散设点、重点展出的方式，而按系统性、系列性、代表性、艺术性的原则展出。交易方法更是灵活多样，开展了以进带出、易货贸易、代理贸易、补偿贸易、招标销售、来料加工等业务。此外，还开展了洽谈国际经济技术合作、中外合资经营、技术贸易、国际信托投资、远洋运输、国际金融等业务。广交会正逐步发展成为多领域、多功能、综合性的国际经济贸易盛会，成为我国最大的对外贸易交易中心，也是东南亚地区最大的国际经济贸易场所。2006 年 10 月 15 日，国务院总理温家宝在第 100 届中国出口商品交易会开幕庆祝大会上宣布，广交会更名为中国进出口商品交易会。

（二）1966~1976 年的展览

1966~1976 年我国展览不多，但很具有时代特性。1967 年 11 月，亚非新闻工作者协会书记处举办的"亚非人民反帝漫画展"在北京中国美术馆开幕。展览会展出的 180 余件漫画作品分别来自日本、朝鲜、老挝、苏丹、坦桑尼亚等 24 个国家和地区。1972 年 1 月，越南民主共和国"抗美救国"画展在北京展出，此后又到上海、广州、昆明、武汉等地展出。1973 年，德国、意大利、美国、澳大利亚、加拿大和日本等国举办的单国展，都在北京展览馆举行，基本上属于接待型展览。1974 年 10 月，由国务院文化组主办的"庆祝中华人民共和国成立二十五周年全国美术作品展览会"在北京中国美术馆展出，共展出中国画、油画、版画、水粉画、连环画、年画、宣传画、雕塑等作品 430 多件。1975 年 9 月，澳大利亚风景画展在北京民族文化宫展出，共展出作品 85 件。1976 年 1 月，四川、广东、浙江三省版画联展分别在成都、广州、杭州三市同时展出。2 月，由上海市文化局、农业局、上海人民出版社主办的"上海农民画展览"在上海美术馆展出。在出国展览中，1977 年 7 月 17 日，中国在日本北海道札幌举行了展览会，有 64 万人参观。

（三）1978~1999 年：中国会展业的转型时期

1978 年，中国进入了改革开放的新时期。当年 10 月，由中国贸促会主办的多国农业机械展览会（以下简称"多国农机展"）在北京全国农业展览馆举行，这是中国贸促会来展部接待的第一个国际性的专业博览会。多国农机展有来自澳大利亚、加拿大、丹麦、法国、日本、荷兰、意大利、德国、瑞典、英国等 12 个国家的展团参展，规模达 3 万平方米，展品 725 件，观众 30 多万人次，其中有 8 万多人次观看农业机械表演，1000 多人次参加技术座谈会，但中国没有展品参加此次展会。

多国农机展是我国的第一个商业性展会，此前我国从未主办过国际性博览会。与此同时，多国农机展也为我国会展业市场化开了先河。1979 年，中国贸促会提出建设一个全新的展览中心的建议。经过两年多的筹备，北京中国国际展览中心于 1982 年破土动工，1985 年竣工，并于当年 10 月投入使用，邓小平为展馆题写了馆名。该中心承接的第一个展会是第四届亚太国际贸易博览会。从此，中国没有商业展馆的历史彻底被改变。随着北京中国国际展览中心的落成，中国会展业也逐步开始了商业化的管理，并有了自办展会。可以说，多国农机展是中国会展史上的里程碑。1984 年 6 月，中国展览馆协会在国家民政部登记注册成立，这是我国最早的全国性展览行业组织。

随着商业展会的出现，中国专业组展的公司也应运而生。1984 年 7 月，上海市国际展览有限公司（以下简称上海国际展览公司）成立。作为上海首家专业办展机构，该公司是隶属于中国贸促会上海市分会的全资子公司。1984 年 10 月，中国贸促会作为当时全国来展和出展的主管单位，在南京举办了第一次全国来展出展工作会议。此次会议上，中国贸促会对改革开放以来的来展工作做了总结和鼓励，对广州、上海、天津、北京等地接待外国来展的收费做法，第一次给予了肯定。

新中国成立后，从 20 世纪 50 年代至 80 年代中期，中国会展业主要为出国举办经济贸易成就展和接待社会主义国家来华举办的少量单独展览会。为了规范和管理出境展以及来华展，1982 年 8 月 26 日，国务院批转中国贸促会、对外经济贸易部、外交部《关于出国举办经济贸易展览会若干问题的规定》和《关于接待外国来华经济贸易与技术展览会若干问题的规定》的通知。多年来的实践证明，出国举办经济贸易展览会和接待外国来华经济贸易与技术展览会，是促进我国对外经济贸易活动、引进外国先进技术与设备的重要渠道，也是配合开展外交工作的途径之一。

1986 年，中国常州灵通展览用品有限公司成立，这是我国最早从事展览器材开发、研制和生产的专业公司。1988 年，对外贸易部发布了《对外经济贸易部关于举办来华经济技术展览会审批规定》（以下简称《规定》），《规定》明确了来华展需报中国贸促会审批，并报对外经济贸易部备案。同时还强调了来华展品的展示范围及相关规定。1989 年 6 月，深圳国际展览中心建立，拉开了深圳展览业的帷幕。这一时期，一些展览公司及行业组织开始尝试组织专业展，如中国机床工具协会、中汽总公司、中国印刷协会、中国邮电器材总公司及中国贸促会汽车分会、中国贸促会纺织行业分会等，纷纷联合中国贸促会及中展集团组织了机床展、车展、纺织展、通信展等。此外，北京市也培育了制冷展等。上海和广州的品牌展则更多地倾向于轻工和消费品类的展会，如上海的磨具展、家具设备展、家具展等。

20 世纪 90 年代中期，国际展览巨头开始频频关注中国会展市场的发展动向。1995 年，我国首家中外合资公司京慕国际展览有限公司面世。它是由慕尼黑国际博览集团亚洲公司和中国国际展览中心集团公司共同组建的中国展览业内第一家合资公司，同时也是慕尼黑国际博览会公司在中国的总代理。北京慕尼黑国际展览有限公司的面世标志着我国会展业国际化的开端。1996 年 2 月 12 日，大连市政府决定成立大连市展览工作领导小组。1999 年，中国国际高新技术成果交易会（简称高交会）成立，将展览业带进了新的时代。政府的全力支持让高交会成长为城市名片，同时也发展了礼品展、住交会等品牌展览，深圳初步形成了会展经济，并发展成为会展城市。从 20 世纪 90 年代末开始，全国明确提出将会展经济作为新的增长点的城市多达三四十个，各地纷纷把会展业作为发展的重点。西南地区中，以最富经济活力的成都和举办过世博会的昆明势头最旺。

1999 年，中国政府独立举办了 20 世纪最后一个 A1 类专业的世界博览会——昆明园艺世博会，有 67 个国家和地区以及 26 个国际组织参加展出。这个时期是我国会展业发展的积累阶段，会展数量逐渐增多、新的会展法规颁布、展览器材企业成立、国际展览逐渐增多、展览中心逐渐增多，都为我国会展业的发展奠定了很好的基础。

（四）中国会展业的快速发展时期（2000~2010 年）

从 2000 年开始，中国会展业进入了快速发展期，由此也掀起了展馆的建设热潮。其中，规模最大的有广州、北京、上海，展馆面积都在 10 万平方米以上。此外，成都、大连、重庆、郑州、长春、南京、杭州、昆明、南宁、东莞等都建起了 5 万~10 万平方米不等的现代化展馆。伴随着展馆建设热，目前我国展馆总面积已排世界首位，推进了各地展览业的发展。2001 年底，外资公司大举进军中国市场。2001 年 11 月，上海新国际博览中心（SNIEC）正式开业，该中心的外方投资方是德国的慕尼黑国际博览集团、汉诺威展览公司和杜塞尔多夫展览有限公司。三大巨头的投资表明，中国将是未来最具潜力的会展市场。从 2008 年北京奥运会到 2010

年上海世博会、APEC、杭州 G20、"一带一路"峰会、世界互联网大会、中国首届国际进口博览会等，中国越来越多地承办国际化的大型会展，通过发挥会展传播平台在空间管理、符号表征、视觉设计、信息整合和身体参与等方面的作用，对抗大众传播对实体空间与身体的排除，打破大众传媒在内容上的编排和垄断，回归传播本质，用广义的人际传播、组织传播、群体传播等方式为中国对外传播突破现有国际传播格局，打造更公平、可对话的国际传播秩序提供了多种可能。

第二章 会展：时空弥合的传播路径

第一节 会展的组织结构与空间生产逻辑

一、空间、记忆与认同

（一）身体空间观念下的空间与记忆

空间是重要的助记符，扎根于人们真实的社会经历中，人类记忆常常是空间导向的。当代以来，一种新的空间观兴起，该空间观强调空间的身体性或身体空间，涉及人类感知的多样性或身体经验。以身体体验作为感知空间的方式，使空间转变为被不同主体所占有和使用的多样性场所。围绕人这一主体建构起的空间包罗万象，是不同的记忆主体、内容与形式的生成基础，它能够充分尊重不同的价值观和审美趣味，最大限度地促成空间中主体间的对话、交流和理解，实现多样性价值和对多元文化的认同。在空间中，记忆主体、客体和记忆载体相互作用、动态演变，记忆通过媒介显形、保存和传递，人们在回忆与体验中产生对空间的依恋与认同。

克里斯汀·博耶在《集体记忆的城市》一书中指出："不同于历史，记忆是与人的日常生活紧密相连的，是沉淀和传承在人的生活世界的历史。"身体通过实践表达和保持着集体的记忆，对特定空间的记忆需要民众通过社会性、日常化的行为实践来维持与认同，并向下传递延续。空间记忆往往来源于特定空间里的日常生活，人们通过身体化的操演形成各种社会性、日常化的行为实践，体验、传播与认同城市记忆。

法国哲学家梅洛·庞蒂认为，"我的身体在我看来不但不只是空间的一部分，而且如果我没有身体的话，在我看来也就没有空间"，即一切空间的结构与意义都需要身体的参与。美国社会学者保罗·康纳顿认为记忆在身体中有两种沉淀方式：体化实践和刻写实践。体化实践强调身体的在场性，其存在方式和获得方式使它具有特别记忆效果；沉淀在身体上的习惯记忆可以更好地保存过去，习惯的身体操演对于表达和保持记忆极其重要。

人文地理学家戴维·西蒙认为，理解地方的关键成分是身体移动性，身体的日常移动，作为一种具身实践，在生活经验中孕育出对于特定空间的主体认同。特定空间会综合刺激人类的感官，使日常生活区域成为强大的记忆源泉。思维具有自动在空间中匹配有利于记忆活动展开和储存的特质，发挥空间对记忆的引导和支撑作用。

对一个城市而言，空间记忆包括官方和民间两种，官方记忆由社会权力和体制书写，民间记忆产生于日常生活和人际关系。空间的官方记忆是自上而下的，经过预先规划设计，通常采用规整、有序、统一的结构向公众传输。空间的民间记忆是自下而上、自发随意、无规则的空间形态，构成城市的基础单元。这种自然生长的城市空间，在不规则和随意中汇集了神话、传说、土制、惯例等各种本土传统文化，隐藏了在使用方式、土地特征、社会习惯等方面的特定秩序与意义，展现了与民众的生存感知、生活体验相关的错综复杂的生活世界。亲历者在官方记忆框架内包容来自民间的丰富多彩的"小叙事"能使各种形式的空间记忆多元互补，形成一种具备不同解读角度的多元文本。

（二）空间的传播特性

空间形态既表现出独特的空间物质形态，也体现了空间中的集体意识、价值观、文化传承方式等。空间化的历史具有一种结构，而这种结构正是在文化残迹的叠加与沉积中"有机生成"的。

空间景观塑造着空间记忆，每一代人对于过去、现在和未来的需求都必须在空间中重新进行考量与安排，每个时代需要将反映当代社会生活与时代精神的信息有机结合进历史的物质遗存中，使创造与保护之间的冲突得到新的协调与解决。市民在长期相处过程中结成了丰富的社会网络，这种无形的社会网络对于维持共有的城市记忆有着强大的内在力量。生活区域包含着个人经验的地方记忆和亲密的邻里关系，故而保护了特定空间中居民的传统生活、交往方式，使城市记忆在生活世界演进中得以传承。

空间传播的意义不仅在于传递信息，还有社会交往、意义共享，乃至一切连接主客体的中介；传播的目的不仅在于社会整合，还包括地方感的营造、仪式感的实现、人与人关系的建构。传播的媒介不仅是大众媒介，还有物质空间。空间包含了传播的各种方式和工具，空间体验是融合性的，物质空间、传播媒介、社会实践共同构筑了现代社会生活的传播、交往、沟通的过程。

21 世纪以来，空间记忆的媒介叙事在多个层面展开，对西方现代性和中国现代化诸多问题进行反思批判。由于传播技术发展，人们更多依靠媒体、书籍、报刊、网络等外在化的记忆载体或装置，大众媒介运用各种策略和手段编码组构赋予空间以社会历史意义，空间记忆是在实体空间、虚拟空间与人们的空间实践中生成的，它在集体记忆的社会建构中发挥着重要作用，影视、新闻、文学、广告等建构了城市记忆的文化空间和精神空间，成为空间记忆的重要组成部分。

（三）会展空间中的国际传播

在国际传播中，会展的事件空间是印象的表征，媒介书写建构了多样化的事件记忆，广大民众则通过参与、观看等行为实践来维持与认同事件记忆。网络对日常生活的全方位介入催生了新的社会实践，进一步促进了大众与空间内事件记忆的接触与对话。

国际传播的空间范式就是强调一个国家给予受众的印象的建构与传播以空间，改变大众传媒标准化的传播，给不同的记忆内容与形式提供空间，真正建构以人为主体、以有益于人的体验和解放为价值取向的传播空间。

各个民族国家都具有独特的文化品格和鲜明的个性特色，国家的个性特点植根于它的历史、文化和社会实践，人类的集体记忆具有空间性，空间中产生的记忆是反映人们对各个时间断面内所有有形物质环境和无形精神文化的共同记忆。当我们把记忆和意义融入感知体验，使某个国家的具体场所成为一个个具有意义和情感的地方，就形成了令人难以忘记的空间特质，将一处处单纯的物质空间转变为美好的和令人愉悦的人性化场所。

正如故宫、胡同之于北京，外滩、豫园、石库门之于上海，西关、沙面之于广州，西湖、灵隐寺之于杭州，夫子庙、中山陵之于南京一样，空间记忆赋予城市以个性化的鲜活生命力。会展空间并非单纯的精神文化空间或物质实体空间，而是兼具两者，以物质为质料，以文化为灵魂，既是真实的又是想象化的场所。通过对传统空间传播的挖掘和反省，记忆话语建构起包括城市共同体的多个层面的想象共同体，维系并强化个体对地域的归属感和文化认同。

二、会展展布的过程与传播

会展项目策划是一个目标导向的策划过程，包括项目市场调研、可行性分析、立项策划等内容。在调研和立项过程中，会展组织的可行性、主题的现实性、执行方案的科学性、财务预算的合理性和风险考量都是会展项目能最终落地的基本框架。在主题、立意、项目论证和环境分析明确的基础上，完成目标定位，制订执行计划，确认立项依据，提出项目策略，预估所需资源，细化活动方案、设计团队、营销策略和竞争战略，在立项环节为策展扎实基础。

（一）商业性会展

以商业会展为例，组展者应在办展前对计划举办展览的地区的经济结构、产业特点进行全面分析，优先考虑区域内的优势产业、龙头产业和政府重点扶持与重点发展的行业。分析行业市场状况，判断行业内供需状况、竞争态势，区别买方和卖方市场，积极为买方市场对接、拓展客户。

在展览策划和准备阶段组织者需要协调与办展相关的资金、人才、物化资源、信息和社会关系，包括区位、交通状况、展览场馆设施、目标客户、合作单位、行业信息，以及与该项目所属行业的政府主管部门、行业协会的关系以及与相关专业媒体的关系等。必要时除收集二手资料外还要对该项目进行市场调研，主办方还需要提前考察和关注展馆附近的交通状况，在展会前后向组展者、参展者和观众提供清洁、咨询、餐饮供应等一系列相关服务，按市场化、专业化的要求开展工作，实现服务流程标准化、规范化。

办展期间，会展主办方要做好展中管理，对会展现场进行控制，包括相关工作人员、观众进出会展场所的管理、展位管理、展品管理、宣传品管理、噪声控制、其他问题处理等。制定和实施完善、安全的管理制度，明确展位负责人，并要求参展人员和展会工作人员严格按规定操作，提高安全防范意识。对待可预见事件应尽可能地提前做好准备，成立突发事件应急小组，根据展馆实际情况进行具体部署；对待不可预见的突发恶性事件，处理原则是以人为本，即在突发事件发生后在保障人员安全的前提下，再尽量减少财产损失。

组展方应注意保护版权、商标权、地理标志权、工业设计权、专利权、集成电路布图设计权和信息的保护权等知识产权。了解参展商和参观者对本次组展工作的意见，收集一些有关参展商和观众的统计资料。在展会结束后，安排参展商按撤展时间要求有序撤展，在参展商、展品及观众均疏散、展览场馆清理完毕之后，委派会展物流商对展览进行总结、效果评估和展后跟踪，包括分析统计观众人数、参展商数和代表性、达成意向的成交额，对参展商和观众满意度、投入产出比等信息追踪回访，进一步加深参展者对组展者的印象，树立品牌展览会形象，同时也为下一届展览会开展宣传工作。

除了周到的接待和服务，组织者应该在展览期间安排一定数量的专业观众进行交流，建立参展商名录，发掘潜在参展企业，与建立参展商资料库一样建立重点目标观众资料库，举办媒体招待会，宣布展览会日期，为机场、车站、码头、地铁出口、饭店与展览场馆之间安排免费班车。

（二）政治类会展

从史前的巫术集会到封建时代为展现皇权的祭祀等活动，至当代增强认同的国家仪式性事件。以国家为行为单位的会展，运用象征性的语言、人员、活动、组织方式，在确定的时间、空间、场合中，以物质形式创造一种国家性的表征事件。不同于商业性会展，节庆、仪典、赛事、国际会议之类的展事活动承载着更大的传播目标。

有些学者从"仪式"的角度在这一领域展开研究，并关注其政治意涵，认为国家性的展事不仅能够决定"集体内部的交往秩序"，甚至能够决定"国家的政治秩序"，政治仪式承担了社会和政治秩序的生成、再造、反复确认、强化等基本性任务，从而达到维持现存权力关系、整合社会的目的。

宗教学家凯瑟琳·贝尔在《仪式理论和仪式实践》一书中对仪式与权力、合法性的关系作了一定的针对性研究，指出仪式化本身就是政治权力，是权力实践的一种策略。人类学家大卫·科泽的《仪式、政治与权力》一书关注政治仪式如何运作，包括政治类展事如何依靠仪式化运作建立政治组织，构建政治合法性，如何创造出政治同一性，形塑人们对政治世界的共同理解等。在政治仪式中，参与者的身份、身体和情感被当作用于权力生产和再生产的资源，并通过仪式的相关设置和安排植入权力流程。仪式性活动作为一种权力生产和再生产的基本原则，根据这些设置和安排获得其规则范畴上的意义。政治资源唯有在仪式所制定的行动规则中，才能够成为权力生产的资源。

任何政治仪式都具有一定的政治意图，但是这种意图被包藏在复杂而晦涩的象征之中，它所具有的权力从生产伊始就具有不确定性。然而，参与者的价值认同使政治仪式的意图与多义的象征建立了明确的联系，仪式内的象征系统对于参与者而言既不复杂也不晦涩，它经过参与者在思想情感上的过滤变得清晰可见。

（三）节事类会展

节庆是事关世界各国的重要文化事项，西方学者常把不同类型的节庆活动统称为节事（Festival and Event）。节事类会展是以特定时间、特定地域为时空布局，以特定主题为活动内容的一种社会文化现象，也是观察民族地域文化的重要窗口。

节庆仪式既具有节庆的特征，也具有一般仪式的特征，仪式通常是在特定空间时间展开的，有组织地通过仪式、礼节、游戏、竞赛或某种更复杂的礼仪形式表现出来的，出现在人们之间已经存在精神联系的地方，这些联系因这种生命活动而更加巩固，常常与人们的思想意图、社会夙愿以及对美好幸福生活的希望联系在一起，与一整套生活中的文化实践事物和审美实践事物相结合。

英国哲学家维特根斯坦将人定义为"庆典仪式的动物"，代表着节庆与宗教的渊源关系。庆典包括节日、仪式、集会、游行、宴会、假日、狂欢以及由这类成分构成的种种综合体。现代社会节日繁多，有一些被称为"节"，还有些则称为"日"。如世界湿地日、龙头节、植树节、世界地球日、国际护士节、国际博物馆日、母亲节、世界环境日、父亲节、中元节、感恩节、世界学生日、寒衣节、世界艾滋病日、下元节、圣诞节等。德国哲学家约瑟夫·皮柏认为真正的节庆是基于它本身就是充满意义的活动，他肯定了节日庆典、游戏与人性意义的关联，确证了节庆的正当性、合法性与必要性。

三、会展传播的结构与环境

（一）会展传播的基本要素

传统的仪式是信仰认知的外向展现，是在特定场合和时间，按特定方式和程序，由特定的执仪人员执行，为特定群体举行的行为活动。超验性、规则性、周期性、重复性、程序性、象征性等都是仪式显而易见的特点。在传播要素中，大众传播往往忽略了传播行为进行的情境要素。传播在很大程度上与包括时间、地点、场合和文化等要素构成的"情境"有很大关系，或者说人类行为在一定意义上是"情境"的产物。

1. 时间

时间是仪式与生俱来的策略之一，仪式过程对秩序的强调反映在时间层面上的第一要求便是在合适的时间做合适的事情。仪式中严苛的时间技术并不是仪式时间的唯一策略，无论是政治文化还是企业文化，一种与价值、情感和态度相联系的共识呼唤更为契合人性的，或者说温情脉脉的、休闲的时间策略或"消费时间"部分地表达出了这种要求。

时间一直被认为是线性发展的，从过去延续到无限未来。先哲们对时间各有认知。德国逻辑学家、哲学家莱布尼茨最早陈述了时空的关系，他将空间定义为"共存秩序"的理想条件，把时间定义为"连续秩序"的理想条件。英国人类学家莫里斯·布洛奇认为文化有两套时间：一是仪式时间（Ritual Time），强调"活在过去"；二是实际时间（Practical Time），强调"活在现在"。法国人类学家列维-斯特劳斯提出历时性与同时性的问题，认为时间在结构之中。世界著名宗教史学家罗马尼亚学者米尔恰·伊利亚德认为，非同寻常的空间和时间是仪式最本质的核心，节日总是发生在"元始"时间，"一个实在物的元始时间——该实在物的第一次出现而开创的时间——有着一个范式的价值和功能，这也正是人类通过与之相应的节日对其追求定期再现的原因"。

神圣时间是转瞬即逝的时间序列，世俗时间是永恒的时间序列（永恒的庸常状态），节庆的时间制度通常表现为一种对物理日常的抗拒，而以神圣时间为宗旨，参与者在某个时间节点上遭遇到在上一个节日周期中经历过的神圣时间。如中国的传统节日贯穿着中国人的时间意识（节气、时令），体现着自然和生命的节律，代表着天人合一的生活理想，因此大部分电视节庆是一种历法仪式（Calendrical Rites），以时间周期赋予永恒有序的社会意义。

"展事时间"在实践意义上呈现出"差异性"，通过多重维度确定自身的界限以与其他活动区别开来。展事的时间有重复性、连续性和即时性，它们也与整个活动运作有直接的共振关系。与展事密切相关的时间主要有两种：一是外在于包括仪式在内的实践活动的"社会时间"，它不能凸显仪式的任何特殊性，只是决定了仪式必须存在于普遍的实践范畴中。二是在一定程度上具有独立性的"仪式时间"，它作为仪式的专属物广泛地存在于仪式的内在性质和外在形式中。

展事的发生有一定的周期，同时在某一具体展事的展演过程中往往也有一些形式上的重复。当然，重复传播信息是追求传播效果的一种有效策略，但展事的重复性是仪式展演所必需的。"重复性"意味着它在时间意义上必须追溯和再现从前，如典礼、礼拜或仪典等，都有简捷有效、可供参照的规律性，在周而复始中重现了一去不回的历史。重复性让整个历史以一种累进性的沉淀方式，将各种力量元素携至展事所唤起的特定时刻，由此，展事获得了时间的连续性和当下性的双重力量。

在展事中充当主题的时间主要是宽泛意义上的"节日"，既包括与宏大历史传统相连的"天时"，也包括与具体历史人物或事件相连的"纪念日"。"天时"呼应的是一种自然时间，它能够借用来自于自然法的神圣权威；"纪念日"则基本上属于生活时间的范畴，从中获得被纪念的人或事件的象征意义。"纪念日"是"天时"发生"社会进化"的阶段性成果，它是社会控制自然的能力日益增长的表现。"人"及其特殊实践活动"事件"成为一种时间形式，意味着社会节奏成为整个世界的主旋律。譬如，苏联在第二次世界大战之后创设了一系列纪念日，在这些日子中举行的仪式具有多种政治作用，如被致敬的烈士"变为有力的神圣象征，组织、引导和唤起对共同体和国家的集体理念"，而所涉及的大量关于"二战"的符号展布则为当时苏联政府的团结提供了强烈的情感支持。

2. 空间

古往今来的节庆、仪典、展事活动基本上都离不开特定的地理空间，经过精心遴选和构筑的"地点"是仪式得以顺利举行的前提条件之一。在文化地理学的视角中，空间是一种文化建构，空间在政治类展事中的作用尤其显著。无论将政治仪式举行的地点放宽至宏大的"地区"，还是特指相对封闭的"场所"，两种空间的文化特征和理念都紧紧地附着在仪式上。

"在世界历史上，几乎每个时期的统治者都一心想建造一座象征权力中心的建筑物"。盛大的政治仪式往往就在这些建筑物中举行，建筑物本身所具有的权力象征与在其中举行的政治仪式合二为一，以文化传播和政治展布的方式为所有的参与者和观众所感知；同时，这些权力建筑自身的合法性构建方式也得到了认可。

位置空间的生产和再生产体现在新的位置策略的应用上，这意味着权力技术发生了变化。福柯对边沁的全景敞视建筑的重新阐释向我们展示出一种极具震撼性的空间结构。作为"政治技术的象征""它是一种在空间中安置肉体、根据相互关系分布人员、按等级体系组织人员、安排权力的中心点和渠道、确定权力干预的手段与方式的样板。"全新的位置关系和全新的权力技术相联系，在权力知识的生产和再生产中频繁出现。位置转换具有促成权力技术发生变革的巨大力量，与位置在处理社会关系中所扮演的重要角色相联系。差异和区隔等概念所揭示出的位置空间具有非均衡性，将社会关系推入复杂的对位关系中，一些在非均衡性空间具有举足轻重意义的位置策略会导致社会关系发生根本性变动，体现在政治生活中表现为对政治权力的实践技术产生根本性的影响。

进而言之，空间可以是一种"场域"，在其本质中内含着权力关系，在布尔迪厄看来，"空间的概念通过自身而包含着对社会世界的关系性感知的原则……不管是个体还是群体，都生存并存在于差异中，而且通过差异，也就是说，由于他们在某个关系空间中占有的相对位置而存在于它（关系空间）当中的是最真实的现实，是个人或群体举止行为表现的真正来源。"他认为，社会主要由空间和关系两个部分组成。两者构成的大空间中存在着多种"场域"，如政治的、经济的和文化的等。

勒菲弗尔对空间问题进行了开创性的研究，认为"空间是政治性的、意识形态性的"，在建筑、规划和宽泛的生产意义上皆是如此。空间可以是一种政治象征，它关乎权力构建的各种政治想象，能够成为合法性的重要政治资源。圣地、祭坛、宫殿和各种壮观的建筑曾在古代社会的政治仪式中承担此类功能。借助这些空间，政治仪式既展现了权力所有者的巨大力量，同时也从这些神圣的空间中获得自然法或神灵所赋予的合法性。这种象征着权力并供应着合法性资源的空间在现代社会中仍以各种形式广泛地存在。各类权力机构处心积虑地构建自身所处的特定空间，在其应用性功能之外总是尽力包裹着象征性的外衣。

作为一种政治符号，空间象征的变化在政治意义上表明了权力系统的更变。在 1949 年开国大典上，天安门广场的意义转换体现出了这种空间更迭和权力更变之间的关联。天安门广场此后还进行过重大改建，目的是建成一个巨大的人民广场，以最大程度满足大规模人民集会的需要，在体现权力系统更变的同时，这种空间更体现出合法性基础的变动。清代皇权主导的颁诏大典在天安门举行，诉求的是"天"的神圣合法性，而开国大典通过毛泽东对"中国人民"地位和作用进行确认，盛大的阅兵仪式和群众游行则体现出以民为主的合法性诉求。

教堂通过加冕仪式营造了具有抽象想象力的神圣天国和世俗国家。作为具有复合性的物理空间、想象空间和实践空间，政治仪式的阈限空间搭建出了全新的权力关系。通过对空间符号的意义进行新的阐释和组合，实现其向特定象征的跳跃，在跳跃中能量便能产生并发挥出来，阈限空间的转换功能标示出两个完全不同量级的空间形态。

3. 人员

展事是一种人类社会的活动，人员可被视作展事最为基本的内置之一。在许多展事活动中，人员常是多重身份交叠在一起。如在古代社会的重大祭祀仪式中，国王既是祭司，又是群体的政治领袖，两者具有合法性意义上的共生。

展示作为一种区隔性的社会活动与其他类型或性质的社会活动有所区别，而展事中的仪式人和其他人群相比也具有相应的差异性。执行者在仪式举行前负责策划和组织，对仪式的整个过程和基本目标都有预设。政治类展事中的人际关系极为复杂。如在多次祭孔大典的演变中，参与其中的政府官员的级别越来越高，政府部门越来越多，政治影响的范畴也得到了显著拓展。政治人的主动介入体现了国家权力对传统仪式意义系统的征用和改革，这也是现代社会中政治类展事依然广泛存在并且产生巨大影响的原因之一。政治类展事中政治权力有被动引入也有主动介入，通过对非政治仪式的征用、改革或重构来实现。政治人在政治类展事中的存在状态和方式是政治权力生产和再生产的重要方式之一。政治类展事人员内在的仪式人和政治人的成分比例，以及政治类展事中所有人员的仪式人和政治人之间的成分比例，影响着政治权力的生产和再生产能力，也影响着政治权力在展事实践中的具体流通过程。

人与人的关系所包含的信息隐含权力的合法性。政治类展事中的人际关系值得更加广泛和深入的探讨。政府通过对作为中国传统文化象征的孔子的借用和阐发，获得来自传统层面的合法性支持，并经由其文化和经济等方面的成功获得更广泛的社会认同，他们的行为令仪式成为一个由种种复杂关系所构成的权力网络中的重要节点。虽然特殊的时间、空间和器物也能充当权力网络中的节点，但人这种节点更具能动性和主动性。

4. 器物

传统的政治仪式中，具体的器物性质和配置方式不仅能够体现出政治仪式的影响范畴和基本性质，更是与权力展布产生直接的关联。任何仪式都有其"标准配置"，这种配置格式对仪式所需要的器物作了基本规定。这些标准配置之上还存在着层次不等的规格，直接影响政治仪式效力的大小和范畴，亦是政治权力强弱不一的反映。仪式中不同等级的器物有着切实的政治影响，从西欧各国的殖民竞争阶段开始，"夸富宴"式的仪式比拼提升了所谓的"国际形象"，这种极具现代特征和流行意义的行为依然广泛地存在着。

配置规格或许比标准配置更加重要，因为政治仪式通常不会受到不达标准的困扰，而是容易陷入规格之战中。配置规格直观地显示出政治仪式权力展布能力的大小，这也是古往今来无数政治仪式能够贡献大量精美礼器的主要原因。在一些小规模的社会群落中，制作重要礼器会耗费极大社会财富。政治仪式的组织者总是不遗余力地提高仪式器物的规格。国王的权杖和王冠镶嵌宝石、总统就职典礼的仪式筹备、安保配置和交通出行规格等方面都向世界展现出权力。美国在国内、国际政治中的权力展示和文化构建的要求在器物与合法性的关系上主要与"古老""奢侈"和"强大"有关，分别对应着传统、权威、魅力等综合性的权威。

器物一旦进入展事就已经被内置相关的文化信息，展事通过各种操演形式对器物符号中的各种信息进行筛选、重组甚至创新，使之呈现为一种定向编码，存在于受众脑中并转换为特定的观念。在传播学意义上，器物正是通过象征性内容的生产和传送干预事件进程，影响他人行为甚至制造事件的能力。

5. 语言

时、空、人、物等展事的基本内置是展事作为象征体系不可或缺的基础结构。在展事所包含的整个符号群中，还有一些符号虽非必不可少，但也对展事起着重要影响，如语言、文字、声音、音乐、图像、色彩、行动、姿态等。这些符号不具有器物符号的实存性，不过它们的作用却是无比"实在"的。这些符号在展事中的痕迹和迹象往往主动或被动地被藏匿起来，从而具有强烈的隐喻和暗指性。古代仪式中巫师的咒语、演唱的歌词、朗诵的内容、器物上的铭文、订立的各类契约等皆属此类。

古代仪式中语言符号的意义往往晦涩难懂，在迈向象征的过程中所具有的开放性和模糊性令解码变得极为困难。作为仪式内容之一的语言本身就是仪式稳定性和神秘性的一部分，在漫长的传承之中已经具有了独立而直接的力量，不论是清晰的还是含混的，仪式语言的巨大力量仍然是显见的。仪式语言一直笼罩在厚厚的神秘面纱中，隐匿的知识成为权力最为重要的源泉之一。当较为成熟的艺术形式随着社会的发展渐次出现之后，也对仪式语言进行了不同程度的变革，有两个特征最为明显：一是不再以神秘感为主要或首要的"语感"，二是抽象性甚至是无意识性渐趋淡薄。

随着文字社会的发展，仪式语言的神秘性逐渐削弱，并向社会生活的实践迅速靠拢。具体的仪式语言主要由"装饰性"的语言和"功能性"的语言构成，意义含混或隐秘的神秘语言全线退却既保持了仪式所具有的与日常生活之间的区隔性，又维持了仪式对日常生活的干预性。展事中的语言从不可理解性向可理解性的发展意味着，语言本身所具有的权力意义和权力模式也更多地与具体的社会生活实践相联系，表现出一种整体性的建构。

6. 声音

声音要素是"仪式行为的过程和产物，信仰则是行为过程的核心动力"。声音贯穿于展事的实践逻辑和义理逻辑之中，突破了展事的阈限，并将社会生活中的基本规范带入展事。无论是"音乐"还是"音效"，声音都是一种富有韵味的符号。声音与一些具有力量的事物相关联，从而塑造出强大的声音象征。

传统的仪式声音既是在同一维度中理解社会和仪式的纽带，也是仪式实现其承负的社会职责的方式。在超越仪式但对仪式亦可适用的普遍范畴中，具有某种表意功能的声音或绝大多数音乐形式的基本目标是：通过社会的文化活动和准则在整个复杂的进程中产生理智的、象征性的、直觉的和富有情感的构造。

音乐存在于各种社会实践之中——这些实践模糊了仪式系统和其他行为系统之间的界限，使得众多日常生活中的行为具有了仪式的特征。音乐在很多仪式中扮演着指挥官的重要角色，它作为"一种组织原则"控制着事件的节奏，调节着传播空间的气氛，甚至安排着展事的全进程。对这些展事来说，音乐是一个不可或缺的内容，要理解仪式声音就必须超越其声学特性，从其社会和文化结构，即"仪式"出发探寻它具有的特殊意义。

声音并不像语言那样能够直接表达出相对准确的意义，但它也能依靠音量、节奏和声调成为一种独立的表意系统。音乐在理解上的开放性和不确定性为情感控制和文化塑造提供了便利，戈尔就此认为，正是"因为音乐完全缺乏具象的或概念性的内容，所以在所有的艺术形式中，它可能，或至少在范式意义上是服务于特定空间传播的最佳形式"。

传统仪式中的"音乐之声"总是无法摆脱其对社会关系尤其是政治关系的反映，仪式的控制者、操演者和所有聆听者都在这些声音的环绕中展开行动，各类声音都具有不同国家或民族文化的深刻烙印，它们在声音所具有的匀质性之外显现出独特性。在一个全球化的盛大仪式如奥运会中，当一个国家或地区的音乐奏响时，对复杂的聆听群体而言既具有构建和鼓舞的意味，无国界的音乐在全球市场中的传播和消费是经济行为也是文化和政治行为。

总之，展事中的声音都与其来源和受众所处的具体环境之间存在着直接关系，这种关系在文化意义中被理解为对某些价值、情感和态度的象征性表达。

（二）会展传播的环境结构

1. 文化——展事传播的宏观环境

文化是展事传播的宏观环境。从历史角度来看，文化环境从弱势的平复性和修缮性的力量，日渐演变为强势的具有整合性和控制性的力量。在文化环境的持存和变革中，事件传播必须顺应文化所造之势，迎合文化在形式和内容上的转变，凸显时代文化的内蕴和要求，不断寻找更为合适的安身立命之处和合宜的行为处事之法。

文化囊括的范畴在很大程度上与社会环境的外延相仿，与社会结构具有某种等同性。从文化角度研究仪式的格尔茨特别指出："文化是意义结构，人类用他们的经验指导他们的行为；社会结构是行为的形式，是实际上存在的社会关系网络。文化与社会结构因而不过是同一现象的不同的抽象。"

环境一词的英文含义为理解展事提供了一条简单的道路，它既指"环境、境况情境"，也指"事情、事件"，甚至直接指"典礼、仪式"。因此在分析一种具体的展事时，既要考虑到各种环境的直接影响，又要考量各种可能性的间接影响。

文化环境是一种历时性的立体结构，它将展事置于历史背景以考察。文化如同一张包容不同时空的巨网，既可以从任何历史阶段的特殊时空中选取资源对展事施加影响，也能够将现时性的各种文化编织进这张巨网中。展事空间是一个不断吸纳资源接受影响并择机反馈的重要节点，从其出发既可以在时间上追古抚今，也可以在空间上精骛八极，实现社会整合。

2. 城市——展事传播的中观环境

文化环境是一种想象之域具有跨越时空的性质，文化既是基于客观实际的实践环境，也是具有解释力的理论环境。但在一定时空中传播策略的安排上，宏观的文化环境会显得过于庞大、笼统了。如果说文化环境为会展国际传播的想象力提供了广袤的空间，城市环境则提供了一种目力可及的空间。城市环境相对狭窄但更加紧凑，包含物理、制度和人文环境，能够为会展传播提供一种与事件主题、结构、日程及其关系更具紧密性的环境，且不独立于文化环境之外，两者之间具有特殊的关系。

不同的城市意味着给予展事不同的活动空间，从而间接影响到展事传播的效果。展事所造之势、技术改造都在一个"可视"（与文化的"可想"相对应）的中观环境中。文化环境为展事这种特殊的象征系统提供了多义的解释角度，虽然城市环境对展事的诸多影响可以在稳定的状态中进行分析，但通过观察两者在变革中的联动性，能进行更深层次的挖掘：如果两者的联动是无碍达至的或者说两者交互之处是"平滑"的，那么在交互面上的信息流动直接反映出影响力的具体形貌；如果两者的联动存在某种障碍，或者说两者的交互面如锯齿般参差不齐，则意味着在两者之间产生了冲突，可能会引发一些非即时性的变革，对展事的传播效果也会产生间接性影响力。

3. 事件——展事传播的微观环境

事件环境是一种"即时性的"（Instantaneous）线性结构，在时间意义上转瞬即逝且不可逆转，展事处于这一过程中的某个阶段上，展示空间也限制了行动的开展。虽然事件能够被理解为可重复的结构，如四年一次的奥运会和一年一度的春晚，但具体内容是不可重复的。作为一种微观环境，事件只能在一个相对短暂的时间链上和界域非常有限的空间中发挥作用。

事件的性质与目的决定着形式的性质和目的，即使在展事中可能会出现"反事件"的状态，但事件本身仍然作为具有包容性和统摄性的整体。

外部环境最为常见的作用是为事件造势，旨在为事件提供一种综合情境。在这种造势作用下，事件作为实践活动可能在程序和目的上没有什么变化，但在构建效果上却有很大影响。如果外部环境发生变化，空间内的传播策略应该结合文化、社会环境做出相应的调整。环境犹如一种显影剂，事件便是底片，唯有将底片置于显影剂中才能查看其清晰和完整的信息。在会展国际传播中，最直观的适应性在文化、城市和事件层面上都有投射。这些变化不仅仅是简单的"技术性"的，还是深刻的"规范性"的。

文化、城市、事件三重环境之间存在着密切的相互作用，它们既不是简单的线性连接，也不是相邻范畴的交互，而是一种兼具发散性、复合性和融贯性的网状关联。不仅不同的外部环境与会展事件会产生相互作用，而且不同外部环境之间的作用也能对事件传播构成影响。这种复杂的作用关系为理解展事空间内的传播提供了多种路径。文化、城市、展事三重环境构成的同心圆结构中存在着完全包含的关系，即展事环境内嵌在城市环境中，城市环境又内嵌在文化环境中。这种结构意味着三种环境能够各自直接向展事传播施加影响。

第二节 仪式传播视野下的会展行为

一、仪式与传播的天然联系

（一）仪式的概念

起源于远古时期的巫术、神话和宗教，这些远古文化记录着人类从蒙昧到文明的演进历程，镌刻着人类无以磨灭的生命痕迹。尽管随着科学理性的发展，这些特殊的社会意识形态在现代社会的影响逐步削弱，但作为一种信仰和社会整合的方式，宗教等文化现象已经成为一种文化，成为人类的集体无意识。其中，仪式在所有的宗教中是最稳定、最持久的要素，揭示了宗教所蕴含的意义及其承载的社会权力和关系，对宗教功能的发挥起着不可或缺的配合和强化功能。

仪式通常被界定为"象征性的、表演性的、由文化传统所规定的一整套行为方式。从词源上讲，仪式、礼仪、典礼、礼拜和祭祀等词都从不同角度或不同情境下表达了有关"仪式"的某个或某些方面的特征和含义，《说文解字》讲道："仪（儀）度也，从人，义声。"《国语》中"度之于轨仪"的"仪式"实际上是指一种社会生活中所要遵循的规范和法则，浓缩着传统社会的生活面貌。《诗经·周颂·我将》中说"仪式刑文王之典"，《淮南子·修务》中说"设仪立度，可以为法则"，因此，古语中的"仪"有"威仪、法度、适宜"之义，而"式"在"法度"之外有典范、使用、尊敬之义，强调仪式的目的、操持与承继。它可以是神圣的也可以是凡俗的活动，这类活动经常被功能性地解释为在人与神之间、人与人等特定群体中的沟通，划分社会类别的、区分地域的、生命周期的过渡，强化秩序及整合社会的方式。

不同于中式社会，西方神话—仪式学派、社会结构—功能学派、宗教现象学派、象征文化学派、实践—表演学派等对仪式的看法有一个类似的往复过程：在原始社会或传统社会中，仪式因与宗教密切关联而被"赋魅"。随着19世纪以赫伯特·斯宾塞为代表的抽象性的社会进化观和马克斯·韦伯理性化概念的出现，仪式被当作外在的、人为的神秘化体验，被认为与朴实、诚挚格格不入，逐渐被"祛魅"，成为一种社会遗留物。个人、人际、组织的日常生活充满仪式，仪式的遍在性与仪式的起源演变有关，也与仪式作为"文化存储器"对社会整合具有的功能有关。

涂尔干将仪式定义为一种"行为"，强调了"仪式"是对信仰表达和强化的手段。对于仪式随着现代文明的演进和科学理性的昌明逐渐从神圣领域向世俗领域泛化的趋势，涂尔干写道："宗教中有某些永恒的东西，注定要比所有宗教思想作为其外壳而相继采用的特定的宗教符号存续得更为长久，任何社会都会感到它有必要按时定期地强化和确认集体情感和集体意识，只有这种情感和意识才能使社会获得其统一性和人格性。这种精神的重新铸就只有通过聚合、聚集和聚拢等手段才能实现，在这些场合个体被紧密地联系起来，进而一道加深他们的共同情感，于是就产生了仪典""仪式不仅追忆了过去，而且还借助名副其实的戏剧方式将过去呈现出来，这就是仪式的全部内容。戏剧表现这个说法是非常精确的，因为在这个仪典中祭司被人们当成了祖先的化身；作为演员，他扮演的是祖先的角色"。

法国人类学家范·盖内普在《通过仪式》一书中提出"通过仪式"的概念，即改变状态或地位的仪式，比如季节的转换、人生不同阶段社会角色的转换等。"通过仪式"分三个阶段：分离（前阈限）——过渡（阈限）——混合或重聚（后阈限），涵盖了自然、宇宙和人生，体现了仪式的遍在性及其在人类演进中的重要意义，揭示了仪式所承载的历史传统、记忆和仪式展演中蕴含其间的复杂社会关系。作为表演的仪式，在特定的时空聚集起仪式的参与者，在仪式展演中再现人类的历史、传统和记忆，从而回应当下的社会现实，在"文化表演"这一极富理论张力的支撑下，作为表演的仪式开拓出叙事性、文本性、模仿性、虚拟性、游戏性、狂欢性和交流性等理论资源，从而为深入研究仪式提供了多元视角。

（二）仪式作为一种文化传播

1. 凯瑞的仪式传播观

仪式作为一种传播方式，其所运用的媒介可以说是"全息媒介"，几乎涵盖了所有可以传达意义的载体，不管是物质的还是精神的、语言的还是非语言的。有学者对仪式情境进行了界定：仪姿、动作、行动这类仪式行为方式以及行为者的情态、心态表现，只是仪式的构成因素，尽管有些因素会在某种仪式行为中单独出现，但是一个完整的、公开的群体仪式，总是在一个特定的时间、特定的环境、特定的场景通过一系列行为综合展现出来。我们可以把这样一个在特定时空环境中综合展现出来的仪式情形称作"仪式情境"。在仪式情境中，仪式参与者重温共有的经验和记忆，获得心灵的共在感，"仪式情境"会激发仪式情感的产生和蔓延，"当全社会维系于同一仪式、同一情感时，仪式显得尤其威严，情感变得特别活跃。于是，集体的仪式和集体的情感便得到确定，成为维系诸野蛮部落的力量之一"。

"传播学鼻祖""传播学之父"施拉姆认为，人类是传播的动物，传播渗透到人们所做的一切事情中——它是形成人类关系的材料，是流经人类全部历史的水流，不断延伸着我们的感觉和我们的信息渠道。传播（Communication）一词和社区（Community）一词有共同的词根，这并非偶然。没有传播就不会有社区，没有社区也不会有传播。美国社会学家库利从社会关系的角度指出："传播指的是人与人关系赖以成立和发展的机制——包括一切精神象征及其在空间中得到传递、在时间上得到保存的手段。它包括表情、态度、动作、声调、语言、文章、印刷品、铁路、电报、电话以及人类征服空间和时间的其他任何最新成果。"

就仪式的传播特性而言，坦姆比亚对"仪式"的定义比较具有操作性："仪式是一种文化建构起来的象征交流的系统。它由一系列模式化和系列化的言语和行为组成，往往借助多重媒介表现出来，其内容和排列特征在不同程度上表现出礼仪性的（习俗），具有立体的特性（刚性）凝聚的（融合）和累赘的（重复）特征"。

美国学者凯瑞将传播定义分为两大类："传播的传递观"和"传播的仪式观"从仪式的角度来讲，传播一词与"分享"（Sharing）、"参与"（Participation）、"联合"（Association）、"团体"（Fellowship）及"拥有共同信仰"（the Possession of Fath）这类词有关。传播的"仪式观"反映了"共性"（Commonness）、"共有"（Communion）、"共享"（Community）与"传播"（Communication）具有同一性和共同的词根。凯瑞提出"传播的仪式观"，旨在批评"传播的传递观"所主导的美国传播学研究创新不足的缺点，倡导从效果的实证主义研究中走出来，开展对传播的文化研究，开创传播研究的新路径与新局面。凯瑞认为，"传播是一种现实得以生产、维系、修正和转变的符号过程"。

正是传播，"通过符号形态的建构、理解与利用创造了现实，并使现实成为一种存在"。在此意义上，"传播的起源及最高境界，并不是指智力信息的传递，而是建构并维系一个有秩序、有意义、能够用来支配和容纳人类行为的文化世界"。因此，"研究传播就是为了考察各种有意义的符号形态被创造、理解和使用这一实实在在的社会过程"。"根据仪式模式重新打造传播研究的目的，不只是为了进一步把握传播这一'奇妙'过程的本质，而是为重构一种关于传播的模式，并为传播再造一种模式提供一条新途径，为重塑我们共同的文化提供一些有价值的东西"。

2. 仪式的象征多义性

符号的形成以象征为机制，人们依靠它相互交流并共同具有一些经验、概念与信仰。象征是符号化的过程，通过赋予其某种意义来命名和阐释，正是有了象征，纷繁复杂的世界才变得秩序井然，人类才能更好地适应和把握外在的世界。

尽管象征只是一种符号的替代，但经由象征的反复运作，往往比事实对人类显得更加重要。仪式中各种传播要素本身不仅仅是生硬的、物理意义上的信息载体，仪式各要素本身也都附着意义，是一种文化的流转和传承，具有厚重的历史感。只要约定俗成，遵循任意性和约定性的规则，任何事物都可以作为一种象征。

人类的生存总体上表现为适应环境的行为，不确定性"产生和消除"的循环往复构成了人的生命过程，因此，对外界环境不确定性的焦虑是人类的宿命，而文化正是人类的确定性所在。文化这张"意义之网"构成了人类栖居的背景，没有它人类将无所适从，"意义之网"的编织是人类的自为，人类的本质与卡西尔"人是符号的动物"意义等同，文化其实就是人类以其特有的能力创制的一套复杂的符号体系，"它关涉人们观察和解释世界、组织自身指导行为、提升和丰富生活的种种方式，以及如何确立自己在世界中的位置"，从而成为人类适应世界的指南。文化这套符号系统是人类世代的积累和传承，对人类个体而言具有先验性，无以摆脱。人的成长过程就是内化特定文化规范的过程，传播不仅是文化形成的工具，而且传播本身即是文化。

仪式作为确证意义的手段，是人类童年无意识的创造，作为文化意义上的庇护与人类共在，仪式的形成与人类本身一样复杂多变。构成仪式的时间、地点、物品、人物、声响、结构和场景等诸要素都布满和附着了特定的意义。古代祭祀时的用牲、舞蹈、服饰以及仪式行为、陈列等处处都带着象征的意味，祭祀仪式上的种种姿态也是富有象征意义的，某些语词、表达和惯用语只能由特定的仪式参与者来表述，某些姿势和动作也有着种种规定和禁忌，在这个意义过程中，人们体验和共享着某种共同的经验和信仰。

仪式通过象征所凝聚、储存和传承的丰厚意蕴为仪式性的传播打开了深入之门。在重重叠叠充满了象征的仪式中，象征的意义就凸显出来，它在人们心理上暗示了秩序的存在，也渲染着秩序的神圣。作为一种历史的产物，秩序并不具有天然合理性，但是在这些象征性的仪式的暗示下，它便拥有了事实的权威性，人们接受了自己创造出来的仪式和象征，反而把这套象征认作是宇宙间的合理性的证据，人被自己的创造制约了。

3. 仪式传播的社会化

社会化为观察仪式象征含义的复杂性提供了一条补充路径，社会化对解释仪式具有一定的优越性，因为仪式的行动策略和实践活动身处其中。与此同时，社会化与文化具有内在的特殊关系，即社会化是文化的一种维持。仪式化作为一种权力的内在生成策略，实际上就是以政治仪式为中心，将所影响到的政治生活的要素都卷入其中，这些处于旋涡中的象征之争夺、塑造、呈现和阐释成为权力生产和再生产以及合法性构建的主要方式。这使得仪式在一个远离部落社会和宗教社会的现代社会中，仍然能够将政治生活的规范和秩序隐于其中。

仪式为我们提供了各种具有深层次影响力的认知理由，甚至常常越俎代庖地为我们做出选择。无论我们是主持者、参与者、袖手旁观者还是允执其中的观察者，稍不留心就会深陷其中无法自拔。当然，这种普遍性主要是一种对仪式抽象范畴和具体实践的存在意义上的描述，并不是无所不包的确然性。仪式的普遍性具有其自限性。"仪式化是一种构建受限的、有限的权力关系的策略"，"不是一个社会群体对其他群体的完全控制，而是同时包含着同意和抵制、误解和接受"，其普遍性体现为其中的"行为再生产和操纵其自身的语境背景（Contextual Ground）"。

在严格意义的政治仪式中，细微的时空分割并不比整体的安排更为常见。仪式虽然是分解身体的行动，但更为重视身体在整体意义上的位置感和行为的融贯性。以阅兵仪式为例，士兵在阅兵前的训练中对身体及其行为进行苛刻的分解，令举手投足在每一个时空网格中都达到极高的准确性。但是在仪式过程中，身体及其行为的分解变得微不足道，甚至被刻意掩盖，因为姿态上的一致性、行动在时间上的分秒不差以及在空间上的毫厘不差才是表演、观看和检阅的重点。仪式的目的在于令检阅者和观众的视线集中在士兵身体的整体性上，而不是被分解了的肢体动作上。个体的"饱满"表达和群体的整齐划一，是成功的阅兵仪式的重要标准，这也是阅兵的目的之一。

对身体位置及其行动次序的控制维持着仪式的连续性，在周而复始的操演行为中，仪式中的权力获得了累进性的合法性资源。更为重要的是，这种连续性还意味着仪式的旨趣具有恒常不变的特征。具体而言，仪式能够将一种与日常生活相隔离的独立行为系统地自主完整地表达出来，它具有相对完整的意义体系，甚至这种意义体系在经年累月的连续操演中具有了不证自明性，从而能够为流淌于其中的权力赢得神圣权威的合法性，以支持身体位置在政治仪式中的呈现，可以通过时间和空间组成的网格来计算。

在世俗化的冲击下，传统的仪式也发生了适应特定社会情境的变化，传统仪式的元素和限定有所置换和松动。传播的运作借鉴了仪式的元素，具有仪式的特性，使传播不像信息传递意义上的传播那样具有较为明显的控制功能。它并非不具有功利性，只是这种功利性较为隐蔽而已。从日常的对话、组织的仪式到以大众传媒为中介的仪式，以及大众传媒本身带给人们的仪式感，这种仪式化传播遍布人们的生活，仪式的遍在性使仪式化传播"自然化"，从而遮蔽了对其意义的揭示。

民间仪式常常被用作国家权力实现的资源，用以整合群体或者追求民间利益。国家政治的仪式化运作弥漫于日常生活，改变着人们原有的生活逻辑和乡土社会的文化景观。只有认识民间生活逻辑与国家权力这两套系统意义的相互作用，才能动态性地、过程性地理解和解释社会生活与社会变迁的真实图景及其文化内涵。如在春节、元宵节、国庆节等节日，举国欢庆突破了家庭界限，将国族意识附加在民众身上。多数主题性仪式都伴随着精彩的歌舞，仪式性的音乐声、叫喊声、文化展演，让人们体验到超常的刺激与活力，"集体欢腾"是其重要的特质，在节庆仪式的现场，组织者和公众都被卷入文化展演中。

4. 仪式的全球性共享

仪式是文化的积淀和传承，其显著的功能在于对人类生存意义的确定，因而具有较为有效的社会整合功能。仪式是文化，仪式发生聚合的"场"无论对微观上的仪式参与者还是对宏观上整个传统的承继、社会整合都起着一定的作用。传播不仅仅是信息的物理流动，更是人们对"意义的分享"，在这种共享意义的过程中，人们沉浸在宗教仪式所营造的神圣氛围里共享某种记忆，体味一种"我"与"他"无间的共在和认同。

"文化认同"（Cultural Identity）意指个体对于所属文化以及文化群体内化并产生归属感，从而获得、保持与创新自身文化的社会心理过程。认同感的建构须以认知为基础，以话语为中介，并不断使之符号化。斯图亚特·霍尔说："现代性理念最核心的就是坚信每样事物都注定会被加速、被溶解、被取代、被转化、被转型，正是这种社会生活新观念的改变——既是物质的，也是文化的——才是真正的现代性转变。"但在文化融合的过程中，差异性并不可能完全消失，关于文化身份的追问在20世纪90年代成为全球性热点，"几乎在每一个地方，人们都在问'我是谁''我们属于哪儿'，以及'谁跟我们不是一伙'"。

早期的仪式是人类应对环境挑战时采取的策略以及对世界意义的确定和解释。民族、国家的出现，使宗教仪式与政治、权力开始联结，统治者试图通过宗教的授权，显示出政治统治的合法性。封建社会的国家仪式是为了彰显皇权的至高无上和巩固维系国家统治的象征仪式活动。传媒社会中的国家仪式逐渐褪去了宗教的外衣，与政治利益、文化传承关联紧密。国家仪式往往演变为大众媒体中的"媒介事件"，种类也拓展为国家性政治仪式、文化仪式、体育仪式等。随着全球化社会的到来，国家仪式越来越多地被赋予了全球化的特征，成为全世界人民共享的活动。

在国际传播的仪式化实践中，人们不分国界，构建着想象中的共同体。它从受众个体出发，在现实和虚拟空间中随时随地上演，成为可参与、可观看的体验。这个国际传播空间是一个有着丰富的可理解、界定、诠释和分析内涵的巨大的话语场，人或人群共同体在特定社会情境下共同的实践过程赋予了空间内再生产和再塑造的性质。媒介化再现的节庆事件将民族认同感和社团感带到更边远的地区，适用于文化记忆的储存和交流，这些仪式装裱在文化、艺术、体育等主题下，通过视觉化符号展现出国家形象和实力，对外强调文化中介与民族同化，传播国家形象；对内凝聚民族精神，强调文化认同与社会整合。

在全球化语境下，在流动的现代性中，传统节日是一种认同路径——节日包含的共同体验和集体记忆，凭借国家认同及民族独特性的文化内涵而具有了超越时空的现实价值，节庆使人们与自己过去的文化相遇，并回复到自我所属的文化传统之中。节日对社会生活极具渗透性与扩张性，也是形塑认同的具体化与象征化的文化表述形式，而鉴于传统节庆仪式在认同建构方面的重要效用，庆典与纪念仪式往往成为国家象征。

二、现代会议的仪式化定制

（一）作为仪式的会议

会议作为人类社会生活中一种重要的现象，古已有之。据我国西安半坡氏族遗址的考古发现，每个氏族都有自己开会议事和进行公共活动的大房子，从会议数量上也可以看出会议在人们生活中的重要作用。孙中山先生在《民权初步》中说过："凡研究事理而为之解决，一人谓之独思，二人谓之对话，三人以上而循有一定规则者，则谓之会议。"孙中山对会议描述的主要特征是"规则"，即会议要遵循一定的程序和规则。也正是在这个"规则"上，作为具有解决问题之功能的会议反倒遭人诟病。

会议是传播信息、实现沟通和协调的重要方式，在人们的工作和生活中自有其意义所在。作为政党和行政机关的组织内会议，除了自身的仪式化出于宣教的目的外，还通过大众传媒进行无远弗届的传播。因为那是某种共有意义的隐匿之处，是某种共有情感的凝聚之源，其依赖于仪式的力量。从会议的形式和会议的功能意义上看，会议是一种仪式。通过对构成会议的符号象征意义的阐释，可望找到作为一种传播仪式的会议与集体认同的关系。

所有的传播都是被架构化了的，无架构即无传播，不存在架构之外的传播，而且传播的架构具有隐蔽性。会展传播系统中包含着组织者所具有的专业的规范和内容生产活动的设想和观念。通过营造传播空间与事件情境，他们从更广泛的意识形态、社会和知识框架中得出议程和意义，圈定事件情景"阈限"，选取"超验"性的象征符号编码、隐喻，进行场域中的文化表演和修辞，通过空间中的标志性现场或过渡时间，建构能够震撼人心的"决定性瞬间"，加深受众对于记忆点的记取。

事实上，会议也是一种仪式。构成会议的时空场景布置、会议参加者的身份差异、会议程序的操演、会议本身的形式化、会议所追求的潜在目的以及会议所实现的真正功能等方面都与仪式等同。在仪式的意义上，会议的举行已经不仅仅在于信息传递本身，而且在于实现一种集体共在的情感，在于对某种集体价值和意义的反复确证和宣示，在于强化某种认同和既有的权力关系。这才是会议的目的所在，而这也只能依赖仪式才能够得以揭示。对会议的仪式分析要着重仪式符号象征意义的解读和阐释，只有对符号所蕴含的历史意义进行充分的挖掘，才能够找到会议作为一种仪式对组织的认同。

（二）会议要素的仪式性

从仪式组成要素的角度看，构成会议的各要素作为符号同样充满着象征意义。

时间是传统仪式的重要维度之一，仪式天然地与时间相关，节日仪式就是根据天时对不可逆时间的划分而进行的纪念性活动。时间之于仪式的意义是历史文化的产物，蕴含着丰富的意义。与传统仪式展演时间安排一样，会议时间的安排也会考虑到特殊的纪念性。而"两会"则一般都在大体固定的时间举行，这种周期重复性本身又构成了会议的仪式性。现实中，时间往往是会议安排首先要考虑的重要问题，非此不足以建构会议的仪式情境，进而会影响仪式的整合功能。

仪式的一个突出特点是周期性反复，常规会议如周例会、月例会、年会等，都是周期性出现的，而不管是否有开会的必要，因此是种典型的仪式，除此之外，也有一些会议是为某种突发事项而临时召开的，这种会议尽管其内容或信息的意义比较明显，但并不意味着其不具备仪式性。

空间也是会议举行的关键要素，现代组织中在会议地点安排上充满了大量的象征意义的考虑，比如一般组织中都有固定的会议室，但根据会议性质或重要程度的考量，实际会议的举行往往舍近求远、舍简求奢地将不同级别的宾馆或具有政治象征意义的会堂作为会议地点。通过对地点的苛求和强化来增强不同会议间的区别，在会议的空间维度表达着某种意义和诉求。会议空间表征着一种身份，一种区别于常规的象征。

参会的人员对仪式而言不可或缺，因为所谓仪式就是由人参与的仪式，没有人，仪式无以展演，也谈不上存在，传统仪式中仪式参与者有着身份上的差别，正是这种差别言说着仪式所蕴含的特殊关系和意义。身份是一种区隔，是一种边界，也是一种规约，会议参与者往往根据身份被划分为不同的位阶。组织则是一种制度化的群体，组织成员根据组织权属被区隔和分类，组织正是以这种身份带来的规约为手段，"来维护和协调人伦、等级关系，从而达到社会的稳定和统治的牢固"。在会议仪式中，主要讲话者、会议主持者、会议讲话者的顺序安排、会议参与者的座位排次等，都会根据参与者的官阶、地位等来安排，会议嘉宾的身份常常决定了会议的级别和重要程度。

传统仪式的内容是大量语言、行为和音乐的糅合，每一种仪式要素的象征意义相互交杂形成一个巨大的话语场，在仪式的展演中，内容是重要的，但更加重要的则是由此形成的仪式情境，这种仪式情境会激发仪式参与者的某种情感，以及共同经验、某种信仰和价值，从而实现群体的整合。通过会议这种仪式，定期或不定期地将组织成员聚集在一起共同体验和重温集体的价值观和意义。组织作为认同的主体通过种种策略利用仪式对组织的价值观进行强化，使组织成员围绕着组织目标努力工作，从而保证组织能够正常顺畅地运转。

作为仪式的会议的召开其意不在于信息的传达或者问题的解决，而在于通过会议这种方式将大家聚集在一起共同经历和分享组织的核心价值观和某种特定的意义。在会议上，人们脱离于现实的时空，沉浸在仪式情境中，组织的观点、原则、价值和意义借助于仪式，以一种潜移默化的形式渗透到组织成员的内心深处。这是一个仪式的空间，而仪式是神圣的，神圣的东西往往不容置疑，组织以其强大的力量和毋庸置疑的权威将组织成员纳入其中，实现了组织的认同和整合。这是会议作为仪式之于组织的意义所在，也是其本质所在。

综上所述，会议作为一种仪式对组织认同有着非常重要的意义，这或许是会议这种传播方式屡遭诟病而无所改观反倒绵延不绝的原因。伯克在谈到"认同"时指出："人与人之间存在着三种相互交叉的认同来源。物质性认同通常来源于商品、占有物和东西；理想化认同来源于共享的主张、态度、感觉和价值观。形式上的认同来源于交流双方共同参与的事件的组织、安排和形式。"因而会议作为仪式在寻求组织认同时充分利用了这三种认同形式，在仪式展演中潜在而有效地实现着组织的认同。

三、传统仪式的内在规则在现代会展中的运用

（一）仪式的传播功能

会展的仪式化传播是指以重大时间节点为拦截与始发，以展事为生产

内容，以现场和媒介为主要传播场域，目的在于实现展事的跨时空传播，从而指向文化认同、集体记忆与社会整合。媒介传播的运动性、时空性、形象性、同步性、再现性，尤其是对于宏大场面现场的卓越展示，形成了以会展现场为中心，全媒体传播的远程共在。会展空间内仪式化传播的威力既得益于仪式化所具有的从仪式到社会的"泛化"（Generalization）的力量，更得益于仪式化是仪式由内而外散发的魅力，它是仪式的一种内在生成，仪式作用于人们思想或精神的层次更深，基于这种仪式化过程传播得以完成对社会生活的"渲染"。

1. 信仰凝聚

人类存在是一个不断消除不确定性的过程，这种源自生理基础上的对确定性的诉求，作为附着历史传统的仪式在一定程度上可以加以消解，仪式这个意义世界能够给人类以心灵抚慰和精神满足。面对复杂的世界，人类遵从着简化和省力原则，而仪式往往带着超验的神圣，这种超验的神圣以其巨大的包容力解释人类面临的任何困境，在简化复杂性这一意义上，仪式发挥着重要功能。从个人和社会群体的角度来看，仪式有抒发情感、增强行为模式和价值观支持或推翻社会结构、改变或恢复社团内部和人与神灵万物之间的和谐和平衡等功能，甚至还被用作医治病人、祈福和消灾。

在谈到秩序和仪式的关系时，葛兆光先生写道："秩序首先表现为一套仪式，仪式把这种来自'宇宙'的自然秩序投射到'历史'的社会秩序之中，把人类社会的等级秩序在仪式上表现出来，并通过仪式赋予它与自然秩序一样的权威性和合理性"，出现在这里，仪式展演的是超验的世界，对应和关涉的却是当下实实在在的现实，这正是仪式的意义和功能。

在涂尔干看来，仪式决定着宗教的存在。在对苦行仪式、模仿仪式、表现仪式和禳解仪式等诸仪式类型的分析中，涂尔干分别指出了各仪式的具体功能。在涂尔干看来，信仰、仪式和教会是构成和判定一个宗教的必备要素，没有仪式，信仰就无以张扬，宗教无以形成，也就没有什么仪式的功能了。他在谈到宗教信仰时写道："真正的宗教信仰总是某个特定集体的共同信仰，这个集体不仅宣称效忠于这些信仰，而且还要奉行与这些信仰有关的各种仪式。这些仪式不仅为所有集体成员逐一接受，而且完全属于该群体本身，从而使这个集体成为一个统一体。"

布朗认为，原始人的正面仪式和负面仪式之所以得以存在和持续，是因为它们是维持社会秩序机制的一个重要组成部分，仪式确立了某种基本社会价值观，在确立特定社会主流价值观方面，认为这是仪式存在和延续不绝的原因。以整合社会为目标，布朗还强调了仪式功能发挥的方式，那就是情感，仪式赋予情感神圣统一的表现形式，从而修正、补充和加强了社会稳固所依赖的情感体系。仪式功能的发挥有赖于仪式情境所激发的参与者的情感，在这一情感中参与者获得了精神上的团结。

2. 审美展示

空间传播极度重视形式感，无论是语言上的风格化与典型化，参与者动作上的程序化、规范化，还是空间外形上的精美化、庄重化，或肃穆，或圣洁，或狂欢，或超凡的仪式情境对视听形成强烈的召唤作用。

美国芝加哥大学教授米哈伊·奇克森特米哈伊提出了被称为"最佳体验理论"（沉浸理论）的概念："畅爽类似于马斯洛所说的'高峰体验'（Peak Experience）或'高峰表现'（Peak Performance），是人在进入自我实现时感受到的一种极度兴奋的喜悦之情"。当代传递经验中的一个重要特征，就是视觉技术、远距观瞻、意义涵化与心理共振之间的关联。"注意力，亦即集中在某一目标上的心理过程，会把所有这些过程——知觉、思维、情感、想象等集中并组织到某一客体上。"直观是注意力的必要条件，空间传播的内在机制是追求目标一致的正向建构过程，通过参与者的共振方式，制造出强代入感的沉浸体验，激活观瞻者的潜意识，达成对节庆文化的集体记忆。

中国春节的源头可溯至上古时代的腊祭，《礼记·杂记》（下）中有记载子贡观于蜡，孔子曰："赐也，乐乎？"对曰："一国之人皆若狂，赐也未知其乐。"这里描述的是古代腊祭的节日欢快场景。此外，一些少数民族节日如火把节、泼水节等，都具有东方式狂欢节的特征。可以说，世界上所有民族的年节都显示出歌、舞、游戏三位一体的结构，"一切真正的仪式，都是被唱着、被跳着与被玩着的"。节日闲暇带领人们通向自由之门，脱离"工作神明"与生存焦虑，节庆是休闲时代人们最期盼的娱乐方式。正如苏联文艺理论家巴赫金的狂欢节、狂欢式与狂欢化命题，中国节庆仪式中也存在沉浸体验和高峰体验，如"神、艺、货、祀"等民间社火、赛会和庙会活动。

3. 社会整合

人类进入现代文明之后，先前确定、稳固的东西渐次崩散，物质的繁华与精神的贫瘠形成对照，人们有一种什么都抓不住的危机感与动荡感，恩斯特·卡西尔认为，符号行为给了人类一切经验材料以一定的秩序：科学在思想上给人以秩序，道德在行为上给人以秩序，艺术则在感觉现象和理解方面给人以秩序。

社会整合的重要方式之一是有目的的符号展示，仪式是一种社会约束、一套共同语言、一条精神纽带，仪式的集体无意识使其成为被接纳的、固定的文化遗产。其中存在着社会的一体化和规范化要求，人们不可随意解释它；仪式的组织、认同、保存功能将人们相互黏合在一起，当仪式成为可观可感的仪式化影像传播时，文化控制变得更有力。仪式具有表达性质却不只限于表达，仪式的效力体现于仪式性场合的操演，操演的角色是个性化的但却完全超出了任何个体，仪式凭借庞大的象征系统储存"社会记忆"，真切地展示着社会变迁，并带有策略上的主导。

仪式之所以能够"做"某种事情，是因为仪式的象征性具有挑动仪式参与者情绪的动力，从而在他们的心理上产生某些实际的作用，进而达成某种功能，涂尔干将仪式效力的来源归结为情绪，而情绪是仪式的"在场"也即仪式参与者聚集而产生的。在涂尔干看来，"仪式是在集合群体之中产生的行为方式，它们必定要激发、维持或重塑群体中的某些心理状态"，这种看法比较符合心理学对"群集"影响的研究，但是仅仅将仪式效力的来源归结于此尽管有一定的解释力，但较为狭隘，比如他忽略了仪式情绪激发的其他来源以及忽略了仪式的变革功能等。

特纳在《象征之林》一书中指出，仪式具有"两极性"，其一端浓缩着该社会的意识形态，另一端具有刺激人们的感官并挑起人们情绪的效力。这种观点跟利奇对有关仪式效力的看法大体相同，但是特纳的看法强调了仪式可能带来的社会变迁具有一定的解放意义。在特纳看来，仪式象征所激发的这种情绪是一种人类的普遍经验，来源于个人深层的无意识心理。格尔兹将仪式所蕴含的观念和所激发的情绪结合起来，认为仪式象征所表达的世界观会引起某种特定的情绪，而这种情绪反过来又能够确证和强化某种特定的价值观，两者具有同构性。在此意义上，格尔兹认为仪式象征将两者"综合"（Synthesize）起来，这就是仪式的效力，并且特纳还强调仪式情绪效力的来源是文化，正是文化赋予仪式象征充满着特定的意义。

　　与特纳观点一致，戈登也认为人们的情感是文化塑造的结果，戈登认为情感由以下成分构成：身体感受、表达姿态、社会情境或关系以及社会的情感文化。这些成分除了身体感受是人们的生理机能之外，其他的都是一种符号，因而其所凝聚的意义是文化的产物。基辛则指出："人类不但编织各种风俗习惯以调整并规范其社会生活，而且编织更大的架构来处理宇宙本身、支配宇宙的力量以及人在宇宙中的地位等问题"，这里基辛强调了仪式所蕴含的某种社会价值观，实际上就是特纳所说的仪式的"观念端"，其内涵符合特定的社会规范，以强化某种社会层面仪式的"感官端"，即激起情绪的力量能够引发社会行动并导致社会变迁。利奇认为仪式与神话都是人们借以实现沟通的工具，并且这种工具在沟通形式上具有特殊性，仪式的进行有着不断重复的特征，正是这种特征使得仪式具有了某种欲力，即仪式能够使其所传达的讯息充分而准确地被接收到。

（二）仪式的操演

　　仪式化是对仪式内涵严谨的规定、忠诚的守护以及在此基础上的积极外扩。它的职责主要包括三个方面：一是在理论和实践两个层面上隔绝仪式与其他社会活动，以彰显仪式的特殊性；二是通过这种具有强烈的、自我指涉的方式进行反思以解释自身的内在结构和生成过程；三是如病毒般通过各种接触方式将仪式的特性渗透进其他行为从而将其纳入仪式范畴。

　　这三种职责对应于仪式内生变相的两种基本模式，前两者组成了地核层，最后者是地幔层，它们都存在于地表之下。"内生变相"一词是指仪式内在的变化了的情状。更为准确地来说，"内生"的意义远非"内在的"这一形容词所能承载，它既包括"内在"的意思，还特别关切内在的"生成"。换而言之，应将仪式化和各种特殊的文化策略彼此区别开来，在"神圣"和"世俗"之间制造了一种本质区别，并给予其特殊权力将这些区别归因于基于现实考量的、对人类行为者的权力的超越。

1. 表层的行动秩序

仪式的操演离不开身体和行动，在后现代语境中，身体不再是一个无声的元素，而是有着特殊表意能力的主角，甚至"成为现代政治的中心"，福柯延续前人的脚步，创建了个体指向的微观权力学和群体指向的生物政治学，开辟出一条后现代的政治分析道路，从碎片式的、多元化的个体入手，切中了政治系统的肯綮。

在后现代社会中，展事空间中个体的主体意识和主体地位来自于外界强制和内在认知的合力，这是后现代社会中对抗个体碎片化的重要方式。他以话语、谱系、身份身体为经纬，以权力为核心，编织了一张精密而复杂的理论之网，规训便是织网的关键技术。在此视域中，人的肉体被当作可分割的整体，通过空间控制、时间控制、行为控制和力量控制等各种技术被分别处理，诸如"考试""检阅"和"阅兵"等活动都可被视作某种规训仪式。在福柯看来，"分割"身体显然不是让身体"破碎"，相反，通过作用于身体各部位或身体行为各步骤的微观技术，实现对身体所承载的完整心理的统一调度，在此意义上，哈维明确指出："在福柯关于事物的体系中唯一不可化简的就是人的身体，因为那是一切压制的形式最终都被记住的'场所'。"

在后现代社会中，虽然身体"分裂"后的各部分，如肢体语言、服饰、头发和文身等都可能是不同意识的象征，或者整体性的身体成为社会中的一个缺乏稳定立场和明确态度的碎片，但我们必须要认识到仍然需要在一种统合性的意义上理解碎片化的身体和身体的碎片化。哪怕身体自身的真切含义模糊甚至不可知，但它既然在特定空间中，至少已经确定了一种形式上的关系，凭借有效的规训技术可以将单个身体中所潜藏着的力量剥离、收集并转移出来，力争在传统和现代社会中阻止共同体的分裂。

正如鲍曼所言："后现代生活策略的轴心不是使认同维持不变，而是避免固定的认同。如此一来，后现代社会中身体的'分裂'是必然的，也是吊诡的，无数'碎片'化的身体一方面在反对现代性物质力量和意识形态的控制中扮演着平民英雄的角色，另一方面又让整个人类社会的'精神分裂'症候越发严重，从 20 世纪 70 年代起就拉响了失控的警报，在身体'碎片'化这种两难的后现代转向中，政治仪式显然不是解决问题的万全之策，它至多是缓解身体危机的一种重要手段。"

梅洛·庞蒂曾提醒我们除了观察身体的位置外，更为重要的是观察身体的"处境"。在仪式内部很难从环境角度来理解处境，或可将其视作一种以身体为重要节点展开的交流和沟通的网络结构，其形塑主要依赖身体行为连续的仪式性铺陈。对铺陈中所显现出来的身体的行动次序而言，主要的观察点是身体在仪式操演中所运用动作的连贯性和协调性。

仪式作为一种预设了某种目的的社会实践，虽然民众的日常身份复杂、观念差异大，但是这种仪式通过凝合多元身份的方式实现身体和身份的同质化，仪式对参与者的身份有着相应的要求，但在结果上参与者也通过政治仪式肯定、强调和巩固了自己的身份意识。身体权力无论是物理性的还是象征性的，都需要通过具体的行为实现。展事现场生产和再生产的仪式依靠一套规范系统对承载相关信息的身体做出严格安排，安排特定身体在政治仪式中所处的位置，确定身体在仪式操演中的行动次序，保证信息的沟通和交换保持不受阻滞的动态过程。

2. 里层的价值认同

没有仪式就没有信仰，这是人类学在传统社会研究中得到的基本共识。传统社会中的仪式在很大程度上从属于或者受制于各种宗教，类宗教的因素教义作为一种完善的信仰系统曾为宗教和社会提供了充分的权力支持。涂尔干认为"宗教是一种由与神圣事物有关的信仰与仪轨所组成的统一体系，这些信仰与仪轨将所有信奉它们的人结合在一个被称为教会的道德共同体之中"。在不同的社会结构中，信仰所具有的道德意义是以不同的方式呈现的。

　　一般而言，在仪式的操演过程中，表达出的主要观念价值具有内在的层次感。在现象层次上是对仪式关系的具体呈现，在本质层次上则是对秩序构建的抽象呈现。如古代授勋仪式中的爵位确定了不同的权力等级，有人强调君主是这种权力的来源；加冕仪式中盛装出场的国王用各类符号装扮着自己的权力，神职人员在场的作用是提示所有人上帝权威的在场。在现代社会中对个体的忠诚大幅转移到共同体层面上；同时，对传统神权体系的信仰也逐渐退出政治舞台，这是否表明忠诚比信仰具有更大的生命力，或者说忠诚依旧而信仰杳然？当然不是，这恰恰表明忠诚与信仰相比处于较低的价值位阶上。

　　在特纳看来，社会结构和仪式结构在过程意义上具有某种同质性，"与其说社会是一种事物，不如说社会是一种辩证的过程，其中包含着结构和交融先后承继的各个阶段"，仪式亦然。仪式本身具有封闭性，循环往复的操演保持或体现了仪式规则的恒定性。此外，保持仪式传统的奖励机制和破坏仪式传统的惩罚机制也保护着仪式的边界。封闭系统虽然生硬刻板，但将其在时间长河中积累的所有合法性认知都添加到对社会的整体性阐释中，透过仪式操演的规则和过程，使信仰的明确性不断得到指认和消化。构建封闭的仪式和信仰（价值系统）系统是传统社会维持政治稳定的重要手段，封闭意味着减少两者的能量损失，在历史变迁中将传统的政治信息完整地传继下去。

　　从社会结构的巨大转型来看，现代和传统之间出现的不可逆转的分裂，意味着传统封闭性遭受了重创，无论是参与者还是观察者都无法继续在传统的意境中理解传统。但是传统文化手段并没有完全消失，有些反而随着全球性的政治相对稳定、经济增长和文化多元化有缓慢加强的势头，仪式携带着的来自传统时代的忠诚观念和封闭信仰系统依然对现代社会生活产生着巨大的影响力，而在一种开放的意识形态中，政治仪式更能够游刃有余地参与意识形态的塑造。

作为观念和策略的仪式不仅是人类社会信仰系统的重要组件，而且其历史演变也勾勒出政治社会发展和变革中的重要轨迹。如果说身体是人的表层，那么精神可称为人的里层，表里之间并不存在截然的界分，身体及其行动的连续性和稳定性构成仪式操演的基本单元，它们在经验世界里的特殊表现为仪式营造超验感奠定了实践基础。但仅仅停留在对身体层面的种种关涉上，行动本身所集中的身体意象难以在深度和广度上对精神世界的变化作出通盘考虑。

3. 深层的精神情感

情感之于人类或社会的意义，不仅仅是对某一研究领域的过分强调，更大意义则在于其对情感意义的强调，在仪式中也是如此，正是仪式展演所激发的情感才导致仪式效力的生成，从而使得仪式成为伴随人类的一种"集体无意识"。在大众媒介对仪式的呈现中，大众媒介对其呈现仪式的介入，打破了仪式本身的"情境"，对仪式各个要素发挥仪式功能的改变产生了重大影响，而这种影响可能会强化或是削弱仪式的效力。

20世纪70年代，情感研究才在社会学领域得到系统化的研究。乔纳森·特纳和简·斯戴兹认为："只要稍加思考，就会不言自明地发现，情感是把人们联系在一起的'黏合剂'，可生成对广义的社会与文化结构的承诺。从本质上来讲，情感不仅使社会结构和文化符号系统成为可能，而且情感也能够导致人与人彼此疏离，动员人们打破社会结构，挑战社会文化传统，因此，经验、行为、互动、组织与情感的运动和表达便联系起来，人类的独特特征之一就是在形成社会纽带和建构复杂社会结构时对情感的依赖。"

涂尔干在《宗教生活的基本形式》中对澳大利亚土著居民周期性的集会进行了描述：当这些土著居民集会时，他们的兴奋性增加，便产生一种集体性的兴奋能量。涂尔干通过描述土著人在集会时面对面的互动，增强的情绪唤醒、仪式以及群体神圣的符号，展示了一幅情感如何在面对面互动中生成的图景。

其实涂尔干的描述已经强调了"场景"或"情境"要素对仪式效力的

重要影响，大众媒介具有广泛的影响力，在对仪式展演的呈现中，大众媒介重构了仪式展演的时空，从而改变了仪式的情境。在大众媒介的呈现中，仪式的效力可以说获得了超常的强化，仪式所具有的凝聚情感和狂欢化特征得到了较为突出的显现。但是，大众媒介在对仪式的呈现中也在一定程度上弱化了仪式的凝聚群体的功能。

在传统仪式中，仪式参与者是在场的，仪式情境对参与者情绪的激发也是有效的，在仪式现场，作为参与者的每一个人都消融在仪式的氛围里共同经历某种情感和体验。但在大众媒介将这种仪式情境打破之后，仪式的在场性受到削弱，有了远离现场的旁观者，围绕着仪式的人们有了参与者和旁观者的分野，尽管人们是作为一个整体意义上的参与者进行关注的，但这种远离仪式现场的参与情境带有更多的旁观或欣赏成分，从而使仪式的神圣性或效力受到弱化。

习性意义上的生成图式对于仪式而言就是其内生模式，从结构的角度来看，它提供了内在的生成结构，也促成了此结构的生成，并不断通过生成本身具有的变动性以及习得环境所具有的变动性为仪式的变动提供根本性的动力。从而使得习性（风俗）在变动中延续。"生成结构"是仪式内涵的重心所在，与仪式的策略具有某种等同性。内生变相所关注的"生成策略"意味着"生成结构"之结构或"策略"之策略，在此特指仪式自身的本质特征和构建路径。如果将仪式置放在习俗的天平上进行衡量，从风俗习惯的层面上可以轻易地看出仪式是一种随着时间流逝而不断变动的实践活动，所谓"移风易俗"正体现出其中存在的种种变化。

习性会根据历史经验的变动而发生变动，所以习性的变动具有现实性，并影响着未来。赫胥黎最先将仪式化的概念用于延展传统的仪式观念，另有一些学者认为仪式化就是对仪式作为一种行动的强调。到 20 世纪 80 年代，仪式化成为研究仪式的首选。布尔迪厄使用"习性"（Habitus）的概念，在某种意义上正是对习俗的内在规范的表述。他认为"习性"是一种"有结构的和促结构化的行为倾向系统"，它根据之前的经验作出实践假设，以指导当前与未来的实践活动。习性就是习俗的"结构性范式"，也是习俗内在的生成模式的核心。布尔迪厄从此角度出发指出："习性是历史的产物，按照历史产生的图式，产生个人和集体的，因而是历史的实践活动；它确保既往经验的有效存在，这种既往经验以感知、思维和行为图式的形式储存于每个人身上，与各种形式规则和明确的规范相比，能更加可靠地保证实践活动的一致性和它们历时而不变的特性。"

贝尔的仪式化概念和分析尤其受布尔迪厄对策略和身体等对象的研究的影响，在贝尔看来，"仪式化（空间传播范式）的最终目的既不是共同体或官方所宣称的即时性的目标，也不是更加抽象的稳定社会或解决冲突的功能，而是产生仪式化的行为人将有关谋划的根本认识植入他们的身体和对现实的感受之中，以及他们对如何维持和限定复杂的权力微观关系的理解之中。这种实践认识并非是一套不变的假设、信仰或身体形态，而是使用、操作和操纵各种基本谋划的能力，这种能力能有效地占有和支配经验"。贝尔指出："在大多数使用该术语的研究中，仪式化被看作与重要关系的正式的'模式化'有关，以便为这些关系及其价值提供合法性和适应性"，并认为，"仪式化是一种经过设计和特别安排的行为方式，这种行为方式可以展现出它较之于其他日常化行为的区别和特殊权力。"

第三章 虚拟传播场中的会展：会展作为一种媒介事件

第一节 媒介的空间化与空间的媒介化

随着移动互联网的发展，互联网对日常生活进行全方位的中介和渗透，以重新建构起一个以意义和体验为基础的新空间。在这个空间中，真实与虚拟交融，物质属性与社会属性相互嵌入，人类的生存空间被彻底改变，即人们不仅生活在现实社会中，也生活在虚拟世界里。这种利用数字化中介手段在虚拟空间进行的"在线"实践活动，与人们在实体空间的"在世"形成了一种相互嵌入的生存关系。因此，在新媒体助力下人们的日常生活成为一种虚实交融的日常传播实践，促成了一种体验式传播空间的形成。

一、电子时代的媒介化生存

现代社会，人们对外在世界的感知和把握脱离了传统的部落、家庭等亲身传播的形态，转而由大众传媒"全权代理"，这样人们对大众传媒的需求就和物质产品一样成为生活的必需品。建立在这一需求之上，大众传媒就成了人们日常生活的一部分，大众传媒的形态是在传媒技术基础上的多元化和丰富化，但是每一种媒介形态都在一定意义上创造一种人们的日常存在形态，这种日常性给予人们的仪式性存在感在本质上基本一致，但在外在形态上有所区别。

家是一个复合体，而不仅仅是一种物理存在。一些学者指出，家有不同的侧面：个体的一面，这是一个私人空间，一个避难所，以及充满回忆的孤独之所；社会的一面，它确定了家庭生活的位置层面，这是个给人抚慰与让人感到安全的地方，这里可以看出，家在很大程度上是一种精神意义之所，这一点即便在家的物理意义上也同样如此。家是人们作为初级群体存在的中心，它将人们从外部世界拉回家里，在一定意义上重建了家庭关系。尽管媒介通过对外部世界的引入使得家庭作为一种私人空间被打破，并进而使其与公共领域相融合，但在很大程度上是以一种背景存在的，人们借此建构某种意义才是中心所在。

媒介通过日常生活成为人们情感与认知能力的中心，缓解或者安抚压力，给人带来安全感或舒适感。对常常接触媒体的家庭而言，媒体给人们带来一种与大众传媒较为明显的仪式性接触关系。大众传媒本身作为仪式，相对于日常生活而言其实也是一种"通过仪式"，人们在日常必要的生活之外进入大众传媒这种仪式，在这种仪式展演中观众作为参与者在其中经历着狂欢、激情、痛苦等各种仪式情绪。在媒介的互动中，人们可以进行正常的日常性活动，在此意义上媒介给人们提供了一种存在背景或空间。媒介也给人们提供了交流的情境和契机，在信息、情感或意义的交流中人们分享着某种共同的东西，人们之间的认同以及在更高层面的社会认同借此而建构。

以电视为例，西尔弗斯通指出，"电视节目的编制与安排规定了家庭生活或至少某些人家庭生活的模式和结构。它也是我们融入消费者文化的一种手段，我们的家庭生活便是通过这种手段构成和再现的。"由于电视的传播特征具有特殊性，电视作为一种传媒所创造的仪式性存在显得较为明显和独特。新闻时间的预先安排，往往设定了一个具有代表性的家庭生活模式（如起床、洗漱、就餐、睡眠等时间性的模式化安排，新闻节目的时间性分类：早间新闻、午间新闻、晚间新闻以及整点新闻），从而将人们的日常生活持续性地完全覆盖。

媒体在内容的安排上迎合了家庭生活场景的持续性。新老媒体的应用和普及使得媒体本身成为家庭的一个重要"成员"，并借助其丰富的象征性符号强化着日常生活仪式的凝聚功能，给人们提供某种意义。甚至有学者将电视喻为家庭的"第四面墙"，这都生动说明了媒体对人们私人领地的侵占或家庭生活的渗透。在此意义上，罗尔指出："传播技术进入不同的文化区域，扩展了那里已经存在的独具特色的传统、价值观和生活风格，同时，传媒技术也挑战和改变着那里的文化根基。"

网络社会和现代性预设了一个新时代、新空间的出现。福柯认为，一个新的空间时代正在到来，这是一个同时性和并置性共存的时代，人们在此所经历与感知的世界是一个点与点之间相互联结、团与团之间相互缠绕的风格。刨除人们的认同而言，日常生活尽管显得琐碎，但却是人们精神意义的寓所。日常生活有些无聊地日复一日地为人们提供了存在的"安全感"，从而成为人们基本认同的基础，人们在日常生活中所创造的知识、积累的经验为人们提供了意义之源，俗民方法论学者正是看到日常生活所凝聚的生存智慧和意义，才以一种人类学的方法对日常生活给予了较大关注，在日常性的掩盖之下去发掘潜在的人生意义。

当脱离媒介仪式之后，人们又走入现实生活，但是人们经过媒介仪式的转化已经发生了变化，人们就这样在大众传媒仪式和日常生活之间来回穿梭，创造着共同的历史和记忆。时空分离的可能以及脱域的存在触发了现代性人际社会关系的强化，时空分离使得社会生活在无限时间、空间范围内无限延伸成为可能，为时空自由重组提供了条件。脱域机制则使得社会行动得以从地域化情境中抽取出来，人们不必再秉承传统，受着地域、环境、时间等束缚的"在场"模式，信息化、图像化、文字化已经成为现实生活世界中各类符号的替代，且在形式与内容上较现实生活世界的符号更加丰富与多样。

随着互联网技术的迅猛发展，网络环境下的人际互动由"在场"转向

"缺场"，人际互动也变得更为频繁，跨越时间、空间的交流互动为彼此提供了诸多可能。"缺场"与"在场"在空间特征、互动形式、符号表达上有着诸多差异，正是这种差异构建了"缺场"空间独特的框架图景，继而人们可以开始享有"不在场"所能带来的跨时空、地域的愉悦交互。为了更好地适应新空间的存在与发展，原本空间中的符号要素被加以复制、修改、删除、替换、新增。

媒介的"缺场"空间是一个以信息流动、符号展示、语言交流与意义追求为内涵的虚拟空间。"缺场"空间的主要活动内容是符号交流、观念沟通、意义追求与价值评价，这一切是广大社会成员表达现实生活中各类感性意识的方式与途径，这一空间是感性层面的意识活动空间或知觉表达空间，它突破了场所规定和边界限制，展开了更为丰富、范围更广的空间。在这个流动的空间内，各类符号被组织起来成为空间的共同构成，成为网络化时代社会变迁的支配力量。

二、拟态环境中的媒介事件

"媒介事件"是指"那些宣称具有历史意义的、宣扬和解的、颂扬进取精神的以及以崇敬的态度制作、播出的电视节目"，也即具有"仪式感"的电视事件。美国传播学者丹尼尔·戴扬和伊莱休·卡茨自20世纪70年代初便开始研究媒介事件。1992年出版的《历史的现场直播媒介事件》就媒介事件的界定及其类型、特性、表现和效果，以及它所引发的诸多理论和实际问题进行全方位、系统和深入的研究。媒介事件有如下特点：

第一，媒介事件是"一种特殊的电视事件"，它不同于一般的电视节目、电视新闻，它具有重大性。媒介事件是对电视的节日性收看，即是关于那些令国人乃至世人屏息驻足的电视直播的历史事件。也就是说，媒介事件是一种国家级甚至世界级的重大仪式性事件，往往能引起几亿甚至几十亿人的集体关注，表现出对时间、空间、数国乃至全世界的"征服"。如中国国庆70周年阅兵，是一个全国人民翘首以盼的神圣而庄严的时刻。

人们搁置手头的所有事情聚集到电视机前，体验国庆阅兵带来的激动与自豪。由此可见，媒介事件干涉了日常生活，将社会带入一种非常规的情感体验中，而这是一般的电视节目或者电视新闻所不能达到的。

第二，媒介事件通常"经过提前策划、宣布和广告宣传"，具有一定的"垄断性"。在一定意义上大众是被邀请来"参与一种仪式、一场文化表演"。北京奥运会开幕式之前，由于电视的提前宣传，人们彼此相告相传，期待奥运会的来临。而开幕式当天，中央电视台及其他各地卫视对开幕式的集体播出体现了对奥运会的议程设置。人们怀着激动的心情坐在电视机前，享受着这场无与伦比的视觉盛宴，人们热烈欢呼，就像参与节日的庆典，全世界电视机前的观众被一种无形的纽带连接在一起。

第三，一般重大新闻及突发事件以"冲突"为主题，媒介事件却往往或纠正冲突、或恢复秩序、或提倡融合。重大新闻事件讲求偶然性、突发性，重大仪式事件则崇尚秩序及其恢复。如对汶川地震的报道只能算作是重大及突发新闻，而不能算作媒介事件，但是，汶川地震的哀悼仪式却可以作为媒介事件来看待。汶川地震电视直播以自然与人的冲突为主题，而哀悼仪式却旨在化悲痛为力量，振奋民族精神，起到治愈性仪式的象征作用。

第四，媒介事件赋予人类前所未有的参与性，营造一个"共同在场"的氛围，使人们即使在家里也可以通过电视直播见证历史事件。在多媒体时代，"媒介事件已经把仪式场地从广场和体育场转换到了起居室"，社会各阶层被动员起来，虽然"媒介见证"并不能替代"现场见证"，但媒介的巨大影响力和覆盖力使人们的沟通互动更加开放、便捷、迅速。由此我们可以看到，媒介事件本身即是一种仪式性行为，人们对此的观看、参与也是对神圣价值的体验，充满对仪式的崇敬意味。

最近几十年来，随着视觉媒介的快速扩张，视觉文化成为全球性文化特征。视觉经验技术化的浪潮源于19世纪，电视的普及使整个人类生活视像化，形象取代语言成为文化转型的典型标志，视像文化大行其道，并带来了新的美学转向。

景观社会与消费时代密切相关，当消费完全占据社会生活时，奇观就产生了，奇观是集合所有凝视与意识的社会领域，是由少数精英制造出来的，以此统治痴迷的大多数人，其美学诉求在于震惊体验。在大众传媒导致了新的"奇观美学"之中，影视经验是一个主要构成，电视放送文化的中心点就是视觉性。正因为电视人意识到电视节庆擅于制造奇观场面，与节庆有关的各种电视晚会、盛典、仪典层出不穷，形成了盛大、热闹、有趣、富有吸引力的电视文化奇观。

1967 年，法国理论家、国际情境主义运动创始人居伊·德波提出"景观社会"（the Society of Spectacle）的概念，认为"景观不是影像的聚积，而是以影像为中介的人们之间的社会关系"。美国学者道格拉斯·凯尔纳提出"媒体奇观"，认为当代媒体将"景观"变成了一个个令人瞠目的"奇观"，"媒体奇观"是指那些能体现当代社会基本价值观、引导个人适应现代生活方式，并将当代社会中的冲突和解决方式戏剧化的媒体文化现象，它包括媒体制造的各种豪华场面、体育比赛、政治事件。美国社会学家丹尼尔·贝尔声称："目前居'统治'地位的是视觉观念、声音和景象，尤其是后者，组织了美学，统率了观众。在一个大众社会里，这几乎是不可避免的。"美国学者戴扬和卡茨认为，媒介事件的观赏者不仅能到达叠加在原发事件之上的媒介再现，也可以创造自己家里的节日和仪式。

在斯图亚特·霍尔的表述中，"表征"存在着两个"再现"系统：一是人们头脑中的概念图"象征"各种事物；二是各种语言文化符号"象征"人们头脑中的概念图。电视符号通过表意实践而通往象征意义，如作为一个象征性仪式，央视春晚"既是通过大众传媒话语改写传统习俗和民间话语以使后者能纳入现代化民族国家叙事结构中的一次重要的文化实践，又是概括今日中国现实、建构整体形象、表现社会进步的象征文本，这一文本是人们理解社会、想象中国、形成安全感的关键"。

媒体不仅展示事件，而且向观众提供节日体验的功能性替代，媒体通过在组织进行的表演之上叠加自己的表演，通过展示自己对观众反应的反应，通过提议补偿观众被剥夺的直接参与。如此，"图像域"情境早已成为传播的主场，媒介技术、记忆手段都偏向于此，"图像域"成为当代决定人类思想活动的主要线索及人们理解时代的主导性象征系统。传统节日的文化传播历来存在多重"传播场"和"媒介域"，"图像域"是其最重要的传播场域。

　　媒介把节日庆典纳入传播框架内，提炼节庆的重要习俗、仪式元素、象征符号。电视节庆的"屏幕展演"本身是一个巨大的象征符号丛，但不同的电视节庆仪式有不同的象征符号。如春节晚会仪式中的生肖轮回，中秋晚会仪式中的月亮意象，电视清明公祭仪式中的黄帝陵、手植柏，祭孔大典中的孔府、孔庙、孔林，电视成人礼中的升旗仪式等，都体现了媒体在温习传统与建构意识中的一种象征取向和路径。

三、展事媒介化再现的传播困境

　　虚拟环境在现代社会主要是由大众传播建构的，人们依据虚拟环境行动的对象却是实实在在的客观现实，两个环境之间的错位必定会给人们带来困扰。现代社会的人们生活在媒介及媒介所传播信息的包围之中，身处被媒介包围的世界，媒介由此构成了人们的日常生活方式，大众的日常生活与大众传播媒介的信息传播已难分难解地交缠在了一起。信息泛滥造成了信息的无效，信息垃圾不但消耗人们的精力，还会带给人们一种沉重的心理压力，面对飞速变幻的外在世界的不确定性，人们感到是那样的无力。

　　早在 20 世纪 20 年代，美国著名记者李普曼就提出了"拟态环境"的思想。人们对世界的感知依赖于具有自为性的大众媒体，使得人们的生活具有了被控制的潜在的可能性。20 世纪后半期，我们进入了一种悖论。一方面，非常明显的是，音像时代和控制技术、电子复制时代形成了一种新的视觉仿像形式和具有空前力量的幻觉主义。另一方面，对形象的恐惧、对"形象之力量"甚至会最终摧毁它的创造者和操纵者的焦虑，如同形象生产本身一样的古老。这是我们这个时代特有的悖论。

　　虚拟世界和现实世界的日渐模糊对人们感知世界的能力构成了威胁和

挑战，虚拟世界重构了人们的现实交往模式。媒介空间里视觉运用图像转向的幻觉是一种完全由形象所统治的文化，现在已经在全球范围内成为一种现实的技术可能性。在虚拟世界里，人们摆脱了现实的种种规约和压制，任享本我意义上的快感，虽然人们在新的空间概念之中感受亲身的和虚拟的相互影响，但认同本身就是对一种意义的确定性感知和把握，而网络的虚拟性恰恰是对这种确定性的消解。

（一）展事媒介化呈现的传播放大

20 世纪，媒介中的影像成为第一手经验的替代物。视觉修辞和声音修辞成为人们邂逅超现实、获得情感超验的必要条件。传播机构通过预先的组织与仪式动员，对节日的内容、仪式和流程进行重组与意义再生产，最大范围争取受众，形成仪式性的收视景观，发挥媒体的热点、焦点效应，将影响力放至最大。

有节日就必然有活动，节日是人们消费时间和空间的组合。各国有各国的节日、节庆安排，他们都有一些约定俗成的形式。传统社会里，节庆中的人们是肉身在场、物理在场，而在媒介化生存中，仪式传播实现了社会成员的共同在场。"传统节日以习俗的力量让民众自动在同一个时间经历相同的活动，在相同的仪式中体验相同的价值，一个共同的社会就这么让人们高兴地延续下来。这就是传统节日最经济、最有效的生活文化再生产功能"。

媒介化事件在 20 世纪八九十年代起到了很好的社会整合效力，春晚在当时主要是拼盘式的节目表演，成为每年除夕夜晚中国人回望国家形象和生活面貌的一个窗口，对于维系社会关系、实现社会整合、文化认同起着重要作用。它作为一种"综艺化本体"的存在，带领观众"仰视""审美"，让全国人民围坐在电视机旁，分享新春佳节美好生活的文化想象。在重大节庆期间，电视台通常有特别节目"编排"或"多日连续播出对大型晚会或专题节目的综合集锦，从而形成仪式化传播的电视奇观。

随着现代性的演进，神的伟力消失，圣的贤能被搁置，封闭性的场景被打破，传统的血缘共同体、地缘共同体逐渐失去影响力，节庆及其仪式遭遇到巨大冲击，节日仪式在文化行为和价值观念上的传布越来越倚重于新的媒介形态、表意形式来维持精神共同体的存在，从而实现身份认同。

法国社会学家杜马兹迪埃曾经明确了闲暇的三种基本功能：放松、消遣和发展功能。与闲暇一样，节庆对于工业社会中个体的心理平衡有重要的补偿作用。法国哲学家列斐伏尔基于资本主义社会分层与制度化、节日成为例行公事而与日常生存相脱离、屈从于商品化的事实，提出"让日常生活节日化"的乌托邦命题，他认为，能让人类沉睡的潜能重见天日的、理想化的日常生活的典型是节日，节日是一种被现代性所遮蔽，但从来也没有完全被夺去光彩的场面，节日的复活标志着娱乐与日常生活冲突的和解，标志着人类异化的超越和民众庆典精神的复苏。

传统本身是流动的，需要吐故纳新，文化也不是轮流坐庄，它总是从"文化高地"流向"文化洼地"。周有光先生认为，"目前每个国家都生活在传统文化和国际现代文化并存的'双文化'时代"。中华文化的传统要不断地处于现代性重构、创造性转化的过程中，才能得到更广泛的认同。

媒介事件是一个意义多发的含混体，新时期的传播工业与国家、市场之间形成互动，出现了"国家行为的市场化"与"市场行为的国家化"、"国家行为的媒介化"与"媒介行为的国家化"，以及"市场行为的媒介化"与"媒介行为的市场化"等多重因素。大众对媒介化节庆的认同是各种关系的平衡：就文化层面而言，有文化之间的交流冲撞，有文化内部的多元与分歧；就媒介内部而言，有技术共同体、美学共同体方面的悖论；就受众而言，触媒习惯与审美接受是多层次的；就社会思潮而言，多重意识形态影响到转型期的社会共识。

节庆的媒介再造有助于传统价值的维护与张扬，也使媒介环境里的节庆成为世俗仪式的重要表征。节日的媒介再现是对日常生活的拦截与阻击，是有选择性地将某一特定时刻放大的过程。特定的重大时间、特定空间（记忆之所）、象征器物仪式的制度化，都在同一文化圈层中发挥着"文化记忆"的作用，是迷思的"储存器"，与隐含意义之间形成能指与所指的关系。而且，这些因素所导向的对神圣世界的返魅体验，是其他传播方式难以企及的。当传统民俗或新习俗在媒体再现时，仪式奇观就成了对社会记忆的温习，随着媒介化节庆传播的周期性播出，"记忆的社会框架"也就自然形成了。

居伊·德波的景观社会理论认为，"景观的目标就在于它自身。在景观统治经济秩序的视觉映像中，目标是不存在的，发展就是一切"。现代社会带着深深的景观社会、媒介奇观的烙印，媒体将离散群体聚焦于一个事件发源地，以跨越感、透视感和典型瞬间实现异地共享。媒介化呈现的传统节庆担当着民族共同体建构的诉求，以传统文化的现代性重构为历史使命，呈现的节庆内容都循以民族国家为中心的表征模式，在传统礼俗社会当中调动遗产"向后看"的同时，兼顾共同生活的蓝图、意愿和计划的"向前看"策略，在记忆与遗忘之间、在过去与未来之间调和，成为实现国家认同的有效策略。

电视节日的仪式传播将人类生活、社会历史生活和自然（宇宙）三者进行联结，给人们带来充实、完整、和谐和美之感，并充当了"准宗教"的角色。因此，电视节庆能够成为圣事的替代品，通过对仪式时间的再现与强调，成为人们可视化经验的一部分，实现超越性的补偿功能，"如果原事件是仪式，那么电视的再现肯定不可避免地把它压成一场演出。电视的艺术语言也就在于通过努力再注入丢失的仪式层面，通过提供'在场'的替代物而发展为一种补偿美学。"电视制作者选取小部分经验注入一个有意图的物件中，通过对神圣故事、神圣人物的视觉刻画，使其成为被赋予了象征能力的产物，将人带入圣域之中。如航天员登月的电视直播是举国上下凝神屏息的对象物，登月归来时简直就是一场节庆，以精神朝圣的方式指向世俗神话，使万里之隔的人们直面同一场节日展演，体会到国家传播能力与民族自强。

（二）虚拟空间中展事传播的"两难"

认同是一种关系存在，其关系是在协商谈判中发展的，传受双方是同一传播活动中共生的两个主体，这也会给广播电视机构带来一定的困扰，如受众的"不可见性"。广播电视的远距作用给受众带来文化的混杂经验，传统的以国家为边界的广播电视体系面临重大改变，在市场分众化和窄播化的世界里，人们彼此之间相同的广播电视体验越来越少，"我们存在的共同体可能就会沿着这些更片面的线条被想象和建构"。

即使是借助调查研究的帮助以及其他方式的推断、估计，对受众群规模的评估仍是间接的、近似的、事后回溯性的。在市场体制中，电视节庆受到政府、中介机制和现代赞助的多重掣肘，媒体化的节庆属于文化工业范围之内，所耗人力、物力、资金数额惊人，尽管电视棚内的硬件越来越出彩，但仪式的表演意义往往大于实际意义，形式上的仪式使认同流于形式。

大众传播促使社会中心和边疆连接为一体，构建了共同的生活基础，促发了一个新的共同体的形成。"在大众文化中，传统文化已经越来越趋向于仪式化、形式化和博物馆化了……一言以蔽之，传统文化在这里就是一个节目，一种演出，一种陈列或展示。"一些建构式的媒介典礼已掩盖了仪式本应承载的文化内涵和社会意义，意义屈从于形式，甚至出现了意义真空，最终只剩下"伪仪式"本身，虽然还没有明显的对商品与物神的膜拜，但其附庸化的形式已开始消解其社会公益性了，媒介化的节庆陷入了叫好不叫座的窘境。

实用主义哲学家约翰·杜威宣称，工业社会里共同体感觉的恢复是可能的，"仅凭传播就能够创造一个大的共同体"。麦克卢汉预言了"地球村"和部落化趋势，戴扬与卡茨认为"媒介技术可能创造并统一为比民族更大的社会共同体"。但大众传媒究竟是拆解还是建构了共同体？大众传媒的向心或离心模式是同时运作而且互补的，它一方面描述了另类的价值体系，削弱了传统价值的地位，另一方面却又将大规模的、具有差异性的现代社会整合起来。

媒介虽然有强大的动员能力，但在共同体内部却是破碎的、暂时的。虽然长期以来电子技术共同体造成了"媒体假日"的收视惯习，但这一惯习正在被打破——他们不是去过节，而是沉溺手机。在那些依旧看电视的人们之间也存在着矛盾：在重大节庆来临之时——在中秋之夜人们不是阖家赏月，在元宵之夜不是观花灯猜字谜，重阳节不是亲朋相聚登高、饮菊花酒，而是围观各台的中秋晚会、元宵晚会、重阳特别节目，节日由过去的人与人、人与自然的关系变成了人与电视的约会。

由此，进而生发出一个巨大的现实悖论：媒体将大家困守在虚拟空间中，却忽视了真实场域中的活动，它们不过只是赐予了大众一种虚拟的二手生活。如果媒体将受众重返线下交流的场域，就会减少媒介时间的接触，事实上就是主动放弃了自己的资源，这对于媒体而言确实是一个两难的处境。就像戴维·莫利曾预言的，广播电视频道、有线与卫星电视的增加，"可能将我们推向一个更为支离破碎的社会世界"。

（三）美学共同体的奇观效应与认同缺失

所谓"美学共同体"，又称"审美共同体"或"趣味共同体"，是指在西方后现代主义思潮影响下，社会文化与日常生活审美化所引起的大众审美方式的延展与变异：在资本主义消费社会中，审美现象不但丰富多彩，而且本身变成了一种"意识形态"，并以社会交往与道德实践的形式实现。

"美学共同体"是西方社会转型之下针对"共同体"所生发的概念，在德国社会学家滕尼斯、美国伦理学家麦金太尔的表述中，"共同体"虽然是一个政治哲学范畴的概念，但带着浓厚的伦理意涵，即共同体是基于共有利益的"道德共同体"。在当今西方消费社会，以"共同善"为目标的"道德共同体"逐渐被以审美价值为旨归的"美学共同体"所取代。

依据鲍曼的描述，虚拟空间的传播具备美学共同体的主要特征，美学共同体是围绕着"一次性发生的热闹事件"而发生的，大部分是以万众瞩目的偶像、名人，或其他关键性人物、事物为中心的，如一次流行节日、足球赛、时尚展览等；美学共同体的"焦点"像一个可以将许多个体暂时钉在上面、又可以随时取下而钉到别处的"钉子"，所以鲍曼又称之为"钉子共同体"，而基于个体审美自由性的特质，鲍曼又将美学共同体称为"衣帽间式的共同体"（Cloakroom Community）或"表演会式的共同体"（Carnival Community）。

芬兰社会学家尤卡·格罗瑙在《趣味社会学》一书中也指出，趣味共同体（美学共同体）的特征就是处于不断地产生与消亡的状态，其品位的标准也在永远发生变化，虽然它们能在一个迅速变化的社会中建立一定秩序，但它们不具备"共同体的真实性"，而只是共同体的"云雾"（利奥塔），因此，格罗瑙认为这种"共同体"不能被称为"共同体"，而只是西美尔（齐美尔）所表述的"社会交往"对于节庆仪式而言，封闭的"庆祝共同体"通过媒介传播演变成的"美学共同体"，并不是传统意义上的近观、聚合仪式的"文化共同体"，通过影像变成了电视意义上远距、分散仪式的"表演会式的共同体"，虽然能够带来社群的审美体验，但最终不过是以审美自由为名，谋求体验安全感的一种在世想象，说到底，不过是主流意识形态二次围观或者大众消费文化的一次胜利。

　　电视节庆与传统节庆之间的不协调，即传统节庆寄望于电视对节庆的弘扬、兴盛与延续，而媒介更擅长娱乐表达，"提供给异化现实中的人们一种自由和快乐的假象，用来掩盖这些事物在现实中的真正缺失"。政治节庆持续表现出政治合法性与制度认同；而主题节庆着力表现现代社会的生活共同体，强调对节庆的消费。虽然媒体可以发布庄重肃穆的内容，用符号形象来唤起人们的共同感，但媒介自身的特点以及嵌入生活环境时的日常性和随意性的使用习惯，使得严肃的价值理念难以进入。则最终导致受众的隔膜，无益于认同感与安全感的建构。也正如詹姆逊对于后现代性的判断，"美不再处于自律的状态，而是被定义为快感和满足"。

　　按照戴扬和卡茨的说法，媒介事件如果跟传统割裂则无法唤起观众的志愿合作："它们缺乏一种与根深蒂固的礼仪传统的有机联系，换句话说，观众没有赋予这些事件以超凡魅力；他们拒绝进入协约。"与此同时，媒介主导的一些"日"而非"节"，如国际戒烟日、国际艾滋病日、消费者权益保护日、环境日等，另一些行业节庆虽努力攀附可溯源的纪念物，但却归属于狭隘的特定阶层、团体或组织，不能真正惠及全民，难以调动大众普遍、由衷的参与感；节日过多是对节日的取消，是对节日的庸俗化，使节日混同于平日，导致人们的麻木和漠视，但对真正的节日又重视不够。仅仅凭借电视对注意力的一种天然技能，借节日之名，节日电视已蜕变成电视上的仪式展演，不再是我们根源性的日常生活意识形态的一种存在。

正如西尔弗斯通所言，"媒介有能力调动起神圣的力量，有能力创造出人类学家称为'共同体'的东西；然而，在共同体内部的经验，却是破碎的、暂时的以及虚拟的。"倚重于媒体提供的仪式快感，表演和现实的界限被混淆，人们无须幻想，也不产生希望，只是被内容带领着，经历或欣赏，进行一种"无思想的行为"，属于一种纯形式化的东西。因此，模拟社会的全息技术使得景观意义大于现实意义。只有让人们真正享受到传统的可贵，才能真正在人心里长留传统。大大小小的节庆文化，其旨归大致在变化的时代中凝聚民气、集聚民意，因此要优先考虑国家最优秀的文化遗产的表达和延续，电视节庆对于审美的、伦理的、理性的和专业的高标准，使其拉开了与一般性娱乐节目的距离。

第二节　会展空间的套层传播与功能机制

一、仪式现场与远程在场

"在场"（Presence）是形而上学存在论哲学体系中一个很重要的概念，最简要的意思是"现时呈现的确实性的存在实体"。"在场"是事物在世界之中的自我呈现，不仅是实体性、时间性的，还具有空间性。

如果把媒介进化视为一种显著的社会实践，当前新媒体技术中传播与存在的关系就注定不仅是暗流涌动的观念之河，更是一种社会性的身体实践。移动互联网、虚拟现实、增强现实和人工智能等新型技术使媒介如阳光、水和空气一样泛在，人们浸润在由技术环境包裹起来的日常生活中。传统社会，社会往来通过面对面的身体交往获得"在场可得性"，在信息社会，系统性整合取代了社会性整合，远距离通信、数字化生活使得人们无须通过身体接近就可获得在场可得性，网络覆盖全国以及落地他方，即使身体不在场，也能确保共同体验的发生。

技术不再是感官的延伸，而是世界"得以呈现并为主体所感知的中介"，即身体与技术作为一个整体系统感知并认识世界。海勒斯的"后人类"、哈拉维的"赛博格"、默尔的"超人主义"等正是以"身体—技术"作为一个系统来观察人类与机器的关系，他们提出了富有张力的阐释与批判，但也都同样没有回答技术是如何建构身体体验的，而技术现象学"技术具身"的观念为理解具身性在场中的"身体—技术"关系提供了丰富的理论资源。

电报、电话、广播与电视等进一步拓展了人类表征能力的同时，将"我们的面孔、行动、声音、思想和互动，都已经全部迁移到媒介之中"，其普遍特征之一就是它"不受参与者在场与否以及数量多寡的影响"。传播中的符号狂欢导致了鲍德里亚所说的符号"内爆"（Implosions），仿真原则替代现实原则支配一切，身体缺席于传播。我们与世界的"实时交流"不仅是思想，还包括与身体体验相关的感官数据，技术正从不同方向侵入身体世界，持续地塑造新型身体。传统的"身体在场"正在被"远程在场""知觉在场""分身在场"等多种"具身性在场"改变，挑战了真实肉体的存在。如此一来，彼得斯提出的"在人类的交流中身体能够在多大程度上保持缺席"的追问，势必将变成"交流中身体多大程度的在场"以及"如何在场"。

当前的技术可以弥补、增强甚至超越身体的限制，造成图形化身、VR具身和数字孪生等多种形态的技术身体。我们每天参与到各种交流系统中，我们（身体）和技术早已合二为一，技术具身是我们不可抗拒的命运，身体在技术中超越生理维度并具有、感知与经验世界有关的身体、被文化或社会建构的身体、被技术扩展的身体等多重的含义。同样，"具身性在场"也回应了保罗·莱文森媒介演进"重获早期技术丢失的、面对面传播中的元素"的人性化回归趋势：最初的面对面交流为开端——历经书籍、报纸、广播、电视到智能媒体——具身性在场之下使面对面交流再次成为可能，但人已变成了后人类的生命形式。身体既然不再是独一无二的，时间和空间又是灵活可变的，必然造就了不同形式的具身性在场，譬如赛博空间。

赛博空间是与物理空间并置、异质而又关联的空间，而时间在赛博空间中是光速的（无延迟等）、可以中断的（如视频播放中进度条），甚至可以交错的（如弹幕中的时间），世界成为曼纽尔·卡斯特尔所说的"流动的空间"和"无时间之时间"。最深刻意识到这种时空变化与存在关系的是保罗·维利里奥，他认为火车、飞机等交通运输工具加快位移的速度引发了"大地收缩"，而远距离通信则使得人不必物理位移就可以同时在不同地点在场，引发的是"大地的丧失"，并且"它们并不满足于缩小空间扩展，它们还取消了消息、图像的所有延迟"，无处不在的"远程在场"替代了具体的时空在场。远程在场使"过去和未来、距离和延续都在随时随地的各处在场的直接性远程登录中抹平了"。

在赛博空间里，身体并不缺席，而是真身通过技术"扩展"在场，以化身感知的在场。每个人在网络上都有多个社交账号，并通过它与全球互联，账号可以说是我们最早的技术身体。屏幕与身体之间是阐释关系，而文本内容是可沉浸时，它又是透明的，身体"通过屏幕"在线评论、观剧、社交、游戏，具身的技术将"对世界的知觉加工成信息在场景中行动"。随着技术演进，图形化身也朝着图像化进化，如视频聊天、直播以及抖音社交等。如果说图形化身更注重意识参与，那么图像化身则更注重"扩展"身体参与。如今 VR 增强技术已经成功地在技术上实现"如真反应"，包括现场拟真度、事件合理性与第一人称视角。在体验上，身体和可穿戴设备构成一个"身体—技术"系统，VR"如真"场景的"真实复现"、第一人称视角对用户感受力产生了超真实的临场感（Tele-Existence）。

社会临场理论研究早已表明，特定媒介技术对卷入度、直接度、亲密度的评价会影响使用者对互动对象临场感的感知，从媒介发展史的宏观视域看，逼真复现和超真实的临场感恰好耦合传播媒介技术演进的现实化与人性化趋势。数字孪生是特定肉身的数字化呈现，因而与肉身的关系必然是同一的。在图形化身和 VR 身体中，具体的、生理意义上的身体仍然是作为主体与技术共生的，而在增强现实技术下，技术身体则与身体主体完全分离，成为一个基于物质身体的"数字孪生"（Digital Twin）。数字孪生技术在工业生产中已被广泛应用，指基于传感器建立的某一物理实体的数字化模型，可模拟现实世界中的具体事物。随着增强现实技术的成熟，数字孪生技术将引发下一个大型技术平台：镜像世界（Mirror World）。在镜像世界中，现实世界的每个地方、每一件事物（包括人类本身）都将拥有一个数字孪生体，我们能够和它互动，操纵它、体验它，就像我们在现实世界中所做的一样。"让机器思考"是图灵为人工智能描绘的技术方向，但直到海德格尔"操劳""在世存在"、梅洛·庞蒂"具身性"等概念发展以来，具身性思想成为人工智能的设计原则尤其是以神经生物学的大脑为原型的深度学习（Deep Learning）技术的成功，使"人工智能在这个复杂的世界中表现得像个'超人'"。

媒介人类学者丽莎·吉特曼认为，新媒介的出现并不总是革命性的，与其说新媒介科技代表与旧的认知论全然地断裂，不如说新媒介必须设法嵌入既有的社会场域中，并持续协商其实存的意义。从"身体在场"的面对面传播到"具身性在场"的新型传播，是人类寻求更真实的、深切交流的一场出发、再回归的奥德赛之旅，这个过程既不是一场技术突变，也不是单独在传播领域中发生的，而是传播实践与其他社会实践互动的、缓慢的、彼此渗透的过程。不仅仅是移动网络和数字科技，大众传播媒介和技术具身的社会个体也都参与并建构了复杂的网络化传播实践。

在某种意义上，在维利里奥的"远程在场"中，技术仍然是麦克卢汉意义上的"感官延伸"，"远程在场"中身体与媒介是分离的，"表现的身体以血肉之躯出现在电脑屏幕的一侧，而再现的身体则通过语言和符号学的标记在电子环境中产生"，这个"再现的身体"是"以身体的尺度去想象、隐喻媒体"。远程在场中身体仍是"缺席在场"的，人体的功能被"转移"，而不是连接到媒介（技术）中。而在虚拟现实、增强现实和人工智能技术中，存在论上"身体在场"的形而上学思考从哲学思辨走向了人工智能实证探讨，重塑了在场的身体之维与时空之维。

"身体在场"的面对面交流被当成传播的理想典型，几乎每一种"媒介"都与其有着一种内在联系。然而，文字符号和书写是最早出现的媒介技术，符号"逆转了可见物与不可见物的关系"一旦思想被符号化，"在场的交流"就被符号的传播所替代，传播成为"一种话语实践"，身体退到符号的接收端。梅洛·庞蒂通过"具身性""主张身体进入世界才能实现其自我性"，进一步将在世存在的"主体—世界"模式还原为"身体性在世存在"。皮埃尔·布迪厄的"场域"理论与梅洛·庞蒂的观点如出一辙："身体处于社会世界之中，而社会世界又处于身体之中。"他指明了"在场"的两个重要维度：身体之维和时空之维，并且"身体性概念和时空性概念是相互构成的"。

除此之外，媒介技术还对在场的"当下"进行操控。"时空压缩"是一个在现代性过程中反复出现的主题，始于交通运输的发展，却成为了摄影、电影、广播、电视媒介等媒介技术变革过程中周期性的回应，麦克卢汉"地球村"的概念认为电子媒介"将我们的中枢神经系统伸至全球，并废止了地球上的空间与时间"。媒介演进史也表明"延伸时空"和"重获早期技术丢失的、面对面传播中的元素"是必然趋势。事实上，"在场"不仅意味着"身体在场"，更是"具体时空中的在场"。它是对时间流的一次拦截，即将时间空间化，历史传统的纵深感被压扁成一个共时的平面。这时的当下不是一个空白的瞬间，而是一个充满价值内涵的"共时"空间，历史、传统、文本以及个人在这里相互作用，形成一个复调性或杂语性的界面。

二、新媒体传播的碎片化整体性

展事一般有两类观众：一是仪式现场之内的观众，即"初级受众"；二是媒介传播的受众，即"次级受众"。这两类受众对展事的体验是不同的，因此也会构建出不同的意义。现场的观众既是仪式的旁观者，也是仪式的参与者。亲临现场使人们更容易察觉他人的信号和身体表现；进入相同的节奏，捕捉他人的姿态和情感；能够发出信号，确认共同的关注焦点，从而达到主体间性状态。不过，能亲临活动的"初级受众"毕竟有限，通过媒体同步直播或再现，亿万"次级受众"能够在拟态环境里共同观瞻。

广播、电视、报纸、互联网等新旧媒体将场内场外的受众在分散的空间里暂时地聚集到一起，观看同一个节目、分享同一个直播，就像在集体的节奏之上一样，媒介的跟踪报道与转播近似于身体的反馈，通过挑选情感表达最强烈与仪式活动最投入的瞬间，使远方的观众看见他人就像自己亲临现场一样。镜中自我使场内外保证了共有的行动、意识与共有的情感，使互动实践成为可能。远距离的观证说明受众既是缺席的，又是在场的，他们以身体缺席的方式实现了精神在场。

信息革命给新媒体的多元化提供了技术动力，每个人一个信息终端，可以在任何时间和任何地点，通过任何渠道发布各类信息，海量信息的能力形成了多元化的第一个支点。在移动互联网的时代里，新媒体去中心化的大量信息生产者、多样的细分类型和圈层文化都催生着信息多元化。平台中多层次的互动模式和算法推荐可以满足新媒体用户各式各样的需求，同时，以云计算和大数据为代表的新兴技术，推动了"平台经济"，平台成为多元化的第二个支点并朝着多元化发展。

多元特征极大地促进了新媒体的发展，海量信息为多元化的供给提供了可能性，互联网不断打造不同的综合性和垂直性平台，应用于精细化细分的场景模式，增加多元供给的广度和深度。只有平台所覆盖的受众需求多且广，供给的针对性强且程度深，聚合起的用户量才能够多，才能获得流量。值得注意的是，此时用户的注意力也极其碎片化，平台吸引注意力并保持流量不仅需要聚拢目标人群，更要保持好用户黏性，加强平台供给的持久性。新媒体多元供给的典型模型是搜索引擎式的多元化和个性化推荐，通过不断优化和迭代算法，带给用户更优化的使用体验，送达更精准、更合品位的信息。

新媒体的多元化带来了信息供应的裂变，但大量信息需要有一个载体将用户聚合在一起。新媒体多元的信息裂变中，碎片化体现在受众"碎片化"的类型和需求、平台海量的供给类型和内容、全覆盖以达到无孔不入的传播媒介等方面。不同消费者有着相异的态度观念和生活方式，形成了大量的细分人群和细分需求。与此同时，新媒体大数据和算法推荐的技术让每个人都能够最大限度地张扬个性并表达喜好，获得定制服务和个性化推荐。

人人都能在互联网中发表言论和表达观点，每个人都是内容生产者，每个生产者都处于平等地位。这种开放式的内容生产方式使得内容变得多元和丰富。自媒体就是用户贡献内容的典型例证，大众可以在微信、微博、论坛、视频网站里提供内容，做属于个人的媒体。还有淘宝电商平台的达人号，他们通过穿搭、推荐的图文视频为店铺引流，做新电商领域的KOL；"新世相""深夜发媸"等我们熟知的微信公号撰写者，他们通过更精准的定位，用细分的方式给用户供给优质内容，获得流量。这使得新媒体的供给有了多元的供给主体和类型。

人的信息需求极具多样性，单个个体具有复杂多样的需求。一年有春夏秋冬四季，一日有早中晚二十四时，在不同时间段，身处不同空间场景，在不同的身份角色和社会分工下有不同的信息需求。人处于不同的心理状态就会形成不同的心理需求，常见的个人心理需求包括愉悦感、新鲜感、刺激性、好奇心、满足感等情绪性需求，相信、认知、亲近感、归属感、成就感、自尊心、被理解、受尊敬等精神性需求。

网络所提供的平台使平日里只是信息被动接收者的受众获得充分的自由，在这样的环境下受众不仅可以接收信息，同时还可以主动地寻求信息，这比在"使用"与"满足"条件下受众寻求信息的能动性更为彻底，因为"使用"与"满足"条件下的受众的"能动性是有限的，仅仅限于对媒介提供的内容进行'有选择地接触'的范围之内，因而不能反映受众作为社会实践的主体、有着传播需求和传播权利的主体所具有的能动性"。

传播媒介的碎片化体现在其无孔不入的媒介形态，从电视、报纸等传统媒体到移动端新媒体，传播媒介已经覆盖个人生活场景的方方面面。受众可接触的媒体种类多、数量多，接触方式便捷，极大地利于新媒体信息裂变。

在有限的精力里，需要在海量的流动内容信息中做出选择，此时注意力资源成为了一种有价值的资源，且极为稀缺。新媒体多元的供给就是为了吸引大众的注意力，媒介获得的注意力越多，经济效益就越高，新媒体提供的信息服务、信息需求是人类动机产生的基础，是影响人们行为的基本要素，这正是注意力经济的概念。

新媒体在传播上有其独特优势，有一系列策略和要素来吸引受众，传统媒体的新闻生产与传播的上述种种特征几乎都被消解、颠覆。如设置悬念激发受众的好奇心，引起他们对故事发展及人物命运的热切关怀和浓厚兴趣，制造惊奇感使读者在阅读中原先产生的心理预期落空，因而感到惊奇，构造面对面场景，语体的亲密性与文本的情感化诉诸接近，能唤起受众的亲切感。

社交媒体的一对一、一对多的传播，"互相 @"及点赞，转发，评论，私信等功能，为传者和受者打开了互动的大门，媒介内和媒介外成为一体，为新闻生产建构了对话场景：传者和受众通过文字对话，甚至辩论、争吵。受众从"他"转变为"你"，甚至是"我"，即从想象主体转变为旁观主体，甚至是完全平等的参与主体，因为他们能在社交媒体发布一条同等分量的新闻，以对原新闻或更正，或延伸，或反转，从而完成了传者和受者之间的话轮转换和身份转换。在这种对话场景中，传者在生产新闻时感到了受众无数双眼睛的盯视，如同商贩在大集市贩卖商品，既要经受顾客的围观询问，又要接受他们的质疑挑拣，甚至还要面临叫板竞争，彼情彼境自然难以确保叙述的正式和严肃，甚至被随意和亲切所取代，因此被称为"集市传播"。

社交媒体的顺时编排、即时流动以及碎片化信息呈现方式消解了传统媒体的象征性。重要程度不等的人与事件的报道却占据着同等大小的空间，同样随着时间和信息流动而消失。即便传统媒体象征了事件的不同重要程度，象征了社会金字塔结构的新闻聚合，被社交媒体全盘接收，也会以条为单位，以网页为链接的碎片化方式几乎无差别地呈现在其川流不息的信息带上，从而消解了其中心性、象征性、程序性和表演性。

互联网网络节点的分布式链接为每位用户提供生产新闻的入口，使每位公民成为记者，讲述新闻并广而告之成为现实。因为技术并不仅仅被人使用，而是构成人类的"在世存有"，决定了人类命运。去中心化的技术使社交媒体成为人类的"在世存有"，逼迫为公众设置议程的传统媒体接受公民新闻为自己设置议程，并为其新闻报道"订定范式"，从而导致背书式新闻、注解式新闻、图说式新闻、清单式新闻和策展式新闻的大量涌现。

当今全球化背景下以互联网为代表的新媒体技术的发展，给整个国际传播——包括传播形式、传播内容尤其是传播环境——带来了革命性改变。普通国民在国家形象传播中占据着重要位置，是国家形象传播的主体之一，个人作为国家形象传播的主体具有真实、具体、多触点、形象化等特征。全球化时代个人借助新媒体技术和现代交通技术能够实现在全球的活动，其一举一动在很大程度上是国家形象的浓缩。相较于以国家（政府）、政党等政治共同体为主体所进行的国家形象传播活动，个人所进行的活动更为自然，也较少有意识形态色彩，这比政府所进行的大规模宣传更真实，更能产生良性反馈。

近年来借助社交媒体、主流媒体等一系列传播新形式，个人在国际传播中的地位逐渐得以凸显。当然，在网络时代个人除改变了自己的接受地位外，还成为了能动的传播者，可以通过网络提供的平台迅速将自己的观点传播出去。这样的活动和行为体现的是人作为一个能动的实践主体所具有的独特性。另外，个人所进行的活动是丰富多彩的，可以是通过网络的发言，也可以是借助交通技术的个人旅行，还可以是外出参加学术会、留学、访问等，也正是这些多触点的特征，使得国家形象的呈现更立体化、更具体化。

三、媒介仪式中受众情感的转化

（一）仪式化形态

在媒介化社会中，媒体无处不在，成为人们了解和感知世界的最重要的中介，正是媒介将遥远的人、物和事件拉入当下社会的视野，再现历史风貌，将历史定格在当下。更重要的是，媒介本身已成为了一种仪式。

媒介对仪式展演的呈现和介入有化解危机的作用，有助于维持特定群体或社会的现有秩序，给生存于其中的人们提供情感和价值归属。在媒介仪式中，节目与观众构成了一种阿尔都塞所说的"召唤关系"。节目内容代表询唤的主体（意识形态）通过一系列的方式和手段将客体（观众）询唤成为"主体"，从而完成媒介仪式中个体成员的身份确认。媒体既要将其核心价值传递给观众，又要对自己在仪式中的身份有明确的认识。

任何仪式活动都需要参与者，在媒介仪式活动中，观众是仪式的重要一环。个体对意识形态的承认和接受是一个"双重确认"的过程，将个体询唤为主体的过程，是一种意识形态与主体的互认过程。媒介对观众的这种召唤之所以起作用，是由于内容本身的精彩程度、观众的兴趣、个体的记忆被唤醒和激发。

戴扬和卡茨在《媒介事件：历史的现场直播》中认为："电视事件有三个伙伴：事件的组织者，负责收集元素并拟定其历史意义；媒体，对元素重新组合成事件再生产；观众，在现场和在家里，对事件感兴趣。每个方面必须被给予积极的认同并拿出相当的时间和其他投入才能使一个事件顺利地成为事件。"在传统的文化类电视节目中，媒介作为一种神圣仪式，其主要目的不仅是为了让人们获得信息，而且也在竞争性、戏剧性和重复性的仪式活动中生产出特定的文化意义。无论它们的形式是如何丰富多样、风格迥异，但最终都是媒介仪式的具体呈现和表达。

换而言之，"媒介仪式"实际上以媒介为依托，以仪式活动为对象，在演播室的狭小空间内构筑出一个"想象的共同体"，进而建构观众乃至整个社会的集体记忆和文化认同感。"现场感"更容易将个体拉入媒介仪式之中，形成良好的互动体验，通过积累团结的集体能量和强大的个体能量，个体成员在集体中相互关注、确认身份，完成集体身份的认同，进而构建出具有感召力的"媒介仪式"。

兰德尔·柯林斯在《互动仪式链》中提出构成"互动仪式"的起始条件为：两个或两个以上的人聚集在同一场所，具体的身份界定，明确的关注焦点，人们共享的情绪或情感经验，一个仪式是如何在群体成员互动中建构和形成的。互动行为随着参与者情感与关注点的相互连带，产生共同的"情感结构"，类似于涂尔干所说的"机械的团结"，这种集体意识正是主体间性和共享情感的产物。

在《媒介事件：历史的现场直播》中，戴扬和卡茨还讨论了观众是如何参与重大事件的"媒介仪式"："重大媒介事件——婚礼、葬礼、登月事件、奥运会——都遵循这样的模式。我们被邀请来，甚至被命令来参加婚礼，并且提前好几天我们就被催促着做好准备"。以电视为例，这类"仪式化的传播方式"，一方面构筑了共享的文化资源，为电视观众赋予了相同的文化情感体验；另一方面，互动使电视节目观众获得了以往感受不到的亲临现场的参与感。这样的电视事件当然多是一些仪式性的媒介事件，在这些事件中，观众无论是在现场还是在家里，都扮演着重要角色。

（二）传统的内容——以中国传统文化为例

中国传统文化类电视节目作为"意识形态的国家机器"之一，借助背诵古诗词、猜灯谜、解释成语、听写汉字、分享文化背后的历史故事等方式，展示中国传统文化的魅力，召唤电视观众共同的文化记忆。那些被召唤的观众逐渐融入媒介仪式构建的文化共同体，在个人与集体之间的互动中确认个体的身份，完成了客体向主体的转变。

中国传统文化本身包含了大量的仪式性内容。传统的诗词、成语、名著、书法和戏曲都具有强大的仪式化属性，体现了中国人的生活方式、艺术追求和精神信仰。电视传统文化类节目将古诗词、成语、汉字、戏曲、名著经典等作为主要的节目元素，通过专家的个人解读、选手竞赛和文化表演等方式，展现出中国文化的独特审美价值，建构共同的集体记忆，在这样的文化类节目中，媒介便通过重复的仪式化播放，不断再现中国传统文化的符号和选手的参赛表演，从而强化和巩固节目本身的仪式感。

在娱乐文化占据主导地位的电视生态环境中，如何将中华传统文化"仪式性的内容"进行有效的传播，考验着节目制作方的智慧。"寓教于乐"显然是不同传统文化类节目制作的共同手段，通过"寓教于乐"，观众在不知不觉中体验和感受了中华传统文化的魅力，并且随着新媒介技术手段的提高，电视节目的"娱乐性"不仅加强了，节目内容的"仪式感"也大大增强了。

这样观众就知道哪一天有什么样的期待……公布节目的时间表，目的是营造一种节日的感觉、期待的感觉，打算进行节日收视的感觉。我们受到对待的方式就好像将来会有人请我们——也许是我们的子孙们——来复述事件，报道它是什么样子。最主要的是，"我们被告知事件是重要的，它传递着国家的某种中心价值。"

戴扬和卡茨将电视的仪式传播情境分为"事件传播"和"日常传播"两种形式。"事件传播"是一种特殊的电视事件，包含跨时代的政治和体育竞赛，表现超凡魅力的政治使命等，这种仪式唤起的可能是全国乃至全世界的集体瞩目；"日常传播"是一种泛仪式意义上的传播，是在演播室等小场地周期性的播出模式。但是我们也要防止传统文化节目在建构关于传统文化媒介仪式、传播中华传统文化的过程中，出现节目同质化、娱乐化以及随意曲解中华传统文化内容的行为和现象。

在这里，我们将运用阿尔都塞的意识形态的"询唤理论"进一步讨论观众是如何在召唤下逐步进入电视的"媒介仪式"活动中的。电视节目的精心设计安排、选手在媒介仪式上的努力"表演"和电视观众的积极"配合"，共同完成了电视节目的"媒介仪式"。正是在这一过程中，电视媒介所营造的关于中国传统文化的"媒介仪式"，唤起了许多观众共同的"集体记忆"，让参与者（表演者和观众）都从中感受到中国传统文化的魅力，并对中国传统文化产生认同感与自豪感，部分童年时期诗词背诵和学习的痛苦的个体记忆有时竟转变为对中国传统文化的热爱之情。就像收到参加婚礼或生日宴的邀请函一样，受众参与了重要的媒介事件转播。

在这个意义上，传统文化节目类的电视媒介仪式就是向观众提供了关于传统文化的相关观念，观众跟随节目走进了中国传统文化，并且在意识形态的召唤下，再次感受和体验中国传统文化的魅力。

（三）观众的"参与式表演"

集体记忆的召唤在很大程度上带有"表演性质"，而表演本身正是客体被询唤成主体的过程。能亲临活动的"初级受众"毕竟有限，通过媒体同步直播或再现，亿万"次级受众"能够在拟态环境里共同观瞻。远距离的观证说明受众既是缺席的，又是在场的，或者说他们以身体缺席的方式实现了精神在场。

靠大众传媒感知外部世界的现代社会人，他们互相不接触，但读同样的报纸，看同样的节目，像参加宗教仪式的信徒一样，形成精神上的集体。不同的是，这个集体的信徒分散，联结这个集体内部的纽带就存在于他们共同的信仰、共同的激情、共同的价值观之中。这些共同的信仰和价值观有着诸如社会秩序控制、社会力量凝聚等多种社会功能。

特纳在其《仪式过程：结构与反结构》一书中，不仅将社会生活中的表演和冲突引入仪式的分析中，还将仪式与社会权力关系进行联结。在他看来，媒介不仅拥有自身特定的制度、规范和运作机制，在维护特定利益的同时，也要树立自己的权威使其合理化、合法化。特纳将宗教仪式分为"分离阶段、阈限阶段和聚合阶段"，他认为日常生活向仪式世界过渡的"阈限阶段"，会伴随着"颠覆性"或"逆反性"仪式行为而出现。

非强制性意识形态与观众之间建构了一种特别的召唤关系，观众受到召唤进入媒介仪式中，在表演中获得了主体性，可以说，正是通过这些意识形态实践活动，电视节目的媒介仪式与观众建立了特殊的关系。一方面，媒介借助所生产的各种符号传播共同的社会价值观，强化既有的社会秩序和规范；另一方面，通过一定时期相对稳定的符号传播积累，媒介本身也不断地巩固自己的权力边界，将其日常化和制度化，进而影响人们对于媒介本身的感知。

这种远距离的仪式可以提供共享的情感、团结以及对象征性符号的尊重。场内场外的受众在分散的空间里暂时地聚集到一起，观看同一个节目、分享同一个直播，就像在集体的节奏之上一样，媒介的跟踪报道与转播近似于身体的反馈，通过挑选情感表达最强烈且与仪式活动最投入的瞬间，使远方的观众看见他人就像自己亲临一样。镜中自我使场内外保证了共有的行动、意识与共有的情感，使互动实践成为可能，在这个戏剧化的仪式活动中，观众作为戏剧演出的"观者"应邀从"日常世界"进入了"仪式世界"。

（四）集体记忆的建构

媒介除了有传递信息和娱乐大众的功能之外，更重要的是承载着意识形态的传播功能，而仪式化的过程恰恰就是意识形态发挥作用的体现。但是在电视的仪式活动中，观众显然不是简单地"受邀"参与节目的媒介仪式，而是受到意识形态的召唤而加入媒介的仪式活动。一些电视节目借助于仪式化内容的设置、传播，使得节目本身成为一种"媒介仪式"，召唤了无数电视受众积极参与。而在此过程中，观众的集体记忆被唤醒，在仪式活动中开展情感的互动联结，完成客体向主体的转化，并最终实现文化和身份的认同。

在媒介化时代的今天，这些电视节目在传播中国优秀的传统文化方面确实发挥了重要作用。不过，在消费主义和娱乐主义盛行的电视领域，由于激烈的行业竞争、对传统文化内核的不正确解读、追求收视的即时效果而忽略长远的文化发展规划等问题，其实也在某种程度上，消解着电视节目精心建构的"媒介仪式"。中国传统文化类的电视节目就是要通过媒介仪式建构观众对中华传统文化的认同感，让观众在参与和欣赏的过程中产生一种文化自信和文化自觉意识。

文化共同体是在特定的文化传统中主体对其文化的内在体验和认同，"媒介仪式"通过设置传统的文化场景，以询唤的方式征召个人，将他们拉入文化的集体记忆之中，最终目的则是形成和强化一种特定的文化身份认同，构建属于中国人的文化共同体。但是，身处"媒介仪式"中的观众个体被询唤出的文化记忆和文化情境，其实各有不同。

当前，中华传统文化赖以生存的传统农业经济结构已经不复存在，工业化、城市化和全球化的生产方式、生活状态及社会结构都使得传统文化面临着前所未有的挑战。一方面，传统文化不再作为主流文化作用于社会，相反，更多地以渐进的、温婉的方式影响着现代社会，传统文化逐渐内化为一种精神、信仰、气质，仍然在当代社会结构中发挥着潜在的作用；另一方面，传统文化一旦抽离了生长的现实土壤，蕴含在其中的仪式感其实也逐渐淡化。相同民族文化共享和展示机制的弱化，使得民族共同体的构建会逐渐丧失重要根基。

中国传统文化节目如何表达和展示传统文化，在当代社会显得意义重大。它召唤的是一个族群共同的民族文化情境和文化记忆，参与媒介仪式的成员会通过节目重新体认自己的文化身份。从自小被教育学习的古诗词、成语、汉字，到传统节日庆典中的中国元素，如中国结、谜语、中国灯，再到凝结中华史人劳动经验、强烈情感的历史故事、戏曲谚语等，都属于族群中文化的"具体象征物"，是连接民族成员心中的民族意象。

电视节目中"采菊东篱下，悠然见南山"的生活方式，"举杯邀明月，对影成三人"的文化心境都会不知不觉地对观众产生影响，尽管那样的诗意生活在当代社会中很难体验到。川剧《凤仪亭》，越剧《春香传》《梁祝》，京剧《白蛇传》和昆曲《游园惊梦》也让人体会到中国戏曲文化的博大精深。在电子媒介时代，人们总有借助"媒介仪式"实现身份和文化认同的需求，在过度娱乐狂欢中获取精神意义的寄托。中国传统文化类的电视节目正满足了大众的这一需求，以"媒介仪式"的形式构建出一个虚拟的、具有历史感的"想象的共同体"。

将古诗词、成语等传统文化形式作为一种文化符号，成为传承与发展中国传统文化的切入点，媒介本身也就成为了一种仪式。个体被拉入仪式空间内积聚能量，相互关注并完成身份的确认，形成集体认同感。传统文化节目将历史文化、背景故事、情感体验与传统文化元素相结合，呈现出情感之美和生命之美，为受众提供一个完整的、具有历史感的想象的空间，使受众在沉浸和感叹文化的魅力、历史的厚重、生命的价值的同时，逐渐构建了民族文化共同体。

本尼迪克特·安德森在《想象的共同体》中对民族主义进行探讨，将主要注意力聚焦于民族主义的文化资源，尤其是观念意识的转变上，这一转变使得民族存在的想象成为可能。这种想象的共同体是以一种虚构的方式建立起来的，能够对人们产生强大的感染力。安德森认为，拥有阅读同一种文字能力的人，不仅彼此之间容易产生"自己人"的情愫，还容易同时被其宣传的热情所感染。如族群便是通过具体象征物（如旗帜、民族服装、仪式）想象出来的，民族成员无法认识每一位同胞，但相互联结的民族意象却能够停留在成员们彼此的心中。这种民族意象具有双向含义，是对其他民族的疏隔和对本民族的联结，都具有强化本民族认同的功能。

第三节　身体返场与会展空间的综合造境

一、离身认知与具身认知

（一）身体观的变迁史

辩证唯物主义与历史唯物主义讲求社会存在与社会意识的对立统一。如果我们将媒介进化视为一种显著的社会实践，那么不可忽视的暗线就在于对"人与媒介关系"的思考。人是通过"身体"这一中介去感知和认识经验世界的，而媒介本质上可以还原为一种技术，因此，对"技术与身体"这一组哲学命题的思考注定成为今天我们破解沉浸传播环境下"人与媒介"之谜思的钥匙。

传统哲学对"身体"的研究由柏拉图开启，他认为，获得纯粹知识的唯一途径便在于"用灵魂注视事物本身",那么潜在之意便是必须摆脱身体之束缚。而在笛卡尔的"我思"哲学中,具有怀疑批判精神的"沉思"被推到了极高的位置,感官和身体被看作是需要被悬置的对象。由此,著名的"心物二元"时代在长达3个多世纪的长河中,人们已自觉默许了这一认知模型。

尼采对以柏拉图为代表的哲学传统提出挑战,他提出"一切从身体出发"的口号,要求重新审视肉身的价值。在《查拉斯特拉如是说》中,尼采发出呐喊:"我完完全全是身体,此外无有,灵魂不过是身体上某物的称呼……"后现代哲学沿着此线展开了轰轰烈烈的"哲学肉身化运动",无论是福柯对身体规训的批判,抑或巴塔耶对"性、情、欲"的宣扬,以及马尔库塞在《爱欲与文明》中将"解放身体与情欲"提升到空前的位置,并鼓吹学生运动,都在试图将人类历史矮化为"肉体"历史的变奏。后现代哲学这种对身体的重思并未改变"身心二分"的境地,只是从一个极端滑向了另一个极端。

直到现象学的创立,这种"心物二元"割裂的境况才得到改观。胡塞尔首先提出了"肉体"与"身体"概念的差异。根据他的描述,身体是"躯体"与"心灵"构成的结合点,身体的构造已经步入陌生感知范围之中了。虽然在先验意识和经验肉体之间仍横亘着一条难以逾越的障碍,但只有通过对"身体"的体认,现象学才可以从苍白、抽象的自我,步入生机无限的"生活世界"。

在胡塞尔之后,梅洛·庞蒂真正在现象学层面开创出了"身体哲学"。在《知觉现象学》这部皇皇巨著中,梅洛·庞蒂对传统的"心物二元"论发起挑战,首先便是对"对象身体"概念的怀疑。如果说身体只是各部分相互外在的存在,身体的部分(比如感官)与其对象只存在机械的因果关系,那么"幻肢"现象就难以得到解释。只有当我们找到了连接"心理现象"和"生理现象"、"自为"和"自在"的手段,幻肢才可能是这两类条件的混合。因此他设想用"中枢理论"来代替"外周理论",即构建空间的"生理事实"和无所不在的"心理事实"共有的场所。

"现象身体"的概念正是将物理世界"自在"与心理世界"自为"的综合。从与现实交互的角度来看，现象身体是"超越"的身体，即它能包容并整合对象身体周遭的一切，并最终吸收到对世界的经验中。于是，身体图式（Body Schema）这一概念得以诞生，它被用来形容知道自我本身，并能自由运用自己的身体，以及发现自身所处空间的范围与应对外界的反应的能力。总体来说，便是我的身体存在于世界的方式。

（二）具身认知

具身认知（Embodied Cognition）是在皮亚杰认知理论、加涅信息加工理论以及维果斯基社会文化观等理论的基础上获得认知的新理论，用于解释人类身体与外界交互关系对认知的影响。而该理论最早可以追溯到胡塞尔强调以意识体验为主的现象学和梅洛·庞蒂对身体体验的重视。后来这些研究成为具身认知理论的哲学依据。之后，弗朗西斯科·瓦雷拉等人从生物学角度发现，人类认知源于人体不同感官形成的不同经验，且身体的感知能力会自然而然融入在一个更宽广的物质、文化、心理等的具体情境中。

在认知心理学领域，以怎样看待身体在认知过程中的作用为划界标准，可将各种理论观点粗略地划分为"非具身""弱具身"和"强具身"。"非具身"（Disembodiment）或称"离身"或"无身"，是经典认知科学的典型特征。20世纪60年代初期，计算主义、表征主义、机能主义将认知作为大脑的功能，其从本质上与身体构造无关，身体的感觉和运动系统仅仅起到一种传入和输出的作用。

他们认为，认知表征的符号性质决定了认知过程的"非具身"性质。符号本身没有意义，它的意义是由它所代表或表征的对象决定的，但它的表征功能使得认知过程可以脱离具体事物，在抽象水平上高效率地进行加工和操纵。表征和加工过程可以在任何载体上进行。认知表征和对表征的加工既然没有对身体构造的特殊要求，那么认知过程既可以运行在人脑中，也可以运行在电脑、硅片，甚至木头上，只要这种物质具有表征和计算功能，这就导致了所谓的"多重可实现原则"（Multiple Realizability

Principle)。

1991年，阿富拉·汤普森和罗斯在其《具身认知》一书中，首次以系统的方式，对身心可分离原则提出了挑战，倡导了一种全新的认知科学范式。在这里，认知不再被视为一种抽象符号的加工和操纵，而是有机体适应环境的一种活动。作为一种活动，认知、行动、知觉是紧密的联合体，心智和身体并没有一个明确的界限。

心理事件、状态和属性既然可以在不同性质的物理实体上得以实现，那么就意味着心理过程独立于承载它的身体，心理和身体的关系就成为可分离关系。非具身的观点就由此产生了，早期认知科学正是建立在这种"可分离原则"（Separability Principle）的基础上。在这里，身体是中性的，换言之，身体仅仅是个载体和容器，容纳和承载了心智，但是却对心智鲜有影响。

在强具身观看来，由于身体经验是建构知识的一种源泉，作为身体学习的具身视身体为学习发生的部位，把身体视为知识的渊源，通过身体活动获取各种"活"的生活体验。传统的"非具身"观重视的是语言学习和视觉学习，认知过程是对语言、数字等抽象符号的加工。身体学习的主张者认为，我们不是"拥有"一个身体，我们就是我们的身体。"我们的意识体验在很大程度上被刻写在我们的肌肉里"，而且"我们的身体有它自己的记忆，储藏着各种故事和潜在的创伤经验。这种身体智慧的获得需要我们向身体学习聆听……这种知识是存在的，只是经常隐藏于直接意识觉察之后。若要得到这种无意识的知识，就需要给予我们的身体以更多的关注"。

强具身本身就意味着身体是心智实现的唯一途径，完全拒绝传统认知科学的计算和表征理论，认为认知和心智是身体与环境互动的产物，有什么样的身体，就有什么样的心智，我们不能期望一个有着鱼一样身体的动物会有人一般的心智。心智的特殊性是由身体的特殊构造形成的。"由于身体以弥漫的方式渗透在经验之中，那些被赋予明显差别身体形式的生物事实上是不可能有着从性质上没有区别的现象体验"。因此，强具身确保了身体和心智的一致性，从根本上论证了多重可实现原则的不可能性。

"弱具身"和"强具身"之争彰显出具身认知研究阵营虽然在反对经典认知科学的"非具身"方面有着共同主张，但是在究竟怎样看待身体的作用方面仍然缺乏一致的看法，缺少一个统一的"范式"。"具身认知的影响越来越大，但是如果把它描述为一个有着严格定义和统一的理论，那就大错特错了。具身认知来自于许多领域，因此，在基本问题上，它仍然经受着内部分裂的痛苦"。实际上，就像任何新兴思潮所表现的那样，具身认知的研究者们在反对什么方面有着明确的主张，但是在具体的行动纲领上却难以达成一致。

通过身体而进行的学习首先是一种身体经验，这种身体经验是人的一种存在方式，是人作为人的独特体验。在现象学中，胡塞尔以意向性作为意识结构的特征，以"意识体验"作为现象学的根本出发点。法国哲学家梅洛·庞蒂改造了胡塞尔的现象学，以身体体验取代意识体验，提出了一个"具身的主体性"（Embodied Subjectivity）概念。这一概念所强调的是，人既不是一个可以脱离身体的心智，也不是一架没有心智的机器，而是一个活的创造物，其主体性是通过物理性的身体与世界的互动而形成的。在这里，身体就是主体，即所谓的"身体主体"（Body Subject），不是"我"在知觉，而是身体在知觉，人以"体认"的方式认识世界、他人和自己。

认知是基于身体的，也是根植于环境的。在这里，"身体"并不仅仅指涉人的肉体，也包括了环境的"体"（Body）。其身意味着超越了那种通常意义的身体而考虑大脑的近邻（身体）和远亲（环境）对认知的贡献。世界是诸如知觉、记忆、推理等过程的信息外部储存地；认知加工经常在环境的支持物上卸载一些信息，以减轻认知的负担。

二、从视觉传播到沉浸式传播

（一）视觉与认知

视觉认知是一个动态的逐步建构起来的过程。眼睛把获得的信息传递给大脑，大脑将信息和已经形成的视觉经验进行对比、处理，然后才产生对信息的认知。观看并不是一种被动行为而是主动行为。人们每天接触到很多的视觉信息，那些被眼睛看到了，却没有经过大脑处理的信息不能称为"见"。已有的经验越多，感知到的就越多。大脑通过色彩、运动、模式、空间关系形成认知，从视网膜上获得最低层次的感觉信息，到最后完成视觉认识的过程，中间要经过若干层次，并伴随着信息汇聚与分散的加工。对视觉信息的认知处理，并非线性独立展开的，而是作为一个整体进行平行处理和交叉处理。

人类社会的信息交换如此丰富和频繁，人类不仅乐于通过视觉捕捉信息，而且对视觉信息的记忆也非常深刻。对于传播者来说，适当利用视觉信息可以获得更好的传播效果。美国纽约大学神经科学家约瑟夫·勒杜克斯指出，人们认知的40%是自然感受的，60%则是通过分析获得的，在这两者之间起重要沟通作用的是"突触"，它们把脑系统连接起来让感觉和知觉经验得以平衡，同时人类自身也在感知经验不断丰富的过程中得以发展。纽约大学心理学专家吉米·布洛诺在实验中发现，人们能够记住10%的听到的东西，30%的读到的东西，但是却可以记住80%的看到的东西。

人们不仅乐于观看，而且还乐于分享，充满了对视觉信息分享与转述的渴望，视觉信息的这种共享特性，使得视觉传播的发展非常活跃,促使视觉信息的图像化传播。那么如何实现视觉信息的分享呢？靠语言文字的转述不能完全替代人们在观看时获得的感性经验，将之用图像化的方法描绘出来便是一个最佳途径。

视觉信息可以分为三类：第一类是直接的，是眼睛从现实世界和现实场景中直接获取的；第二类是间接的，是通过媒介间接转述的图像化的视觉信息；第三类则是在大脑里存在的虚构的视觉信息。人们直接从现实世界获取的视觉信息包括姿态表情、人造景观、自然景物，还包括光线色彩等。但是眼睛获取信息只是完成了信息的人内传播，对于有着传播需求的人类来说还远远不够，因此从远古时期起，人类就开始试图用各种方式描绘眼前看到的景象，转述并和他人分享这些直接获得的视觉信息。

中国学者沙莲香将信息分为三种：物理信息、生物信息和社会信息。

其中，社会信息是精神内容的载体，无论是语言、文字、图片、影像，还是声调、表情动作等，都表现为一定的物质讯号，这些讯号以可视、可听、可感的形式作用于人的感觉系统，经神经系统传递到大脑，得到处理并引起反馈。而在这些可视、可听、可感的物质讯号中，作用于视觉信息的占大部分。有科研成果表明，在人类所有的感知信息中，视觉信息占83%以上，可视讯号是最直观易感的讯息，人脑在处理文字和声音的时候需要花费一定时间，而处理视觉信息的速度则要快很多。通过视觉观察到的图景往往比较容易记忆，而文字和声音则很容易就忘记。

视觉认知的历程不完全是自下而上（Bottom-up）的历程，同时也包含了自上而下（Top-down）的历程。所谓自下而上，即直接靠感觉就能产生的知觉，同时又存在主观加工，在一系列相互关联的信息中，大脑最后会得出一个综合判断，这个判断虽然在总体上讲是对真实的反映，但是同时也具有个性色彩。事实上，大脑对亮度、大小和形状的认知都具有恒常性，物体的表面亮度和空间位置发生改变后，人们仍然能够保持对物体认知的恒常性。这也说明了大脑认知事物是一个分析的结果，不是孤立地看事物，而是从综合的角度出发产生认知。

麦克卢汉提出的著名理论——"媒介即信息"，媒介不再是空洞无物的形式，它的发展影响着讯息的生成和传达。"媒介即信息"这个理念实质上重新界定了信息的形式和内容之间的关系，形式不再是一个简单的载体，而是成为与内容密不可分的一部分。我们今天的社会进入了一个所谓的"读图时代"，不仅报纸杂志里的图片使用呈上升趋势，图书出版行业里，图文类图书也深受读者欢迎。在网络媒体中，图片更是吸引眼球的重要手段。以上这种将信息以视觉的方式传递给受众的做法，似乎预示了视觉文化时代的到来，但同时也引起了一些学者的批判性思考。

展示空间是一种技术、艺术、文化的人工制造物，有其目的性、倾向性与价值指向，要使会展空间里的传播奏效，至少要具备以下条件："多维的感官经验、框架（Framing）机制和一种体现价值观、形塑人们对世界的经验感受和认知秩序的能力。再现的媒介系统中，视觉信息主要以静态的图像信息为主。通过机器采集影像，然后人为进行加工，最后利用照片、绘画、印刷品等方式进行传播。至于机器的媒介系统，视觉信息则完全通过机器采集，然后再通过机器发布，以动态为主，如电影、电视这两类媒介系统是按照先后顺序依次累积出现的。从不依赖机器手段的'示现媒介'到部分依靠机器的'再现媒介'，再到完全依靠机器的'机器媒介'，这是一个人类传播的媒介手段日益丰富的过程，也是人体的信息功能日益向外扩展、体外化信息系统逐渐获得相对独立性的过程"。媒介系统变化的背后是技术的动因，因而这种变化是综合的，而不是孤立的。

随着移动互联网的发展，网络对日常生活的中介和渗透是全方位的，重新建构起一个以意义和体验为基础的新空间。在这个空间中，真实与虚拟交融，物质属性与社会属性相互嵌入，人类的生存空间被彻底改变，即人们不仅生活在现实社会中，也生活在虚拟世界里。这种利用数字化中介手段在虚拟空间进行的"在线"实践活动，与人们在实体空间的"在世"形成了一种相互嵌入的生存关系。因此，在新媒体的助力下，城市记忆融入了人们的日常生活，构成一种虚实交融的日常传播实践，促成了一种体验式传播空间的形成。视觉传播的发展历史实际就是人们创造视觉信息、分享视觉信息的历史。

（二）沉浸式传播

马克·波斯特曾将大众传播划分为两个时代：第一媒介时代以单向传播为特征，以传统媒体为分析对象；第二媒介时代则以双向传播为特征，以互联网为主要分析对象。当前人类已开始迈入一个不同于以往的全新的社会形态。在这里，人类对传播的需求到了"不可一刻无君"的水乳交融之境地，媒介与传播已渗透进社会的整个机体，真实与虚拟两个世界的界限也越来越模糊，逐渐融为一体。其背后是信息高度智能化、网络化和泛媒介化的人类生存状态。新兴的 VR、人工智能和可穿戴设备等技术正从不同的维度重塑人的身体，通过对人类与世界的相处经验进行模拟，进行着一场重获"身体在场"的"奥德赛"之旅。

1. 沉浸式传播

"沉浸传播"（Immersive Communication）是一种全新的信息传播方式，它使人完全专注于动态的、定制的传播过程，期望实现让人看不见、摸不着、觉察不到的超时空泛在体验。以人为中心，无处不在，无时不在。传播不再有单向、双向的区隔，个体既是传者又是受者，既是信息的生产发布者，又是消费者。沉浸传播模式包容了过往的一切传播形态，将大众传播与人际传播更紧密地融为一体，正如麦克卢汉所说的"处处皆中心，无处是边缘"。

虽然以广播、电视、手机为代表的通信技术在过去的 100 年间已经取得了巨大进步，但是与面对面的互动相比，这种沟通经验仍是贫瘠的，原因就在于"非语言信号和提示"的缺失，它们包括触摸、姿势、眼神、注意力程度等方面。而"沉浸传播"技术的出现，将大大弥补这些缺憾，它使媒介捕获与呈现信息的方式与人类系统更加匹配。在全新的沉浸媒介时代，"网络"并不再处于一切媒介的中心点，而是被重新定义为一种联结的背景，包括人体在内的各种媒介都将重新在"泛在连接"的节点中找到新位置。

从媒介进行多维度融合的进程中我们可以发现，人的身体和精神其实一直与媒介产生着功能性的互构。人类智慧萌芽时期身体作为交流的唯一传播媒介，其肢体语言就孕育着最为原始和天然的视觉语言密码。随着媒介技术的发展，时间和空间的维度差距被不断弱化。此外，麦克卢汉在《理解媒介：论人的延伸》中更是强调媒介对人体运动、感觉和神经功能系统的替代性延伸作用，人体的有限性被媒介技术逐步解放，传播形态在人们对不同媒介的应用和依附下被重新定义。

随着报纸、广播、电视等信息传播环境的营造，身体感官体验被逐渐弱化到视觉和听觉，日益单一而"笨拙"。身体不再承担信息传播的主体使命，客观上身体与媒介之间产生分化。媒介的存在作为一种材质上和体验上的"间离"，将身体与传播剥离开来，因此引发了对于媒介的进化与人类身体的消失、主体自我消解的问题的担忧。我们的身体从主体角色沦为旁观者，已然"缺席"了我们的审美体验。

　　然而在体验层面上，人类在媒介技术的代代更新进程中从未舍弃过对人际传播体验的渴望。媒介在满足信息自由传递等基础功能之后，又在持续追求人们感官上的拓展和丰富，一直试图打破媒介给人们带来的间离感和建构感。声音的直接传递逐渐淹没了文字信息，面对面即时视频代替了邮件或图片。从某种程度来说，不难想象媒介发展的最高水平，就是让人们感知不到任何"媒介"作为载体的存在，传播模式无限接近人与人的真实互通。

　　人际传播之所以被"渴望"无疑是因为它蒸发了所有距离和媒介带来的不真实感，而这种真实性由视觉、听觉、触觉、嗅觉等感官共同营造，同时也反作用于身体，激发出更多的身体反应。以 VR、人工智能等技术为先导所催生的媒介新形态，不仅在技术形态上冲击着人们对媒介的认知，更打破了人们在传播活动中的惯性。

　　虚拟现实技术作为极大地刺激和延伸身体感知能力的媒介技术手段，弥合了以往媒介的"中介性"，导致人体与传播的断裂，不断推进媒介使用的"退场"与身体体验的"返场"。当人们戴上 VR 等虚拟现实技术设备时，无比真实的"在场性"直接作用于身体，使得人们自觉代入身体经验。身体在媒介互动中表现出与其他传播媒介完全不同的深度体验感，感官的独立激发和连锁反应都空前强烈。虚拟现实技术对身体整个感知系统进行了重新整合和真实调动，它像一张极具弹性、多元而立体的感知网附着在人体上，以提供沉浸式的传播体验。它不仅赋予身体"在场"的角色需要，从某种程度上也是对人类身体消失、主体消解的一种反思和弥补后的突破。

　　在身体的回归过程中，媒介不再仅仅是人的延伸，人还被媒介缠绕包裹，甚至与媒介相互渗透而成了媒介本身，更进一步演化为"人是媒介的延伸"。沉浸媒介时代带来了"本媒体"这一新型媒介形态，既指向了人身体经验处于某种媒介环境包裹下的状态，同时也涵盖了精神及意识与数据之间进行的交换、沟通和再生。当人体及所构成的整个社会环境被塑造成打破现实与网络空间的分立，打造出具有（特定主题）沉浸结构框架的传播空间，其引发的人内传播、人际传播和大众传播等不同传播范式间的流动与糅合也极具思考意义。

无论是广播、电视等传统媒体，还是电影、游戏、服装走秀、艺术展览等多元文化形式纷纷拥抱虚拟现实技术，试图用虚拟现实技术帮助其焕发"沉浸感"所带来的全新生命力。沉浸媒介打破了传统意义上虚拟与现实的对立，带来了两者的无边界交融，势必会对人类的价值建构、认知行为、生活形态及社会根本性结构等产生重要而深远的影响。

与传统的媒介不同，电子媒介被麦克卢汉认为不再是局部感官的延伸，而是中枢神经系统的延伸。而"中枢神经系统又是为感官协调各种媒介的电路网络，人体各器官构成的整体正是保护中枢神经系统、应对外界刺激的缓冲装置"。这种比拟实质上暗示了"心物一元"的前在逻辑条件，在实际的人际交往中，中枢神经系统的"不能缺场"也隐喻了身体的"必然在场"。电子时代的媒介如何驯化感官？麦克卢汉认为，它"使人重新整合，实现重新的部落化，并将其塑造为一个更高层次、全面发展的人""我们正在逼近人类延伸的最后一个阶段——技术上模糊意识的阶段"，而这种日益接近意识的技术延伸，使"人可以越来越多地把自己转换成超越自我的形态"。

麦克卢汉的上述论断如先知预言一般，放诸沉浸传播的语境中也已无限接近。需要注意的是，他的技术乐观主义本质上是站在媒介本位的视角去探讨的，换句话说，技术在统合人类的感官，使人走向"心物一元"的境地。因此身体不能简单地理解为"机械肉身"，而应解释为连接自在世界与自为世界的"现象身体"，它将统合周遭的经验并吸纳到主体中去；而技术也不应狭隘地理解为人所使用的工具，它应被视为先于人存在的"架构"去理解。

同时，我们认为"身体在场"是贯穿"技术与身体"关系的轴线。因为从现象学的角度来说，身体是一切社会行动的出发点和归宿，如若身体不在，那么主体也剩下了弥散和死亡。也只有确定主体在场，身体与技术的对话、相互形塑的过程才能继续下去。所谓"在场"便是存在于技术构成的世界中，因为技术已经前在地嵌入了人的生存基础之中，正如斯蒂格勒所说的"义肢"以及海德格尔的"座架"。所以，这种人机的交互是一个动态、持续、泛在、恒在的对话过程。沉浸传播环境下，人本身成为了一种媒介，时间和空间的界限被消弭，身体与技术、感官与媒介的交互将恒久地持续下去，并最终被"自然化"。

因此，赛博空间中物理肉身的缺场并不意味着主体的缺场，而依然能印证身体的在场。如唐·伊德所言，"身体的在场确定了光亮之所。我们是身体，是文化的此在在世，更是技术的此在在世"。技术可以在一定程度上形塑人的感官、习惯和思维；人也同样可以能动地塑造技术，让技术变得趋于人性化。这种双向的"驯化"既是一种角力和博弈，又是一种对话与协作。

2. 主体性的绽出

美国加利福尼亚大学圣地亚哥分校视觉艺术系的曼洛维奇在《新媒体语言》中认为，"新媒体集呈现与交流于一体"。虚拟环境如真实世界一样广袤无边且更具伸缩性，对于沉浸于数码环境的人们来说，新媒体不仅是叙事的载体，而且是如同身体一般可供使用的表达工具。虚拟现实沉浸式传播环境的参与者在打破了传统单一的信息接收姿态的同时，也不断地进行自主表达，进而从全新的沉浸体验中获得主体性的彰显。

首先，沉浸式传播环境给予参与者身份建构的机会。当虚拟与现实的界限被模糊之后，参与者自身的认知也随周遭环境的变更发生了改变。以虚拟现实游戏为例，玩家进入虚拟现实沉浸环境后，将经过一个从怀疑到求证直至最终确认的动态过程。当身份更新、融合甚至置换后，参与者的身体及精神经验将被投射到新的虚拟身份之中。区别于传统玩家隔着屏幕使用键盘鼠标或手柄对虚拟身份进行操纵，虚拟现实技术的加入不再让玩家只通过对虚拟形象的设计输出个人表达，还可以加深新旧身份的融合程度，用极强的真实感、临场感赋予参与者新的"身体经验"。基于"强化理论"，我们可以认识到"虚拟身份"作为"有意为之"的身体，成为参与者通过游戏赋予符号意义的载体，提升自我认同和自尊。

当身份建构过程在沉浸式传播环境完成之后，随之而来的沉浸体验将更直接地作用在参与者的身体上，进而引发"情感经验"的迸发。参与者由此提高了感知能力及反馈能力，身体和思维的惯性也被放大。实验研究表明，参与者普遍反映虚拟现实环境中的情感会更加浓烈，而且随着虚拟现实技术能力、叙事开放性、主体互动性的提升，其他更高级别的情感经验也将成为浸入者主体经验的重要部分。沉浸媒介依托虚拟现实技术为参与者打开了身份建构和置换的新篇章，沉浸媒介所带来的主体情绪的彰显和主体经验的开发，对实现参与者的主体性起到了非沉浸媒体无法发挥的巨大作用。

3. 沉浸传播空间的缔造

虚拟现实技术在介入传统媒介传播之后，模糊了"梦幻"与"真实"的语境，使得原有的具有固定边界的叙事空间逐渐转向无边界和多维度。"空间"不再单纯作为客观存在、故事发生的环境或文本建构的情境，而是被建构成一种"身体"和"经验"寄托于技术之上、用户得以"存在"其中的隐喻。

法国蒙彼利埃大学亨利·巴克斯教授等人将"地理空间"和"网络空间"两者间的融合演变过程称为具有现实性的"地理网络空间"。迈克尔·海姆强调了虚拟实在的本质应该根植于艺术而非技术。虚拟实在的最终承诺不是去控制、逃避娱乐或通信，而是去改变、去救赎我们对实在的感知。虚拟现实技术所打造的沉浸式媒介体验不仅冲破了时间和空间限制，还为人们建构起了一个从感知体验上与现实世界高度仿真的虚拟空间。虚拟现实技术所提供的感知框架和自然的实体空间所给予的感知框架具有一种对等性，其包含着各种事物的信息等价物，从而使我们觉得自己好像正在直接与物理的或自然的实在打交道。戴上眼镜之后，主体仿佛得到了一个可以进入全新空间的钥匙，产生仿佛置身于某空间之中的真实体验。突然间你可能身在万丈悬崖边，走的每一步都好似关联生命的长度；画面一转你可能身处即将俯冲的过山车，强烈的真实感让你不自觉屏住呼吸。这种"临场感"消弭了审美实践中主体与空间的距离感，此时被营造出的虚拟空间是一种半开放式的"存在"。

如果说网络信息技术的诞生和发展使得赛博空间从艺术想象走进了现实之中，那么虚拟现实技术的融合则使得回归现实的艺术遐想重新拥有了更大的空间想象力，成为沉浸式传播时代、数字化生存的有机组成部分，从而引发新的社会意义。

也许它原本存在于符号虚拟时期人们脑海中的想象，也许它在数字化虚拟时期曾在互联网上二维呈现，但在 VR 技术语境下，虚拟空间比之前任何时刻都在体验范畴内无比接近主体，它跳出大脑、跳出互联网，敞开怀抱包裹住每个进入空间的人。从这样一个"空间"范畴来看，虚拟现实技术不仅拥有着互联网带来的超时空特性，同时为用户"主体经验"打造了超时空、超感官的遥在式、沉浸式赛博空间，人类的存在及行为得以超越物理空间，被投射到其他语境之中并相互联结。在无中介的感知中"在场感"被认知为真实，物理空间被延展到没有边界的虚拟现实空间，拓展了远程空间的联结性、远程空间中交互双方的连接性。

叙事与交互在传统意义上一直是一种悖论。当前，媒介技术正处于下一次人机交互革命的前夜，从触屏、动作捕捉、语音到全息投影、脑电波，虚拟现实技术构建了让人们被包裹住的"沉浸式"生活体验之中，也为各种艺术形态拓宽了无限的可能性，虚拟现实技术的引入打碎了传统叙事的闭环结构，全新、敞开、动态的叙事结构让内容的主旨性和受众接受的完整性得到了质疑。但是，技术革新所带来的形式多样性同时也引发了众多思考——虚拟现实技术的到来是否会将叙事艺术推向灭亡？此外，西方哲学中存在于幻想的二元对立也被虚拟现实技术打碎，技术抑制人类的"理性"，让价值失去"意义"。

人们在沉浸媒介所构造的传播环境中所生成的记忆往往会与现实相重叠，由此有可能会引发其对现实生活的逃避，导致在"虚幻世界"中过度沉溺甚至迷失，缺失对现实生活的凝视和思考以及对社会生活意义的追求等，这也都是进入沉浸传播时代之后值得我们不断去探究和思辨的问题。

但唯一可以确定的是，虚拟现实技术的产生如同每一次科技革新一样，为社会的各个领域、各个专业带来巨大的能量，催生了更多原本只能在脑海中出现的场景，使之被投射到了现实"空间"之中，带给艺术创作新的动力和张力。

"意义总是在即兴与随机中演变"，社会的进步也总是在技术的推动和人类的慎思中不断推进。"虚拟"与"现实"的融合是技术的革命和人类想象力不断开拓的最好证明，而掌握虚拟现实的边界，在沉浸媒介时代中如何确立人的主体性地位更值得探寻。敢于进入"梦境"才能更近地触碰梦想，但回归现实才是实现梦想的重中之重。

三、虚拟技术引发的空间叙事转变

虚拟现实技术的出现改造了叙事生产与消费模式，改变着信息内容的生产和传播方式。传统创作模式中以作者作为绝对权威及控制地位的"闭环式"叙事文本被打破，单向的故事结构也在受众的每一次"进场"和"互动"中产生了分岔的多路径阅读模式，从而衍生出不同的故事结局和中心意义。虚拟现实技术的互动性作用打破了读者与人物之间的传统边界，创造了一种在作家与读者之间进行适度合作的可能性。

交互式技术模糊了叙事作品作者与读者的身份，改变了两者在沉浸媒介传播叙事中的位置，创造了一种多向度的写作方式与阅读方式。观众的故事卷入程度不同、可靠性判断不同会引发与作者不同的叙事反应，从而引发持续不断的激发、链接、脱钩及重组。沉浸媒介环境无疑是基于虚拟现实技术作用于体验叙事最好的延展与突破，它通过多种感官形式（视听、体感等）营造仿真环境与虚拟现实，让用户主体通过人机界面入口，从浅入深地实现从身体感受心理触碰再到情感卷入等全方位、纵深感极强的交互式叙事形态。

虚拟现实技术所带来的还有叙事系统的变革。受到20世纪80年代社会语言学的影响，叙事更多被看作是一个动态而开放的"过程"而非固定封闭的"产品"。美国叙事文学研究协会前主席、《叙事》杂志主编詹姆斯·费伦认为叙事研究不应只注重形式，还应该关注叙事形式与叙事阐释语境之间的相互作用。叙事"数据"的流向、受传者身份的转变和融合以及虚拟现实技术整体打造的"沉浸"环境区别于以往，建构出一套开放、动态、多层次的叙事模式。图像转向不是回归到天真地模仿、拷贝或再现的对应理论，也不是更新的图像"在场"的一种后语言学的、后符号学的重新发现，而是将其看作视觉、机器、制度、话语、身体和比喻之间复杂的互动。它认识到观看（看、凝视、扫视、观察实践、监督以及视觉快感）可能是与各种阅读形式（破译、解码、阐释等）同样深刻的一个问题，视觉经验或"视觉读写"可能不能完全用文本的模式来解释。

　　数字技术嵌入日常生活实践的身体体验促成了大众与城市记忆的接触与对话。基于智能手机应用的文化遗产导览与体验在全球范围内不断涌现，体现出城市文化传播从信息化到图形化再到体验化的数字化进程。在此类应用中，借助地理信息系统（GIS）、虚拟现实（VR）、增强现实（AR）等技术，突破时空限制，再现历史场景，人的感官得以延伸和放大，传播从单一的虚拟空间转变为实体空间与虚拟空间并存、转化、融合的状态。传播由此成为一种城市体验活动，让人从视觉、听觉、触觉、嗅觉、知觉多个维度感受城市，建立起直观而深刻的城市形象。

　　数字媒介极大推动了更多植根于本地的、更加个人化的交流与传播活动。自媒体的快速发展，活跃的个人日常信息的传播与发布，使得日常传播成为一个充满创意、表达、认同与抵制的多样空间。空间记忆不仅仅是城市景观、建筑、文物等各类物质实体，也不仅仅是文字、影像中的虚拟叙事，而是借助新媒体技术融入市民的日常生活中。"会展空间既是一个由地理、信息与意义网络交织而成的交流网络系统，也表现在、潜藏于、渗透进媒体传播的多重网络之中。新媒体的价值体现在打通这些网络，创造出新的社会实践，使得传播成为人与人、人与空间的交往与对话"。

　　在沉浸媒介的加持之下，无论是影视戏剧还是游戏展览，所有传统型媒介形态的叙事方式都得到了根本性的解构与重组。与不同艺术形式所固有的或与之相关的特性相糅合的过程，无疑使得传统艺术领域借助"灵境"的翅膀得以扩展、数字艺术的多重可能性得以实现。叙事并非只是以故事形态进行呈现，它更是一个关于人类沟通、行为完整的理论和典范。人类运用叙事的形式来探索、接触所谓的"真实"，而媒介技术恰恰就是用于探索叙事形式的基础和支柱，存在于不同媒介领域之间的叙事模式会随着媒介技术的融合渗透和来自不同艺术表征的结构性影响而发生根本性的变化。

当媒介融合成为当今时代的背景，任何单凭某一种或者排斥其他媒介形态的艺术形式都不足以应对当代社会与意识形态层面的多重需求和瞬息万变。而虚拟现实技术和各类媒介形态融合所带来的是整体沉浸媒介传播机制的结构性变化，它彻底重构了传统媒介形态的信息传递流程及整体叙事方式，受众在传播过程中的位置也发生了时空上的流变。除此之外，人的主体性在整体沉浸传播时代也发生着巨大的变化，在被消解与重塑的过程中不断反思人与媒介、科技与艺术、虚拟与现实之间缠绕而共生的复杂关系，寻求更加符合社会发展规律的融合之路。

第四章 会展的政治传播功能

第一节 政治现实与会展的仪式化建构

一、政治仪式与权力合法性

合法性是人类社会生活尤其是政治生活的必需品，无论是部落社会还是城邦、君主国或共和国，无论是无国家的政治制度还是神权政治制度、君主制度或民主制度，都有着各自的合法性体系。但是在分析政治仪式与合法性的内在关系时，从合法性的无所不包出发并不是恰当的方式，因为无法也无必要考察两者之间的所有细枝末节，关注两者主要的陈兵之处和短兵相接之时或许更为适宜。我们已经在有关合法性的区别中，从合法性角度证明了这一论断，在此，从政治仪式的角度再做简单分析，以完善这一政治仪式。政治仪式与社会生活中其他实践活动的重要区别在于，它是一种对时间和空间有着大量特殊要求的象征体系：在时间上表现为一种传统，在空间上表现为一种习俗，在象征上表现为一种文化。传统、习俗和文化，在理论和实践上都能自成体系，是具有相对明晰边界和广阔涵盖范畴的独立意识系统。不管是将"政治"视作概念、主题还是范畴，它都没有统摄传统、习俗和文化的绝对能力。一般来说，它们是平行系统，能够互相交叉共享，但既不能彼此替代又不能完全侵吞。政治仪式中存在很多带有强烈传统、习俗和文化等风格的元素，它们有些背着非政治性的厚重外壳，贸然地将之放进政治分析中或断然将之与政治观念直接勾连，这会造成大量谬误。

在政治仪式与合法性的关系分析中，需认识到作为分析政治关系利器的合法性在分析大量"原教旨"性的特殊元素时往往会力不从心。"政治的"这一形容词为分析政治仪式和合法性的内在关系提供了最充分的斡旋。合法性可以扬长避短地用于分析政治仪式中各种具有政治性的元素。实际上，政治仪式与其他类型的仪式相比所具有的基本性质是政治性，正是这种性质对其所包含的一切实践行为起到了决定性的作用，政治权力是政治仪式实践策略的重心，围绕着政治权力扮演着最为重要的角色，政治仪式表现为从权力资源的准备和提供，到权力生产装置的配备和运作的过程。在此角度上，我们将政治权力视作政治仪式与合法性之间的黏合剂，一切关系都通过政治权力发生作用。

虽然合法性总跟随着作为黏合剂的政治权力的流动而发挥作用，但是与总在变动的权力流不同，合法性是恒常的。政治仪式的权力涵括范围、价值位阶、政治参与和政治动员，政治权力的结构、状态和作用方式变化多端。但在这些政治权力的重要存身之处，合法性不仅与权力如影随形，而且深入权力的"骨髓"。合法性的存在方式和作用方式，展现出合法性与政治仪式之间的内在关系。

作为一个整体，政治仪式与外部环境之间产生了诸多联系，尤其与政治权力的关系最为密切，政治仪式被视作一种能够处理政治生活中复杂权力关系的特殊方式，合法性是政治仪式的主要预期和结果，发挥着决定性的作用。同时，政治仪式也是一个有着相对独立的内部环境的整体。在这个具有明显界限的"小世界"中，政治生活中的权力关系依然一以贯之，但运作方式发生了变化。与之相应的是，存在于政治仪式中的合法性也具有了全新的存在状态和意义。合法性不再决定着政治仪式的行进方向与功能评估的预期和结果，而是一种形式和本质的复合体，既掌控着政治仪式中的权力生产和再生产的全过程，也掌控着政治仪式自身的结构和状态，并为政治仪式提供了原动力。合法性是政治仪式赖以为续的"生命力"，如果没有合法性，那么政治仪式就失去了一切意义。

二、政治仪式与国家认同

丹尼斯·麦奎尔认为，大众传播媒介对社会的基本功能有：整合与合作，秩序、控制与稳定，适应变迁、动员，应对紧张状态，让文化与价值得以延续。其实这些也就是我们常说的政治监督控制功能、社会联系整合功能、文化传承教育功能、娱乐游戏功能。而这些在电视媒介仪式的传播中都具备，并且被强化着。其实早有学者发现，仪式和传播有着共同的功能和目标，那就是维系社会、共享信仰、联合团结、参与沟通、理解互动。它们也有着共同的起源及最高境界，那就是"建构并维系一个有秩序、有意义、能够用来支配和容纳人类行为的文化世界"。的确，"集体仪式是社会整合的一种核心媒介。作为重复举行的、神圣化的社会活动，集体仪式的基本功能在于给最重要的价值以象征式的肯定"。因此，从仪式传播的角度看待电视媒介仪式，它的重要价值体现在以下两个方面：

（一）政治秩序价值

政治作为一种活动，作为一种旨在建构、更新、改变社会秩序的实践，和人类社会相伴始终。政治预示着利益、意识形态和价值观的持久冲突，而秩序是政治的首要诉求，尤其一个处于现代化的发展的社会主义国家，"首要的问题不是自由，而是建立一个合法的公共秩序"。无疑，国家性的仪式为政治合法性提供了一种权威秩序的基础。"政治仪式承担了社会一切政治秩序的生成、再造、反复确认、强化的基本性任务，从而达成维持现存权力关系、整合社会的目的"。国家性仪式如庆祝香港、澳门回归的庆典，包括每年两会的召开，国庆的阅兵仪式等，这些往往承载着丰富的政治性意义，它不是简单的新闻报道，而是一种政治展演。它是制度化、合法化、权威化的象征。"仪式的目的在于生成、确立、再造和自我、区别他者，加强彼此的认同感进而凝聚成有共同文化内涵的群体的标志。"每个民族都有自己认同的文化，民族文化作为一个民族的道德理想、价值观念以及意识形态的综合，构成了一个国家的"信仰体系"，并为人们的社会行动提供合法性依据。文化对于整合人们的思想观念，形成群体的统一意志，确立集体目标，实施社会动员和达成整体目标起着重要的建构作用。尤其在文化帝国主义和消费文化盛行的今天，传统意义上的文化传承逐渐失去它固有的空间，国家的文化安全受到严重的威胁。仪式却成为延续文化的重要方式。如河南新郑每年举行的拜祖大典，每年的"中国记忆——文化遗产日"等就是为了提醒人们记忆历史，回归传统价值，使中华民族同根同源的观念代代相传。而2008年北京奥运会的开幕式更是对五千年博大精深的中国文化的集中展示，仪式不仅彰显了一个民族的精神风貌，为群体提供了一个认同的空间，同时也成为动员一切社会力量、用以建构民族文化认同和文化身份的重要象征资源和文化资源。

（二）情感凝聚价值

一般而言，凝聚是指用一种思想、情感或理想及文化观念把各种力量团结在一起。它主要是一种心理力量，如通过阅兵仪式，使人们对自己的国家产生自豪感、归属感、使命感，强化民族自信心、自尊心和自强心，在整个社会营造一种团结、向上、万众一心的民族情感和民族凝聚力。著名法国社会学家涂尔干认为，每一个社会要想发展和生存，都有必要按时定期地强化和确认集体情感和集体意识，只有这种情感和意识才能使社会获得其统一性和人格性。这种精神的重新铸造只有通过聚合、聚集和聚会等手段才能实现，在这些场合个体被紧密地联合起来，进而一道加深他们的共同情感。的确，"一个社会所需要的道德统一植根在其成员在一起的情感体验。在这种情境中，人们围绕着群体共同的象征符号聚集到一起，置身于一种面对面的直接联系，并沉浸于集体的兴奋状态，这些时刻激发鼓动了群体成员，而对这些时刻的记忆则促进了社会的凝聚力"。无疑，阅兵仪式就像一种极强的黏合剂，使每个国家成员在潜意识里形成一种强烈的向心力，使各个方面、各个层次的人都团结在国家周围，将自己的命运与国家的命运紧密联系在一起，并把对国家的忠诚视为一种崇高和神圣的职责，在内心深处产生一种与国家同甘苦、共命运的强烈的感情。

媒介的仪式传播在社会变迁的过程中起到了重要的作用，对社会的政治、文化、宗教等产生了深刻的影响。"媒介仪式往往涉及重大的变革，但其中必然包含着强化价值的主题和大众意识的主题。事实上，这些中心事件的大多数是对现状的赞美，是对精英集团的合法化，是对国家兴旺的重申"，而这正是媒介仪式传播的意义和价值所在。

三、政治仪式对集体记忆的强化

在人类悠久的政治生活中，记忆一直是最重要的权力源泉。仪式是一种保存、展示、重塑和解释记忆的实践活动，尤其是它的重复性"对于塑造社群记忆，是一个极其重要的特质"。作为一种政治权力再生产的重要方式，政治仪式将自身的仪式原则和仪式经验通过操作过程，转换为日常生活中的政治记忆，发挥出政治范式和政治常识的作用。政治记忆的完整流程包含了唤起、重构、固化和刻写四个重要阶段。在政治仪式与政治记忆的交互中，唤起、重构和固化主要发挥出权力生产的作用，刻写则由于与合法性构建之间的密切关联，以及它站在政治仪式流程的终点，对权力再生产有着重要意义。

记忆并非私人或个体所独有，学界已经将其引入广泛的群体范畴中，其中具有较大影响的有集体记忆、历史记忆和社会记忆等。其中，社会记忆的概念具有较广的包容性。记忆是"对现在之所谓先前在场的引证"，其中的"引"和"证"可以分别被视为对习得知识的重复和"对过去知识的创造性认识活动"，具有保存经验并持续注入实践的特殊功能。社会记忆则是"'一个社会群体——无论是家庭、某种社会阶层、职业群体，或是民族国家——如何选择、组织、重述过去'，以创造一个群体的共同传统，来诠释该群体的本质及维系群体的凝聚"。这种群体性指向同样为合法性所拥有，使某种稳定秩序获得承认是其暗含着的重要追求。确切地说，社会记忆"由社会、经济、政治环境以及信仰、价值、对立抵抗所决定，其中也包括文化基准、真正性、认同以及权力的问题"。

虽然各种群体性记忆概念（如历史记忆、集体记忆和社会记忆等）之间的边界争端不断，但在政治见解上达成了一种低度共识，即记忆活动中的主体，尤其是具有一定政治权力诉求的组织、团体或实体等在政治生活中通过对历史经验的集合和筛选，彰显出一定的政治价值和政治意图，并作用于政治权力的生产和再生产以及合法性构建。我们将这种具有政治意义的群体性记忆称作政治记忆，它是往昔政治生活的实践经验与价值理念的总和。政治记忆与其他类型的记忆相似，基本包括唤起、重构、固化和刻写四个阶段。这些阶段在程序上具有一定的逻辑次序：首先唤起对某些特定时空的回忆；其次对记忆内容进行重构，为过去包裹具有新特征的外壳注入全新的内涵；再次对新的记忆进行固化，用各种方式将之保存并给予其存在的认同感；最后将这些保存起来并得到固化的记忆传承下去，这一切主要通过在个人、群体和各种社会政治环境中的刻写得以实现。

政治记忆唤起的是针对同一时空政治经验的大规模趋同回忆，在这一过程中政治记忆对记忆内容和记忆对象进行有目的的抉择。这种回忆并不仅仅着眼于过去，而是集中地关切现在并关注未来。康纳顿在分析个体记忆中的唤起作用时使用了"记忆申述"（Memory Claims）一词，他提出了三种申述方式：一是个人记忆申述，指把个人生活史当作对象的记忆行为；二是认知记忆申述，这类记忆不要求记忆对象是过去的历史，而要求记忆者对记忆对象的在场认知；三是"再现某种操演的能力"，这是一种习惯性记忆，通过现场的操演向他人展现记忆的存在。鉴于此，政治记忆的唤起也大致可以分为类似的三个层面：首先是群体性政治生活的回溯，把群体的政治史当作记忆的对象；其次是群体性的政治认知，对过往历史在现阶段的政治意义进行挖掘，并结合当前和未来的需要，有目的地唤起具有影响力的特殊记忆内容；最后是群体性的记忆再现，在政治生活中以某种方式（并不仅限于操演）将"唤起"这一行为及其内容表达出来，"在一个社会中，社会记忆不断地被集体创造、修正与遗忘。"政治记忆通过剔除意欲忘却的过去，加入并不存在或者经过加工处理的内容，以在某种现实意义上重构往日的政治生活，使政治传统或政治历史在变迁中维持和发展。除却政治角色在重构中所充当的主观因素外，群体记忆本身的残缺性和延展性是政治记忆重构的客观原因。由于记忆本身的不完整以及记忆主体对记忆内容的选择性保留一同造成了记忆的残缺性，因此，过去在当下的记忆唤起很难做到完全浮现。对于政治记忆而言，必然要对唤起的残缺记忆进行修补或者重塑，以实现某一方面记忆的完整化和体系化。

四、会展对政治现实的符号化转译

（一）传统政治传播的主要手段

传统的政治传播是指政治传播者利用各种媒介或符号传播政治信息，根据政治传播者的意愿、方向和目的影响受众态度和行为的活动。在政治传播过程中，涉及手段方式以及传播策略的运用。它是政治实践活动内容的反映，体现一定阶级的意象。同时，它的辐射性强，能够使广大群体形成一致行为，往往体现着强大的主体意识。

作为一种活动的政治传播而言，政治传播主体的形成和发展与其自我意识的形成和发展是同步的。其自觉性分为初级和高级两个层次，即意在指向传播对象直接意识的，属于初级层次；而意在反映传播主体自身需要的一种有意而为的活动，属于高级层次。从历史发展来看，从低到高的自觉性提升需要一个演进过程，不能一蹴而就。特别是在全球化背景下，传播主体需要较高层次的政治传播自觉性，同时要清晰明确自身传播目的和传播对象的需求，达到"知己知彼"的效果。

从"对主体意识的自觉"的角度看，政治传播主要体现在它的倾向性、劝服性、强制性、单向传播性上。

倾向性是指政治传播主体为传播所需要的政治观点、价值观以及意识形态，通过各种途径和方式向受众源源不断地传递包装过的信息，呈现出明显的倾向性。

劝服性在某种程度上是政治传播的本质特征①，很多学者认为劝服本质上是一种传播活动，是政治传播主体通过各种方式使受传者接受自己的政治观点、价值观以及意识形态的一种最为直接的传播活动。

强制性主要体现在传播渠道的主导地位上，政治传播主体对于主导性往往有强烈的诉求。在民主国家，各党派都要尽可能抓住媒体渠道，传播自己的政治纲领和政见，形成良好的政治舆论。在某些集权国家，作为意识形态，这种强制性可能会演变为"统治工具"②。

单向传播性是指政治信息从处于主导地位的传播者，通过媒介传播到达处于被动状态的受众后，整个传播基本停止的这样一种单向过程。通常地，集权制下的政治传播活动大多是单向的。在现代民主制下的政治传播一般强调民主传播和自由传播的理念，理论上具有双向性。但在实践中，政治传播相对于政治宣传而言，所强调的是客观性，是由一套成熟的新闻传播领域生产机制来保障的。由于宣传是不避讳倾向性的，即便是现代民主制下的政治传播也具有明显的单向性。

（二）传统政治传播的局限性

1. 单向输出，内容枯燥

传统的单向输出缺乏反馈或互动机制的传播，信源发出信息，经过传播渠道直接抵达信宿，传播者与受传者只是单方面的"给予"和"接受"关系。受革命宣传时期和计划经济休制时期单向传播模式的影响，突出体现为宣传、教育和思想的绝对一致性。我国的政治传播存在泛道德化、泛政治化、话语单一化、生硬化等问题。随着受众的文化素质和视野的提高，特别是在开放的环境下，政治思想本身不再是凝固的政治符号，而应当化为实践中动态存在的知识。

---

① 罗伯特·丹东明确指出："政治传播在本质上是劝服性的。"原因在于它在运作过程中表现出了强烈的目的性。不论是西方民主竞选还是国家的意识形态宣传，政治传播者强烈的目的就是要受众认同政治传播者所倡导的政治观点、政治价值甚至是政治意识形态。
② 希特勒是统治者将宣传工具化的典型，他在其《我的奋斗》中赤裸裸地宣称"报纸、电台就是要努力把一个观念强制给予人民。"

2. 传播手段单一，表达方式陈旧

在当代社会，意识形态通过媒介化传播机制转变为政治话语体系，成为服务权力关系的意识形态，已经不再是一种纯粹的意识形态体系或社会意识形式。这种政治话语的政治性特征也是政治传播的本质特征。然而，政治传播不仅在于简单的是非判断，更在于传播与交流过程中所展现出来的独特视角和逻辑力量。传统的照搬文件语言、陈旧单一的话语体系难以收获良好的传播效果。

3. 忽视受众需求，影响传播效果

政治传播重推送、轻沟通，不重视双向交流，依照惯有模式进行宣传，信息形式单一，内容生硬，缺少实用性、可读性，无法引起公众阅读兴趣。重复过往的经验，重复文件的内容，重复"标准规范"的表达，在面对新事物时，难以起到期望效果。在传播实践中依旧抱着"自上而下"的管制思维，没能及时、准确、主动地对公众开放信息，前期未对公众用户需求进行主动调研，后续也从未利用大数据功能开展后台分析。用语官方，表述生硬，方式老套，宣传内容照搬照抄，官样文章"八股"气息浓，不接地气，空洞的说教、印象刻板，甚至直接以"高大全"的方式来开展政治传播，有时难以让人接受，这会阻碍人们对政治理念的接受，甚至拒斥理念本有的价值。这种忽视受众需求的传播宣传效果较差，反而会降低传播主体的威信。政治传播实践需要进入情境，关注受众体验，这为传播技术和策略的运用提供了更大的改进空间。

（三）会展进行政治传播的优势

1. 抽象政治概念到可视化表达

展览会最基本的功能是展示[①]，同时是重要的宣传与推介的平台。这是因为展览会展览的不仅包括实物产品，也包括先进的技术成果、新工艺

---

① 《国际展览公约》第一章第一条开宗明义："展览会是一种展示，无论名称还是宗旨均在于教育大众。它可以展示人类所掌握的满足文明需要的手段，展现人类在某个或多个领域经过奋斗所取得的进步，或展望发展前景。"

和各种服务等无形产品。从社会、经济与科技发展的历史来看，由于会展的便捷性、集中性、直观性和快速性，在政治传播上，新思想、新技术、新成果的展示对于大量抽象的政治理念、发展策略、建设成果的推广和普及至关重要。在会展发展史上，许多划时代的发明创造，如电话机、留声机、蒸汽火车和电视机等都是首先在展览会上亮相并得到展示，从而引起关注和得以推广的。

2. 展示策划实现议程设置的效果

与媒介的议程设置相似，会展前期也要通过严密策划，凸显某些议题的重要性，以影响公众对话题的关注。通过策划中的决策与设计工作，对展会的每一单元、板块、版面、文字、影像、图片、选题进行整体布局、统筹规划。策划既要尊重事实，又要积极组织、创新，通过精心策划整个展览和对信息的精心组织，以达到传播效果最大化。策划上，需要思维方式的推陈出新甚至是头脑风暴，因此被称为经过思维创造的精神劳动。会展整体策划和各级单元分级策划同等重要，整体策划可以准确定位风格，在总览全局、整体部署、指明方向等方面发挥着重要作用；而微观规划和版面规划则能准确定位具体的展区、布局和内容，以符合办展方针和宗旨。以重点版面、分区的设立体现价值观和办展意图，形成展示特色。

3. 虚实结合，观展与体验并举

会展活动是技术与艺术的结合，没有科技的支撑，就没有现代会展行业的飞速发展。会展在政治沟通中不仅体现在语言的使用和词汇、语法的选择方面，而且通过非语言符号系统，如图像、音频、代词、标题、主题、一句话、一个比喻、一种颜色、一个镜头等来表现，这些都是与社会权力关系的一般抽象事物相关联且贯穿传播全过程的不同形式。为了突出展示形象，展会组织者和参展者往往利用各种艺术手段，如声光、颜色、形状和文本图形，来体现展览场馆、展览和环境的完美。随着技术手段的不断成熟和更新，多媒体在展示空间中的运用也越来越普及，成为展示空间的常用和必要手段。多媒体在展示空间中是一种思想的表现手段，与材料、灯光、雕塑、油画等一样服务于创作者的展示逻辑和表达诉求，在内容传达上以感性认知为主，旨在短时间和有限空间内让观众集中且快速地了解一件事物，在视觉营造上成为一个展馆或一个展区的亮点展项或视觉中心。不同类型的多媒体展项有不同的参观方式和体验感受，设计者会依据预设的情绪线和参观方式来合理地设计多媒体展示效果。当所传达的内容相对抽象，需要观众借助展项进行一定的想象来领悟所要传达的内容时，会展现场还会辅以装置造型、雕塑或特装结构配合声光电来传达内容信息。

（四）"砥砺奋进的五年"大型成就展的概况

2017 年 9 月 25 日，党的十九大召开前夕，北京展览馆举办了"砥砺奋进的五年"大型成就展，旨在展示党的十八大以来的辉煌成就。该展运用多媒体和声光电手段的实物模型、视频资料、图片图表，共有 10 个主题内容展区①，此外，还有特色体验展区以及网上展厅。

1. "砥砺奋进的五年"大型成就展的政治传播特色

"砥砺奋进的五年"大型成就展在党的十九大召开前展出，既为大会召开预热百姓情绪、营造社会氛围做好铺垫，又在大会闭幕后，成为学习宣传党的十九大精神的鲜活载体。从政治传播的角度，"砥砺奋进的五年"大型成就展的特色体现在以下几个方面：

（1）内容丰富，全方面展示国家建设和治理成绩。

为充分展示党的十八大以来取得的辉煌成就，通过 10 个主题内容展区和 1 个特殊体验展区，综合运用了多种表现形式，包括图文、影像、模型、实物乃至互动体验等方式。例如，可以欣赏到《不忘初心，砥砺奋进》大型纪录片的序，陈列了许多造福人类、惠及民生的大工程的第二展区和体现融媒体中心建设成就的《人民日报》中央厨房文化展区，还有展示三北防护林的治沙防沙过程，体现我国在打造生态文明过程中所取得的成就的第六展区等。

---

① 一到十个展区分别从党的重大决策部署到经济、政治、文化、社会、生态文明、国防、军队、大国外交、统战、党建等各方面成就，到特色体验展区中互联网分享经济、工业大数据、前沿科技进展等各方面辉煌成就。

（2）大型实物装置直观感受国家重器。

展区中陈列的"复兴号"高铁列车、"东方红—LW4004"400马力重型拖拉机、"天眼""蛟龙"等科技成果模型尤其受到注目。"复兴号"动车组在京沪高铁率先实现350公里时速运行，人均能耗/百公里降低17%左右，满足±40℃等条件约束，并通过60万公里测试，彰显了中国速度；代表中国深度的"蓝鲸1号"装载了全球领先的定位系统，我国正在应用的唯一一艘深海载人潜水器蛟龙号在探索深海中有重要作用。除此之外，展览还包括中国出口名片的"华龙一号"、全球首堆福清核电示范工程，以及军事展区内092型核潜艇、052D型驱逐舰、电子侦察车、通信侦察干扰车等模型以及带动我国天线制造技术、微波电子技术、并联机器人、大跨度结构、世界最大单口径射电望远镜FAST等高新技术；能模拟宇宙大爆炸、模拟卫星的航线、模拟着陆，在气候、能源、航天、生物制药等领域有重要的应用价值的超算；目前人类唯一已知的不可窃听、不可破译的量子保密通信，全球四大卫星导航系统之一的北斗卫星导航系统，以及我国大型客机C919等，全方面展示了党的十八大以来的新技术、新成就。同时，学者专家、科研人员、企业代表也亲临现场，当面回答观者提问，拉近了参观者与前沿科技成果的距离。

（3）特色体验，感受创新活力。

第十一展区是特色体验展区，汇集了以中国共享单车为代表的"新四大发明"，涵盖了无人机、智能配送机器人的京东智能物流展示，工业互联网平台聚集了很多参展者。在这个大规模定制平台上，用户既是消费者又是设计者，即用户改变了传统意义上只向上游发送一层反馈信息的参与方式，改为对交互、定制、设计、采购、生产、物流、服务等全过程参与。智能家电中，冰箱除了传统的储藏功能外，还具备对身体健康情况进行监测的功能。人站在智能冰箱前不到10秒，就可以在显示屏上看到自身的体重指数等各项数据。冰箱会根据个人的健康状况为其推荐食物清单，并将烹饪食物时的相关温度、时间等指标随即传送给烤箱、煎锅等烹饪工具。一对退休的老夫妻在体验过智能生活场馆后感慨，这完全超出了他们的想象。

（4）观展仪式，提升百姓崇敬和幸福感。

2017 年 12 月 31 日，"砥砺奋进的五年"大型成就展圆满落幕。自 2017 年 9 月 25 日开幕以来，社会各界群众和来华国际友人参观踊跃，现场累计参观人数近 300 万，许多单位都组织了集体观展，网上展馆的访问量也超过 2000 万，一些网上交互小游戏，如参与网上点赞献花的人数也超过了 1000 万。在现场参观者中，北至黑龙江漠河，南至海南三沙，还有很多来自新疆、西藏等地；从年龄跨度上，长者年至 87 岁，幼者刚满 7 个月。从政治传播角度来看，仪式可以强化某种行为的神圣性。经过周密的策划，细致的仪式在各个环节安排得当、匠心独运，能够先发制人，打动观者心灵，以培养出内在的自豪感和荣誉感。仪式代表一种庄严肃穆，体现着对事件的尊重，能强化某种活动的重要性，给人制造一种强烈的心理暗示。从仪式的本义来说，它是一种规则和秩序，会对每一个组织成员产生一种约束力和影响力。在特定的环境氛围下，组织成员会摒弃个性的差异，围绕共同的目标和荣誉，达成一致的决心与承诺，进而产生改变的动机与意愿。仪式会激发团队成员对组织的凝聚力、归属感与信心度。国家公祭日、抗战胜利纪念日、重大展览等仪式性活动对组织成员的情感与日常行为都会产生潜移默化的深远影响。

（5）媒介联动报道，放大展览传播范围。

党的十九大召开之前，中央和地方各主流媒体围绕"砥砺奋进的五年"重大主题进行主题报道，形成声势，如统一开设"砥砺奋进的五年"专栏，《人民日报》《经济日报》等主流纸媒通过红框、双标题、通讯等形式，在头版重点介绍，以形成"视觉高地"[①]；一些传统媒体运用全媒体手

---

① 中央媒体纷纷以《砥砺奋进的五年》为名，推出特别报道；《人民日报》强调科技创新，以图文结合的方式鲜活展示国之利器；《经济日报》连续推出 8 篇"1+1"报道；《解放军报》强调军民融合在京津冀协同发展的推动作用；《中国妇女报》展现了女性在脱贫工作中的重要作用。

段，对"砥砺奋进的五年"进行全方位报道①。

（6）网上会展，延长办展期间的持续关注。

与线下的"砥砺奋进的五年"大型成就展同步开馆的网上展馆也拓宽了观展的渠道。网上展馆通过线上数字展馆与线下特色体验馆两个部分，数字化呈现综合运用图、文、声、画、三维模型等方式增强了实体展的可视化效果，提升了观展体验。数字化技术的多样性让网上展馆可以从更多角度吸引观众眼球，视觉化、准确地传达信息。与会展现场人工解说不同，网上展览事先通过电脑和软件将解说合成，网友可以根据各自的观展需求选择开启或关闭模式。线下互动馆则是紧紧围绕成就展示的丰富内容，通过自主漫游、VR看网上展、语音留言、投票合影、沉浸式漫游等项目体验，力求以艺术化的表现和视觉冲击让观者在互动中感受成就。这些线上线下互动的网上展馆为不能赴现场参观的群众提供了观展机会，又给在现场不能关照到所有内容的受众提供网上重温的机会，通过现场和场外观展的不同观展印象，打造了一个沉浸式、漫游式的情境体验。

2．"砥砺奋进的五年"大型成就展国际传播效果

拉美、海湾等地区的外国媒体记者来北京参观"砥砺奋进的五年"大型成就展，通过展览系统地了解中国，体验中国的创新技术，关注具体领域变化，对中国的执行力称道。牙买加《集锦报》高级记者塔克逊和圭亚那《纪事报》主编威廉姆斯在"品牌强国中国创新"展区体验了中国共享单车，表示对中国创新发展取得的成就"印象深刻"。没有店员，自助选取，自动结账，这种"拿了就走"的购物场景，如今已经变成现实。近几个月，各类"无人超市"出现在国内多座城市，引得外媒纷纷报道这一"新气象"，认为中国将在又一个创新领域占得先机。而以高铁等为代表的

---

① 中央人民广播电台《中国之声》在《新闻和报纸摘要》等重点节目中启用了"无人机"拍摄，"悬崖上的索道"聚焦各地脱贫攻坚的典型事例，充分利用网络、新闻客户端、微博、微信矩阵，综合图文、视频、音频等各种手段，对"砥砺奋进的五年"进行全媒体报道。新媒体特别注重运用百姓视角讲故事，创新节目呈现，从小事切入，引发更多受众感触与共鸣，更好地宣传党的十八大以来中国取得的辉煌成就。

中国装备也备受关注，他们称赞中国通过"一带一路"倡议中的合作在加勒比地区帮助当地进行机场、港口等基础设施建设，促进了当地经济和社会发展。巴林《海湾每日新闻》记者作为阿拉伯国家的媒体，表示自己最关注的是"一带一路"倡议方面的成绩，希望能获得更多关于"一带一路"倡议的政策信息。特立尼达和多巴哥《卫报》的记者"点赞"中国执行力，认为中国定下一个发展目标，然后用很强大的执行力迅速落实，非常了不起，展览的许多板块都说明了这一点。墨西哥《金融家报》记者表示展览中最感兴趣的是绿色生态发展，包括中国正在进行的能源改革，期待中国在绿色金融和绿色发展层面做出的全球贡献，认为中国正通过自身的持续发展为世界创造着机遇。

第二节 政治传播对传统节庆的渗透与征用

一、文化对仪式的制约

格尔茨对文化坏境的涵括范畴曾做了一个极为宽泛的描述："我们的思想、我们的价值、我们的行为，甚至我们的情感，像我们的神经系统自身一样，都是文化的产物。"葛兰西（Antonio Gramsci）则在严格的统治生活空间中讨论了文化问题，指出文化或者说"统治阶级政治文化霸权"是一种力量体系，其主要作用是"控制"和"斗争"，社会生活或政治世界成为不同阶层的亚文化系统争夺话语权的战场。

我们认为，文化除"描述"和"控制"社会生活之外，还具有"展现"社会生活的功能。这种展现不仅是将社会生活通过某些表象形式呈现出来，而且意味着文化内含着一些具有限定性和标准化的程序与规则，能够将社会生活中的基本秩序演示出来。对于受这种文化展现影响的政治仪式而言，很可能会具有或产生与其外在文化环境相似的秩序理念。科泽直白地肯定了这种同构性："经由仪式，或者是在更普泛的意义上——通过文化——我们不仅理解了身边的世界，而且使得我们相信所见到的秩序并非出自我们自身（文化）之手，而是为这个永恒的世界自身所有。"文化环境营造出的理念世界究竟对政治仪式能够产生何种作用可以通过一个案例进行具体的分析。巴拿马共和国库纳印第安人的文化环境对政治仪式所产生的造势作用的强弱，在很大程度上取决于文化环境与其中的政治因素之间的关系。文化政治学从权力角度提供了一种强政治性解释："权力关系涵盖了所有社会和文化关系……政治，现在几乎可以与任何概念相链接。"这种观点比政治文化研究中的关系判断更为激进，直接指明文化与政治之间存在着根本性的通融和共生关系。

作为一种权力生产和再生产的巨大场域，文化环境将各种文化因素当作权力资源灌输或配给到政治仪式中，集中体现出它对政治仪式的造势作用。在客观效果上，这种造势作用使得政治仪式成为一种重要的权力生产和再生产方式。文化环境和政治仪式都处于持续性的变化中，正如阿尔蒙德所言，对于政治仪式而言，附着于其符号体系中的合法性信息，在文化环境中的显影过程更为明显。这既根源于文化和政治之间的特殊关系——在现代社会中，文化的政治化大大提高了显影剂的浓度，能够以较高的强度令政治仪式表现出某种特定的权力关系，也与政治仪式中符号所具有的政治属性息息相关，这种属性又加强了政治仪式这一底片的敏感性，能够对来自于文化环境中的各种政治权力信息做出迅速的反应。

无论是将文化和政治之间的关系置于政治文化的路径上予以理解，还是置于文化政治的路径中进行观察，文化都是政治仪式外部具有政治属性的宏观环境。从历史角度来看，文化环境从弱势的平复性和修缮性的力量日渐演变为强势的具有整合性和控制性的力量。在文化环境的持存和变革中，政治仪式必须顺应文化所造之势，迎合文化在形式和内容上的转变，凸显文化的政治内蕴和要求，不断寻找更为合适的安身立命之处和合宜的行为处事之法。

二、民间仪式和国家间的互动关系

民间仪式和国家之间的互动关系主要包括国家权力对民间仪式的控制和利用，以及民间仪式对国家权力的借用和征用。前者是指国家通过法律、法规和政策强制性地规定民间仪式的发生，使其行为者在活动中总是受着义务的约束，或者国家通过其代理人（主体是政府官员）的"出场"，借助宽松的文化环境和与民同乐的民间仪式象征，影响与引导群体的行为和文化观念，使之产生对国家的认同与尊敬，进而强化国家意志和权力。后者是指民间仪式被民间力量用作对国家权力实现征用的社会资源，用以整合群体或者追求民间利益。无论是国家权力对民间仪式的征用，还是民间力量通过仪式实现对国家权力的征用，实际上是同一仪式过程中两个相互依存的方面。

格尔茨认为，在"分散的、变幻无常的场域的每一个点上"，斗争都是为了人，"为了他们的服从、他们的支持以及他们的个人效忠""政治权力更是通过人而非财产的方式进行传承，是关于声望的累积而非疆土扩张之事"。如果说场域是权力关系的社会空间，那么人就是由各种复杂关系所构成的权力网络中的重要节点，虽然特殊的时间和器物也能充当权力网络中的节点，但人这种节点更具能动性和互动性。人员之间的关系控制着政治仪式中权力网络的编织、显现和收放。

政治仪式中的人际关系极为复杂，随着人员类别的增多呈现出几何等级的增长。在传统人类学对"礼仪人物的定位和划分"中，仪式人在社会历史中的变迁中得到了诸多关注，人际关系与仪式内在的"关系丛"相结合，或者说，仪式人之间的关系与仪式所处理的主要关系高度重叠。这一点在政治仪式中遭到了破坏，政治人的加入添加了一个全新的关系丛，人员在处理其仪式关系时常常受到政治关系的牵制。从单个关系路径出发厘清这种复杂状况很容易陷入泥沼，在此，我们根据人员成分上的二重性探讨政治仪式中的人际关系的生产和再生产，并观察它们与权力和合法性之间的关系。存在于一场具体的政治仪式中的种种人际关系没有任何帷幕的遮蔽，它们都被一同绞进了由仪式人和政治人拧成的强力绳索中。人员的仪式人和政治人的二重性提供了　种内在的人际关系生产系统，即政治仪式中的人际关系在最为主要和宽泛的层面上存在于人员的自生产系统中。这些人际关系是个人权衡和选择自己的仪式成分和政治成分的结果，自我内在的关系逻辑决定了外在的人际关系，一种由内而外、由此及彼的关系生产脉络就此呈现出来。

政治仪式中人际关系的重要生产模式之一是仪式人主动邀约政治人。如海村哈节仪式作为传统的民间仪式，其中的人员原本是弱（无）政治性的，他们是单纯的仪式人，神话和宗教系统的仪式逻辑占据着主要位置。政治逻辑加进来后，这种民间仪式主动邀请政治官员参加，在仪式中加入国旗、国歌等政治符号，并将这些人员和器物放在一个极为显要的位置上，甚至成为引领仪式进行和宣示仪式高潮的必要环节。这种人际关系的生产模式由两部分组成：首先，传统的仪式人主动意识到或者反思自己在社会发展中的政治属性，认为需要在仪式过程中加入政治元素。这些元素使他们自己内在地从仪式人转变为政治人。其次，由于传统仪式人成分具有较强的稳定性，直接向政治人转变比较困难，因此他们邀请政府官员（尤其是级别较高的官员）作为参与者进入仪式，之后的操作中便更为简单，如此则使整个仪式中政治人的成分比例大大提高。最终，民间仪式在借用或征用了国家力量的同时，自身也成一为种政治仪式，其中的人际关系从单纯的仪式关系转变为仪式—政治混合式关系。

三、传统节庆与政治传播结合的优势

仪式与社会生活中的其他实践活动的重要区别在于，它是一种对时间和空间有着大量特殊要求的象征体系：在时间上表现为一种传统，在空间上表现为一种习俗，在象征上表现为一种文化。传统、习俗和文化（如宗教和艺术）在理论和实践上都能自成体系，是具有相对明晰边界和广阔涵盖范畴的独立意识系统。不管是将"政治"视作概念、主题还是范畴，它都没有统摄传统、习俗和文化的绝对能力。一般来说，它们是平行的系统，能够互相交叉共享，但不能彼此替代，也不能完全侵吞。政治仪式中存在很多带有强烈传统、习俗和文化等风格的元素，它们有些背着非政治性的厚重外壳，贸然地将之放进政治分析中或断然将之与政治观念直接勾连，造成大量谬误。

郭于华通过对陕北农村民间仪式的观察，对国家权力和民间仪式之间的关系史做了精辟总结："国家政治的仪式化运作弥漫于农民的日常生活，改变着人们原有的整合的生活逻辑和乡土社会的文化景观。这是近半个世纪的过程，这一过程表现为国家仪式对传统宗族和社区仪式的替代，革命意识形态和运动话语对地方性知识的替代，以及领袖崇拜对神灵、帝王崇拜的替代。改革开放以后，国家与民间社会的互动关系表现为国家力量在一定程度上的弱化与撤退，以及乡土社会生活逻辑的复归与再构建的过程。只有认识民间生活逻辑与国家权力这两套意义系统的相互作用，才能动态性地、过程性地理解和解释社会生活与社会变迁的真实图景及其文化内涵。杨利慧具体地指出这种互动体现出民间仪式谋求政治合法性的重要策略，如当代中国女娲庙会与黄帝陵庙会的复兴是与现行政治秩序一致的：一是它的效果与国家意识形态所推崇的价值（如社会主义精神文明）相一致；二是它的效果与目前国家的中心任务（如促进经济建设）相一致；三是它的效果还有利于国家统一和安定团结的政治大局。这样的表述有利于相关活动获得国家和地方政府有关管理部门的认可"。

诚然国家权力在民间仪式的复兴中扮演着格外重要的政治角色，但两者之间的相辅相成或相互对立仅展现出政制环境的一个环节，并在某种程度上局限于空间的意义。唯有回到政制的基本立场，才能较为"贴切"地将民间仪式的复兴所受到的影响呈现出来。

首先，将政制理解为一种政治系统，它强调的是政制的结构性特征，促使我们格外关注其中的组织性因素（当然并不是说要有意忽视规则性因素）。国家是一种发挥着强制作用的中央政治结构，而民间仪式天然地立足于地方政治结构之中，因此牵扯到国家权力的民间仪式在一定程度上处理的是中央和地方的结构关系。于是，内在于民间仪式中的地方性的政治、文化和经济诸多要素成为国家政治体系的延伸结构，它们像是柔韧的触手，既能够收集、整理和反馈被卷入其中的信息流，又能够聚合、控制乃至规训被卷入其中的参与者。

其次，将政制理解为一套政治制度，它是一种具有强制性的规范，与其发生关系的民间仪式所包含的传统规范被卷入其中，特别是负载着传统规范的象征也被纳入政治规范的管理范畴中。这意味着随着民间仪式的复兴，不论是传统社会的象征还是新介入的国家象征，在空间上具有跨越性、在时间上具有稳定性的政治制度既是控制这些象征的主人，又是这些象征所追求的对象。政治制度对这些象征的管理具有两重性：一方面输入价值指令，另一方面也输入技术指令，从而影响着（在很大程度上是决定着）仪式整体质量的（形态）运行方式（过程）和前进方向（目标）。管理的直接后果就是使民间仪式的象征系统成为一种次于政制规范的亚规范，因此如果脱离政制环境观察民间仪式，其中明确指出的和潜在隐藏着的政治意义都会变得无迹可寻。

国家权力的介入使得民间仪式成为政治仪式，这种现象相当广泛，宗教仪式、部落仪式、宗族仪式、体育仪式以及生命仪式都可以在一定条件和环境中向政治仪式转变。现在可以离开中国当代民间仪式复兴的案例，回到政制环境对政治仪式所产生的影响中。

第三节　政治性会展的空间展布与仪式操演

一、会展仪式的建筑空间与政治观念的表达

作为高度重复的有意义的人类行为，仪式存在于任何社会，而不单纯

是宗教现象。仪式有很多种类，也有很多分类，贝尔区别了六种仪式行为的范畴：通过仪式或"生命危机"的仪式；历法的与纪念的仪式；交换与共享的仪式；折磨的仪式；宴会、禁食与节日的仪式；政治的仪式。在人类学眼中，仪式是社会更新自己和再造自己的一种方式。每个生命阶段，不论是个体、群体还是自然和社会，都有自己的"通过仪式"，通过仪式的每个人，以及整个社会，都以不同的方式标志这些转变。国外学者也发现，仪式庆典所具有形成一致舆论及展示权威秩序、凝聚社会重申合法化的政治功能，他们认为，"仪式庆典的作用在于以一种旨在用王权、神权以及类似的权威来迷惑、威慑广大观众的方式来象征权力；以过去展现等级的方式来表现社会秩序；通过仪式表演与参加庆典的大众的程式化反应之间的仪式化的对话来传输忠诚；通过表现延续的象征来唤起传统；通过突出社会崇尚的中心价值来强调社会团结；通过公开捣毁旧的偶像并公开敬奉新的偶像来发动社会和文化变革"。

而阅兵仪式可以说既是古老氏族图腾仪式的"复活"，也是现代政治舞台的大展现。无论哪一个国家，阅兵仪式都是一项极其隆重的军事仪式和政治仪式，它不仅体现出一个国家的国威、一支军队的军威，更是一个以民族国家为象征、为中心的仪式庆典，它具有重要的政治意义及功能。在中国，国庆阅兵仪式是现代民族国家中最为核心的庆典仪式，无论经历怎样的变化，阅兵仪式都是展示国家形象的最好舞台，也是强化和确立国家权威的最重要手段。

二、仪式对象与规训机制

（一）政治仪式的基本行为类型

政治参与和政治动员不只是政治仪式中的两大基本行为类型，它们也是权力生产和再生产的两项基本原则。原则这一判断部分地呈现出"本质"的一些基本特征，如基本的规则和根本性的驱动力等。根据合法性与权力之间存在的固有关系，政治参与和政治动员也势必与合法性之间存在着密切的关联，但这种关联是否是本质性的，还需进一步讨论，在一般意义上，本质是指"事物本身所固有的决定事物性质、面貌和发展的根本属性"。

1. 政治参与

政治仪式参与的效度主要取决于其行动过程和行动结果是否具有某种合法性基础。不同时空中的政治仪式对各种合法性基础的依赖度也不一样。如果从合法性角度对参与行为进行测评，就必须根据不同的政治环境选取不同维度的合法性内容。例如，在现代民主社会中，法制维度在合法性体系中占据着极为重要的位置，不仅在日常的政治生活中发挥着主要的约束作用，甚至对政治仪式中的参与行为也具有决定性的影响。在政治仪式中，参与者的身份、身体和情感都是在合法性的约束下加入到仪式过程中的。整个参与行为在一定程度上表现为身份的归属、身体的服从或情感的认同。站在参与行为对面的参与者所归属、服从和认同的对象是合法性基础的不同内容，缺乏了这些内容，不仅参与者会无所适从，甚至参与行为也无从谈起。在我们已提及的所有政治仪式中都可以发现这一点，任何参与行为都受到神话、传统、习俗、法律和公共舆论等各种合法性来源的制约，这些合法性来源又通过参与行为的遵从而呈现出决定性的作用。

2. 政治动员

政治动员的基本机制主要体现在象征的"应用接纳"环状结构中，各种权力资源在"应用"阶段被摄入象征之中，然后再通过"接纳"阶段被释放出来。象征的接纳与否直接与动员的效果相连，如果动员的行动得到了广泛响应、动员的目标得到了实现，那么就可以认为该政治动员是成功的。此时我们再返回"政治动员"这一术语的基本概念中，它是各种政治主体（绝大多数都是强势的群体性组织）利用各种投入的资源为其政治权威服务的行为。于是，政治动员效果的实现就意味着动员者的政治权威得到了承认（这种承认并不是简单的确认，而是包含着一系列相关的意义和行为，如认同、接受、服从、维护或增强），这意味着合法性之"法"实现了"合"。

（二）"规训"作为一种以身体实践为目标的权力机制

规训意味着观察对象要从物理性的静态肉体转移至动态性的身体行为。这种转移对于政治仪式来说非常贴切，因为仪式的操演本就依赖于身体行为。身体权力无论是物理性的还是象征性的，都需要通过具体的行为实现生产和再生产。政治仪式依靠一套规范系统对承载权力信息的身体做出严格安排，主要有两种具体策略：一是限定身体在政治仪式中所处的位置，从而保证作为权力符号的身体符合政治仪式这种权力话语系统的语义学和语用学目的；二是确定身体在仪式操演中的行动次序，保证权力信息的流通和交换不受阻滞，这正是权力生产的动态过程。对身体位置及其行动次序的控制维持着政治仪式的连续性，在周而复始的操演行为中，仪式中的权力获得了累进性的合法性资源。更为重要的是，这种连续性还意味着行动的"调和"，也包括身体在行动中的"调适"。

政治仪式对身体位置及其行动次序所提出的诸多制约，目的是使权力的持有者按事先发放的地位牌对号登台，然后在设定好的线路上循序渐进。要实现这种宏大场景的准确再现，不能仅仅依靠仪式在内容上的规定，还需要位置和次序的普遍参照物和一般等价物的襄助。在此，普遍参照物是一种投射了自我认知在内的"他者的身体"。对普遍参照物的凝视是对个体身体的多点定位，为个体提供了受群体一致性约束和吸引的机制，令政治仪式将规训对象从个体层面提升到群体层面。如果普遍参照物是普遍性的身体，那么一般等价物就是标准性的身体。政治仪式通过塑造一种"标准人"①，令不同位置和处境中的身体与之进行权力交换。政治仪式对"标准人"的控制如同国家控制货币的购买力一样，通过各种标准身体的展示来管理权力的汇兑率。标准人虽然是一种仪式人，但已将仪式标准扩展至仪式之外、社会之中。如古今中外常见的阅兵仪式、对各类模范人物和机构的嘉奖仪式以及关于伟大历史人物或政治英雄的纪念仪式等皆

---

① 如在爪哇贵族的生活中，所谓"完美的人"充当着行动和话语的典范。参见罗曼·贝特朗：《与福柯一道思考神秘的现代爪哇：可能写出"非意图论"的政治史吗》，《国际社会科学杂志》（中文版）2008 年第 25 卷第 2 期。

属此类。它们的规训机制极大地扩展了政治仪式规训对象的规模，形成了一种社会规训。其要旨在于，作为普遍参照物和一般等价物的身体也都具有浓厚的象征意义，因此能够在现实世界和抽象世界中提供社会规训所需要的行为规范。

虽然在一个日益多元化的世界中，个体行动与交往的空间不断扩大。社会规训的强势机制正在不断淡化其威权性，但针对个体和社会的规训仍在延续。个体"在现代晚期或后现代的阶段通过交换能获得更大自由，只是一种流传颇广的虚假之词"，威权机关为个体所设置的政治选择的方式和规则呈现出一种隐匿化的趋势，尤其是市场及其提供的消费功能实现了对个体的"抽象的支配"。因此，在政治社会通往后现代的道路上，规训一刻未停。政治仪式的连续性规训技术在一定程度上的确迎合了这种隐匿化的趋势。就此而言，政治仪式总像是戴着一层传统文化温情脉脉的面纱，就连其中的冲突和纷争都具有一种古老的、英雄主义的味道。不过，碎片化的身体就掩藏在宏大的政治叙事中，在不为人重视的私域中暗暗滋长其力量。

（三）稳定性技术：身体和身份的同质化

规训机制的连续性技术令权力通过身体及其行动不断地得到生产和再生产，身体成为提供动力的装置。规训机制的另一种针对身体的权力技术是稳定性技术，其要领是促使参与者的物理性身体与其仪式身份保持高度一致，以保证身体作为媒介传输权力时不会遗失附着在特定身份上的权力信息。这一技术主要获得的是基于有效性（绩效）的合法性资源，它最为简单的要求是：参与者的身体要符合仪式对其身份的设定。在表达效忠的政治仪式中，向忠诚对象做仪式性操演，即主要环节各种象征符号都被调配进去，如跪拜的身体姿态、各种表明彼此身份的誓词、区分权力等级的礼器系统以及饰物系统和色彩系统等。更为重要的是，贯穿在这一过程中的忠诚理念及其逻辑得到了培育、宣扬、维护以及奖赏，正如《圣经》所言："服从胜于祭献。"忠诚在政治仪式的权力逻辑中占据中心位置，自下而上的效忠仪式常常伴随着自上而下的奖励仪式。其主要目的是提供一种交换权力和忠诚的场所，等级制或者"阶层化社会的政治关系"成为交换双方遵守的基本条款。诸如就职仪式、授勋仪式和入会仪式等常见的政治仪式实现了个人在关于忠诚和角色定位上的以新替旧。这类政治仪式同时提高了效忠者的忠诚度和权力仪式场域的权力体现、政治仪式及其外部环境之间的相对位置。三重环境构成的同心圆结构中存在着完全包含的关系，即事件环境内嵌在政制环境中，政制环境又内嵌在文化环境中。这种结构意味着三种环境既能够各自直接向政治仪式施加影响，同时由于政制和事件两种内环境也接受其外在环境的影响，使得文化和政制两种环境对政治仪式的影响可能是间接性的。因此，在分析一种具体的政治仪式时，既要考虑到各种环境的直接影响，也要对各种可能性的间接影响有所考量。文化环境是一种历时性立体结构，它将政治仪式置于历史背景中予以考察，文化如同一张包容不同时空的巨网，既可以从任何历史阶段的特殊时空中选取资源对政治仪式施加影响，也能够将现实性的各种文化因素输送给政治仪式。在这张巨网中，政治仪式是一个不断吸纳接受影响并择机反馈的重要节点，从其出发既可以在时间上追古溯今（如政治仪式能在漫长的历史中一直持有某种政治价值），也可以在空间上精骛八极（如政治仪式能够在整个国家层面上实现政治文化的整合）。与文化环境相比，政制环境是一种具有共时性偏向的平面结构，其供者主要是一个在有限时间跨度中执行某种特殊制度类型的政治共同体，政制环境能够将制度的连续性和变动性都投射在政治仪式之中。

三种外部环境之间存在着密切的相互作用，它们既不是简单的线性连接，也不是相邻范畴的交互，而是一种兼具发散性、复合性和融贯性的网状关联。不仅不同的外部环境与政治仪式会产生相互作用，而且不同外部环境之间的作用也可对政治仪式构成影响。

三、中国古代的元仪式与君臣关系的秩序化

中国近代以前的社会秩序，除了以军队、警察等强制性力量为后盾的

法律秩序之外，还要凭借礼制这一中国固有的秩序方能得以维持。礼的秩序，据说是由圣人周公旦和孔子制定的，形成的根据颇具传统。其范围大致可划分为与王朝礼仪相关联的国家组织秩序，以君臣关系、父子关系、夫妇关系、长幼关系、朋友关系"五伦"为代表的社会秩序和与行为举止有关的日常秩序三个次元。与法律秩序相比，它们规范社会的范围更加广泛。抛开礼的秩序来谈论专制国家的社会统合——国制，是不可能的。皇帝和高级官僚作为两个相对独立的要素，是朝政构造的基干。在朝政的实现上，终究还是皇帝一方起着决定性的作用。君臣关系的存在，导致最终决定权掌握在皇帝手中。换言之，朝政构造是由君臣关系决定的。由于改朝换代和皇帝驾崩，这种君臣关系不得不经常中断。不仅如此，即使同一皇帝在位期间，为使朝政构造发挥作用，也必须不断地再度确认君臣关系。超越由于改朝换代和皇帝驾崩所造成的物理的生物学上的中断，进一步说，在日常的次元上，如果不去维系这种君臣关系，以朝政构造为核心的国家自身也难以存在。承担维系这一君臣关系的，是在宫廷之上举行的朝会和通过朝会之礼而实现的礼仪秩序。

　　朝会之礼，是以若干次元、通过多层次来实现的。例如，唐代在太极宫所举行的朝会之礼，君臣关系是以三个朝会之礼的多层形式来实现的。第一，五品以上的常参官和供奉官，每天参加的两仪殿朝会；第二，每月一日、十五日早晨，在京九品以上官员参加的太极殿朝会；第三，冬至和元旦早晨，在京九品以上官员、来自地方和外国的使节团参加的太极殿大朝会。通过以上三个朝会之礼，君臣关系（以皇帝和五品以上高级官僚——公卿为中心、唐朝直接支配的各个地方（州）进而延伸至周边各民族）得以凝聚。构成朝会之礼中心轴的，是元旦举行的元会仪。元旦是一年之初、一月之初，也是一日之初，即代表年、月、日所谓的"三朝"，被视为三个朝会之礼的根本。通过对元会仪的结构分析，可以了解中国古代朝政构造的君臣关系的实质。

　　西周至西汉"坐西朝东"的都城布局，在东汉以后转换为"坐北朝南"。杨宽认为这种从东西轴向南北轴变化的原因与礼制有关，因此从南郊祭天之礼的制度化和元会仪的大规模化中去寻找线索。杨宽认为，针对国君的大朝之礼出现于中央集权体制趋于形成的战国时期。统一的秦帝国成立后，遂将之作为元会仪，使其更加隆重。其后，这一隆重化的趋势得以持续，至东汉时达到顶点，对都城布局予以决定性影响。杨宽对规模日益庞大的元会仪的内容和目的进行了考察，他指出：元会仪在尊崇"皇帝之贵"的同时还明确了群臣的序列。群臣和宗室向皇帝朝贺、"上寿"，以达到强化中央集权体制的目的。使刘邦初识皇帝尊严的，是"采古礼与秦仪杂就之"的朝会之礼，它部分继承了秦代的朝会礼仪。这一礼仪的程序包括：①参加仪式者列队、待诏殿前；②进入殿廷、整列，设定殿上席次；③皇帝驾到、呈献贺词；④酒礼—寿酒九巡。其中，自然是呈献贺词和酒礼。直至唐代，在宴餐上呈献贺词与酒礼。一直是古代国家元会仪的基本要素。在此基础上，反映出各个时代特色的朝会礼仪得以展开。不仅元会仪，在其他仪式上，官员也均以文东武西（文左武右）的方向排列。如《汉书》卷七十六《尹归传》："令田延年为河东太守，行县至平阳，悉召故吏五六十人。延年亲临见，令有文者东、有武者西。"《北堂书钞》卷五十六引《会稽典录》："上见天下郡郎。制曰：文左武右。陈宫乃正中立。上同此何部郎，不从行诏？"对曰："有文有武，未知所如。又问："何施？答曰：文为颜氏春秋式为吴兵法。上擢拜中大夫。"这种排列方式，至后代亦未改变。

举行朝会之礼的十月一日是汉朝的元旦，这也是对秦制的继承。其后，随着太初元年（前104）改历，武帝以正月为岁首之后，直至东汉末年，汉王朝以十月一日到九月底为会计年度。元旦与十月一日遂具有同等的重要性，在这两天均举行大朝会。但是，高祖七年的朝会，参加者仅限诸侯王以下、六百石以上的高级官吏，再度确认君臣关系的礼仪并不包含其中。对应唐代的朝会而言，只相当于五品以上高级官僚每日参加的朝会。在汉代，每月的最初一日举行朝会（《晋书》卷二《礼志下》）。高祖七年的朝会，直接向我们展示了月朔朝会的礼仪程序。这次朝会，成为朝会之礼的基础，是形成于西汉时期的元会仪的出发点。

东汉时期的元会仪，虽然较为简朴，但从内容上已可分为朝与会两部分。前半部分朝仪的中心是委贽之礼，三公、诸侯、相当于卿的秩二千石的官员、相当于大夫的秩千石至六百石的官员、相当于士的四百石以下至二百石的官员，分别为皇帝进献璧玉、羔、雁雉。后半部分为会仪的中心，包括上殿称万岁、举觞和殿庭的宴飨、作乐。大致框架确定于西汉后期至东汉初期的元会仪，此后直至隋唐时期，基本被继承下来。

元会仪上，中央官员们举行的委贽之礼，既是对皇帝表示臣服的誓约，也意味着在新年伊始之际更新君臣关系。每年通过这种再次确认君臣关系的仪式，树立朝政之中皇帝的极端重要性。《续汉书·礼仪志中》介绍的元会仪，包括以下内容：①二千石以上官员即公卿"上殿称万岁，举觞御座前。司空奉羹，大司空奉饭，奏食举之乐"。②其他的官员在殿庭"受赐宴飨，大作乐"。对此，刘昭注补引蔡质《汉仪》，做了更为具体的描述。正月旦，天子幸德阳殿，临轩。公卿、将、大夫、百官各陪［位］朝贺、胡、羌朝贺毕，见属郡计吏，皆［陛］觐，庭燎。宗室诸刘亲会，万人以上，立西面。位既定，上寿。［群］计吏中庭北面立，太官上食，赐群臣酒食［西入东出］。御史四人执法殿下，虎贲、羽林［张］弓［挟］矢，陛戟左右，戎头僵胫陪前向后，左右中郎将［位］东［南］，虎贲、羽林将［位］东北，五官强［位］中央，悉坐就赐。作九宾［散］乐。舍利［曾］从西方来，戏丁庭极，乃毕入殿前，激水化为比目鱼，跳跃嗽水，作雾障日。毕，化成黄龙，长八尺，出水遨戏于庭，炫耀日光。以两大丝绳系两柱间，相去数丈，两倡女对舞，行于绳上，对面道逢，切肩不倾，又蹋局出身，蔽形于斗中。钟磬并作，［倡］乐毕作鱼龙曼延。小黄门吹三通，谒者引公卿群臣以次拜，微行出，罢。卑官在前，尊官在后。

东汉时期的元会仪，在洛阳北宫的德阳殿举行。德阳殿南北七丈（16米），东西三十七丈四尺（约86米，《续汉书·礼仪志中》刘昭注补引《洛阳宫阁簿》），陛高二丈（4.6米），可容纳万人（《续汉书·礼仪志中》刘昭注补引蔡质《仪》）。从东距宫殿43里（约18公里）的偃师县，即可望见朱雀五阙和德阳殿巍峨壮观，耸入云霄（同上书）。

参加东汉时期元会仪的，有百官、四夷、郡国计吏、宗室等，人数在1万人以上。场面之壮观，超出想象。元会仪由皇帝的赏赐、宴飨、歌舞和音乐组成。会仪的赏赐、宴飨带有皇帝针对委贽之礼时，公卿、百官呈献礼物予以答谢的含义。关于这种赠礼的场面，班固是这样叙述的：于是庭实千品，旨酒万锺。列金罍，班玉觞。嘉珍御，太牢飨。尔乃食举雍彻，太师奏乐。陈金石，布丝竹。钟鼓铿钧，管弦烨煜。乐备礼暨。皇欢浃，群臣醉。降烟煴，调元气。然后撞钟告罢，百僚遂退（《文选》卷一《两都赋》（九））。

通过宴飨和歌舞、音乐所带来的是君臣之间的和合。张衡《西京赋》写道，"君臣欢康，具醉醺醺上下通情，式宴且盘。"（《文选》卷三）李善语释之为"君情通于下，臣情达于上，故能国家安而君臣欢乐也"。即会仪的举行，有益于促进君臣的和合与国家的安宁。元会仪上对臣下的赏赐、宴飨意味着新成立的君臣关系的和合与朝廷的秩序化。就元会仪整体而言，前半部分的朝仪，通过臣下的委贽之礼——呈献礼物，再次确认、建构君臣关系；后半部分的会议，则是通过皇帝的赏赐、宴飨之类的赠答，以期实现新建立的君臣关系的和合与朝廷的秩序化。

第四节　中国全球治理理念的传播

一、全球治理的中国智慧：人类命运共同体理念

（一）人类命运共同体的提出

2013年3月，习近平主席在莫斯科国际关系学院首次提出命运共同体理念。此后，中国政府和领导人通过重要国际组织、一系列主场外交、多边峰会等活动，从不同层面在全球范围内积极倡导构建人类命运共同体。

2015 年 9 月，习近平主席在联合国发表《携手构建合作共赢新伙伴 同心打造人类命运共同体》演讲，首次向国际社会全面阐述了人类命运共同体"五位一体"的内涵。

2017 年 1 月，习近平主席在联合国再次发表演讲《共同构建人类命运共同体》，指出关键在行动，需要从伙伴关系、安全格局、经济发展、文明交流、生态建设等方面做出努力。

在中国政府和领导人的积极努力下，"人类命运共同体理念"越发深入人心，在国际社会得到了越来越多的认同。联合国大会主席（第 71 届会议）彼得·汤姆森指出，"我个人认为，建设人类命运共同体是地球上人类唯一的未来。"联合国社会发展委员会第 55 届会议主席菲利普·查沃斯赞许道，"构建人类命运共同体的理念是中国人着眼于人类长远利益的远见卓识"，并指出"长远来看，世界各国和联合国都会从这一理念中受益。" 2017 年 2 月，联合国社会发展委员会第 55 届会议呼吁国际社会应"本着合作共赢和构建人类命运共同体的精神"。至此，在联合国决议中首次出现"构建人类命运共同体"理念。2017 年 3 月召开的联合国人权理事会第 34 次会议，再次提及"人类命运共同体"的建构。该理念逐渐凝聚起世界人民的广泛共识。"联合国愿同中国共同推进世界和平与发展事业，实现构建人类命运共同体的伟大理想""非洲应该向亚洲国家学习并同亚洲国家合作，努力建设命运共同体"。

（二）人类命运共同体的基本意涵

1. 内涵

人类命运共同体理念内涵丰富，涉及政治、安全、经济、环境等诸多领域。

政治上，它提倡各国之间应形成平等相待、互商互谅的伙伴关系，是一种既非对抗又非结盟、以协调与合作为主要手段的新型国际关系。建立平等相待、互商互谅的伙伴关系，携手应对全球化时代的诸多困难与挑战。

安全上，它提倡各国应不断为共同安全而努力。当今世界，传统安全与非传统安全相互交织，国家安全与国际安全密切相关，几乎没有一个国家能够依靠自己的力量获得绝对安全，这使得国际安全合作的需求前所未有的强烈。共同、综合、合作和可持续的新安全观，可以成为国际安全合作的重要指导思想，打造有利于人类命运共同体的安全基础。

经济上，创新是人类命运共同体理念发展的根本源泉，重视科技发展对生产力的推动作用，注重各国之间的科技合作，积极推动共同发展与合作共赢。经济发展离不开各国的经贸合作，这就需要坚持公平包容，打造平衡普惠的发展模式，以谋求一个开放创新、包容互惠的发展前景。

文化上，坚持相互尊重、兼收并蓄和开放包容，尊重各文明的历史传承和地域特色，彼此之间应该相互尊重而非对抗冲突，加强交流互鉴。

生态上，它提倡人与自然的和谐相处，共同创建环境友好型社会。要实现人与自然的和谐相处，就必须坚持绿色发展、可持续发展和共同发展，这就要求富国、大国、强国去帮扶穷国、小国和弱国的发展，树立新型的国际援助和国际合作观，不断推动联合国 2030 年可持续发展。

构建人类命运共同体议程的落实，从双边、地区到全球层面，需要一步一个脚印扎实推进。人类命运共同体的实现，需要世界各国一起合作，齐心协力推动利益共同体向安全共同体发展，最终走向命运共同体的发展。

2. 人类命运共同体理念下建立新型国家间关系的四大属性

一是共同性。世界各国拥有的共同利益和面临的共同威胁，需要国家间形成正和博弈而非零和博弈的视角。

二是互动性。任何国家都很难长期孤立于国际体系之外，国家之间应该坚持合作共赢，以联系的眼光看待彼此间的关系。

三是包容性。世界的多样性并存是常态，各国之间应该相互尊重彼此的特性与差异，通过开放包容的心态来促进"和而不同"。

四是协调性。全球事务的复杂性、行为主体的多样性及利益关系的多重性，要求国家之间加强协调，通过大国协调、机制协调、区域协调等多种协调方式来加强全球治理，推动国际体系和平转型。

3. 人类命运共同体理念的意义

国家个体和命运共同体不是对立排斥的关系，而是相互承认包容的关系，个体的和谐与共存是共同体存在的基础。命运共同体需要通过强弱守望相助来实现共同发展，这是一种新型的国际合作，是一种基于相互尊重基础上的合作共赢。

当前，全球性问题日益增加，全球治理亟待加强。人类命运共同体的实现需要国际社会不断加强在各问题领域的合作，不断完善全球经济、安全、网络、环境等领域的治理。然而，实现全球治理也面临诸多难点。如各问题领域难易程度不一，大国机制竞争、观念竞争等多种因素困扰着全球治理的开展，相对收益与绝对收益的分裂、国际利益与国家利益的分化等使得全球治理困难重重。这些都需要各国从全人类的共同利益出发，树立命运共同体意识，基于长远眼光和战略高度，不断推动全球治理的完善。构建人类命运共同体，是习近平主席对于人类文明未来走向给出的中国判断。

二、G20峰会与全球治理

（一）G20峰会的概况

G20全称二十国集团，根据1999年其发布的首份公报，"G20是布雷顿森林体系框架内一种非正式对话机制"。G20的宗旨在于推动具有"系统重要性"经济体（目前为20个主要经济体①）之间的经济金融的对话和合作。

1. G20峰会与国际新秩序

（1）从霸权到对话。

G20峰会诞生于危机，变革于危机。从最初四国财长会议到目前G20峰会，经历了从少数国家霸权主导到多国共同对话的平台。其具体演变过程如下：

1971年8月，美国总统宣布美元与黄金脱钩，实行浮动汇率。各国相

---

① G20国家的国民生产总值约占全世界的85%，人口将近世界总人口的2/3。

继放弃本国货币与美元挂钩的固定汇率，国际汇兑出现紊乱局面。1973~1974年，因石油危机爆发，发达国家经济遭受巨大冲击，陷入经济停滞和通货膨胀并存的"滞胀"泥潭。在此背景下，世界主要经济体迫切需要加强宏观经济政策协调，推动全球经济复苏。1973年3月，在美国白宫图书馆，美英法以及联邦德国的四国财长召开首次会议。同年9月，日本应邀加入，五国集团（G5）初具雏形。

为加强经济政策协调，法国总统德斯坦倡议将G5财长会议升级为首脑会议。1975年，德斯坦邀请G5国家领导人在巴黎郊区的朗布依埃城堡开会，并邀请意大利作为非正式成员参加。1976年，意大利和加拿大正式加入，七国集团G7由此成立。此后，世界七大发达工业化国家领导人通过年度会晤和磋商，就经济、金融、货币、贸易等全球关注的重大问题交换看法，并在此基础上形成共识，对全球经济治理产生了深远影响。

以俄罗斯为例，其在这一机制中的参与程度不断提升。1991年7月，苏联总统戈尔巴乔夫应邀参会。1997年6月，叶利钦应美国总统克林顿邀请参加了七国集团首脑会议，当时身份为正式与会者，最终首次以"八国首脑会议"的名义共同发表公报。就此，七国集团转变为八国集团（G8）。

1997年，亚洲金融危机爆发。在不到半年时间里，这场危机就从发源地泰国蔓延到印度尼西亚和韩国，波及俄罗斯、美国，导致对冲基金美国长期资本管理公司破产。这场危机使G8成员意识到，在经济全球化时代，G8已无法依靠自身力量维护世界金融稳定。于是，G8成员决定与新兴市场国家在平等参与的基础上开展对话，在财政部长和央行行长层面成立二十国集团（G20）。

1999年12月15~16日，国际经济体系内19个最重要的国家、欧盟的财政部长和中央银行行长齐聚柏林，召开首次G20财长和央行行长会议，G20正式成立。此后，G20财长和央行行长会议每年召开，至2015年已召开22次会议。

2008年金融危机从金融业扩散至制造业等实体经济，从美国本土蔓延至世界主要经济体。当危机扩散到全球范围时，G8 无法应形势所需做出迅速、有效的应对。其有限的成员范围意味着新兴市场国家不能参与，而新兴市场国家是共同推进全球解决方案的关键。鉴于严峻的形势，G20 成员决定将财长和央行行长会议升级为领导人峰会。2008 年 11 月 14~15 日，受美国邀请，20 个主要经济体的首脑共聚华盛顿，共商国际金融危机管理和全球经济治理，G20 领导人峰会由此诞生。截至杭州 G20 峰会召开前，即截至 2015 年，G20 共举行了十次领导人峰会。

（2）多层次对话体系的建立。

G20 轮值主席国会在就任后公布筹备路线图、制订协调人会议计划。协调人会议每年举行 4~6 次，峰会前夕各国协调人会就成果文件进行专门协商，G20 在升级为峰会机制后，财长和央行行长会议机制继续保留，每年召开 2~3 次，主要讨论经济和金融议题以及成果文件中的相关内容。此外，还有一些专业部长会议，如能源、劳工、农业、经贸等领域部长会议。

为增强 G20 的代表性，广泛听取非 G20 成员以及社会各界的意见，G20 峰会主办国还会举办一系列外围对话活动。一是举办工商峰会、青年峰会、妇女峰会、劳工峰会、智库会议等配套活动，邀请相关领域的代表参加，就共同关心的问题进行讨论。二是邀请一定数量的非成员国嘉宾和主要国际组织代表直接参与峰会筹备。通常是邀请五个具有地区代表性的国家以及联合国、世界银行、IMF 等国际组织的代表参与 G20 峰会进程。

（3）关注全球问题，实现全球治理。

G20 全年会议以"三驾马车"为引领，以协调人渠道为支柱，以部长级会议和工作组为辅助，以外围对话活动为外部支持。所谓"三驾马车"，即本届峰会主席国在上届和下届峰会主席国的支持下，负责同各成员国共同协商并制定全年峰会筹备路线图，包括峰会和重要筹备会议的时间、地点、议程等，并确保前后峰会的连续性。同时，引导和把握筹备工作进程，协调各方关系，并在此基础上起草峰会成果文件。G20 借鉴了 G8 的运作模式，各成员国指定专人为协调人，负责协调本国参与 G20 峰会的各项工作。具体工作包括：峰会议题设置、成果文件设计和磋商，贸易、发展、劳工、就业、反腐败等非金融议题的磋商等。

G20 各主要议题的具体工作由工作组负责实施，工作组成员来自各成员国相关主管部门。目前，G20 已设立"强劲、可持续、平衡增长框架"工作组、国际金融架构工作组、发展工作组、能源可持续性工作组、投资融资研究小组、反腐败工作组、就业问题特设小组、普惠金融专家组等工作组。各个工作组在整个峰会筹备周期内举行若干次会议，逐渐形成相关政策建议。

2. 杭州峰会召开前历次 G20 峰会议题

2008 年 11 月 14~15 日，在美国首都华盛顿举行首次 G20 峰会。各国领导人在首次 G20 峰会上围绕如何应对金融危机展开讨论，各国承诺采取大规模的财政和货币刺激政策，制定出明确的方针和路线，确定了修复银行和金融系统的严格时限，并承诺继续维护开放的全球经济。

第二次 G20 峰会于 2009 年 4 月在伦敦召开。加强国际金融监管、推进国际金融机构改革、反对贸易保护主义是 G20 伦敦峰会的主要议题。值得一提的是，为帮助陷入经济困境的国家和地区，与会国家将向 IMF 和世界银行等国际组织提供资金支持，总额达到 1.1 万亿美元，其中包括向 IMF 注入资金 5000 亿美元，直至 7500 亿美元。

2009 年 9 月 24~25 日，G20 在美国匹兹堡举行了第三次峰会。此次峰会以加强宏观经济政策协调、推进国际金融机构改革、促进共同发展、反对贸易保护主义为主要议题。在匹兹堡峰会上，G20 被确定为国际经济合作的首要论坛。各国领导人在会上承诺，在确保全球经济真正走向长期复苏之前，G20 全体成员将继续实施刺激政策，加强和改善国内金融监管的国际协调，并承诺发达国家将至少 5% 的 IMF 份额转让给新兴市场国家。

第四次 G20 峰会于 2010 年 6 月在多伦多举行。各国领导人在此次峰会上讨论了全球贸易、全球经济再平衡以及金融部门改革等议题，各国就财政整顿的时间表和预期目标达成了共识，承诺不发出错误的宏观经济信号，积极推动全球经济复苏。

2010 年 11 月 11~12 日，在韩国首尔举行第五次 G20 峰会。其主题为金融部门改革、全球金融安全网建设、避免竞争性汇率贬值等。各国领导人承诺避免采取竞争性贬值措施，采取更多由市场决定的反映经济基本面的汇率政策。

2011年11月3~4日，在法国戛纳举行第六次G20峰会。其主题为加强国际金融监管、欧债危机应对、促进全球经济增长与社会发展等。值得关注的是，为反映各国货币在国际金融体系中比重和重要性的变化，此次峰会决定最晚于2015年对IMF特别提款权货币篮子进行审查，促进国际金融体系更加稳定、更加灵活、更具代表性。

2012年6月18~19日，在墨西哥洛斯卡沃斯举行第七次G20峰会。其主题为国际金融监管、促进就业、发展贸易、粮食安全、大宗商品价格波动以及欧债危机等议题。

第八次G20峰会于2013年9月5~6日在俄罗斯圣彼得堡召开。此次峰会的主要议题包括加快推进金融监管关键领域的改革、将反对贸易保护主义的期限延长至2016年、推动贸易便利化协定的达成、创新型融资、打击避税、促进就业和发展问题等。

2014年11月15~16日，第九次G20峰会在澳大利亚布里斯班举行。其主题是抵御风险、促进经济增长与就业。强调国家间的宏观经济政策协调和税收方面合作，提倡包容性增长。在G20布里斯班峰会上，各国达成了布里斯班行动计划，推出1000项措施刺激全球经济。此外，为共同建设反腐败合作网络，出台《2015~2016年G20反腐败行动计划》。

第十次G20峰会于2015年11月15~16日在土耳其安塔利亚举行。G20安塔利亚峰会延续了2014年G20布里斯班峰会的议程，将主题确定为"落实、包容和投资"。各国领导人讨论了宏观经济政策协调、国际金融机构改革包容性增长、投资与基础设施建设、跨国征税合作和气候变化融资等议题。此次峰会还特别强调了鼓励中小企业发展和解决全球贫困与不平等问题。除经济议题外，叙利亚难民问题、反恐问题等热点或突发议题也被纳入讨论范围。

（二）杭州 G20 峰会与全球治理

1. G20 杭州峰会的概况

2016 年 9 月 4~5 日，G20 峰会在杭州召开，主题为"构建创新、活力、联动、包容的世界经济"。为进一步明确 G20 合作的发展方向、目标以及举措，此次大会通过了《二十国集团领导人杭州峰会公报》，形成了杭州共识。

G20 由 19 个成员国和欧盟组成，成员的 GDP 总和占全球经济的 90%，贸易额占全球的 80%。按照惯例，G20 峰会还会邀请包括联合国、世界银行、国际货币基金组织等国际组织的代表参会。西班牙因欧债危机成为永久嘉宾国。杭州 G20 峰会特地邀请了哈萨克斯坦、埃及等作为特别嘉宾国，同时邀请东盟轮值主席国的老挝、非洲发展新伙伴关系轮值主席国塞内加尔、非洲联盟轮值主席国乍得以及 77 国集团轮值主席国泰国参会，力求以最强的代表性实现 G20 最广大的覆盖，成为发展中国家参与最多的一次 G20。G20 不仅仅是大国的俱乐部，也需要惠及全球的经济体，发展中国家是其中重要的参与者。

2. G20 杭州峰会的政治传播特色

（1）受众因更多发展中国家的参与而变得范围更广、更加多元化。

杭州峰会是 G20 有史以来发展中国家参与最多的峰会，再加上原有 26 个主要经济体，可谓是参与主体最多元化的一次峰会。从参与主体来看，既包括联合国秘书长潘基文、世界银行行长金墉、国际货币基金组织总裁拉加德、世界贸易组织总干事阿泽维多、国际劳工组织总干事莱德、金融稳定理事会主席卡尼、经济合作与发展组织秘书长古里亚等有关国际组织负责人，又包括美国总统奥巴马、法国总统奥朗德、加拿大总理特鲁多、德国总理默克尔、意大利总理伦齐等主要发达经济体领导人[①]，还包

---

① 美国总统奥巴马、法国总统奥朗德、加拿大总理特鲁多、德国总理默克尔、意大利总理伦齐、日本首相安倍晋三、英国首相特蕾莎·梅、欧洲理事会主席图斯克、欧盟委员会主席容克、澳大利亚总理特恩布尔、沙特阿拉伯王储继承人兼第二副首相及国防大臣穆罕默德、新加坡总理李显龙、西班牙首相拉霍伊等。

括发展中国家领导人①。

（2）抽象政治概念到可视化表达。

以会标②为例，为更好地诠释峰会精神，在设计中融入桥③、印章④等多种元素，既体现了杭州文化和中国文化特征，又将对话沟通、互联互通、负责守信等深刻含义通过可视化元素体现出来。峰会期间，在公共场合以及与会人员和媒体下榻的酒店，滚动播放多媒体宣传片，充分展示当地风土人情，阐释峰会精神。

（3）多层次、多样化展示策划以实现议程设置的效果。

中国作为此次G20峰会东道主，除了有助于提升我国大国形象，特别是提升我国经济和外交实力，中国也借此机会，主导会议的主题和议程的设定，既反映了世界关切，也体现了中国理念。例如，完善国际金融架构的"中国方案"，提出扩大SDR（特别提款权）使用；落实G20的2030年可持续发展议程元年而制订的行动计划；与"十三五"规划、"一带一路"倡议的重大战略相呼应，提出推动全球包容、联动式发展。

在展示手段上，除了传统意义上的多层次会晤，如多边会晤、双边会晤、闭门会议、金砖会谈、B20（二十国集团工商界活动的简称）均相继举行，还有一些正式与非正式会晤并举，如散步、出游、晚宴、晚会、拍照等。更为特别的是，参会的各国代表共同在西子湖畔欣赏了首个大型室外实景交响音乐会——《最忆是杭州》⑤，采用多元的视觉表现手法将江南

① 阿根廷总统马克里、巴西代总统特梅尔、印度尼西亚总统佐科、墨西哥总统培尼亚、俄罗斯总统普京、南非总统祖马、土耳其总统埃尔多安、印度总理莫迪、韩国总统朴槿惠、乍得总统代比、埃及总统塞西、哈萨克斯坦总统纳扎尔巴耶夫、老挝国家主席本扬、塞内加尔总统萨勒、泰国总理巴育等国领导人。

② G20杭州峰会会标寓意突出、创意鲜明，它用上下各10根线条勾勒出桥形轮廓和其在水中的倒影，辅以"G20、2016、CHINA"和篆刻隶书"中国"印章，把杭州元素、中国元素和世界元素及符号想传达的意涵有机融合。

③ 以杭州的桥作为文化符号寓意国家间的连接与对话，寄望G20平台成为全球经济增长、合作、共赢之桥。

④ 印章既是中国篆刻文化的传统，又代表信用，寓意中国在全球舞台上扮演负责任大国的意愿。

⑤ 作为国内首个在户外水上舞台举办的大型室外实景交响音乐会，当晚的音乐会基于《印象西湖》创作改编，实景、灯光、表演与水上倒影相互辉映，形象演绎西湖的特色，凸显了江南韵味。

韵味和中华文化呈现给与会嘉宾。

通过多种展示手段，杭州 G20 峰会达成了一系列卓有成效的成果。G20 成员国的财政和央行官员已经明确了结构性改革的 9 大优先领域和 48 项指导原则，很多成果是里程碑式的。各国官员首次提出了综合运用包括货币、财政、结构性改革措施来刺激经济增长，稳定对经济的信心。各国还决定推动世界银行和国际货币基金组织改革，提升全球基础设施互联互通水平，扩大基础设施投资。相关会议还积极引导 G20 成员高度重视经济增长包容性，特别是推动中小企业发展。同时，会议提出避免货币竞争性贬值，并反对各种形式的保护主义。

（4）对中国国家形象的政治传播意义：向世界展示中国全球治理观。

杭州 G20 峰会上发表的公报提出了为世界经济指明新方向的框架，特别是充分体现了发展中经济体的呼声和利益，从而代表了 85% 的全球经济产值、80% 的全球贸易和 2/3 的世界人口的集团内意见的多元化。从这个角度看，其视野已远远超过其他所谓的全球性治理机构①。与此前全球治理观不同的是，以"人类命运共同体"为核心的中国理念，强调国家间的平等合作，以平等、开放、合作和共享为治理准则，是一种自上而下的治理观，是全新的全球治理思路和方案。中国在全球治理体系中的地位见表4-1。

表 4-1　中国在全球治理体系中的地位

年份	中国的地位	全球治理体系的主要机制
1945	1945 年加入，1971 年恢复合法地位	联合国
1976	未加入	G7
1998	未加入	G8
1999	成员	G20 财长和央行行长会议

---

① 一些外媒甚至称赞杭州 G20 峰会首次承担起了名副其实的全球治理机构的角色。公报阐述了新的制度性愿景和"开放"与"包容"的制度性价值观，以便促进新的增长动力，并聚合了世界经济中多元化的利益。

续表

年份	中国的地位	全球治理体系的主要机制
2005	成员	G8+5
2005	东道国	G20 北京部长会议
2008	成员	G20 领导人峰会
2016	主席国	G20 杭州峰会

3. G20 杭州峰会政治传播效果的国际评价

一反此前峰会发展中国家兴致不高的情况，此次峰会谋发展中国家之所谋、想发展中国家之所想，"中国方案"激起了大多数发展中国家的强烈兴趣，如拉美和非洲国家都积极参与峰会全过程。相关外媒报道也由开会前的评价不均转变为开会后以正面评价为主的状态（见表 4-2）。

表 4-2　2016 年外媒对 G20 杭州峰会的报道情况

日期	外媒	依据/信息源	关注内容	评价
8 月 23 日	中国香港中通社	G20 详细报道	"中国印记"	正面
8 月 25 日	美国之音电台网站	习奥会	中美关系	正面
8 月 26 日	中国台湾《经济日报》	会前预测	"中国方案"	正面
8 月 26 日	日本《富士产经商报》	中国经济状况	中国经济状况	中性
8 月 26 日	彭博新闻社网站	中国经济状况	中国已回到改革模式	正面
8 月 26 日	中国台湾《工商时报》	会议主题和议程的设定	大国形象	正面
8 月 26 日	中国台湾"中央社"	外交部发言人陆慷 26 日在例行记者会上的发言	推动制定"杭州行动计划"	正面
8 月 26 日	中国台湾中时电子报	中国人民银行副行长易纲 26 日讲话	普惠金融	中性
8 月 26 日	彭博社	反对中国海外投资声浪此起彼伏	海外收购	负面
8 月 26 日	俄罗斯卫星网	世界经济将依靠包括"一带一路"倡议在内的开放一体化项目	中国倡议	正面
8 月 27 日	新加坡《联合早报》网站	中国企业在全球展开大收购，引发世界各国反弹	海外收购	负面
8 月 27 日	中国香港《南华早报》	中国人民银行副行长易纲 26 日讲话	普惠金融、绿色金融	正面

续表

日期	外媒	依据/信息源	关注内容	评价
8月27日	塔斯社	俄罗斯驻华大使安德烈·杰尼索夫27日访谈	俄中在G20框架内协调行动	正面
8月27日	德国《明镜》周刊网站	对杭州城市报道	城市形象	正面
8月28日	拉美社北京	对中国带领全球克服各种经济问题的路线图寄予厚望	中国路线图	正面
8月29日	中国香港《南华早报》	批准气候协议	气候	正面
8月29日	美联社	习奥会；批准气候协议	中美关系	正面
8月29日	中评社	习奥会	中美关系	正面
8月29日	拉美社	中国财政部部长楼继伟的讲话，筹备工作进展顺利	中国号召力	中性
8月29日	英国《经济学人》周刊网站	对杭州城市报道	城市形象	正面
8月30日	新加坡《联合早报》网站	习奥会	中美关系	中性
8月30日	日本《富士产经商报》	中国海外投资潮引西方反弹	海外收购	负面
8月30日	美国《洛杉矶时报》网站	对杭州城市报道	城市形象	正面
8月30日	美国《洛杉矶时报》网站	中国首次主导G20峰会	中国展现"新领袖"能力	正面
8月31日	美国《华尔街日报》网站	对杭州城市报道	城市形象	正面
8月31日	英国《卫报》网站	对杭州城市报道	城市形象	正面
8月31日	埃菲社	制订刺激全球经济增长的计划	全球增长烙"中国印记"	正面
8月31日	德国《南德意志报》网站	中国首次主导G20峰会	中国的意图	中性
9月1日	德国《商报》网站	阿里巴巴集团	企业形象	正面
9月1日	拉美社	中国外交部发表公报	筹备工作	正面
9月1日	中国香港中通社	中国贸促会会长姜增伟的讲话	筹备工作	正面
9月1日	德国《商报》网站	峰会的准备工作	筹备工作	正面
9月1日	埃菲社	习奥会	中美关系	正面
9月1日	西班牙中国政策观察网站	会议日程设置	中国倡议	正面
9月1日	美国《华尔街日报》网站	G20峰会回归自身使命	中国倡议	正面
9月2日	《俄罗斯报》	阿里巴巴集团创始人马云创业史	企业形象	正面
9月2日	彭博新闻社网站	对杭州城市报道	城市形象	正面

日期	外媒	依据/信息源	关注内容	评价
9 月 2 日	日本《产经新闻》	安倍首相参会问题	中日关系	中性
9 月 2 日	俄罗斯《独立报》	G20 峰会回归自身使命	中国倡议	正面
9 月 2 日	西班牙《国家报》	中国在全球外交和经济舞台上的重要角色	大国形象	正面
9 月 3 日	日本《读卖新闻》	习近平主席的主张	大国形象	正面
9 月 3 日	日本外交学者网站	中国通过 G20 峰会展示其全球领袖资格	大国形象	正面
9 月 3 日	俄新社	杭州峰会：我们还没见过这样的 G20	大国形象	正面
9 月 4 日	奥地利《标准报》网站	习近平主席在 G20 峰会的开幕致辞	中国方案	正面
9 月 4 日	德国《世界报》网站	习近平主席在 G20 峰会的开幕致辞	中国方案	正面
9 月 5 日	中国香港《南华早报》网站	此次 G20 峰会是讨论全球经济问题的首要平台	中国方案	正面
9 月 5 日	《香港经济日报》	习近平主席在 G20 峰会的开幕致辞	中国方案	正面
9 月 5 日	日本《读卖新闻》	习近平主席在 G20 峰会的开幕致辞	中国方案	正面
9 月 5 日	俄新社	俄罗斯总统普京认为，中国"用心"举办了本届峰会	中俄关系	正面
9 月 5 日	俄罗斯《观点报》网站	俄罗斯总统普京支持中国不承认海牙仲裁庭有关南海的裁决的立场	中俄关系	正面
9 月 7 日	德国之声电台网站	G20 杭州峰会是一次成功的会议	会议效果	正面
9 月 9 日	日本外交学者网站	G20 首次承担起了名副其实的全球治理机构的角色	会议效果	正面

第五节　边疆会展带与中国周边战略传播

一、中国周边战略的提出

中国周边外交长期奉行"大国是关键，周边是首要，发展中国家是基础，多边是重要舞台"的总体指导，将中美这样的大国外交看作是重中之重，周边外交被置于"首要"位置，但因为周边外交的复杂性和国内外政治、经济条件的不成熟，周边外交没有得到应有的重视。党的十八大以后，国家领导人前所未有地将周边外交与大国外交放到同等重要的位置，形成中国外交战略中"大国外交"和"周边外交"并重的两个核心。

从毛泽东到胡锦涛，中共领导人"搞定大国就可以搞定周边"的周边外交思路随着中国的崛起而发展，美国"重返亚太""亚太再平衡"等战略强调控制中国周边对于遏制中国的意义，频繁介入中国周边事务。因此，中国周边作为一个独立的外交领域，必须给予更多的重视。党的十四大报告提到同周边国家的"睦邻友好"到党的十五大报告"搁置争议，求同存异"，再到党的十六大、十七大的"与邻为善、以邻为伴，加强区域合作""以经促政""经营周边"，用区域经济合作换取良好周边环境构成了冷战结束至 21 世纪前 10 年间中国周边外交的核心主题。

党的十八大报告转变了传统经营周边的外交思路，从经营走向"稳定周边、和谐周边"的战略转型，提出了"亲、诚、惠、容"的外交理念，深化互利合作，力争使周边国家能分享中国发展的红利，从中国经济的高速增长中受益。中国的外交战略从以往的重视大国外交兼顾周边为主，到主动、积极地经营周边，反映了中国新一届领导人外交理念的创新发展。周边会展带来的发展正从强调与周边的互惠互利转向注重中国经济的"溢出"效益，强调中国责任，体现出中国在和平发展过程中所具有的负责任大国的角色担当。

二、中国边疆会展带的形成

21 世纪以来，日本经济复兴创造了世界经济发展的奇迹，日本甚至在 1968 年超过了德国，位居世界经济第二。而以中国香港、韩国、新加坡、中国台湾为代表的高速工业化国家（地区）掀起了"亚洲崛起"的浪潮，被并称为"亚洲四小龙"。20 世纪六七十年代，中国香港、中国台湾、韩国和新加坡的 GDP 年均增长率分别高达 10.6%、9.7%、8.4% 和 9.4%，缔造了东亚的经济奇迹。国际金融危机爆发以来，亚洲新兴经济体作为世界经济发展的火车头，成为世界政治和国家间战略关注的焦点。传统安全和非传统安全问题进一步加强了亚洲国家间的认同感。21 世纪，亚洲掀起了经济崛起的第二次高潮，亚洲的中国和印度开始上演新经济奇迹。

2004 年，中国诞生了第一个边疆地区博览会——中国—东盟博览会，成为广西与东盟国家经贸合作的重要平台，直接促进了南宁当地经济发展和城市面貌的改变。东盟博览会对当地经济的拉动作用直接促进了中国边疆地区全线的合作机制发展。受东盟影响，2005 年的中国东北亚博览会、2011 年在新疆的中国亚欧博览会、2013 年和 2014 年的中国南亚博览会及中国俄罗斯博览会如雨后春笋般相继成型。从最初依托于西部大开发战略实现中国经济平衡、协同增长，到如今在中国周边外交战略上发挥经贸、政治、文化、安全等复合作用，边疆博览会承载着越发重要的功能①。

三、边疆会展带对于周边战略传播的特殊功能

博览会最原始的功能是贸易与展示，传统工艺、先进技术、文明理念都可以通过博览会的平台进行交流和促进。国际上最早的博览会是 1240 年发端于法兰克福的展会，19 世纪的世博会成为现代意义上大规模国际展会的鼻祖。到了 20 世纪，除了传统商业展会，奥运会、世界杯等全球体育赛事也成为展会的一种，纳粹德国时逐渐发现会展平台的宣传价值。会展平台的展示和贸易功能使其成为先进技术与大众接触的重要平台，会展不仅推广和传播了前沿科技，更成为文明理念对话与传播的重要舞台，先发国家多以承办大型国际会展作为证明和展示实力的舞台。21 世纪以

---

① 除了经贸、外交、合作、文化交流，边疆博览会还涉及展览和经贸洽谈、商务与投资峰会、领导人会晤制度等。

来，中国边疆欠发达的博览会开始兴起，常态化、制度化、机制化的国家级边疆博览会作用于国家周边政治、外交、经济、文化、社会等诸多方面，成为一种全新的交流平台。

（一）边疆会展带的特征

1. 政府主导

从 1991 年起，中国就开启了与东盟的对话，随后全面启动了自贸区，成立了固定的机构，加快基础设施互联互通。"21 世纪海上丝绸之路"更是中国从战略上规划周边关系的新起点。中国边疆地区博览会多是由政府主办，政府直属或相关机构承办。中国—东盟博览会由时任国家总理温家宝倡议，在中国和东盟 10 国经济贸易主管部门和东盟秘书处的主导下，由主办地广西承办，以广西国际博览事务局为具体执行单位顺利推进。

2. 发展性

虽然 2008 年国际金融危机爆发使西方国家深陷危机泥沼，但在危机爆发的后五年，亚洲国家对世界经济的贡献率显著提升，区域经济合作成为亚洲自身发展的强劲动力。亚洲国家间的贸易已经从 21 世纪初的 8000 亿美元增长到 3 万亿美元，贸易依存度超过 50%。以共同发展作为核心要义，维护环境安全，推进开放包容的机制建设，以文化互鉴凝聚理念共识是亚洲国家共同发展、强化感情纽带的基础。改善边疆地区，特别是陆地边疆地区经济落后的面貌，用国家级博览会扎根边疆、落户边疆的方式发展贸易，实现区域间协同发展，使边疆地区有实力成为国家与周边经贸交往的前沿阵地。

3. 贸易性

发挥经贸优势、实现共同发展繁荣相比建构安全、社会、文化、机制共同体而言更为直接。以会展互动活跃周边经贸，注重中国自身经济发展红利的"溢出效应"，逐渐与周边国家建立起涵盖区域经济、贸易、投资、能源、金融等多方面、多维度的合作框架，在中国周边形成一条紧密环绕型的活跃经济带。中国—东盟博览会、中国—东北亚博览会、中国—亚欧博览会和中国—南亚博览会的首要功能就是发挥边疆地区的区位和地缘优势，促进边疆地区同周边国家间的经贸往来，并推动投资和贸易的一体化进程。

4.战略性

和平是历史上任何一个大国崛起所依托的周边环境。长期以来，受制于国际环境和经济发展水平，中国的周边战略长期处于被动应对状态。随着中国经济实力的增强和国际影响力的提高，中国在客观上具备了从战略高度经营周边的能力。中国周边外交工作开始强调谋大势、讲战略、重运筹，力争让"命运共同体"意识深入人心，在周边国家落地生根，以点带面，逐渐从周边命运共同体向构建人类命运共同体推进。中国边疆地区博览会为中国和周边国家的政治、人文交流与经贸合作创造了新的平台，几大边疆会展品牌统一于国家周边展览和中国边疆地区经济发展的规划中，有利于加强中国与周边国家的经济联系，提升相互依存度，在经贸和人文交流中增强区域认同，促进区域国家间新的集体意识和集体身份的建构，逐步从区域性的"亚洲身份意识"走向亚洲命运共同体的新阶段。

（二）边疆会展带对于周边战略传播的特殊功能

第一，促进中国对外贸易整体格局的转变。以往的博览会以赚取外汇为主要目的，更多关注欧、美、日等发达国家和发达市场。中国边疆地区博览会以服务周边为目的，注重贸易平衡、进出口结构优化，服务对象也转为以周边国家和周边市场为主。

第二，促进区域贸易和投资治理。在中国边疆地区博览会的运作过程中，相继达成了涉及区域贸易、投资、物流、交通等领域的新协议，进而达成了一系列区域贸易和投资治理新规则和新体系，发挥了传统博览会不具备的独特功能。

第三，辐射周边政治、文化等多领域战略传播。在举办过程中，借助中国边疆地区博览会这一重要平台，不仅涉及区域贸易领域，而且会进一步辐射到政治、文化、农业、科技、旅游等多个领域，良好的互惠机制有利于中国周边战略传播整体布局的实现。

第五章　会展的经济传播功能

第一节　会展与经济的互动关系

一、会展对经济发展的拉动作用

作为经济发展的重要产物之一，会展业的发展往往与经济发展历程相辅相成。从德、法、美等国的实践经验来看，越是经济发展较快的国家或地区，会展业越呈现快速增长的态势，从而拉动经济进一步腾飞。具体来看，体现在资源整合、产业联动、城市发展联动效应等方面。

（一）资源整合功能

会展经济是一项综合性显著的产业，会展活动内容和会展活动方式都具有综合性。会展活动范围涉及的行业既有国民经济的第一、第二、第三产业部门，又有行政、社会团体等部门，涵盖了政治、经济和文化等所有社会范畴。涉及管理学、营销学、心理学和美学等多个学科范畴的相关知识和技能，既涵盖旅游业所包括的食、住、行、游、购、娱等行业，还与运输、通信、广告、装饰和建筑等多个行业有关。

现代会展呈现出较强的相互交融的特点，展中有会，会中有展，形成了会议、展览、经贸、观光、休闲、娱乐和节庆表演等多种相辅相成的活动模式。举办一次成功的展会活动，必须将与会展相关的所有软硬件设施等资源进行有效整合。

对于周边地区的产业而言，大型的会展活动会带来强烈的经济辐射效应。以上海世博会为例，通过一系列局部多赢合作，从浅层合作到深度合作，将相关产业串联起来，促进了长三角洲地区的经济发展，进而加快长三角城市群的建设，打造出一个长江三角洲的"世博圈"，成为会展城市群，可以与德国科隆、法兰克福、慕尼黑、杜塞尔多夫等城市相匹敌。此外，我国的珠江三角洲、环渤海等会展产业群将通过会展业的发展加强区域合作，实现区域经济向更高层次的整体推进。

（二）产业联动功能

对于产业而言，会展经济具有较强的带动和集聚效应，进而能够促进整个城市产业结构的优化。人流、物流和信息流在同一时间、空间上集聚是会展活动特色之一。短时间内特定空间、特定地域、特定人员、特定技术及产品在此交汇融合，借助人流、物流、商流形成源源不断的信息流、资金流，实现高效的产品聚集效应，参展企业通过展台的设计与布置、产品促销、会展公关、会展营销等方式，快速提升企业和城市知名度。与传统手段不同的是，据英联邦展览业联合会统计，企业通过会展找到一个客户的平均成本为 35 英镑，仅为一般营销渠道的 1/6。在会展中，信息、知识交流使得生产、贸易更便捷，消除了供求中的许多不确定因素，使生产企业能快速地实现贸易成交和宣传推广，为企业开展营销活动提供了一个良好的场所。

作为绿色产业和朝阳产业，会展的发展之于城市产业结构的升级与优化有着积极的产业联动效应。作为城市经济助推器和加速器，会展业不仅为新产业集群的发展创造机遇，而且给多个行业、产业带来商机，通过聚集大量的商品、资金、信息、技术等，改变资本和劳动力等要素生产率，实现资源配置效率最优化。

据相关调查显示，中国进出口商品交易会（广交会）与当地经济的拉动效应比是 1∶15，中国义乌国际小商品博览会（以下简称义博会）与当地经济的拉动效应比是 1∶13。实际上会展业拉动的不仅仅是经济，还有对一个地区的社会、文化等各个方面的影响。甚至有利于提高举办城市和国家的美誉度、知名度乃至政治影响力，成为一国"触摸世界的窗口"，给会展举办地带来最新的信息和最先进的知识。

除了直接、间接收益外，会展活动还将给举办地带来持续的、无法计算的后续效益。以世博会为例，日本大阪于 1970 年承办，之后带来了关西经济带的生成和此后十年的腾飞，促成日本经济的快速发展；法国巴黎于 1889 年承办世博会时构建了埃菲尔铁塔，使相关产业受益，成为法国的"摇钱树"。

而充分依托或运用新技术、新业态、新理念和新的服务方式，是现代服务业区别于传统服务业的标志。如电视机、留声机、电话机、蒸汽机车等划时代的发明创造都源于大型展览会上的展示与推广。即使在信息技术高度发达的当代，展览的广泛性、直观性对推广新技术、新发明仍发挥着不可替代的作用。

（三）城市发展的联动效应

会展经济对城市发展的联动效应主要表现在推动城市竞争力的提高和促进城市品牌营销等方面。由于会展带来的人口、物流、技术和信息的流动，并对城市经济的持续发展创造动力，会展常被视为城市经济发展的"助推器"。国际上，衡量城市国际知名度时一个重要的指标就是国际会展的数量和规模。

在促进城市品牌营销方面，会展被认为是最具特色的"城市广告"，能够展示城市的风格和形象，扩大城市的影响力、国内外知名度和声誉。通过举办各种高层次的会展，特别是国际性的会展活动，不仅可以展示宣传城市的科技水平和经济发展实力，还可以对城市人文地理、旅游资源、特色产业做一次宣传，快速提高城市的国际声誉，提升城市的品牌竞争力。

2010 年上海世界博览会历时 184 天，参展国家和国际组织高达 246 个，参展人数高达 73 亿人次。其中，单日入园最高峰出现在 10 月 16 日，当天参观者突破 103 万人，上海世界博览会还安排了 2 万多场次的文化演艺活动，平均每天演出 100 场。

世界众多会展名城和城市圈多处于经济发达地区。除了一线城市，会展对于二、三线城市品牌同样具有营销效应，如我国杭州、义乌、东莞、郑州、宁波、大连等城市。作为杭州第三产业的"黄金月"，每年一届的西博会（中国西湖国际博览会）立足于"世界了解杭州，杭州走向世界"的宗旨，成为提升杭州美誉度和国际影响力的重要平台。

从会展发展历程来看，一些会展成为国际上一些大城市产业发展和经济增长的关键环节，甚至因其强大的产业联动功能，进而成为整个城市的发展支柱之一。1996 年德国为举办汉诺威世界博览会，项目赤字达 11 亿美元，但德国官方仍认为世博会是一次"巨大的成功"，因为它缩短了不同文化之间的距离，提高了汉诺威的国际形象，财政赤字是一种"对未来的投资"。

二、经济基础对会展发展的促进作用

城市的经济发展条件是会展业得以发展的重要基础，世界闻名的"展览城市"如伦敦、巴黎、慕尼黑、汉诺威、芝加哥、米兰都将展览作为城市的关键产业加以扶持，从展馆建设到各部门的协同办展，再到对优质办展企业的优惠和鼓励政策，使会展业迅速成为创收、拓展国际合作、提升城市的功能、促进城市繁荣的活动。经济基础对会展业发展的支撑作用具体体现在以下四个方面：

（一）城市区位与环境条件

鉴于会展业在区域间，特别是在地理分布以及经济区域上分布和发展差异较大，甚至呈现明显的不均衡性，会展涉及参展商品、客商以及观众的商品、资金、技术等物流和信息流的交换，因此会展举办城市的地理位置和交通状况至关重要。区位条件是影响会展活动的重要因素之一，它一般被称为会展的"硬件"，指定向位置、资源状况、地域条件是否满足会展活动的需要。在现有的会展城市中，绝大部分处于国家或地区中心地位，或作为交通枢纽，或位于港口、江海边缘，大多占据优越的地理位置。例如，除了北上广等传统核心城市外，还有位于港口、海口的大连、香港等，以及其他以省会为主的会展经济带，同样具备较好的地理优势和经济发展优势。甚至一些城市同样具备独特的文化、旅游等资源禀赋。例如，绿树成荫、干净整洁、空气清新的城市环境，会使人心旷神怡，往往兼具会展中心和旅游城市的双重功能，能够提高会展活动的舒适度，增强会展城市的吸引力。如海南博鳌之所以成为"亚洲经济论坛"的举办地，与其独特的自然景观和旅游资源环境密不可分，成为其跻身著名会展中心之列的重要基础。

（二）城市产业与市场条件

作为基本要素，城市产业发展和市场条件是会展业发展的重要经济条件之一。一个城市所在地区的产业基础越好、交通越发达，就越容易吸引参展企业和客户。会展活动的开展需要当地产业的支撑，同时也能使会展举办地各产业的供给结构和需求结构发生变化。以广东省为例，优势的产业造就了当地优势的会展品牌——连续几年居全国首位的广东电子及信息制造业产值造就了华南地区最大的计算机、网络及通信设备会展；之所以有全国最大的美容美发化妆品展，得益于广州有占全国1/3销量的化妆品产量；同理可见家具等产业展览得益于出口拉动等。

产业优势往往带动销售、消费市场的活跃。商品的目标市场对参展商具有强大的吸引力，与规模大小密切相关。市场规模过小会导致会展失去市场基础，无法有效吸引参展商，会展也将难言成功。因此，当地产业和市场条件对于展会举办的持续和参展品牌的建立有重要作用。以广州及周边地区为例，因其有巨大的生产资料和消费市场，其既是国际轻加工业制造基地之一，同时又是国内对外贸易的窗口之一，在此地举办会展可谓是事半功倍。

（三）城市的治理水平与发展理念

会展发展有赖于城市开放的理念与开明的行政体制。对外开放度较高的城市可以减少政策对行业发展的束缚，实现市场资源的优化配置。开放带来的交流和技术引进使资源得到有效的配置，促进行业内资本市场的形成。城市市场开放程度直接决定着产业的市场竞争态势，而市场竞争程度是决定展览需求大小的重要因素。在垄断性较强的市场里，企业通过参加展览会这种方式来营销产品的积极性就较小，办展的难度也较大，反之亦然。由此可见，越是在开放的、市场竞争程度高的、城市治理水平高的、行政体制开明的条件下，展览业越能吸引外资，与国际展览市场接轨，提高国内展览市场的竞争程度，引导展览业优胜劣汰。

会展的发展不能完全依靠市场机制来调节经济活动，政府需要承担起合理配置市场资源的重任，维护会展市场的繁荣与健康。政府通过制定会展业发展的"游戏规则"，维护市场秩序，以法律、法规的方式确定行业规则。积极利用财政税收和金融手段对会展产业实施有效的调控，使城市财政、税收和金融制度更好地适应城市会展产业发展的要求。通过合理调控，使社会资源朝着竞争性强、成长性好及社会经济效益较高的企业流动。城市会展发展水平的高低依赖于政府能力的强弱，包括城市的立法、司法以及行政部门为实现自己的职能推动和促进会展发展而进行的各种行政活动所需要的行政本领。由于大型会展活动需要城市基础设施作为重要支撑，往往需要对现有的交通、环境、通信、居住环境等进行大规模的投入、改建甚至新建一些基础设施，这些自然需要主要城市综合治理能力作为强有力的后盾。比如，2010 年上海世博会筹办期间，为促进会展举办地的基础设施建设和环境卫生的维护，改善当地的自然生态环境，政府对城市经济软硬件建设及环保方面进行了大量投入。

（四）城市的人文资源与社会环境

会展是在一定的社会文化环境中进行的，文化环境无时无刻不起着重要作用，影响着会展主体的会展行为和决策。会展与社会文化环境相互依存、相互影响，会展受文化的制约，同时又对当地文化产生一定的影响。会展城市所具有的精神文化主要指勇于创新、追求成功、宽容失败、开放包容、崇尚竞争的创新文化。在物质文化发达的城市，会展效率明显大于物质文化不发达城市。可以说，城市物质文明和精神文明都将综合体现在城市魅力上，不仅体现在城市的自然特征、经济发展水平方面，更来源于其历史积淀、文化环境和公民素质等方面。

会展业是对城市人文资源和社会环境的集中展示，大量的人员、产品聚集在举办城市，参展人员与参展商亲身感受城市的政治、经济、文化、信息和技术，加上媒体的宣传，都有助于举办城市的美名远播四方。

三、会展与经济互动关系在中国的应用

正是因为会展与经济之间的互动关系，中国会展经济才得以快速发展。

（一）整体发展态势

根据中国国际贸易促进委员会《2017年中国展览经济发展报告》，2017年中国国内会展业在数量和规模上都呈现良好的发展态势，其中，规模增长的速度快于数量。据不完全统计，2017年国内共举办展览会4022个，总面积约12379万平方米。轻工业展览会办展数量和办展面积均位居所有行业之首，5万平方米以上的中大型规模展览会占比近半，其中，5万~10万平方米展览会总面积约为2718万平方米，占比为22%；10万平方米以上展览会面积约为3087万平方米，占比为25%。规模以上展览城市共有36个，举办经贸类展览会的平均展出面积超过3.4万平方米，展览数量也超过3000个。2017年全国100家组展单位赴70个国家举办展会，参展1549项，较2016年同比增长3.82%；展出面积84.98万平方米，同比增长1.77%；参展企业5.9万家，同比增长1.72%。其中，赴"一带一路"沿线国家参展情况稳步提升。全国88个组展单位共赴33个"一带一路"沿线国家，组织参展628项，占参展项目总数的40.5%，较2016年同比增长4.3%；展出总面积38.8万平方米，占参展总面积的45.7%，同比增长28.5%；参展企业2.6万家，占企业总数的44.1%，同比增长30.0%。

2017年中国展览馆的数量与面积均保持增势。据统计，2017年国内展览馆数量增幅近10%，室内可租用总面积较2016年增长约13.7%。展

馆出租率提升，上海新国际博览中心租馆率超过国家会议中心，达到62.57%，比 2016 年增加 8.16 个百分点。

（二）区域发展差异

2017 年，我国会展业各区域举办展览会分布不均，北上广仍是我国最重要的展览城市，不论是办展数量还是展出面积，上海均有突出优势。2018 年将逐渐形成以华北京津冀、长三角、珠三角三大经济圈为主，共同发展的展会格局。京津冀区位优势突出、办展经验丰富，加上政府的积极引导，会展业和城市形成协调发展的良好互动。长三角会展业主要依托市场驱动，本地区城市间会展业的激烈竞争也促进了会展业的活力发展。珠三角地区作为中国改革开放的先行地区，具备较强的制度竞争力。随着我国城市化进程的加快，会展业的发展逐渐由中心城市和沿海外贸型城市向内转移，二、三线内陆城市的会展业逐渐兴起，成为办展城市发展的加速器。

在出国办展方面，2017 年我国出国办展区域主要集中在亚洲、西欧和北美，在参展项目数、展出面积和参展公司数方面均位居前三。亚洲依然是最主要的出展市场，参展项目数、展出面积和参展企业数较上年均实现增长；赴西欧和北美两地参展项目数较上年有所增长，参展企业数和上年持平，展出面积有所下降；赴拉美及加勒比地区参展项目数和展出面积较上年开始回升；赴东欧及俄罗斯参展项目数和展出面积均有所下降，但参展企业数有所提升；赴非洲和大洋洲的参展项目数、展出面积和参展企业数占比仍然较小。

第二节 会展对城市经济形象的传播

一、对核心经济圈的传播：以广交会为例

（一）广东会展经济概况

1. 广东会展业发展的优势

广东省位于中国改革开放的前沿，经济建设速度，特别是对外经贸水平一直走在全国前列，交易会的对外成交额也排在全国各省、自治区、直辖市的首位。广州作为广东省省会①，会展的基础设施良好，各类展馆设施完备，各式规模、档次、种类各异的展览中心可满足展览的需求，且广州一系列成熟的会展品牌为广州会展业的发展奠定了良好的基础。

2013 年，广东省 10 万平方米的大型品牌展会有 29 个，展出面积共 709.5 万平方米；2014 年，广东省 10 万平方米以上的特大型品牌展会共有 31 个，展出面积 863 万平方米，展会数量、展出面积的增长率分别为 23.08% 和 8.33%。2014 年，尽管面临较大的经济下行压力，在市场上已经形成品牌的大型展会展览面积依然保持了稳定的增长。

2. 广东会展业面临的挑战

一是会展业地域竞争压力增大。随着上海、天津面积超过 40 万平方米国家会议中心的相继启用，会展业形成了长三角、珠三角、环渤海三足鼎立的发展格局。多年来，广州在场馆方面保持的一家独大、会展品牌知名度最高（以广交会为代表）、展览面积最大（约 900 万平方米）的局面

---

① 作为华南地区的重要枢纽，广州的物流、信息流、资金融通都很便利，是"珠三角—华南会展经济带"的核心。加上毗邻港澳的区位优势，靠近东南亚市场，被称为中国的"南大门"。

开始改变。国内会展进入大融合、大合作的新时期。政府主导型展会转向市场化展会运作，专业化、品牌化引领会展风向。北展南移、南展东移的趋势进一步强化了东部城市会展市场的主导作用，东部沿海城市展会占全国展会的70%左右。

二是互联网的去中介属性对会展业的压力。互联网时代产品生命周期短，消费体验大过传统的产品功能，营销中间成本低，以后续的递延利润盈利为主。人与人的冗余度趋于零，企业组织形式扁平化，资源分享使用权重于所有权，客户营销超越传统的经营产品，品牌间强调共赢多于垄断。只有注重跨时空的资源整合与大数据的发展，才能简化合作、交易程序，实现供需之间的对接，精准匹配。合作、分享、共赢正成为互联网时代下的鲜明特征。

3. 广东会展业新趋势

一是绿色展览初见成效。中国对外贸易中心在广交会上加快推行绿色特装布展，提高绿色特装展位普及率；加快一般性展位、展材更新，提高环保材料使用率。目前，展览产业链中各环节环保意识在不断增强，"绿色展览"意识逐渐提升，展览工程通过标准化制作，从一次性使用到重复性使用，提高使用价值，节省资源。在场馆选址、场馆分区、建筑材料乃至布展用料上，均强调生态化，以环保绿色、易回收的材料优先。构建展览环境的理念也从污染环境到绿色环保，更加注重节能降耗和"三废"处理，组织整体展会也更加强调自身的生态特色和环保理念。

二是国家政策大力支持。"一带一路"倡议拓展了会展合作的空间，让展览企业融合于世界之中。广东举办了21世纪海博会，吸引了"丝绸之路"相关的42个国家和173家境内协会参展参会。"大众创业，万众创新"战略激发了整个中国的创业激情，众创产品为会展提供了源源不断的新资源，新兴展会破土而出，单是首届中国（广州）科交会就吸纳了1300个双创项目和高新技术成果参展。

三是会展与"互联网+"互动。广东省以云计算、互联网、大数据技术打造新产业、新业态，立足珠三角，率先建成全国首个宽带城市群。广州光亚展览公司通过嫁接网络技术，将 28 个国家和地区 50 万经销商和买家，2000 家设计公司，1000 家科研机构、行业协会，200 家媒体联系在一起，互相作用，推出"展览+网站""展览+电子商务""展览+峰会""展览+奖项"系列智能服务，让客户分享人性化服务和全球的行业新成果，保持着其他企业无法超越的优势。"广交会"通过嫁接互联网技术，实施网上发布、网上交易、网上联盟，与世界各地共签订了 105 份合作协议，汇集了 216 个国家（地区）20 万采购商参展参会，第 117 届展览总面积突破 118 万平方米，通过网上电子商务实现全球货物贸易，提高了展会的国际化水平。

4. 多地会展业联动发展

广东作为全方位对外开放的平台和窗口，近年来结合"一带一路"倡议、粤港澳大湾区规划建设等国家战略，同时把握广东自贸试验区创新发展机遇，积极进取，不断开拓对外开放新局面，巩固我国外贸回稳向好势头。

广东省展览业非常活跃，省内形成颇有特色的"会展行业协会群"、珠三角（含港澳）城市会展协会联盟，以及周边 30 多个省市的泛珠三角城市会展协会联盟等，在全国范围内独一无二。

广州市从事会展专业的企业有 600 多家，获国家级资质与荣誉的有 44 家，获国际性资质的有 5 家，60 多万平方米的场馆功能齐全、多元化管控、层次搭配、设施先进，被评为"中国最具活力和最适宜办展城市"。深圳市会展场馆主要有商业性展览馆，非商业性、艺术类展览馆及会议酒店，每年举办展会 120 多个，会议活动近 10000 场，涉及高新技术、文化、公共安全、光电显示、服装服饰、机械工业、钟表珠宝、家居家具、玩具礼品等 20 多个行业，主承办单位约 50 多家，其中加入国际展览业协会（UFI）的主承办单位有 10 家。

除了广州以外，另一个具有先天优势的城市就是毗邻港澳的珠海。20 世纪 90 年代开始，珠海市筹办的中国国际航空航天博览会、国际赛车节、电影节等，曾经推动珠海市会展业走在了全国前列。2014 年，珠海国际会展中心正式运营，举办了国际规划设计大师研讨会、粤港澳会展业合作交流研讨会、中国（珠海）国际汽车展览会、全国主流媒体国际宜居城市论坛等一系列活动。港珠澳大桥通车后，珠海将成为连接香港、澳门、中山、江门等城市的枢纽，由过去的"交通终点"成为"交通中点"，区位优势大幅提升。

（二）广交会的发展历程

创办于1957年春季的广交会素有"中国第一展"的美誉，是"中国出口商品交易会"的简称。作为国内历史最悠久、规模最大、规格最高的综合性国际贸易会展，每年春秋两季在广州举办，长期保持到会客商最多、商品种类最全、成交效果最好的纪录。

自诞生之日起，广交会就肩负重要的历史使命，作为打破西方对我国"经济封锁，货物禁运"的唯一渠道，一度成为国家外汇的主要来源。继中国加入世贸组织后，广交会又成为我国企业开拓国际市场的重要平台。可以说，广交会在某种程度上俨然成为我国对外贸易的"风向标"，是我国改革开放以来融入世界分工和拓展对外交往的"见证者"。广交会60多年来的发展历程可谓是一部浓缩的新中国对外贸易发展史①。

（三）广交会的国际传播价值

1. 世界了解中国经济的重要平台和窗口

广交会历时一个甲子从未中断，不但是中国外贸的"风向标"和"晴

---

① 首届广交会的国外采购商只有不到20个国家和地区的1000人，商品种类刚过万，内地参展企业只有13个交易团，成交额不到2000万美元。如今，广交会累计出口成交约近1.3万亿美元，到会境外采购商超过800万人次，单届展览规模也达到100多万平方米，境内外参展企业超过2.4万家，有200多个国家和地区近20万名境外采购商参会，出口交易规模超过300亿美元。最近的第122届广交会到会境外采购商实现3届连增，近20万人，境内外参展企业近3万家，连续4届增长。出口展区共有16大类商品分区，51个展区6万个展位，参展企业达2万多家；进口展区设6个产品区，总面积2万平方米，展位总数近1000个，有33个国家和地区的620家企业参展。第100届广交会后，"中国出口商品交易会"增加了进口功能，更名为"中国进出口商品交易会"，成为进出口双向贸易促进平台，实现更大范围和更高层次的全球资源配置，促进产业的优化升级。除了传统的看样成交外，还举办网上交易会，拓展了广交会的展示和交易功能。广州成为中国对外开放的前沿阵地，而且广交会持续不间断的举办，让境外客商亲身感受到中国市场产品品类不断丰富、质量不断提升，共享中国发展的红利，见证了中国对外开放不断加深和市场不断繁荣、社会不断进步。

雨表"，而且是展示"中国实力""中国品牌""中国制造"的重要平台和窗口。在举办期间，境外与会者在历时 20 天的展期中密集接触中国，感受中国经济和外贸形势呈现的新特点、新变化。人流、物流、信息流在此交汇，集合组织传播、人际传播、大众传播于一体，堪称世界贸易盛会。

2. 国家"一带一路"倡议的宣传推广平台

习近平总书记在党的十九大报告中重申"一带一路"倡议①。越来越多的参展商开始结合"一带一路"倡议相关国家和地区的市场特征，研发产品并拓展生产和营销渠道，以形成产业集群，挖掘新的增长潜力，形成新的增长势头，促进中国与"一带一路"沿线国家的合作共赢。以第 122 届广交会为例，与"一带一路"倡议相关的国家和地区采购商（84445人）占全部到会境外采购商（191950 人）的 44%，同比增长 3.48%；与之相关成交额高达 93.7 亿美元，占总成交额的 31.1%，同比增长 13.6%。

3. 展示中国创新实力

广交会坚持走以创新为导向的发展道路，以技术、品牌、质量、服务和标准为核心，着力培育外贸新的竞争优势。近年来，大量拥有核心自主设计、产权、品牌的国内产品和企业参展，绿色、环保、低碳以及高端、定制、智能等设计理念成为一种新趋势。同时，通过体制、机制以及模式创新，提升服务客商的能力和水平，推动其向综合功能平台转变，打造"绿色广交会"和"智慧广交会"，首次推出大数据看板，升级广交会官网以及手机 APP，利用人脸识别技术，实现信息采集和办证流程的优化，不断提升广交会服务便利化和管理智能化的水平。

4. 助力中国品牌"走出去"

改革开放以来，中国已经成为名副其实的外贸大国，但要成为贸易强国还要有众多自主品牌作为支撑。广交会长期以来贯彻国家品牌战略，引导和鼓励中国自主品牌走向海外，提升中国品牌的价值和国际话语权，

---

① 习近平总书记在党的十九大报告中强调，坚持"引进来"和"走出去"并重，遵循共商共建共享原则，加强创新能力开放合作，形成陆海内外联动、东西双向互济的开放格局。

是中国自主品牌建设的助推器。从第95届广交会开始，广交会首次设立品牌展区，通过制定品牌展位评选规则，引导企业完成境内外商标注册，通过国际质量管理体系和环境管理体系等行业认证，提高企业的品牌意识，锻造中国品牌。通过设立品牌展区，当年广交会的320个自主品牌在7%的展位上实现了17%的成交额，参展新品近50%，高出平均水平20个百分点，成交价格也比同类产品高出10%以上。到第120届广交会，品牌展位占比从7%达到20%，占成交总额的34.1%。在广交会品牌推广策略的推动下，企业创建、推广和保护品牌的意识日益浓厚。在第122届广交会上，中国自主品牌刷新了中国制造的新高度，包括华为、中兴、格力、海尔、海信、TCL、美的在内的多家企业为国内外采购带来了诸多优质新品。海尔的精控干湿分储冰箱、"一机双筒"设计、自清洁空调、全新语音对话的家庭小管家和扫地机器人等产品，几乎都具备全球首创或"唯一"的技术，这些产品无不代表着中国制造的实力，宣传着中国品牌的技术含量和国际竞争力。

二、对特色港口经济形象的传播：以宁波会展业为例

（一）宁波区位优势

宁波港水深、流顺、风浪小，是中国大陆少有、世界不多的深水良港，港口资源是宁波经济发展的最大资源优势。宁波东向面对的是东亚及整个环太平洋地区，西向是经济发达的长江流域以及整个华东地区，同时是我国连接大洋洲、北美洲和南美洲等的重要窗口城市。

历史上，宁波早在公元752年（唐天宝十一年）就已正式开埠，是三大对外贸易港口之一，另外两个分别为扬州和广州；到了宋代，再次成为三大对外贸易的港口重镇之一，另外两个分别为泉州和广州；1840年后被辟为"五口通商"口岸之一，是一个具有1200多年历史的天然良港。

在对外交往上，宁波得天独厚的地理位置，使得宁波的对外经济交往具有了悠久的历史，有"海上丝绸之路"起点之说，早在400多年前在由

意大利工匠手工绘制的"世界地图"上就已经标出了中国宁波等城市。1840 年后，三江口成为欧美商船的云集之地，中外商家争相兴铺于岸。实际上，宁波外滩是比上海外滩更早的中国历史上的外滩。在当前，宁波是中国长江三角洲①南翼的经济中心城市，濒临上海、杭州。

（二）港口城市的海洋文化

宁波的历史极为悠久，最远可追溯到七千年前②。公元前两千多年夏代宁波被称为"鄞"，春秋归属越国，秦朝归属会稽郡，唐朝被称为明州。宁波港水深流顺，风浪较小，是世界上不多的深水良港。

公元 821 年，明州州治迁到三江口，并筑内城，标志着宁波建城之始。明洪武十四年（公元 1381 年）取"海定则波宁"之义，改称宁波，一直沿用至今。

特殊的地理位置以及独特的历史文化，造就了宁波"黏性，搏争，仁厚，务实"的人文内涵。恶劣的自然环境不仅激发了其与天地搏斗的精神，更培养了合作意识和群体精神，中国沿海城市与中原文化略有区别，靠山吃山、靠海吃海，形成有别于内陆文化的海洋文化③。在商界，"宁波帮"声名远播。中国第一个新型航运公司④、中国第一家银行、中国第一批保险公司⑤、中国第一家由华人开设的证交所⑥均源于宁波。人物志上，

---

① 长三角地区是东亚地理中心，地处西太平洋东亚航线要冲，是西太平洋重要的世界级城市群和产业密集区，在亚太地缘经济格局和区域一体化进程中发挥重要作用，是亚太地区参与全球合作与交流的重要门户。

② 河姆渡遗址的发掘，证明宁波是世界上最早种植水稻的地区之一。

③ 海洋文化更崇尚开放、博纳兼容，更具有"闯海""弄潮"的"敢为天下先"的"搏争"精神。宁波城内，甬江、余姚江、奉化江交汇于三江口，三面临海，水文化和海洋文化的特征显著。明清时期抗击海外列强的斗争又给宁波的海洋文化添上可歌可泣的一笔。海洋文化是一种商业文化，秉持着大海的特性大度，有大海般胸襟与宏大的气魄，给人们以豪情、信心与力量；创新，大海亘古常新，既周而复始，又有气象万千沧海桑田的特殊包容，"海纳百川，有容乃大"，其包容性形成了文化的多元性，兼容并蓄，交融互补，把外来文化与当地的传统文化很好地糅合在一起，形成勇于创新、善于取长补短的优势，造就了宁波海洋文化珍贵的特色。

④ 中国第一个新型航运公司就是由宁波当地商人朱葆三、虞洽卿等筹建，到 20 世纪 30 年代，成为中国大陆最大的民营航运企业。

⑤ 叶澄衷、严信厚、朱葆三等于 1897 年创办了中国通商银行，又于 1905 年创办了中国第一批保险公司之一的华兴保险公司。

⑥ 1920 年，虞洽卿、盛丕华等创办了第一家由华人开设的证交所——上海证券物品交易所。

有提出经济发展理论的安之介，建立"海上王国"的董浩云、包玉刚，"影视巨子"邵逸夫，"毛纺大王""棉纱大王"曹光彪、陈廷骅等；在科教界，自民国以来，教授（高工）以上高级知识分子中宁波籍超千名，中国科学院与中国工程院院士超过90位，均为中国各城市之最，其中不乏大师级人物，如"中国克隆之父"童第周，中国遗传学奠基人谈家桢，中国生物物理学奠基人贝时璋，堪称"一代鸿儒"的历史学家陈汉章等；在文艺界，宁波籍的著名作家有柔石、殷夫、楼适夷、冯骥才、余秋雨等。此外，还有国画宗师潘天寿、陈之佛等；在政坛，宁波人同样声名显赫，短短的民国时期就出了蒋介石、蒋经国、翁文灏、王正延、叶公超等数十位著名人物。还有前香港特首董建华、澳门立法会主席曹其真、香港立法会主席范徐丽泰等政要。

（三）宁波会展业对特色港口经济形象的传播

1. 重视会展发展，传播当地文化形象与经济形象

宁波以会展为平台打造了时装文化、佛教文化、港口文化、海洋文化、梁祝文化等文化品牌，整合当地产业和文化资源，形成会展文化和产业的良性互动，策划了一系列有影响力的全国性、国际性的大型会展。宁波市的中国国际家居博览会和宁波国际服装节国际服装服饰博览会是浙江省仅有的两个通过国际展览联盟（UFI）认证的节庆展览活动。

宁波的中国开渔节凭借传统渔文化资源，通过祭海仪式、开船仪式、妈祖海上巡安仪式和"蓝色保护"海洋环保等一系列活动，整合渔俗渔业、海洋景观，展示挖掘中国传统渔文化和海洋文化，体现了独特的海洋文化内涵。宁波中国国际港口文化节以"港口、城市、文化"发展为主题，策划组织了开幕式、中国首个区域性水下文化遗产保护基地、中国大陆首个大型港口博物馆奠基、中国大陆首个港口与城市文化研究会成立等系列活动，使中国国际港口文化节成为宁波建设"海洋经济强市"，加快发展的重要推手。

2. 发挥产业优势，带动周边产业

宁波国际服装节凭借宁波作为"红帮"服装发祥地的渊源，通过对服

饰文化和服装产业的有机整合、互动，策划组织了"国际服装服饰博览会""青年服装时尚周"等一系列文化经贸活动，弘扬了宁波独特的服装文化，展示发掘了中国传统服饰文化特色，推动宁波特色服装产业的快速发展。主办方十分重视保留每届活动特色，拓展会展活动的发展空间。在第十届宁波国际服装节举办的意大利服装服饰文化周上，大卫复制雕像落户宁波，次年，宁波的"文臣武将"复制雕像正式落户意大利佛罗伦萨。宁波国际服装节的百姓服装时尚秀等增强了节庆的社会基础和生命力，采用规范高效的运作管理模式，提高了节庆活动的效率和效益。

3. 运用特色符号，打造会展品牌

中国开渔节，让象山原生的渔文化重新焕发了活力。石浦妈祖信仰及迎亲习俗、象山开洋与谢洋节、象山晒盐技艺、徐福东渡传说被列入第二批国家级非物质文化遗产名录，象山作为"中国渔文化之乡"，成功获批成立"中国渔文化研究基地"；中国徐霞客开游节把《徐霞客游记》的开篇之地宁海绚丽多姿的风情、独特深厚的历史文化底蕴展示给五湖四海的宾朋，"天下旅游，宁海开游"的口号响彻全国；国际河姆渡文化节使余姚"河姆古渡、文献之邦、东南名邑山水城市"的美名远扬；中国弥勒文化节的举办，让奉化传统的弥勒文化在"开明开拓、和谐和乐"的城市精神中得到升华；在非物质文化遗产宣传方面，借助东西方共同特色符号，打造城市品牌，通过第三届中国梁祝爱情节，确立宁波作为故事发源地的地位，同时与意大利维罗纳市，即"罗密欧和朱丽叶"的故乡缔结友好关系，"梁祝化蝶"雕像落户维罗纳市，而朱丽叶铜像落户宁波，极好地促进了东西方文化的交流。

4. 市场化运作，扩大传播效应

宁波当地的会展活动十分重视对声光电技术的综合运用，第四届中国弥勒文化节开幕式主办方请到 2008 年北京奥运会和 2010 年上海世博会的策划编导团队，在雪窦山弥勒大佛坐像前运用声光电和大型焰火，精彩演绎了雄伟壮观的开幕式，提升了弥勒文化节的对外影响力。中国徐霞客开游节、中国开渔节等宁波主要节庆活动都不同程度地借鉴了国际节庆协会

（IFEA）推荐的国际节庆活动的效益管理方法，积极开展市场化运作，努力提高会展活动的品质。

三、对区域经济一体化的传播：以六大会展经济圈为例

《2014 中国会展产业年度报告》提出"六大会展经济圈"的概念，即在此前"四大会展经济圈"的基础上，增加了中西北和南亚两个区域，以突出中国会展经济从沿海逐步向中西部发展的趋势。

（一）珠三角会展经济圈

珠三角会展经济圈的会展业在国内起步最早，该地区处于中国改革开放的前列，贸易与服务业极其发达，会展业也得益于此，自 20 世纪 80 年代末以来，逐渐成为国内一流的会展经济圈。除了有"中国第一展"美誉的中国进出口商品交易会（广交会）外，珠三角会展经济圈还拥有前沿技术、国际商贸洽谈、专业类展会，如中国国际高新技术成果交易会、中国国际投资贸易洽谈会（投洽会）、中国国际中小企业博览会（中博会）、中国（广州）国际建筑装饰博览会、中国（深圳）国际品牌服装服饰交易会、中国（广州）国际黄金珠宝玉石展览会、中国国际陶瓷工业展览会及中国（深圳）国际礼品、工艺品、钟表及家庭用品展览会等品牌展会。

中国巨大的市场和珠三角会展经济圈的市场空间让许多境外展商慕名而来，推动了珠三角会展经济圈的国际化进程。以广州市为例，年均国际办展数量居珠三角会展经济圈的 1/3[1]，同样不可小觑的还有深圳市[2]。会

---

[1] 广州市目前聚集了三四百家专业的展览公司，展览公司间竞争激烈，区域市场规模、展会品牌和人气都对展览公司的办展动机产生影响。其中，展览的国际化与否、国际化水平都对展览公司的办展意愿有很大影响，广州会展业正符合这些展览公司的要求。而且，广州市政府早已将会展业列入"十一五""十二五""十三五"规划，希冀把广州市建成国际会展中心城市。

[2] 深圳注册的展览企业也超过了 300 家，这些展览公司完善了深圳会展业的配套服务，促进了当地会展发展的同时也壮大了会展企业本身，为办展企业收获了可观的经济效益，获取丰厚的市场回报。

展业对于相关产业的拉动效果极为明显。首先是酒店，据统计，近一半以上的广州和东莞地区酒店的利润源于会展业，尤其是广交会期间，这种贡献率在全国都可谓是首屈一指。其次是旅游业，会展旅游已成为珠江三角洲地区经济增长的新动力之一。最后是其他服务业，可获得数十亿元的收入，如出租车业，在办展期间的日收入就会增加 300 万元。

（二）长三角会展经济圈

相较于珠三角会展经济圈，"梯度发展、定位明确"是长三角会展经济圈的主要特征。在这一区域，各城目标定位各有特色。如上海属于龙头，国际会展数量、规模、规格都处于领先地位；制造业、服装设计等是温州、宁波等城市会展的主打方向；会展旅游是杭州的特色；外贸外资类展会是苏州的主攻方向。

该区域具有国际影响力的展会众多，大部分都已经成功举办十届以上。从会展的行业领域来看，包括与衣食住行相关的国际纺织工业展、国际服装纺织品博览会、国际食品添加剂和配料展、全国食品添加剂生产应用技术展、国际焙烤展、国际家具生产设备及原辅材料展览会、国际酒店用品博览会，也有国际印刷包装纸业展、国际玻璃工业技术展、国际五金博览会、全国电子产品展、中国水利博览会等专业类展会。如 2010 年在上海举办的世博会①，成功延续了世博会品牌优势，为中国会展业的品牌发展提供了样板和标准，它的展示内容和展示方式将为现代会展业提供很好的借鉴。

---

① 上海世博会开幕前三年，世博中心正式开工，它是上海世博首座永久性核心功能场馆，世博中心将成为上海这个国际化大都市会展业内容展示和呈现方式的一张亮丽名片，标志着上海世博会永久性场馆建设的全面启动。上海世博会是现代会展业在中国落地生根的一座丰碑，在项目运作上，主办方采用政府与市场协作模式，政府占主导，会展企业进行市场化运作，两个办展主体分工明确、定位清晰，促进和引导会展运作的良性循环。作为一次全球性盛会，世博会将中国推向世界舞台的聚光灯下，它同时也是世界了解中国的重要窗口。国际化的运作经验有助于培育上海会展整体公平、创新、竞争、规范、有序的大环境。中国文化与世博会现代化的展示理念相遇是古老与现代的碰撞，进一步促进世博文化的多元性与多样性，不同文化彼此敬重，相互感受与对话，形成上海世博的独特气质，带动整个上海会展业面向世界，拥有海纳百川的国际化胸怀。

（三）环渤海会展经济圈

环渤海会展经济圈以北京为龙头、天津为边翼，包含河北、山西、山东在内。

作为环渤海会展经济圈的龙头，北京会展经济起步较早，目前在国内处于第一梯队。这与北京作为政治、经济、文化中心的优势地位密不可分。这一区域比较知名的展会基本集中在北京，既有建材方面的展览，如中国国际建筑材料博览会、中国（北京）建筑装饰及材料博览会、中国（北京）国际石材产品及石材技术装备展览会等，也有科技方面的展览，如中国北京国际科技产业博览会、中国国际通信设备技术展览会等，还有北京国际汽车展、中国国际服装服饰博览会等。这些展会不仅为城市带来了经济上的收入，也无形中提高了城市的形象。

天津毗邻北京，是环渤海会展经济圈的又一个重要城市。其会展业以清洁能源、风能、太阳能等现代服务业为重点，这与天津经济开发区以航空工业和新能源产业为重点发展方向密切相关。这显示出会展业与城市经济发展良好的互动关系，即城市经济规划为会展业发展提供了方向，而会展业发展又为城市经济高质量发展奠定了基础。

（四）东北亚会展经济圈

东北亚会展经济圈以大连为中心，以边境贸易为支撑，共有黑龙江、吉林、辽宁和内蒙古4个省区。东北亚会展经济圈的形成与党中央、国务院提出的振兴"东北老工业基地"政策，特别是100个重点项目的落地与实施密不可分。伴随着整个东北经济结构和产业结构的深入调整，会展经济迎来了千载难逢的发展机遇。尤其是具有地理优势的大连、长春、哈尔滨、沈阳，会展经济发展十分迅猛。其中大连经过20多年的发展，已成为国内第四大会展城市，名列北上广之后。还有一些城市充分利用其产业优势，如以汽车生产、科研、物流见长的长春，成功举办了中国（长春）国际汽车博览会；以制造业见长的沈阳，承办了14届中国国际装备制造业博览会，其现场签订采购合同（含采购意向合同）金额总计达9.8亿元。

从运作模式来看，东北亚会展经济圈的突出特点是市场化运作程度提升较快、区域会展联动较多。以长春市汽博会为例，市场化运作比例不断提高，从首届低于 1/3 到第二届的 70%，再到如今的完全市场化运作，是国内首个成功引入市场机制的政府主导型展会。另一个新的发展趋势就是会展联动。以沈阳为例，与周边产业关联度较高、经济往来较多且车程距离较短的 7 座城市①共同举办"沈阳经济区房交会"，与周边城市整合资源，共同推广"大房地产"概念。

（五）中西北会展经济圈

中西北会展经济圈包含四川、重庆、陕西、河南、青海、宁夏、甘肃和新疆 8 个省区、市，在六大会展经济圈家族中"成员"最多。近年来，随着中西部大开发不断深入，该区域的会展经济呈现出明显上升态势。

四川成都是中西北会展经济圈的龙头，一些产业布局也围绕着会展经济来展开。例如，国际电脑节的成功举办吸引了英特尔公司在成都投资建厂，其全球第五座芯片封装厂建成，总投资金额高达 3.75 亿美元。一些服务业相继在成都落户，建发国际作为香港第一家展览业上市公司，于 2004 年在成都成立专门经营会展服务业的独资子公司。

受到成都的启发，其他中西北城市也加大了会展经济的投入力度。例如，昆明将园艺博览会与旅游经济结合起来，共同发展；南宁成功举办东盟国际贸易展览会；郑州依托交通运输枢纽正在努力创建中部物流中心；青海也加大会展展馆建设，投入 5 亿元等。

（六）南亚会展经济圈

南亚会展经济圈包括云南、湖南、贵州、广西 4 个省区，这个区域是中国会展经济最不发达的地区，仅次于东北亚会展经济圈。南亚会展经济圈中，展览数量和展览面积最大的是湖南。湖南利用当地的产业优势，发展矿物博览会。湖南的矿物晶体矿山在全国乃至世界都很知名，仅有色金属储量就占中国的 2/3、全球的 1/3。更有甚者，锡矿山辉锑已经占到全球的 90% 以上。作为亚洲最大的矿物宝石展，2014 年湖南矿物博览会吸

---

① 鞍山、抚顺、本溪、营口、辽阳、铁岭、阜新。

引了逾 60 个国家 1500 余名展商参展。

云南虽然举办的展览数量不算多，但却是南亚会展经济圈中后劲足、活力强的省份。1999 年举办的"世界园艺博览会"，让昆明一跃成为享誉海内外的会展名城。通过 20 多年的努力，昆明会展业培育了一批优秀的本地会展品牌，如昆明泛亚国际农业博览会、昆明泛亚石博览会、昆明国际珠宝展、泛亚家居家具博览会、云南（昆明）二手车博览会等展会。这些品牌展会不仅带动了昆明相关产业的发展，还提高了昆明的知名度。

第三节　会展对国家经济发展理念的传播

一、中国主要经济发展理念

（一）五大发展理念提出

中国的发展是一个不断变化的过程，发展理念随着发展环境、发展条件的变化而变化。随着大数据、云计算、工业革命 4.0、"互联网+"等新科技革命的运用，传统发展思路和发展方式必然伴随着理念更新而发生变化。中共十八届五中全会提出了"创新、协调、绿色、开放、共享"五大发展理念。其中，"创新发展"被看作是发展的根本支撑和关键动力，"协调发展"能解决发展不平衡问题，是全面建成小康社会的重要保证，"绿色发展"是实现文明发展道路的历史选择，是人与自然和谐的必由之路，"开放发展"是中国改革开放的经验总结，是拓展经济发展空间、提升开放水平的要求，"共享发展"则是社会主义的本质，注重公平、正义。五大发展新理念是一个有机统一的整体，既各有侧重又相互联系，构成一个框架宏大、逻辑严密、思路务实的科学发展体系。

(二) 中国主要经济发展理念之间的战略配合

1. 创新发展理念

当前，我国经济发展进入新常态，经济增速放缓，进入"滚石上山、爬坡过坎"的关键阶段。要想跨越这一阶段，必须积极投身智能制造、"互联网+"数字经济、共享经济等带来的创新发展浪朝，努力领风气之先，加快新旧动能转换。

科技是国家强盛之基，创新是民族进步之魂。从某种意义上说，科技实力决定着世界政治经济力量对比的变化，也决定着各国各民族的前途命运，综合国力竞争说到底是创新的竞争。进入 21 世纪，全球科技创新空前密集活跃，新一轮科技革命和产业变革正在重构全球创新版图、重塑全球经济结构。面对错综复杂的国际形势和艰巨繁重的国内改革发展稳定任务，习近平总书记倡导各国在数字经济、人工智能等前沿领域加强合作，以加深智能领域的国际交往，助力我国形成全面开放的新格局。

党的十八大做出了实施创新驱动发展战略的重大部署，强调科技创新是提高社会生产力和综合国力的战略支撑，必须摆在国家发展全局的核心位置。习近平总书记在党的十八届五中全会第二次全体会议上明确指出，"新一轮科技革命带来的是更加激烈的科技竞争，如果科技创新搞不上去，发展动力就不可能实现转换，我们在全球经济竞争中就会处于下风"。必须把创新作为引领发展的第一动力，把人才作为支撑发展的第一资源。创新位居五大发展理念之首，加快创新驱动发展是党中央综合分析国内外大势、立足我国发展全局做出的重大战略抉择。

2. 区域和城乡协调发展

协调发展战略主要包括区域协调和城乡协调两方面。区域协调方面，突出强调从国家发展战略出发，推动长江经济带、京津冀协同发展、"一带一路"三大战略。加快户籍制度改革步伐，推进全国统一大市场建设，提高社会保障统筹层次，引导重点跨区域规划。针对我国城乡二元化结构特点，强调城乡协调发展，不是使农业和工业这两个不同的产业形态同质化，而是立足于缩小城乡差距和促进社会公平，改变现有不利于城乡发展一体化和城乡生存发展权利平等化的规章制度，建设旨在基本公共服务均等化的城乡发展新模式。

3. 低碳循环的绿色发展模式

倡导低碳循环的经济发展模式，把经济活动重组为"低开采—高利用—低排放"的资源循环利用模式。加强工业节能降碳、推进建筑节能降碳，开展绿色循环低碳交通运输体系建设试点。加大科研力度，推动技术创新，以高能耗、重污染的行业和地区为重点，推进节能减排共性关键技术推广。深入实施大气、水、土壤污染防治行动计划，严格环境执法监管、切实加强水环境管理、全力保障水生态环境安全、明确落实各方责任、强化公众参与和社会监督。

4. "一带一路"倡议和自由贸易区战略

"一带一路"倡议源于两千多年前的"丝绸之路"[①]，即东西方交流合作的历史象征，也是促进沿线国家共生共荣的历史纽带，同时又与"和平、发展、合作、共赢"的新时代主题相契合。面对当下纷繁复杂的国内外局势，传承和弘扬"丝绸之路"精神成为中国方案的设计初衷。"一带一路"倡议始于2013年，适逢习近平主席出访中亚和东南亚期间，提出共建"丝绸之路经济带"和"21世纪海上丝绸之路"，引起国内外广泛关注。"一带一路"倡议的重要意义在于本着共商、共建、共享原则，促进沿线各国区域经济合作，推进沿线国家发展战略对接，加强不同文明的交流，实现沿线各国的经济繁荣与和平发展。作为参与全球经济治理的重要战略之一，自由贸易区战略肩负着在国际经贸规则制定过程中让中国发声和引入中国元素的重任。未来一段时期内，自由贸易区战略将与"一带一路"倡议共同维护我国的国际竞争力，为我国的长期发展不断谋求空间和舞台。

5. 精准扶贫与共享发展

打赢脱贫攻坚战是党的十九大以来制定的三大攻坚战之一。从实现阶

---

① 两千多年前，亚欧大陆上勤劳勇敢的人民，探索出多条连接亚欧非几大文明的贸易和人文交流通路，后人将其统称为"丝绸之路"。

段来看，消除贫困是改善民生的基础，改善民生同样是实现共同富裕进而实现社会主义的基石。这也是我国长期以来坚持党的领导和中国特色社会主义制度的优越性所在。增加公共产品供给、做好公共服务，增强政府职责，提高公共服务共建能力和共享水平，让政府和市场各尽其责，各展所长，良性互动，在供给侧改革中实现"双到位"。

（三）"一带一路"倡议的提出

1."一带一路"倡议提出的重要时间节点（见表5-1）

表5-1 "一带一路"倡议提出的重要时间节点

场合	时间	提倡者/报告	内容
哈萨克斯坦	2013年9月	习近平主席	共建"丝绸之路经济带"倡议
印度尼西亚	2013年10月	习近平主席	共建21世纪"海上丝绸之路"倡议
党的十八届三中全会	2013年11月	中共中央关于《全面深化改革若干重大问题的决定》	推进"丝绸之路经济带""海上丝绸之路"建设
两会	2014年3月	李克强总理	抓紧规划建设"丝绸之路经济带""21世纪海上丝绸之路"
中央财经领导小组第八次会议	2014年11月	习近平主席	"丝绸之路经济带""21世纪海上丝绸之路"倡议顺应了时代要求和各国加快发展的愿望
中央经济工作会议	2014年12月	习近平主席	将"一带一路"列为三大战略之一，与京津冀协同发展、长江经济带相提并论
"一带一路"建设会议	2015年2月		确立了高规格组织架构（至少拥有政治局常委1名、政治局委员2名、国务委员2名）
国家发展改革委和外交部联合	2015年3月	《推动共建丝绸之路经济带和21世纪海上丝绸之路的愿景与行动》	确定"一带一路"的时代背景、共建原则、框架思路、合作重点等
"一带一路"建设推进工作会议	2015年7月		确定"一带一路"的重点推进方向为六大国际经济走廊①

---

① 新亚欧大陆桥、中蒙俄、中国—中亚—西亚、中国—中南半岛、中巴、孟中印缅。

续表

场合	时间	提倡者/报告	内容
中蒙俄三国	2016 年 6 月	《建设中蒙俄经济走廊规划纲要》	
国家发展改革委	2016 年 9 月	纲要全文	正式启动"一带一路"框架下的首个多边合作规划纲要

2. "一带一路"倡议的战略意义

一方面，自改革开放以来，中国在不断摸索与尝试中，走出了一条结伴而不结盟的属于自己的道路，在对外交往中以合作共赢为核心，以"周边是首要、大国是关键、发展中国家是基础、多边是重要舞台"为原则，与多个国家和地区建立了不同形式的新型国际关系。为进一步巩固中国外交成果，需要建立与当前中国经济实力和国际影响力①相匹配的全方位外交格局。

另一方面，目前我国对外交往仍然以政府间合作为主，交往对象也多集中于社会精英，存在与其他国家的互动要求不协调和不匹配的问题，甚至出现一些"政热经冷""政冷经热""官热民冷""官冷民热"等现象，需要借助新的外交平台，加大与与世界互动范围和互动频率，推动中国外交再上新台阶。

二、"一带一路"国际合作高峰论坛对国家经济发展理念的传播

（一）会议概况

2017 年 5 月 14~15 日，中国在北京主办"一带一路"国际合作高峰论坛。"一带一路"是中国首倡的国际合作倡议，此次论坛更是"一带一路"倡议提出以来，中国就此主办的规格最高的国际会议。此次论坛吸引了

---

① 目前，中国已经成为全球第二大经济体、第一大商品贸易国、第一大外汇储备国、第三大对外投资国，并成为近 130 个国家的最大贸易伙伴。

1500 多名中外嘉宾参会，5000 名国内外记者注册参会，其中包括 850 多位外方嘉宾，涵盖 130 多个国家和 70 多个国际组织。国外嘉宾包括政府官员、国际和区域组织负责人、金融机构负责人、企业家、专家学者以及文化艺术、科技、卫生、媒体等领域嘉宾；中方代表主要来自相关部门、地方政府、金融机构、重点企业、社会团体和科研机构等。会议主要包括开幕式、高级别会议、六场平行论坛，重点围绕产业投资、基础设施、能源资源、经贸合作、金融合作、生态环境、人文交流和海上合作八方面进行讨论。

（二）成果

高峰论坛期间及前夕，参会各方通过对基建、产业、能源、经贸等各个领域的对接、磋商，达成了互通有无、互惠互利的合作共识，与会的不同主体——政府、地方、企业在合作意向、政策沟通、项目可行性、行动方略等方面达成一系列务实成果。中方对会议代表性成果进行了系统的梳理和汇总，项目清单的主要内容涵盖政策沟通、设施联通、贸易畅通、资金融通、民心相通 5 大类，共 76 大项、270 多项具体成果。

三、"一带一路"国际合作高峰论坛传播的国际效果

从外媒关于"一带一路"国际合作高峰论坛的报道来看，有几个关键时间点属于较为密集的传播时段。一是菲律宾总统拟参加论坛后，以正面评价为主；二是中国外交部部长王毅公布参会人员名单后，以中性评价为主；三是日本自民党高层决定出席之后，以中性评价为主；四是美派员参会之后，开始转为以正面评价为主。由此可见，"一带一路"国际合作高峰论坛达到了国际传播目的，一些外媒如印度媒体点名批评莫迪政府错失与中国经济合作的良机（见表 5-2）。

表 5-2 2017 年外媒对"一带一路"国际合作高峰论坛的报道情况

日期	外媒	依据/信息源	关注内容	评价
3 月 25 日	《菲律宾每日询问者报》网站	召开前夕	中菲关系	正面
3 月 26 日	《菲律宾明星报》网站	召开前夕	杜特尔特拟出席"一带一路"高峰论坛	正面
4 月 18 日	中国香港《南华早报》网站	参会人员	中国试图通过新的"丝绸之路"倡议将自己描绘成全球化的捍卫者	中性
4 月 18 日	日本共同社	参会人员	论坛旨在促进国际合作	正面
4 月 18 日	路透社	中国外交部长王毅讲话	中国将论坛视为成为全球领袖的机会	中性
4 月 18 日	《新印度快报》网站	中国外交部长王毅讲话	中印关系	中性
4 月 22 日	俄罗斯《专家》周刊网站	中国外交部长王毅讲话	"一带一路"成为大型地缘战略项目	正面
4 月 25 日	路透社	参会人员	日本自民党高层出席"一带一路"论坛欲改善对华关系	中性
5 月 11 日	塔斯社	俄罗斯驻华大使杰尼索夫记者会讲话	普京出席"一带一路"论坛	正面
5 月 11 日	日本共同社	参会人员	日本首相安倍晋三会见自民党干事长二阶俊博，表达了改善中日关系的意愿	中性
5 月 12 日	美国之音电台网站	参会人员	日本自民党高层出席"一带一路"论坛	中性
5 月 12 日	《纽约时报》	国新办发布会	美国派员参会	正面
5 月 12 日	英国《金融时报》	国新办发布会	美国派员参会	正面
5 月 12 日	美国 CNN 网站	国新办发布会	美国派员参会	正面
5 月 12 日	英国广播公司网站	国新办发布会	美国派员参会	正面
5 月 12 日	中国香港《南华早报》网站	参会人员	西方和日本冷落中国的"一带一路"峰会是错失良机	正面
5 月 15 日	美国《洛杉矶时报》网站	论坛召开	中国的"一带一路"论坛为国际新秩序奠定基础	正面
5 月 15 日	德国《每日镜报》网站	论坛召开	中国将重新夺回几百年前的地位	中性
5 月 15 日	《日本经济新闻》网站	参会人员	日本自民党高层出席"一带一路"论坛	中性
5 月 16 日	美国之音电台网站	参会人员	印度缺席"一带一路"论坛 莫迪被批犯"巨大错误"	正面
5 月 16 日	《印度斯坦时报》	参会人员	印度缺席"一带一路"论坛 莫迪被批犯"巨大错误"	正面

第六章　会展的文化传播功能

第一节　符号与会展传播

一、非语言符号在会展传播中的重要性

（一）符号的分类与特征

不论是语言文字符号还是非语言文字符号，声音、画面、表情、服饰、身体语言都是传播符号的表现。符号被定义为携带意义的标记，意义必须用符号才能实现表达，符号的功能正是为了意义的传递。一定程度上说，没有不能用符号表达的意义，也没有不表达意义的符号，意义就是一个符号可以被另外的符号解释的潜力。

（二）传播符号的发展阶段与特性

人的形体动作是思维最原始、最直接的符号化形式①。符号学虽然是个新晋概念，仅有百年历史，但有关符号的思考，却始终贯穿于中国和世界各民族的思想中②。西方两千多年前的希腊哲学关于符号的思想已经很繁荣；而早在三千多年前，中国《易经》就已经奠定了符号思想的起源，成为世界上第一个全面解释生活的符号体系。中国的先秦名学、禅宗美学、唯识学、宋明理学都有许多与符号表达相关的思考。

随着媒介技术的发展和大众传播的流行，人类历史经历了从未有过的文化剧变，几乎任何活动都浸泡在符号之中③。符号的特性包括：

（1）物理性。要让不具有物理性特征的信息实现传播，必须借助可见、可感的具有物理性的符号。符号载体不一定是物，但应当是"事物"，符号的物理载体既可以是原本不携带意义的自然事物，也可以是人造的使用物，还可以是人工制造的、作为意义载体的纯符号。声音、手语、影像等任何传播符号，在其发出和传送时，总要体现为一种物理现象，在物理

---

① 符号是了解人类历史，理解不同时代的文明转型、应对现代文明瞬息万变的重要依据。从个人交流到民族国家间的交往，人类文明从原始刀耕火种的蒙昧状态到高科技迅猛发展的今日，对人类文明过去、今日、将来的解读归根结底很大程度上依然是在解决符号意义与表达的问题。人是社会学的动物，从"自然人"向"社会人"转变的漫长过程中，人类双手和双脚的分工进一步激活了人类大脑的思维功能。作为高级动物的人类，与其他物种最重要的区别就是劳动和思维，这是人之所以为人的根本标志。而人类的四肢因为功能的分离，不仅用来劳动，更创造了一系列意义的表达。眼、耳、手、足，身体的不同器官和部位创造了特定的表达方式，而不同动作背后指代的感情和思想也因为表达符号的差异而具有不同意义。文字、口语、视频、电码都是传播符号不同的样态。符号与表达之间又会相互启发和促进，例如，人类口语交流使思想能够充分表达，而语言这种传播符号的反复运用又能反过来作用于人类思维，促进思维方式从单一向多维、从简单向复杂进化。
② 文字阶段是人类思维发展水平的重要标志，也是人类最重要的思维符号与传播符号。随着电子、信息、网络、通信时代的到来，信息技术使用数字出版、电子化、多媒体表达成为影响和重塑人类思维的全新工具。在形式上，信息时代的传播符号更为多元，综合了影像、声音、文字等所有传播符号；在复制速度上，电子技术又让海量信息的无限链接、快速生成和即时传播成为可能，人类思维也从文字符号的线性思考习惯向多线程、多维度转变。电子媒介不仅使信息具备了超过传统媒介可以设想的广远、速捷，更深深作用于人类的思维方式，而思考方式的转变又反过来给信息符号生成和传播带来巨大改变。
③ 相比传统的物质消费，人类对文化符号生产和消费文化的增长更为惊人，人类不知不觉已进入了一个"高度符号化"的生存空间，在符号活动空前活跃的今天，似乎一切行动和态度都融合在符号中，这对人类文明的演变将产生深远影响。

过程中实现"符号—物"或"物—符号"的转化。

（2）可传性。符号通过媒介来储存和传递，传播符号的物理性质决定了它的传送方式。不具备可见、可听、可感等性质的传播符号便不能用来传送信息。符号信息通过传播渠道到达接收者的感官，在视觉、听觉、味觉、触觉、嗅觉中，人类文化传播最主要的渠道是视觉和听觉，而视觉又比听觉重要得多，占到80%的符号信息。

（3）指代性。能指和所指是符号学最基本的一对术语，其中，符号就代表了能指。对象比较固定的符号在文本中的意义就较为明确，对象变动较大的就要依靠符号的引申意义来解释。符号与对象间往往具有某个方面或程度上的"相似性"，任何可供使用的传播符号都有其指称的对象事物和代表的含义，对象一旦失去与之对应的含义，符号便成为一个空壳，丧失了作为传播符号的价值。

（4）负载性。传播符号是运载信息和内容的工具。符号文本总是在组合与聚合的双轴关系中展开，将一系列符号整合成一个完整的文本是组合关系的体现，而如何组织文本，如何进行比较、思考和选择则是一个聚合关系。信息的"移动"或"传输"只有靠符号负载才能实现。

（5）中介性。符号从发送者的意图意义出发，转化为承载文本意义的符号信息，再由接收者根据符号信息来解码符号，重新解释意义。符号在传者与受者间扮演着中介的角色。符号信息克服了时空阻隔，从发出、传送到接收，越过大跨度的间距，使符号文化成为人类文化的重要特征。

二、会展的视觉展示功能

展示技术顾名思义就是在会展活动中，围绕办展理念，集成展示技术，以展示策略和技巧。当前，展示技术的发展使会展的视觉展示手段更加多元，人们可以把整个世界，无论是宏观世界还是微观，都可以通过技术变成视觉对象。视觉展示在跨文化交流中有着语言和文字不可比拟的直观优势，可以让国外受众快速把握当地文化之间的精髓。进入读图时代后，人们担心视觉文化和图像会降低思维的理性，从而无法深层地认识世界。事实上，视觉与理性思维是两种并驾齐驱的思维方式，视觉文化具有从整体上进行抽象、概括的组织功能，只有这种深度的解读和消化才能使传统文化的意涵更好扩散。

不管是奥运会还是世博会，会展的文化传播并不是简单的原状复制或照搬，而是具有很强的目的性，经历长时间的前期策划，通过精密的资源选择、转化直至运用到展示作品中。展示由展示内容、立意、形式、手段和技巧等多方面整合而成。眼睛是视觉展示的主要感知器官，虽然视觉和文字是人类最基本的认知获得方式，但绝大多数的信息都来自于视觉冲击，它的适用性与文字因语言、传统、风俗而异相比，视觉感知具有较强的共通性，对人们认知的形成有着最直接的影响。长期以来，印刷技术的发展一度让文字传播有了压倒性优势，对信息传达的准确性、生产成本、流通成本、可传承和保存性而言都有显著优势。人们的视觉感受一度被忽视，而数字技术和新媒体的发展唤醒了人们的视觉感知。在跨文化传播中，图像相比文字的优势也日益凸显。通过视觉展示技术加工处理信息能迅速拉近与受众的距离。有效的信息提取和视觉表达方式作用于受众心理，在赏心悦目的同时，更易深入人心，拥有文字传播无可比拟的瞬时抵达能力。

展览受众的参观需求是视觉媒体的立足之本。一个好的视觉设计会给人带来欢愉，这也正是视觉产业存在的基础。令人激动的空间丰富的画面元素、震撼的影像、耐人寻味的符号，为我们平淡的生活增添了色彩。而通常一个视觉上令人愉悦的设计，往往功能上也是最合理的，具有最平衡的关系与更高的信息传递效率。

视觉展示技术对会展传播的重要性主要体现在以下三个方面：

（1）会展展示的直观性符合人类视觉认知的本能需要。现代展示主要包括三种基本模式，展品、媒体和大型展项。展品展示是在展示空间里陈列展品，用展品表达特定主题，展品往往较为珍贵稀缺。媒体展项既有纯粹的图片、模型、景箱、投影、图像、艺术装置，也包括传统媒体和新媒体相结合，既营造体验性的大型空间，又可以充分表现主题内容的各个细节。大型展项模式是高技术性与高艺术性的结合，体验感强烈，通常具有很强的吸引力，能为观者提供沉浸式的观赏体验。我们所处的视像时代①，在经历文字认知统治的漫长时期后，重新转向视像认知这样一种更具广泛性和普及性的认知方式，是对文字抽象认知的延续与深化。会展成为视觉展示技术大放异彩的舞台，创意设计的艺术性与媒介技术先进性和综合效果的娱乐性共同成为评价优秀展示形式的基本标准。

（2）会展主题的传达有赖于展示形式和内容的有机统一。展示设计总是要服务于预先设定的主题和内容，展示形式与内容从根源和本质上是辩证统一的。展示主题的抽象性与展示内容的具象性形成鲜明对比。柏林犹太博物馆就设计了反复、曲折的行进展线，反复、连续的锐角转折、宽幅被强制挤压，犹如生命遭遇挤压时的痛苦和扭曲，错位的时空设计刻意引发人们对犹太民族在欧洲饱受摧残的反思。20世纪的声光电技术、CG技术、投影、激光、全息、数码、新材料等科技的重大变革带动了设计观念的进化，也改变着会展视觉设计的创作，展示技术与艺术好比土壤和植物，技术沃土帮助设计师突破创意的瓶颈，使展示形式更能适应主题阐释的需求。

（3）展示技术与新科技延伸了人类的视觉器官。数码多媒体手段、视觉、造型等创作领域的每一次提高和升级都为以创意设计引领的展示形式提供了更大的创意空间，艺术化的展示在科学技术的支撑下带给观者更多新颖的体验。早在1985年日本的筑波世博会，计算机技术、数码科技、立体影像就使会展展示水平迈上新台阶。此后，以科技成果为支撑营造人性化现场效果成为会展展示的新风尚。艺术与科技的鸿沟正在消弭，如何用高科技拓展艺术表现力成为会展视觉设计者的新关注。立体、双向、全息、全方位的感官体验打通了传递精神与感官冲击的体验，富有感染力的宏大场景和精妙绝伦的细节处理给观众留下难以磨灭的深刻印象。

---

① 自古以来，人类就有两种认知能力及方式：视像认知与文字认知。相比较人类的文字认知而言，人类的视像认知起源最早、延续时间最长、分布空间最广。

视觉展示系统①既是视像时代人们对影像表达与视觉发掘的唤醒，更是人类审美追求和媒介使用习惯发展演化的必然，这是长期以来人们对文字统治所带来的反弹。视觉创意在技术支撑下迅速发展，人类在恢复视觉感知的同时，悄然受到印刷文化对人们视觉器官的统治，更多器官的调度使人类有了更多记录自身感知和体验的载体，也发掘着人类自身的视觉潜质。

如果说照相技术的发明使人类将自己眼睛看到的东西进行记录，那么摄影技术的出现则使人们对现实所见进行了客观还原，从而弥补了照片静态的缺憾。摄影机只是对眼睛所见进行捕捉，而电影放映机与电视机则真正将现实世界进行了影像还原②。

展示技术发展至今，经历了从静态陈列到交互式集成体验的演变。20世纪初，清政府首次以官方形式参加1904年圣路易斯世博会，牌坊、门楼、八角亭、花园水池等中式庭院建筑以溥仪的原住所为摹本，在世博会上广受关注。中式室内陈设，从皇室卧榻、家具、屏风、香炉、刺绣、手把件、瓷器到琳琅满目的展品，如广东的六角龙头大玻璃灯、上海的四方绢书竹灯、苏杭扇笔、宁波木器、北京的宫毯等都引得各国商人争先订购，三个六英寸的桃花花瓶当时就以1万美元的价格成交。

如今，数字技术和新媒体的进化延展了人们利用图像沟通的能力，使得图像比文字更为简洁高效，更具脱颖而出的优势，更加灵活且具有交互性，表现的形式也更为自由。人们可以利用现代展示技术，图文声像并茂地给受众提供多种感官的刺激。表征方式的互动性、表征信息的生成性、

---

① 通常认为人类文明如果按记载文明的方式和文明传播形态的变化，先后经历了五大阶段，包括口语、图像、文字、印刷与视像时代。

② 图像、视觉之于人类感官的作用与文字符号的刺激相比更为直接，这在一定程度上与人类对光的敏感与捕捉力更强有关。可见的事物对人类而言更让人着迷与执着，与理性思维相比，感官世界更使人欣喜。尤其是现代视觉呈现技术的飞速发展，让视觉表达无所不包，几乎一切信息都可以数字化表现，逼真的震动、冲击、坠落、反弹为观众带来视觉、听觉、触觉、嗅觉等全方位的感观体验。会展为人类视觉发现、感受与创造提供了展示空间。精准的视觉元素的选择、转化和运用是对事物原状进行了再抽象与创作，视觉创意是通过对视觉文化的创新性思维延伸人类的视觉器官，发掘与拓展人类的视觉功能。

表征内容的情景性能够直接作用于人的感官，新媒体视觉传递的交互设计、同步与异步的交互、动态交互设计等使观者更有代入感。视觉展示也可以在民族与世界的、历史与当代的、现实与虚拟的、具象与抽象的视觉元素和表现手段中进行选择。新技术尽可能开发和调动着人们的视觉、听觉、触觉等不同的感官系统，打造沉浸式体验，激发人们的感受欲和感知情绪，使展示内容通过现代展示技术与人类感知形成深度的互动。

一个好的视觉设计会给人带来欢愉，这也正是视觉产业存在的基础。令人激动的空间丰富的画面元素、震撼的影像、耐人寻味的符号，为我们平淡的生活增添了色彩。而通常一个视觉上令人愉悦的设计，往往功能上也是最合理的，具有最平衡的关系与更高的信息传递效率。

不仅如此，对参展人而言，会展作为"可展示文化"，展览本身、会展所在的城市景观、普通人的生活场景、人文风貌共同构成一套完整的文化展示系统。在国际传播上，将中国传统元素运用到会展视觉展示系统传播给国际受众，这从一定程度上来说，已经加入到读图时代的图像文化话语权力的争夺，视觉传播让中国文化传统进入全球化图像的表达系统，有助于改变西方意志控制下的"不对称""单向度"的跨文化传播。

三、会展的影像呈现技术与互动装置

（一）影像技术的运用

当代电子技术呈现出互动性、过程性、构想性、无限性等特征，处理的对象是非物质性的，旨在追求信息的开发、意识流转不息及广泛的相互联系。完美的视觉呈现使人产生欢愉，而好的视觉设计会给人带来欢愉，这也正是视觉产业存在的基础①。

---

① 数字化体验技术常常被比喻成"魔术"，让观者惊叹于不可思议的神奇感受。而这种魔术不仅能作用于人们在观展现场的时空体验，长期沉浸于视觉时代还会改变人们日常接收信息的方式，改变视觉习惯、心理感受和精神状态。数字技术对影像世界逼真的塑造力能再现过去，并对当下和将来发生的情境和时空进行逼真模拟，突破以往二维展示观者与情境的孤立，通过触手可及、人机交互等体验方式，给观众带来强烈的感官冲击。

1. 大尺寸影像类表演

充分运用直幕、环幕、异形、纱幕、球体等投影技术，呈现最佳影像效果。异形屏幕源于普通的电视屏幕墙，始于 1998 年葡萄牙里斯本世博会，由于人们审美品位的不断提升，导致普通的展示满足不了人们追求美的要求，所以异形屏幕就带着各种各样的惊奇和惊叹，华美与瑰丽应运而生。它可以尽创作者所想在屏幕上展示希望看到的一切：流水、山川、白云，还有幻想中的电子画面、浩瀚星空，亦真亦幻，斑斓迷离。

异形屏幕外观的灵活性可以创造地改变展示空间。硬件和软件相互契合，窗外透进的自然光与屏幕光相互交织，自然与科技相得益彰，视觉展示技术将人与自然和谐相处的伟大理念充分表达。

除了大屏幕、球形屏幕，爱知世博会中以影视厅设计为主线的加拿大馆，别出心裁地设计了多屏幕投影剧场，由三层同心的半环形屏幕组成，外面为双层褶皱金属丝网幕（最外层墙面还布置了一圈平板电视），内层为三块水平布置的透明纱幕。内幕之内、内外幕之间都可以容纳观众欣赏，同样的节目会产生不同的观赏效果和感受，辅以描述加拿大多样文化的关于微生物主题的影片——岩石圈，关于国土、水、空气和气候，生物圈——匠心独运，令人印象深刻。

如上海世博会中国馆内，在边长为 65 米的正方形展厅里，将鸟瞰剧场与立体照片相结合；集合弧幕、环幕、异形幕影像表演丁一体的双层环形影像剧场"移民·旅途·火车"，由两个环形幕构成了同心圆式的双层影像剧场，通过投影展现出不同城市的移民风采。在两幕之间设有环行的多节列车，每节车厢都在上演打工移民、商务移民、知识移民、旅游移民、美国移民、留学移民、台湾移民等不同的移民故事。或者在会场中间设置大型船舶，观众席置于甲板上，正对纱幕屏幕，展现上海近代的繁华市景。投影表演如水上双屏幕剧场"海上繁华梦"，以纱幕上呈现的有象征性的近代上海为背景，再现外滩街景；以及球幕电影"一条海岸线与腾飞的城市带"，以真实感官体验式影像反映中国改革开放后，沿海城市集群由南向东向北渐次高速发展，带动整个中国经济社会发展和生活方式的变化。

2. 漫游式动感体验

采取动感剧场，模拟生态圈现场互动等展示手段，辅助以高低起伏的轨道或垂悬式游览车，构成空间流线，乘客仿佛在空中翱翔。比如，数字立方体与大型管道式轨道车。有的展馆以大型管道轨道车贯穿始终，辅以数字立方体等多媒体艺术装点空间。游客乘坐管道轨道车，历经影像内容记录的不同阶段，如"未来城市"主题就可以在轨道车行驶过程中，逐一看到居民生活、技术密集化、科技文化等不同场景，在轨道车的站点设置主影像馆，游客在此通过观看影像，体验未来城市的自由空间和独特的高楼建筑。数字立方体、可与人互动的地板和可放影像的屏幕式墙壁是一种全自动运作人工智能型交通工具。还有的运用高科技舞台或者可以左右旋转、上下移动的巨大影像剧场，让观众在旋转中观看剧目，产生千变万化的观影体验。

（二）情境设计与互动体验

"虚拟化"是数字时代影像与历史上其他视觉展示形式差异的重要体现。虚拟化拓展了主题的表达空间，超越了以往的视觉体验，但也在无形中与观众身处的现实世界形成隔阂。如何让视觉特技服务于内容主题与情节，如何开发视觉特技的潜能，升级技术表达，为观者营造身临其境的体验，成为影像展示技术发展的首要目标。数字技术将影像、声音、文字、动画、视频整合于一体，网络又为这些整合于一体的媒体元素提供了流通渠道，实现了多媒体信息的迅速联通。当多媒体形态层层整合时，人们意识到数字化特征的媒介本身已经在创造新的社会环境，并在无形中改变着社会结构。

1. 场景复原与全景体验

仿真的街区、极具震撼力的透视全景长卷和人性化的游客通道，或者通过立体模型、雕塑、巨幅画卷和影像，辅以立体模型与光影背景，模拟、仿真，将实景浓缩于展示空间中，形成巨大的视觉冲击力。德国馆是萨拉戈萨世博会的明星馆，吸引人们的关键在于其核心展项将观众带入一个通常以影像来表现的故事之中，观众乘坐着轨道车浏览整个故事。不同之处在于，整个故事场景由实物塑造。其间，各种由实物构成的场景展现了德国最新的节水、净水与水的再利用技术，整个故事完整地体现了一次水的循环。展项的视觉冲击可能没有影像表现来得强烈，但其间真实物品带给观众的感触却不是影像能替代的。

2. 艺术装置与互动装置

萨拉戈萨世博会最重磅的展馆当属主题馆——水塔，作为全市最高的建筑物，它是最耀眼的。整个展馆是一个平面为水滴形、高达 20 多层的现代风格的大楼，内部是一个巨大的中空空间，观众步行上下楼，走道为环绕的坡道。展馆中间有一个名为"飞溅"的巨大雕塑，雕塑凝固了水滴溅起瞬间巨大的体量，从而产生了巨大的视觉震撼，观众无不瞠目结舌。雕塑真实、完整地再现了水滴溅起的一瞬间，这种飞溅的张力释放了水的灵魂，观众完全被这种真实所征服。此时，视觉本身的力量被削减，取而代之的则是真实的力量，而最为强大的力量则来源于观众自身。由于步行坡道的设计，观众参观时间长达一个多小时，且自始至终都只有这一个展项。每上升一层，都能看到雕塑的不同，只有当走完全程，才能感受到雕塑的全部。此时，视觉已被完全遗忘，展项将观众带入深远的心境之中。萨拉戈萨世博会的设计是当今视觉产业的一个缩影，小小的一个园区融汇了各种视觉形式，它们有老有新，但视觉的语境是没有止境的，等待着我们的探索。

互动技术的运用，赋予影像以更生动的表现力。在影像中使用互动技术可以增加观众体验空间时的趣味感，使其成为所塑造的视觉空间情境中的真正参与者，甚至与影像空间中的内容彼此互动而妙趣横生。爱知世博会墨西哥馆的展项是通过三块屏围合创造出了新的空间。在大屏幕上展示有很多照片，这些照片开始时都背面朝上，而在地面上有很多日本的文字，写着"山、水、树、鱼、鸟"等。当踩到地上的"鸟"，屏幕上相应的鸟的照片就会翻过来。这是个极有趣的互动，它运用了异形拼接技术。

当今社会对视觉传达的依赖达到了前所未有的程度，人们为此感到便利，也为此感到疲倦。与我们日常生活中狂轰滥炸的商业性视觉传递不同，萨拉戈萨为我们的眼睛带来的是一种内在的和谐感受，其富有形式的冲击，同时也懂得运用关怀的技巧，更愿意以视觉来关联人的内心。没有什么可以阻挡视觉化愈演愈烈的趋势，但我们完全有理由需要一个更优质、更懂得关怀的视觉产业。

3. 综合性艺术空间

全息立体仿真装置"蓝色家园"运用全球最新的高科技全息立体仿真装置，营造出蓝色的地球家园。观众站立在仿真的月球上远眺璀璨星空，一个蔚蓝色的地球缓缓移向观众。地球人为改善地球环境和生态的种种努力在 20 秒内交错出现，并迅速隐去，同时展示人类与地球和谐共生的美丽景象。如模拟场景"生命丛林"，在 LED 气氛灯光下，选择模拟全球六大国际城市群的自然丛林场景。区域内部以模型、展板等介绍六大城市群，包括"英国以伦敦为核心的城市群""欧洲西北部城市群""北美五大湖城市群""美国大西洋沿岸城市群""日本东海道太平洋沿岸城市群""中国长江三角洲城市群"的发展历程的景象。

第二节 会展对中国传统文化的传播

一、中华文化的特征

(一) 原生性

考古、人类学、民族志等资料综合体现了中华文明的原生性。作为欧亚大陆上多民族融合形成的原生文明，中华文明自产生之时就扎根于中原大地，从秦汉以来，在多民族共生、混杂、交融、磨合后逐渐形成新的文明。汉族、藏族、蒙古族、回族、满族等 56 个民族共同形成了中华民族这一多元统一体。

(二)包容性

中华文明演进的过程是多元文化相遇、碰撞、竞争、融合的过程。无论是四大发明、诗词歌赋、历史古籍，还是诸子学说，都来源于中华民族五千多年的迁徙、演化和融合的过程，得益于中华民族独具特色的传统文化。

(三)地域空间性

中国幅员辽阔，70%以上的国土为山地，西高东低造就了中国东西走向的江河水系。以农耕为基础的中华文化受自然环境的影响和塑造，从南到北，从东到西，中华大地上的地区风貌因气候、温度、人口、习俗形成特定的区域文化特征①。

二、北京奥运会开幕式中中国符号的运用

北京奥运会开幕式从申奥成功便开始进入紧张的筹备工作，从导演的选择到开幕式创意的确立，再到最后排练阶段，媒体都给予了充分的报道，尤其是在奥运会开始前夕，中央电视台每天的奥运会倒计时，频繁播出奥运会宣传片，人们被电视邀请参与到这场仪式中来，人们早早地就开始期待看到这场开幕式，电视让观众提前感受到了一种节日的氛围。

奥运会开幕式创造了一种节日收视。国内权威收视率调查机构CSM媒介研究发布了第二十九届奥运会开幕式的国内收视数据，"开幕式的四个多小时内，全国共有8.42亿观众通过电视实时收看奥运会开幕式直播，创下国内有收视调查以来电视收视率的最高纪录"。从全球知名媒介咨询

---

① 与西方海洋文明不同，黄河被称为孕育中华文明的母亲河。在与自然的抗争中，使中华文化形成了"天人合一"的历史环境观。广袤的中华大地因特殊的自然地理环境造就了鲜明的地域文化。中华民族本身独特的个性与伦理体系融入每一个城市不同的文化中，使中华大地东西南北又呈现出风格各异的地理环境、人口结构和民风民俗。这些城市文化特殊的形成和发展过程形成了特定的地域文化。

集团尼尔森在世界上 38 个国家和地区的统计数据来看，全世界大概有 20 亿人收看了奥运会开幕式，占世界人口的 1/3。北京奥运会开幕式高峰收视率甚至超过了"阿波罗号"登月直播、戴安娜王妃葬礼直播和奥巴马就职典礼直播，成为人类电视史上观众人数最多的直播事件。

（一）北京奥运会开幕式的仪式特点

奥运会开幕式的电视直播把家庭变成了大众空间，它将分散的个体家庭联结起来，它将大家无法亲临现场看到的东西带到每一位观众的面前，消除了地域的限制。家庭因为电视的直播向开幕式现场延伸。所有能看得到电视的人都平等地暴露在屏幕之前，而且大家都分享着其他人也正在分享的信息。收看节目的观众在演奏国歌时并不总是起立的，但他们往往感觉应该这么做。他们拿出极大的热情，准备好参与到媒介仪式的感动中去。

开幕式当晚，还不到 8 点，人们穿着正装聚集在电视机前，怀着憧憬与激动的心情准备收看。来自世界各地的现场观众，穿着喜庆的服装，脸上涂着中国红的颜色，手中举着奥运会会旗，头上戴着中国红的头巾，不时喊着"中国加油"的口号。当古老的日晷被激活时，鸟巢上空被点亮，2008 面缶和 2008 名击缶者组成的矩形缶阵也被点亮。缶阵上光影律动的倒计时激荡着每位观众的心灵，令观众满怀热情地收看这场欢迎仪式。奥运五环、点火仪式的展示激活了所有人的记忆，在这里，璀璨的星光组成了奥运五环，美丽的飞天将奥运五环缓缓托起，至此，北京的夜空终于有了奥运五环的印记。这是中国人百年梦圆的写照，也开创了中国的奥运传奇。点火仪式由曾经的体育健将李宁点燃，李宁在空中以矫健的身姿奔跑，拉开了一个巨幅的长卷，画卷上是历届奥运会的一些精彩瞬间。这些画面的展示，让人们重温了奥运会，奥运会也成为联结世界各国人民的记忆纽带。最后，熊熊奥运之火在鸟巢上空燃起时，会场也掀起了兴奋热烈的高潮，人们共同体验着奥运会带来的愉悦。

奥运会开幕式是全世界的一场"盛宴"。主题曲《我和你》以及 2008 张世界各国娃娃的笑脸，预示了"世界大同"，这是本届奥运会的理念，也是奥林匹克精神所在，是世界各国共同发展的必由之路。这种精神凝聚是对世界秩序的一种有力调整，是促进世界融合最好的途径。这也为观众提供了一种情感的认同，创造了"机械的团结"的时刻，全世界的成员都参与到这样一场仪式中去，观众克服了精神的分裂，被无形地联结在一起。

（二）"奥运"仪式象征符号及意义表达

1. 仪式象征符号与中国文化

仪式是组织化的象征活动与典礼活动，用以界定和表现特殊时刻事件或变化所包含的社会与文化意味。因此，仪式就是象征。特纳认为，仪式作为一种社会的象征性表达，其内部的冲突和变动经常要通过阶段性的仪式加以表现。另外，他还认为，象征又是仪式特殊结构中的最小文化符号的运用与意义表达单位。仪式对于象征来说就像是一个动态的立体结构，是"象征语言的符号表达活动"。"象征"有两个特点：其一，它是具有形象的实物；其二，它有代表作用，即它本身代表或表示另一事物。薛艺兵（2003）对仪式进行人类学解释时认为，仪式是个象征体系，通常是由象征符号、象征意义和象征方式三方面有机组合起来的。象征符号是指作为观念载体的行为等，象征意义就是人类以符号形式传递和交流的精神内容，而象征方式则是指象征符号在仪式中的使用方式。奥运会开幕式的媒介仪式是个巨大的象征体系，在这个体系中包含大量的象征符号，这些符号出现在文艺表演、运动员进场及圣火点燃的过程中，阐释了奥林匹克的运动精神、主题以及象征意义。如缶、青铜器、古琴、竹简、论语、甲骨文、四大发明、水墨画、纸墨笔砚、昆曲京剧、汉服、丝路飞天、太极功夫等中国传统文化的元素，它们在中国文化起源和发展的过程中都具有典型的代表性。

仪式符号往往包括语言形式的符号、物件形式的符号、行为形式的符号以及声音形式的符号。孔子论语的诵读属于语言形式的符号。物件形式的符号更是种类繁多。开幕式上卷轴画是中国特有的文化形式。西方的画卷是镶在框子里的，只有中国的国画才是用轴来固定的。唐代汉服的展示也透视出了中国古代妇女的不拘一格、别出心裁，显示了中国自古便有对美的不懈追求。唐、宋、元、明、清五个朝代的名画也搬上了开幕式，唐代的《簪花仕女图》《虢国夫人游春图》，宋代的《清明上河图》，元代的《大驾卤簿图》，明代的《明宪宗元宵行乐图》，清朝的《乾隆八旬万寿图卷》等都是中华文化中典雅、精华、珍贵的部分。孔子周游列国、郑和下西洋、丝绸之路等角色扮演属于行为形式的符号。声音形式的符号在开幕式上也得到了充分的展示，"春江潮水连海平，海上明月共潮生。滟滟随波千万里，何处春江无月明。"唐代诗人张若虚的《春江花月夜》悠扬美妙，成为中国雅文化的代表。

　　2. 仪式符号的意义表达

　　约翰·汤普森说：文化是镶嵌在象征形式里的意义模式，包括行为、言语和各种有意义的物体。通过这些，个体可以与别人交流，并与他人分享经验、概念和信仰。格尔兹与约翰·汤普森有同样的观点："仪式是历史沿袭下来的、体现在象征符号中的意义模式，是由象征符号体系表达的传承概念体系，人们以此达到沟通、延存和发展他们对生活的知识和态度。"文化仪式的传播往往需要借助符号，符号通过物质、语言或行为的载体表达另外一种意思。但是要理解符号的正确含义，必须将符号放在具体的仪式中，放到特定的文化体系中才能准确体会其中的意义。每一个符号都是一个意义的表达，开幕式的开始部分，由焰火组成的巨大脚印沿着北京的中轴路，从永定门开始一步步走向"鸟巢"，这 29 个焰火脚印，象征着 29 届奥运会走过的历史足迹，也意味着历经百年追寻奥运的梦想终于实现。长城象征了中华民族坚忍不拔的力量；无数盛开的娇艳的立体桃花渲染出美丽的世外桃源，象征了中华民族广大人民爱好美好生活的愿望；2008 名演员组成太极八卦阵，象征了国人传统文化里"天人合一"的世界观和生命观。

　　开幕式的画卷蕴含了更为深刻的意义。画卷最初由演员用肢体浸染出一幅水墨山川图，接着，来自五大洲的孩子们为画卷着上五彩斑斓的颜色，之后，来自全球各地的 1 万多名运动员用他们的足迹点缀着这幅充满欢乐和爱的画面，最后火炬手李宁在体育场上空徐徐展开的中国式画卷上奔跑追逐，画卷呈现出北京奥运圣火和奥运梦想在全世界传递的瞬间。这幅中国式长卷寄寓了全人类的梦想，它预示这是全人类共同创造的画卷。开幕式总导演张艺谋说："我们就是想告诉世界这样一个信息，这幅长卷是人类共同拥有的，我们还会在一起，这幅画远远没有画完，还会画进未来。"这场具有东方特色的开幕式，通过形形色色的象征符号的展示，浓缩了中华五千年文化的魅力与精粹，表现了中国传统文化的博大精深。

3. 建构"大同"梦想，弘扬"合和"价值，激活民族文化记忆，激发爱国热情

记忆往往是对一个人、一种情感或一段经历的回忆。记忆在文化学中通常与文化、历史密切相连。文化若要保存活力往往需要不断注入新的生命，而这些新的生命经过时间的沉淀也会逐渐变为历史，这就需要记忆将文化的传承与创造联系起来。文化记忆有它自己的职责所在：在时间层上，它能连接过去和现在，把过去的重要事件和对它们的回忆以某一形式固定和保存下来，并不断使其重现以获得现实意义；在社会层面上，它包含了共同的价值体系和行为准则，而这些对所有成员都具有约束力的东西又是从对共同的过去的记忆和回忆中剥离出来的。因此，文化记忆有一种凝聚力，它使所有的参与者分享着共同的经验，在代际间暗示着有关该文化的始源、背景、意义和价值观的叙述。

人类学认为，世代相沿袭传承的仪式，就是文化记忆的最重要的活载体，因为仪式蕴含了古老而丰富的文化信息。北京奥运会开幕式将中华五千年博大精深的灿烂文化包罗其中，中华文化的源远流长、古代与现代的文明交融在这幅水墨画上，得到了最完美的诠释，孔子周游列国、郑和下西洋在画卷上重新上演，活字印刷、丝绸之路、中华礼乐在画卷上重新展示，四大发明、长城、太极、瓷器等中国元素在画卷上重新铺开讲述，整个开幕式承载了中国从古至今的盛大气象和时代风貌。

记忆的延续往往需要共同的情感联系，这种联系植根于某一民族、族群或社会群体共同的历史或文化熏陶。以孔子为代表的儒家文化在中国人心中根深蒂固。在漫长的历史和文化发展过程中，儒家文化已深深地渗入中华民族的思想、心理和人格中，它对人们的精神和行为起着一种凝聚和

整合的作用，它能够维护群体的团结、亲和、凝聚，有一种很强的感召力和熏染力，构成了文化主体、社会群体乃至整个民族的共同心理基础。甚至在一定意义上可以说，优秀传统文化犹如一面旗帜，能够树立民族的自尊心、自信心和自豪感。因此，奥运会开幕式上注重运用儒家文化的元素，击缶者高声吟唱"有朋自远方来"，孔子三千弟子手持竹简进入场内，诵读着孔子的经典名句"四海之内，皆兄弟也""三人行，必有我师焉""礼之用，和为贵"，他们还不时拍打竹简发出动听的声音，在现场营造出了赏心悦目的氛围。孔子《论语》中的名句是儒家文化的经典代表之作，是中华民族的优秀文化遗产，在中国人的心中留下了深深的印记，也是中国人共同的文化基因和精神记忆，对中国人的思维方式、行为方式和价值取向都有着深刻的影响。这些以往人们所熟知的东西在生活多元化的今天并不被时常提起，可是正是借助这场媒介仪式，大家有了一个感情纽带，通过不断地回忆历史，从而延续对中华文化的记忆。

4. 建构大同梦想，弘扬"和"的价值观

中华民族优秀的传统文化源远流长，民族生存过程中的历次艰辛产生了民族的精神瑰宝，并沉淀为多样的民族文化，通过多种载体保留并传承下来，它维系着中华民族的精神追求和文化命脉，也是世界文化体系中重要的一部分。然而随着经济全球化进程的加快，中国的传统文化遭遇了西方文化体系的冲击，这就使得在传统与现代、东方与西方、现代与后现代之间，中国文化面临总体危机。这一危机使得当代人出现了生存状态与精神寄托的孤立与中断，人们急需一种意义体系来获得精神上的安顿之地。北京奥运会开幕式便提供了这样一种文化认同，人们在这个过程中寻求到了方向感和力量支持，并找到自身的位置。中国申办奥运会的理念是"科技奥运、绿色奥运、人文奥运"，其中人文奥运蕴含了丰富的文化内涵。人文奥运体现了人文精神、以人为本的奥运理念，这也与奥林匹克运动自由和谐的理念相一致。中国的传统文化倡导和谐，这一文化精髓符合世界和平发展的主题。"和"不仅是人与人的和谐，也是人与自然的和谐。作为一个民族的道德理想、价值观念以及心态情感的综合，传统文化构成了一个国家的"信仰体系",并为人们的社会行动提供合法性依据。它对于整合人们的思想观念、形成群体的统一意志、确立集体目标、实施社会动员和达成整体目标起着重要的建构作用。

本届奥运会的主题是"同一个世界,同一个梦想",来自世界上204个国家的运动员和观众不管性别、肤色、民族、宗教的差异相聚在北京,实现了全世界人民的大聚会,完全是因为奥运会倡导的和谐理念。在和谐理念的倡导下,人们寻求媒体事件中文化传播的群体性精神认同,通过仪式的手段不断强化,让主流的价值观烙于人的心灵深处,从而使观众找到自己的民族归属感和认同感。一方面,电视媒介构成亿万人共享的文化资源,为所有人赋予了共同的历史,对调动大众参与国家生活日程起着举足轻重的作用;另一方面,电视使人们获得先前只有亲临现场的人才能获得的"准互动"体验。奥运会开幕式展示了中华文化的传统价值观念,因此也成为中国人民和世界各国人民沟通心灵、加深了解、增进友谊、跨越分歧的最好方式,不仅形成了人们对自己民族的认同,重振民族自信心,而且也使世界上其他国家人民对中国的民族文化表示认同。

可以说,大众媒介对奥运全球化起到了至关重要的作用。奥运会最初起源只是一个地方祭祀性的仪式活动,后来随着希腊氏族社会的瓦解,奥运会逐渐转变为以竞技和游戏为主的体育活动。媒介的报道让更多的人认识到奥运会,并参与到这场仪式中去,感受奥运会的精神和理念。尤其是电视的介入,让奥运会变为一场名副其实的媒介仪式。电视直播中断了正常节目的播出,干扰了人们的正常生活,为人们提供了特定的阈限空间,人们在特定的时间和特定的空间进入这场仪式中,能够体验到与在场观众相同的感受。这时私人空间转化为大众空间,人与人、家庭与家庭之间没有隔阂,奥运会成为全球受众共享的一场盛大仪式。

第三节　会展对现代文明的传播

一、世博会对人类文明诠释的历史演变

世界博览会是多国参加、指定国家政府主办的国际大型展示活动。在内容上，世博会涉及政治、经济、文化、社会交流等各个方面。因为主办的规格高，世博会是一个全球性的工业盛会，它具有举办周期较长、参与方众多、活动规格和影响力大等特点，涉及多层次、多方面组织的协调和统筹。世博会经历百年的发展演绎，从最早以展示为主的陈列会、劝业会等已经发展成为人类前沿科技、运用创新争奇斗艳的舞台，也成为启发民智、鼓励创新的重要机制。

最早的 1851 年伦敦世博会就以巡礼式的回顾展示了从早期瓦特蒸汽机到伊万斯高压蒸汽机的林林总总的蒸汽机，以及在它们的动力牵引下的起重机、纺织机、印刷机、脱粒机、车床、圆锯等这一时代发明的机械；进入电气时代后，电灯、电话、电报、留声机、收音机、电视纷纷在世博会亮相；而当进入原子时代、太空时代和自动化时代，尽管世界陷入两大阵营冷战，但世博会上的科技竞争与博弈更使展会成为惠及普天的竞技场：1957 年，苏联成功发射世界第一颗、第二颗人造卫星，几个月后，卫星模型就出现在 1958 年布鲁塞尔世博会上；稍稍落后的美国虽未能在布鲁塞尔世博会展示卫星技术，但在 1964 年纽约世博会和 1967 年蒙特利尔世博会上，美、苏两国都将航天技术的家底悉数展出，各种火箭、卫星、飞船全阵容亮相，苏联展出了宇航员加加林乘坐的"东方 1 号"宇宙飞船，美国展出了约翰·格伦乘坐的"水星"飞船由"宇宙神"火箭送上太空的技术，并展示其登月方案的细节和实体模型；1969 年，美国实现

人类登月，次年日本大阪世博会就展出了阿波罗 11 号从月球运回地球的"月亮石"；在 1986 年温哥华世博会上，苏联展出了 33 米长、35 吨重的宇宙空间站，任游客参观穿行；2005 年日本爱知世博会上，也展出比苏联宇宙空间站大 4 倍的，由美国、俄罗斯、日本、加拿大、巴西和欧洲空间局共同筹建的阿尔法国际空间站的模型。现代世博会各展馆家家投放多折面、360°环幕投影；户户采用 LED 屏幕、液晶显示屏、触摸视屏、翻滚视屏、人体感应互动声像、全息空中成像；有些更采用 720°球幕投影、3D 或 4D、5D 立体声像特效，配以水、雾、风、震等体触和气味的"亲历史"，世博会一直是前沿技术亮相世界的中央舞台。

世界博览会的配套活动也非常丰富①，常伴有精彩纷呈的表演。"博览会"一词最先经日本人翻译并引至中国。明治时期的思想家福泽谕吉将"Exhibition"译作"博览会"，意指西方国家通过展示新器物达到教育民众、相教相学、博采众长的目的，博览会也被认为是"智力功夫之交易"。

（一）"博览会"演变历程

早期英法举办博览会促进贸易的目的随着时代的变迁，逐渐演绎为关注人类自身发展相关的主题。②博览会的本质机能之一就是对展览品进行评价，这些评价是以审查规定为基础的，在审查规定中详细地规定了审查项目和评分标准，而且这些审查规定从很早就开始通用。最先通过博览会来表彰优秀展览品这一手法的国家并不是英国，而是法国。早在 19 世纪初期法国举办的第二届国内博览会上，拿破仑就已经将其制度化了。那时颁发了 10 个金奖、20 个银奖和 30 个铜奖。之后，在 1851 年英国伦敦举办的第一届世界博览会中颁发了两个级别的铜制奖章。1855 年的"巴黎万

① 会展是在特定时空举行的活动，会展现场不是单个展示技术和商品的呈现，往往集合歌舞表演、杂耍、游戏、互动、体验等各式手段为一体，形成一个特殊的景观。通过营造节日般盛大的空间氛围，赋予展示空间更多的娱乐和消费功能。
② 现代博览涉猎的议题广泛，从人权到不同民族国家间的和谐相处，再到人类与赖以生存的自然的关系，人类与技术发展的关系，以及各种时代行动命题。现代博览不再是殖民者炫耀先进征服技术的舞台，而是成为关心人类现状和未来，系统梳理和再现人类文明现有成果，憧憬和探讨人类对其自身文明发展走向的重要交流平台。

国博览会"中将优秀参展品分类，分别颁发了最优秀奖、金奖、银奖、铜奖，美国、日本等加以借鉴，表彰优秀展览品这一习惯流传至今。据说奥林匹克的金银、铜牌也是从博览会的奖牌中衍生出来的。

早期博览会的审查一般分为鉴定和调查两个部分。而调查则是依据参展者提出的申报书来评价产量和需求之间是否匹配以及产品对发明和普及的贡献度。值得注意的是，在评分标准中，产品对发明和普及的贡献度这一项所占的比例非常大，由此也可以看出博览会对这个方面的重视。

1962 年，美国西雅图世博会开创了科技展示艺术的先河。在当时的主办方看来，科学不仅为了严谨的分析和实验，同时还为了研以致用，抽象的科学理念通过艺术家的展示技术可以将科技直接作用于人类潜能的表达。因为展示艺术的存在，科技在公众中的普及度迅速提高，没有接受过学科训练的普通民众同样可以了解最前沿的科学发明和实验原理，对科学现象的解释也有了更加深入浅出的方式。

科学技术从来没有像当时那样与人类社会和未来生活的形态密切联系。1985 年，日本筑波世博会的主题就是"人、居住环境与科学技术"，呼吁用科学和技术创造出光明的未来。该博览会于 9 月 16 日结束，展期 184 天，观众人数达 2033 万人，参展国和参观人数均创国际科技博览会史上的最高纪录。在 2005 年日本爱知世博会举办期间，以 IT 评论和文化杂谈见长的作者尚进就撰文称，世界博览会是现代史的见证者和 154 载的时代秀。他指出，每隔 4 年一届的奥林匹克运动会和足球世界杯，似乎被认为是 20 世纪现代文明历史的见证者。

（二）博览会的贡献与发展的几个阶段

世博会作为全球性的盛会，空间和内容方面的影响力都十分广泛。因为从诞生之时就扎根于商业和科技发明，所以世博会受到政治、宗教、民族、体制等因素的制约较少，任何国家都可以凭借自身的创意和产品登上世博舞台，展示自己的理念，这无疑为许多国家提供了自我传播的重要机遇。尤其对主办国而言，最具民族特色、最有代表性的展品，既蕴含了无限生机，又是进行国际传播的重要机会。

从 1894 年的德国莱比锡样品博览会、贸易展览会起，世博会就兼具市场性与展示性。20 世纪 60~80 年代，贸易展览会和博览会在世界范围内急剧发展，综合性贸易展览会从第一次世界大战后兴起。法国里昂在"一战"期间与"一战"结束后分别举办了两届国际博览会，两次博览会的参展方数量显著提升，1919 年的里昂国际博览会的展出者比 1916 年多了三倍多，国际参展方增长了十倍，从 1916 年来自瑞士、意大利和英国的 143 个外国展出者，增加到 1919 年的 1500 个。德国贸易展览会和博览会的数量，从"一战"后不到十年间就增长了十倍多。到 1924 年，全欧洲有超过 200 个贸易展览会和博览会，该时期的会展发展甚至超过了经济需要的规模。

展览会数量过多，展出水平和经济效益下降。1924 年，国际商会在巴黎召开了国际展览会议。国际博览会联盟 UFI 1925 年在意大利米兰成立。至此，贸易展览会和博览会在欧洲占据了统治地位，并形成一个完整的体系。宣传性质的工业展览会在欧洲基本消失，只剩下世界规模的"世界博览会"。

第二次世界大战后，综合贸易展览会和博览会很难全面、深入地反映专业水平和状况。贸易展览会和博览会开始朝专业化方向发展。20 世纪中期开始，功能性的展览，如贸易展览会和专业化博览会日益成为趋势。1898 年，世界上首个专业化的贸易展览会在德国举行，莱比锡自行车和汽车展成为专业贸易展览会的开端。专业展览会的发展带动了展览观念的变化。展览不再是简单的物物交换，除了交易外，商品所蕴含的市场信息、产品创新背后的技术支撑越来越成为参观者关注的重点。展览会配套的座谈会、研讨会、发布会、评审会、报告会也越来越成熟。全球展览经济在西欧与美国的带动下呈现出全方位、多格局、高增长的发展，数量多、规模大、国际化程度高、贸易性强和管理先进成为西欧展览会的重要特征。

西欧是专业贸易展览的领衔者，全世界 2/3 的 3 万平方米规模以上的 300 个最知名的专业会展是在西欧举办的。美国每年净展出面积超过 500

平方米的展览会大约有 4000 个，观众超过 7000 万人，俄罗斯、东欧国家，以及中国、新加坡、日本等新兴经济体也成为国际博览市场的生力军，这些市场以专业门类齐全而引人注目，市场潜力巨大。

二、世博会的理念

（一）世博会与创新精神

创新是历届世博会的共有品格。作为欧洲启蒙运动产物的世博会，创新是会展的核心动力，也是世博魅力经久不衰的重要源泉。不论从工农业技术还是现代建筑艺术、生活方式、与自然和谐的可持续发展来看，创新是世博永恒的主题①。人类的多数发明，如缝纫机、收割机、电灯、电梯、电话、胶卷、摩天轮、冰激凌甜筒等都是最早亮相于世博会并在世界范围内普及，从 1851 年伦敦万国博览会起，世博会逐渐从殖民者炫耀财富和征服技术为目的，转变为展示先进新技术、惠及大众，对大众而言，这种改造世界的理念比传统依靠政治经济力量让民众敬畏更让人感到亲近。

以建筑为例，1851 年初，英国伦敦海德公园里仅仅五个月的时间就矗立起一座高大亮丽的水晶宫，这座建筑全部由钢筋和玻璃板搭建而成，璀璨可观。整座水晶宫本身就是现代化大规模工业生产技术的一次创造性尝试，是工业与艺术成果集合的结晶。而在世博会历史上，载入史册的标志性建筑不胜枚举。这个大型的玻璃建筑汇聚了当时世界上最前沿的科技成果，玻璃建筑的目的不在于采光保温，而是人类对建筑目的崭新的空间形象的追求，玻璃建筑突破建筑室内与室外的界限，明亮宽敞的室内和自由的实现表达了人类的精神追求，轻、光、透、薄的玻璃使屋里的人们尽情享受阳光，视野可以穿越建筑本身，无限延伸。伦敦水晶宫内宽敞的空间设计、优良的采光、照明、通风等特点成为各届世博会展馆设计的参照。

① 从关注工业产品、工业技术到农业、城市发展、科技与自然的关系、环保等主题，世博会的创新精神首先体现在历届博览的主题上。1851 年伦敦博览会、1867 年巴黎世博会、1873 年维也纳博览会、1893 年芝加哥世博会、2000 年汉诺威世博会分别是这些主题创新的典型代表。

1854 年纽约世博会、1862 年伦敦世博会、1867 年巴黎世博会、1876 年费城世博会、1878 年巴黎世博会以及 1889 年巴黎世博会的机械宫都借鉴了水晶宫的风格。

1890 年，为纪念 1789 年法国大革命爆发 100 周年，巴黎举行了第四次世博会，吸引了众多观众观展。其中最引人注目的是法国的钢铁结构——埃菲尔铁塔，它被认为是那届世博会留给人类最璀璨的杰作。埃菲尔铁塔在当年是一个创举，从大量的竞选方案中脱颖而出，如一些设计师提出的建造象征帝国昔日荣光的"巨大的断头台"，或者能在干燥的季节喷淋整个巴黎的巨型花洒装置，或者刻有法国大革命英雄人物雕像的金字塔之类的各种创意提案。53 岁的建筑工程师埃菲尔绘制了 5329 张图纸，用 18038 块不同的部件，不动声色地思索着用金属为法国建造一个伟大的"符号"。

1876 年，费城世博会，法国为纪念美国独立 100 周年赠送其巨大的自由女神像，以体现美法联盟在美国独立战争时期建立的国际友谊。费城世博会虽只展出了自由女神擎着火炬的手臂，却震撼了参观世博会的所有美国人，他们认为这是唯一能代表美国独立、自由、民主气概的雕塑。在 1878 年巴黎世博会上，自由女神像的火炬和头部两次在世博会的亮相引起了大洋两岸美、法两国人民对自由女神像的关注和支持。

高大而沉重的女神像经得住强劲的海风吹袭得益于神像内部铁塔形的支撑结构。塔脚嵌入台基约 8 米深，使自由女神像稳如泰山，岿然屹立于纽约州哈德孙河口的滨海之地。埃菲尔为巨大的自由女神像设计了内部支撑框架，这也成为科学与艺术结合的完美典范。

除此之外，1898 年为两年后的法国巴黎世博会而建的奥赛火车站，1939 年纽约世博会上寓意人类对理性求索的世博塔和世博球成为主题馆，1958 年比利时布鲁塞尔世博会由 9 个直径为 18 米的铅质大圆球组成、重量为 2200 吨的原子塔，1962 年演绎了"太空时代的人类"的主题的美国西雅图标志性建筑"太空针"，1964 年纽约世博会的 12 层不锈钢制作的"世博地球"，1970 年日本大阪世博会的太阳塔都成为创意十足的标志性建筑。

19世纪末，消费主义的兴起使美国主流社会的生活价值观萌发了娱乐和享乐主义的倾向①。位于大道乐园中心位置的就是著名的菲力斯摩天轮，它是世界上第一座现代摩天轮。菲力斯摩天轮给人们带来了前所未有的震撼，打破往届世博会上工程学专业冷冰冰地展示大尺寸的钢结构制品、机械制造、冶金技术设备等方式。直径近80米，一次可容纳2000多人的菲力斯摩天轮作为工程学成果展示的新形式，将工程学成果与参观者的体验紧紧捆绑，被认为是工程学的奇迹。此后，每一次世博会几乎都有摩天轮的身影。在1907年日本东京劝业博览会、1970年日本大阪世博会、20世纪80年代的日本筑波世博会和日本亚洲太平洋世博会、2005年日本爱知世博会上，各式各样的摩天轮都受到观者的喜爱。摩天轮的"身高"之最一再被刷新——美国拉斯维加斯的摩天轮高152米，俄罗斯莫斯科的摩天轮则高达170米，新加坡一个海滨的摩天轮高度超过170米，中国天津慈海桥工程中的摩天轮直径为140米，高为150米，江西南昌的摩天轮直径达150米。

除此之外，人们日常生活中熟悉的电影②、胶卷、拉链、缝纫机、电梯、甜筒冰激凌等创意都最先以世博会为其展示平台。混凝土、铝制品和橡胶、海底电缆、贝尔的电话、爱迪生的留声机、滚珠轴承、霓虹灯这些都将世博会作为其首次现身的平台，这些后来都成为19世纪末人类的技术骄傲。世博会被看作是新科学、新技术、新产品的摇篮，也是新思想、新概念的孵化器。世博会包罗万象，百货商店、现代旅游、主题公园、游乐场、度假村的缘起均与世博会紧密联系，因为它们的存在，让人们的生活变得更美好。

① 1893年芝加哥世博会将娱乐活动引入世博，开创了博览会上展览和娱乐功能兼具的先例。
② 公认电影的起源是以卢米埃兄弟的发明为准。1895年12月25日，卢米埃兄弟在巴黎卡皮欣大道（Boulevard des Capucines）上的"格拉咖啡馆"地下室，首次为公众放映活动影像，这是历史上第一次电影公映活动。

（二）世博会与科技前沿

进入 18 世纪后，工业革命浪潮在欧洲掀起。解放生产力、科技创新成为一股强大的动力推动着人们的发明与创意，生产手段的革命悄然展开。工业成果和各式工农业机械推广成为历史赋予世博会的使命。19 世纪的世博会作为工业革命成果的重要展示舞台，世博会与工业社会并行发展。1853 年美国纽约万国工业产品博览会和 1855 年法国巴黎的世界工农业与艺术博览会让农夫们走进世博展厅，关注琳琅满目的农业机械产品。

在工业革命的推动下，农业机械化席卷欧美大陆，劳动者的双手、双脚和臂膀从世代繁重的劳动中得到解脱。当时展出的小麦收割机一天能脱粒清筛 100 蒲式耳的麦子，这是农民祖祖辈辈不敢想象的产能。此后，在 1862 年伦敦国际工业与艺术博览会、1873 年维也纳国际工业博览会及 1876 年美国费城艺术、工业产品和土壤矿物产品等国际博览会上不断推出各种工艺先进的工业产品。早期世博会上，各种纺织机械的陈列处总是人气最旺的地方，美国人受欧洲立式纺锤"珍妮纺纱机"的影响，发明了"环锭纺纱机"。1855 年，胜家缝纫机在法国巴黎世博会上取得了第一个奖项。1859 年，胜家公司发明了脚踏式缝纫机，并于 1889 年研制出第一台电动缝纫机。到了 1891 年，胜家公司已累计生产 1000 万台缝纫机。19 世纪末，胜家制造了全球 70% 以上的电动缝纫机。1893 年，在美国芝加哥世博会上，胜家缝纫机实用、可靠、方便的特点得到了世界的认同。1908 年，胜家公司总部在纽约成立，总部摩天大厦是当时世界上最高的建筑物。

电的应用技术颠覆了人类早先的文明和文化，开创了全新的生活方式。1870 年前后，由电产生的各种新技术、新发明被迅速应用于工业生产，与大众生活紧密相连。1867 年巴黎世博会，西门子公司展示了世界上首台电磁感应发电机。1873 年维也纳世博会，比利时的格拉姆展示了直流电动机，1900 年巴黎世博会和 1904 年圣路易斯世博会主办方甚至专门开辟了电气馆，成为世博园最有吸引力的展馆。到 1851 年首届伦敦世博会，西门子的指针式电报机隆重参展，这表明电报系统已经进入欧洲社会生活。在 1876 年费城世博会上，爱迪生发明的四通路电报机展出，其突出的高效率大大减少了电缆输送系统的投入，因此受到电报通信运营商的高度关注。这些科技发明都是需求与技术的完美结合，旧的生活节奏和时间观念被替代，通信技术所带来的变革日益渗透到普通人的日常生活和实践经验之中。

在 1876 年美国费城世博会上，亚历山大·格拉汉姆·贝尔发明的电话机没有引起人们的注意。当时电话机的性能还不完善，音量微弱，通话人的声音严重失真。后来，爱迪生让某种材料与电流"对抗"，通过电阻减弱的原理来调节电流通过时的强弱，这样电阻就可以随压力的大小而产生相应的电流。这个想法无疑对贝尔的电话做出了实质性的改良。一连数月，爱迪生发现了一种被称作炭黑的物质，将这一想法变成现实。

这一时期的世博会见证了电灯的发明与改进。1878 年巴黎世博会，爱迪生展出用钨丝制作的白炽电灯；经过改良的电灯和供电发电机在 1881 年巴黎电力博览会展出，震惊了整个欧洲；氖气电灯又在 1893 年美国芝加哥哥伦布纪念博览会展出；1915 年巴拿马太平洋世博会专门为爱迪生设立了"爱迪生日"，以此纪念爱迪生发明电灯 36 周年，体现了全世界对爱迪生的爱戴和敬仰。

（三）世博会与环境意识的呼吁与提升

1969 年，位于华盛顿州东部的斯波坎市决定举办世界上第一个以环保为主题的世博会。开幕式庆典上，主办方放生了与办展年份数量相同的 1974 条鳟鱼，促进人类反思与生态之间的关系。之所以选择放生鳟鱼，是因为长期以来，日本进口的金鱼繁殖后代数量剧增，本地鳟鱼因无法对抗日本金鱼数量而急剧减少，斯波坎水系的十几个大型湖泊成为日本金鱼的地盘，这一现象被视为思考自身与环境关系的代表，呼吁人们尊重大自然的布局，避免人类过分地干扰生物环境。

在参加这次环保主题世博会的 10 多个国家代表中，美国和苏联馆的影响力最大，苏联馆是当年最大的外国馆，美国则推出了占地一英亩的家庭花园来强调环保与日常生活的密切关系。斯波坎世博会从此确立了"世界地球日"。自 1974 年起，每年举办"世界环境日"活动，以唤醒人们的环保意识，主张人类发展与生存环境保护并重的环保理念。

在世界地球日诞生后，世界博览会的主题越来越多地围绕人与自然和谐相处、提高能源利用率和保护环境等问题。从 1974 年到 2008 年，历届世博会主题包括了资源类主题，如 1976 年的"水，生命之源"、1981 年的"保护地下水和人类食物链"、2004 年的"海洋存亡，匹夫有责"；环境问题类主题，如 1977 年的"关注臭氧破坏、水土流失、土壤退化""滥砍滥伐"；倡议类主题，如 1979 年"为了儿童的未来"、1992 年"只有一个地球"、2002 年"让地球充满生机"等。斯波坎世博会后，世界地球日主题与世博会主题的呼应性越来越显著，1976 年地球日以"水，生命的重要源泉"为主题，这与 1975 年日本冲绳世博会以"海洋——充满希望的未来"主题交相辉映。1975 年地球日以"人类居住"为主题，而同年保加利亚世博会就以"居住与环境"为主题。1984 年地球日的"沙漠化"主题催生了 1984 年美国新奥尔良世博会以"河流的世界——水乃生命之源"为主题，改变了人们对水资源取之不尽、用之不竭的印象，提醒人类关注水资源的短缺及沙漠化的问题。除了水资源之外，人们对能源资源的关注也日益提升。1982 年世博会的主题是"能源：世界的原动力"，促使人们关注能源环境，该年地球日的宣传主题则是为了纪念联合国人类环境会议 10 周年而提出的"提高环境意识"。20 世纪八九十年代的世博主题中，园艺、水资源、能源等关键词越来越多。①

相比于此前巴黎世博会人们还没有形成环保意识，到 2000 年，环保意识已经成为德国汉诺威世博会主办方的共识，人类文明的未来不能忽视环境保护，经济和科技的发展也无法掩盖人类对赖以生存的自然环境带来的破坏。汉诺威世博会的环保建筑成就斐然，生态型展馆脱颖而出，突出

---

① 1988 年澳大利亚布里斯班博览会、1990 年日本大阪世博会、1993 年意大利世博会、1999 年中国政府主办的"昆明世界园艺博览会"、1998 年葡萄牙里斯本世博会等世博会主题都与该年地球日的主题相互呼应，2000 年举办的汉诺威世博会与 1900 年巴黎世博会在环保理念的推崇和重视上形成了鲜明的对比。

了民族精神和各国文化，回应了"可持续发展"的主题理念，超级纸屋——日本馆①、流动的土地——韩国馆②、葡萄牙③、西班牙④、瑞士⑤、荷兰⑥等都极具代表性。

历届世博会中，践行环保理念最典型的就是日本的爱知世博会。2005年在日本爱知举行的世博会以"自然的睿智"为主题，呼吁"让地球充满微笑，让地球美梦成真，让地球光彩照人，让地球声形并茂"，旨在通过世博会提醒人们意识到地球的潜在危机，强调人类与自然的重新连接。因为有最先进的工程技术打底，爱知世博会关注人与自然之间的相互关系，以最新的科学技术展现生态技术和环保理念。长久手日本馆是主办国的展馆，其外形受蛹、茧和地球大气层的启发，巨大的竹笼架构和纸制的屋顶和墙体既美观又节能。

除此之外，几个日本著名的企业展馆也十分抢眼，丰田馆的主题是"与地球共生的移动方式""全球规模移动的喜悦与梦想，移动之魅力"。展馆外墙在钢结构框架的支撑下，利用再生纸板（由树脂膜、旧报纸等制成）建造，内壁采用太阳能装置以吸收二氧化碳，主体采用了可解体和再

---

① 日本传统的"天人合一"的观念，使它们对纸张、木料及一切自然材料情有独钟。在场馆设计上，日本馆也没有过多的空间和展示形式用以炫技和形式上的表演，不过分追求建筑外观的震撼，而是回归到建筑材料本身，发掘材料天然的特性，运用精妙的结构设计凸显材料天然的质地，同时还十分重视环保概念的运用和建筑资源的回收再利用。日本馆全部由环保纸料建成，纸筒网状交叉结构、曲面屋顶、纸膜和织物墙身成为建筑从建造到拆除和再生过程的浓缩。

② 韩国文化中对大地和自然的崇拜也体现在其调和建筑与自然之间关系的手法。世博会韩国馆的首层架空于土地之上，像一艘方舟漂浮在流动的土地之上，营造出一种抽象的、半透明的不稳定空间。

③ 葡萄牙馆墙面2.2米处的花园墙、透光膜材料覆盖的波浪形屋顶使人虽处室内却有置身室外的感觉，自然和人工材料的大胆结合既保留了传统韵味，又展现了葡萄牙人对未来的思考与追求。

④ 西班牙馆，初看起来像一个斗兽场，它严格按生态要求设计，用自然、可再利用的软木围绕三面，形成自然裂纹的外墙，形似"森林"。

⑤ 瑞士馆所有木墙都由规格统一的方形木构成，犹如大自然的迷宫。近4万块来自瑞士的松木条的搭接不使用一颗螺丝钉或其他化学黏合材料，仅借助钢片弹簧搭接。展览会结束后，这些木条可直接从场馆建筑上拆卸下来，运回瑞士再投入使用。

⑥ 荷兰馆则被称为"环保三明治"，场馆有限的空间里竖向层叠的建筑体现着荷兰这个世界上人口密度最高之一的国家对空间充分利用的智慧。

使用的钢铁构架，这样有利于钢架解体后的再次利用。而建筑之外，森林移植、环路弯曲、木屑铺路、喷雾降温、大地降温等方式大大减轻了空调机的负荷，控制了二氧化碳的排放量，形成一个环境友好的整体系统。

第七章　会展的国际传播效果分析：以博鳌亚洲论坛为例

第一节　博鳌亚洲论坛与中国的地区影响力

一、起源

博鳌亚洲论坛（Boao Forum For Asia，BFA）是一个非政府、非营利性、定期、定址的国际组织。BFA 缘起于亚洲金融危机，深受国际游资打击的亚洲各国意欲寻求共赢，谋求可持续发展，因此推动成立了博鳌亚洲论坛组织。1998 年，在日本前首相细川护熙、澳大利亚前总理霍克及菲律宾前总统拉莫斯的倡议下，亚洲 26 个国家于 2001 年 2 月 27 日正式宣告成立博鳌亚洲论坛，海南博鳌为 BFA 总部的永久所在地，从 2002 年开始，BFA 每年定期在博鳌召开年会。

二、议程

BFA 的宗旨是"立足亚洲，面向世界，促进和深化本地区内和本地区与世界其他地区间的经济交流、协调与合作"以及"为政府、企业及专家学者等提供一个共商经济、社会、环境及其他相关问题的高层对话平台"。通过 BFA 与政界、商界及学术界建立的工作网络，为会员与会员之间、会员与非会员之间日益扩大的经济合作提供服务。

表 7-1　历年博鳌亚洲论坛年会主题变化情况

时间	中国领导人	职务	年会主题	关注点
2002 年 4 月 11~13 日	朱镕基	国务院总理	新世纪、新挑战、新亚洲：亚洲经济合作与发展	新世纪亚洲经济合作发展的展望
2003 年 11 月 1~3 日	温家宝	国务院总理	亚洲寻求共赢：合作促进发展	凝聚亚洲区域合作共赢的共识
2004 年 4 月 23~25 日	胡锦涛	国家主席	亚洲寻求共赢：一个向世界开放的亚洲	强调面向世界讨论亚洲问题
2005 年 4 月 22~24 日	贾庆林	全国政协主席	亚洲寻求共赢：亚洲的新角色	关注经济全球化背景下亚洲新的机遇
2006 年 4 月 22~23 日	曾庆红	国家副主席	亚洲寻求共赢：亚洲的新机会	亚洲各国创新发展的共同需求
2007 年 4 月 20~22 日	吴邦国	人大委员长	开创亚洲和平合作和谐新局面	亚洲走绿色发展道路
2008 年 4 月 11~13 日	胡锦涛	国家主席	坚持改革开放推进合作共赢	呼吁国际社会共同应对金融危机
2009 年 4 月 17~19 日	温家宝	国务院总理	经济危机与亚洲：挑战和展望	为亚洲在经济危机后的复苏指明道路
2010 年 4 月 9~11 日	习近平	时任国家副主席	绿色复苏：亚洲可持续发展的现实选择	主张绿色发展
2011 年 4 月 14~16 日	胡锦涛	国家主席	包容性发展：共同议程与全新挑战	聚集共赢与可持续发展
2012 年 4 月 1~3 日	李克强	时任国务院副总理	变革世界中的亚洲：迈向健康与可持续发展	促进亚洲健康可持续发展
2013 年 4 月 6~8 日	习近平	国家主席	革新、责任、合作：亚洲寻求共同发展	促进亚洲和世界合作共赢
2014 年 4 月 8~11 日	李克强	国务院总理	亚洲的新未来：寻找和释放新的发展动力	发掘亚洲发展的新动力
2015 年 3 月 26~29 日	习近平	国家主席	亚洲新未来：迈向命运共同体	提出了迈向命运共同体、开创亚洲新未来的重要倡议

续表

时间	中国领导人	职务	年会主题	关注点
2016 年 3 月 22~25 日	李克强	国务院总理	亚洲新未来：新活力与新愿景	打造发展和合作的共同体
2017 年 3 月 23~26 日	张高丽	国务院副总理	直面全球化与自由贸易的未来	关注经济全球化问题
2018 年 4 月 8~11 日	习近平	国家主席	开放创新的亚洲繁荣发展的世界	亚洲与世界共同发展

　　从历年 BFA 年会主题设计上看（见表 7-1），BFA 与时俱进，有助于亚洲共识的凝聚、亚洲声音的传播、亚洲合作的深入。从时间顺序上，具体到年会主题内容，大致可以分为三个阶段：

　　第一阶段，2002~2007 年，即国际金融危机爆发前，此阶段 BFA 的议程大多以亚洲区域合作为主，强调互惠互利和合作共赢。例如，2002 年 BFA 的主题是"新世纪、新挑战、新亚洲：亚洲经济合作与发展"，以展望新世纪亚洲经济合作发展的未来；2003~2006 年 BFA 的主题均包括"亚洲寻求共赢"，只是侧重点略有不同而已，即 2003 年强调亚洲区域合作共赢，2004 年强调面向世界讨论亚洲问题，2005 年和 2006 年分别关注的是亚洲在经济全球化背景下的发展机遇以及角色定位。通过这一阶段的发展，BFA 逐渐成为亚洲区域经济合作的重要平台。

　　第二阶段，2008~2012 年，即国际金融危机爆发以来，此阶段 BFA 的议程更多是围绕亚洲如何应对危机以及未来发展道路的选择。例如，在应对金融危机方面，2008 年和 2009 年 BFA 的主题均呼吁共同应对金融危机；在未来发展道路选择方面，2007 年强调创新发展、2010 年强调绿色发展、2011 年强调包容性发展、2012 年强调健康和可持续发展。通过前两个阶段的发展，BFA 开始从一个区域性论坛走向全球事务的重要发声平台，除了邀请政界、工商界和学术界领袖就亚洲未来进行探讨，随着亚洲新兴经济体在全球事务影响力的提升，亚洲的区域问题已经不能框束于亚洲本区域内，需要在全球经济的大环境下寻找亚洲问题的解决之道，博鳌亚洲论坛也因此由一个地区对话组织上升为中国与世界对话的重要平台。

第三阶段，2013~2018 年，即党的十八大以来，此阶段 BFA 的议程更为关注亚洲和世界的关系，并提出打造命运共同体的发展和合作模式。在亚洲和世界的关系上，2013 年强调亚洲和世界合作共赢，2014 年强调经济全球化下发掘亚洲发展的新动力，2015~2018 年均围绕命运共同体这一命题，提出了一系列亚洲与世界发展的目标、倡议、愿景等。值得强调的是，在此阶段参会的中国领导人的级别明显提高，次数明显增多，国家主席习近平达到三次（2013 年、2015 年、2018 年），国务院总理李克强两次（2014 年、2016 年）。随着国际传播力不断提升，BFA 不仅是亚洲区域经济合作的重要平台，也更成为我国公共外交的重要舞台，随着论坛影响力的扩大，博鳌亚洲论坛逐渐靠齐达沃斯世界经济论坛，跻身为国际上最有影响力的论坛组织之一。

由此可见，经过十几年的不断发展，BFA 的影响力不断扩大，表现在主题议程设计上呈现明显阶段性特征：第一阶段偏重于稳定性，即更多关注亚洲区域合作，实现成为亚洲区域经济合作平台的目标。2003 年，BFA 通过了博鳌亚洲论坛章程，明确了论坛性质，加强对经济问题的关注，众多经济学家开始受邀，走入博鳌亚洲论坛，论坛的角色逐渐发生转变，从定期的会议组织转换成集经济、社会、发展、国际问题等于一体的综合性的智囊机构。第二阶段偏重于开拓性，即不但关注亚洲现阶段合作需求，而且开始探讨亚洲未来发展模式问题，并开始将目光投向新兴经济体。2010 年 4 月 9 日，BFA 推出新兴经济体发展年度报告——《博鳌亚洲论坛新兴经济体发展 2009 年度报告》，首次提出代表新兴经济体的"E11"概念。第三阶段兼顾稳定性和开拓性，除了坚持早期亚洲合作共赢的原则之外，开始强调亚洲和全球的发展关系，特别是亚洲问题和国际上重点热点的结合度，并提出了包括打造命运共同体在内的发展理念。

三、关注度

BFA 得到亚洲各国普遍支持，赢得世界的广泛关注。BFA 关注亚洲国家的共同发展，旨在打造一个可以进行区域经济整合的国际化平台，促进亚洲国家间、亚洲与世界其他国家政商学界领袖的高层对话平台，形成应对全球问题、对抗国际社会风险的长效沟通机制。促进亚洲及世界各国共同繁荣发展。

1. 发起国

2001 年 2 月 27 日，在博鳌亚洲论坛成立大会上，来自东盟、澳大利亚、中亚、南亚的 26 个国家的代表在中国海南省博鳌召开大会，正式宣布成立博鳌亚洲论坛。2006 年 4 月 20 日，以色列和新西兰经论坛理事会和会员大会批准，被追加为 BFA 的发起国。马尔代夫于 2016 年 3 月 23 日，被追加为 BFA 的发起国。至此，BFA 发起国增至 29 个。

2. 参会代表人数

以 2012 年为界，参加 BFA 年会的代表人数大致分为两个阶段（见图 7-1）：

第一阶段，2002~2011 年，参会代表人数大幅上升，由 1000 余名代表快速上升至 2474 名代表，参会代表的国家或地区也从 30 个拓展至接近 40 个。从参会国外领导人情况看，无论中方参会的领导人级别如何，参会国外领导人数量始终未突破 9 名（见图 7-2）。

第二阶段，2012~2017 年，参会代表人数比较稳定，在 1800~2100 名，参会代表的国家或地区快速拓展至 50~62 个（见图 7-1）。这一时期，参会国外领导人与中方领导人级别呈明显正向关系，这说明中国在世界舞台的地位有显著提升，国际社会对 BFA 的动态更为敏感（见图 7-2）。

为了更好地显示出参会国外领导人与中方领导人级别动态的变动关系，先对中方领导人按照职务划分，进行赋值处理，即职务越高，分值越高（见表 7-2）。

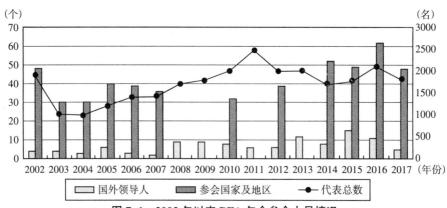

图 7-1　2002 年以来 BFA 年会参会人员情况

表 7-2　中方领导人职务的赋值分析

职务赋值	中方领导人职务
10	国家主席
8	国务院总理
6	全国政协主席、全国人大常委会委员长
4	国家副主席
2	国务院副总理

然后，将国外领导人参会人数与中方领导人职务赋值结果进行作图比较，可以发现 2012 年前后呈现出不一样的特征（见图 7-2）。

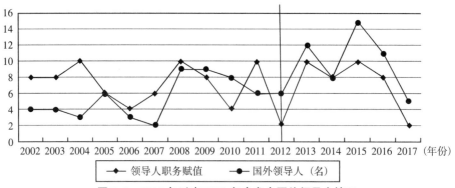

图 7-2　2002 年以来 BFA 年会参会国外领导人情况

基于定量分析，也可以得出相同的结论。由对国外领导人参会人数与中方领导人职务赋值结果相关性的分析可知，2002~2017 年，相关系数为0.398，这说明相关性相对一般。但以 2012 年为界进行分段相关性分析，结果就截然不同。2002~2011 年相关系数为 0.155，相关性较弱，但 2012~2017 年相关系数高达 0.897，相关性极强。相关系数强弱的判断标准为：0~0.09 为没有相关性；0.1~0.3 为弱相关；0.3~0.5 为中等相关；0.5~1.0为强相关。

3. 媒体合作伙伴

2007 年，报道 BFA 第六届年会的境外媒体达 78 家，创历史纪录。美国《时代》周刊、彭博新闻社及欧洲的《金融时报》等国际主流媒体首次与 BFA 年会结成媒体合作伙伴。从 2013 年开始，BFA 年会境外媒体合作伙伴逐步稳定下来，2015~2017 年基本稳定在 7~8 家，以美国、英国、韩国为主。这说明，无论是数量上还是地域上，BFA 境外合作伙伴还存在较大的拓展空间（见表 7-3）。

表 7-3　2013~2017 年 BFA 年会境外媒体合作伙伴情况

序号	2017 年		2016 年		2015 年		2014 年		2013 年	
	媒体	国家	媒体	国家	媒体	国家	媒体	国家	媒体	国家
1	彭博电视	美国	彭博电视	美国	彭博电视	美国	彭博电视	美国	彭博电视	美国
2	CNBC	美国	BBC	英国	BBC	英国	CNBC	美国	BBC	英国
3	美国鹰龙传媒有限公司	美国	美国鹰龙传媒有限公司	美国	CNBC	美国	Haymarket Media	英国	CNBC	美国
4	Haymarket Media	英国	Haymarket Media	英国	美国鹰龙传媒有限公司	美国	美通社	美国	Haymarket Media	英国
5	中央日报	韩国	中央日报	韩国	Haymarket Media	英国	亚洲华尔街日报	美国	美通社	美国
6	美通社	美国	美通社	美国	中央日报	韩国			澳大利亚七维传播公司	澳大利亚
7	亚洲华尔街日报	美国	道琼斯公司	美国	美通社	美国			亚洲华尔街日报	美国
8					亚洲华尔街日报	美国				

4. 参会的外国企业

据不完全统计，2003~2005 年，作为嘉宾参加 BFA 年会的外企只有 10 家左右，2006 年上升到 60 余家，2007 年上升到 70 多家。2017 年 BFA 年会仅世界 500 强企业高管就达到 150 多位，丰田会长内山田竹志、华纳兄弟董事长 Kevin Tsujinara、沙特基础工业公司（SABIC）董事长朱拜尔、延布皇家委员会主席萨乌德亲王、玛氏集团董事长 Stephen Mills Badger、英国保诚集团 CEO Mike Wells、德国贺利氏集团管理委员会主席 Jan Rinnert、高通全球总裁 Derek Aaerle 等出席了此次年会。这些全球企业领袖的到会，再次彰显了 BFA 在全球企业界与日俱增的影响力。

第二节　中外媒体对博鳌亚洲论坛的报道分析

一、主办城市传播与参与

（一）2015 年海南广播电视总台关于博鳌亚洲论坛的报道

对年会的报道规模空前，不论是报道人数、发稿数量和质量，还是报道影响，都达到了历年之最。海南广播电视总台派出由 200 多人组成的全媒体报道团队，含技术和后勤保障人员，其中记者 119 名。在博鳌开设 2 个演播室，对 77 场会议进行全方位报道，重点关注开幕大会、习近平主席的主旨演讲和海南的 13 个主题活动，总共采访了 200 多位重量级嘉宾。

年会期间，海南广播电视台 12 个媒体在"大海的方向"总呼吁下，根据各自优势特色，共开设"博鳌会客厅""百姓代表看博鳌""直通博鳌""博鳌面孔"等 10 多个广播电视专栏，4 天里共播发广播电视新闻 1100 多条，专题 32 期、时长 400 多分钟。旅游卫视每天 10 次滚动播出"博鳌语录"，共计播放 300 次左右。海南网台、蓝网共播发各类新闻 398

条（篇），视听海南客户端推送 220 多条。总台及各媒体的微博、微信推送 1300 多条。

除了按照常规，由旅游卫视、三沙卫视、新闻频道、新闻广播、海南网台现场直播开幕大会和习近平主席的主旨演讲外，新闻频道、新闻广播和海南网台还直播了其他国家元首和政要的发言。此外，三沙卫视、新闻频道和海南网台还直播了中国—东盟省市长对话、华商圆桌会议和媒体领袖圆桌会议 3 个分论坛，现场直播时长超过 8 小时。

第一次出征博鳌的蓝网也是表现不俗，先后对年会开幕式，海南省新闻发布会、分论坛：城镇化背景下的农业、农村与农民，以及闭幕式进行了网络图文直播，总时长约 7 小时。

总台除了成功承办了亚洲媒体领袖圆桌会议、发现亚洲之美摄影展，共建 21 世纪海上丝绸之路分论坛暨中国—东盟合作年启动仪式等活动，还圆满完成了百姓代表选拔、安排百姓代表发声博鳌的任务。4 位百姓代表先后参加了 9 个分论坛和活动，受到了新华社、中央电视台、凤凰卫视等数十家境内外媒体的关注和报道。总编辑尹婕妤代表海南广播电视总台，以海南地区唯一媒体领袖身份，先后参加了"媒体领袖圆桌会议"的预备会议和主论坛、媒体领袖会见活动和《丝路倡议》签署仪式新闻发布会。

新闻频道以"博鳌频道"定位，打通全天时段，每天从早上 9 点至晚上 9 点，推出"大海的方向——博鳌时间"全天 12 小时不间断大型直播，共设置了"连线博鳌""博鳌会客厅""自拍博鳌""硕眼看博鳌""全媒体信息播报""百姓代表看博鳌"6 大板块，不间断滚动博鳌资讯，其中"自拍博鳌"采用现今较为流行的自拍方式出镜，以第一视角带领观众解读博鳌，富有新意，4 天直播时间里，共发稿件 650 条。

总台的网络媒体和新媒体表现突出，逐渐由原来的报道配角变成海南广电报道博鳌年会的主角。海南网台除推出专题网页，与新闻频道并机直播外，还开设 9 个栏目，通过视听海南客户端和微信公众号推送消息。

蓝网除了推出策划博鳌速递、蓝网直播等 10 个特色板块，还发起

"捎话到博鳌——1人捎话，万人点赞"活动，将近40万人次参加话题互动，捎话44万条。总台官方微博和微信公众号从3月19日开始，每天推出"广电君看博鳌"系列，以新颖图解的方式宣传博鳌亚洲论坛，台内14家新媒体转载推送。新闻频道新媒体特别策划"海南好在哪？我为海南点赞"行动，目前点击率已经超过105万次。新浪和腾讯官方微博发稿200多条、官方微信推送30条，使用相关照片600张（次），其中新浪官方微博阅读量共计约80万，转发200余次。

除此之外，海南台的预热报道和外宣也表现不俗。"海南新闻联播"推出的4集系列报道"海南答卷"，以2013年习近平总书记走过的地方为切入点，聚焦琼州大地发生的显著变化和深刻变革。三沙卫视首次与东盟电视台合作，与泰国东盟卫视互动供稿，发稿15篇。新闻外宣部全力配合央视发稿，协调共享央视新闻，在央视"新闻联播"播发《海南琼海：打造田园城市　风情小镇》《金砖国家大法官论坛在三亚开幕》等稿件。

（二）2016年海南广播电视总台关于博鳌亚洲论坛的报道

海南向博鳌派出218人的前方报道团队，在博鳌设立2个演播室。22~25日，新闻频道变身为博鳌频道，每天推出12小时"全景博鳌"大直播，"海南新闻联播"扩版为30分钟，旅游卫视、三沙卫视、新闻频道、新闻广播、海南网络广播电视台并机直播论坛年会开幕式，录制播出"媒体领袖圆桌会议""海丝天籁·国际音乐论坛启动仪式""海丝天籁·国际音乐论坛""海丝天籁·国际音乐论坛主题晚会"等5场海南主题活动，全台15个媒体、"三微一端"矩阵参与了年会报道。截至24日，全台共开设了50多个专栏、专题、专版，广电直播超过50小时，新媒体直播超过14小时，广播电视媒体发稿993条（篇），网络媒体发稿271条（篇），"三微一端"新媒体集群发稿推送642条（篇），IPTV发稿53条。此外，制作还播出10天倒计时，"海南欢迎你"等MV，"博鳌大乐章"等多个宣传片。

2015年博鳌年会新闻报道中，除了做好程序性报道、国家领导的报道，聚焦热门领域、关注热点话题外，还特别突出海南元素和海洋特色，"海南新闻联播"的"博鳌发声海南机遇""开放海南新名片""'一带一路'

海南担当""海南新经济：互联网+风口海南顺势而为"等重点报道，及时精准、创新有力、主题鲜明，让海南的声音传出世界，也展示了海南的担当。三沙卫视的"对话博鳌"节目，就"一带一路"合作话题，专访了老挝人民报总编萨瓦本弥·端吉、韩国 KBS 国际中心主任洪起燮、印度撒哈拉电视国际事务部主任比杰德拉·辛格、土耳其电台台长克林奇等 9 位嘉宾，智慧碰撞极具启发意义。

新媒体报道年会力度空前，截至 24 日，全台广播电视媒体发稿 993 条（篇），网络媒体发稿 271 条（篇），"三微一端"新媒体集群发稿推送642 条（篇）。新媒体报道量占到广播电视报道量的 64.7%，新媒体和网络媒体报道量几乎持平。此外，慢直播、H5 等新形式、新手法的广泛运用成为年会报道的特色亮点，也取得较好传播效果。如新闻频道首次运用手机慢直播年会，微信用户还可以发送弹幕参与直播互动，受到了微信用户的广泛好评和点赞。三沙卫视制作的"海丝天籁诞生记——为海丝天籁喝彩"H5 页面，获得近千人转发。海南网台也使用 H5 技术制作了 6 篇年会移动微刊。蓝网的"捎话到博鳌"活动，微博阅读量达到 8 万；在"今日头条"上推送的"博鳌表情——马云在博鳌年会上抬头看到了姚明，说了啥？"，阅读量达到了 10 万+。

继成功举办博鳌亚洲论坛百姓代表选拔活动和媒体领袖圆桌会议之后，海南台 2016 年特别策划了"海丝天籁·国际音乐论坛"活动，用音乐联动世界、联动"一带一路"国家和地区，活动主要分为"海丝天籁·博鳌国际音乐论坛"和"海丝天籁·主题晚会"两部分。近 50 位来自加拿大、美国、西班牙、乌克兰等世界各地的歌唱家、音乐艺术名家出席论坛、发表演讲，并参加主题晚会演出。"海丝天籁·国际音乐论坛"的成功举办，为海南省的主题活动增添亮色，推动了海南"一带一路"倡议实施和对外交流合作的工作，也显示了海南台的实力和担当。

（三）2017 年海南广播电视总台关于博鳌亚洲论坛的报道

在博鳌亚洲论坛 2017 年年会举行期间（3 月 24~26 日），海南新闻频道同样打通全天节目时间段，开启大时段特别报道"博鳌时间"。派出 15

组记者，共计 40 多人的采编团队赴博鳌亚洲论坛，对年会会议进行全景报道。节目分别以直播连线、现场采访、嘉宾访谈、主播观察点评等形式，推出"博鳌现场""博鳌对话""博鳌海平面""百姓代表看博鳌""记者逛博鳌"等多个新闻板块，全方位、多视角报道博鳌亚洲论坛年会盛况。从 3 月 23 日起，4 天时间报道新闻稿件约 60 条、直播连线约 100 条、嘉宾访谈 8 期、博鳌海平面 4 期。全程转播博鳌亚洲论坛 2017 年年会开幕式以及 2 场海南主题活动。"博鳌海平面"作为晚间黄金时段的节目，通过与会嘉宾、百姓代表、报道记者的视角，观察论坛年会。

在 2017 年博鳌亚洲论坛年会期间，海南新闻频道新媒体推出 H5 特别策划：以博鳌为契机，制作"听音识海南"游戏，与观众进行互动，互动内容为海南一些有代表性的声音片段，以此引发观众海南情结的共鸣；在博鳌前期及期间每天微信推送博鳌亚洲论坛新闻消息，四天共推送 20 条；微信"博鳌小知识"有奖问答活动，参与人次已到达 40000+；开通手机直播，与电视观众形成双屏互动。

二、外媒观点

外媒对博鳌亚洲论坛的观点见表 7-4。

表 7-4　外媒对博鳌亚洲论坛的报道情况

日期	外媒	依据/信息源	关注内容	评价
2017 年 3 月 23 日	香港《文汇报》	22 日博鳌论坛《亚洲竞争力 2016 年度报告》	香港在亚洲 2016 年度竞争力排名第二	正面
2017 年 3 月 24 日	《香港经济日报》	22 日博鳌论坛三大研究报告	中国在亚洲 2016 年度综合竞争力排名第九	中性
2017 年 3 月 24 日	拉美社	张高丽主旨发言	经济全球化和外国投资的重要性	中性
2017 年 3 月 25 日	路透社	央行行长周小川 25 日讲话	全球化已成无法避免的挑战	中性
2017 年 3 月 25 日	拉美社	张高丽主旨发言和博鳌亚洲论坛理事长福田康夫的讲话	加强国际合作	正面

续表

日期	外媒	依据/信息源	关注内容	评价
2017 年 3 月 25 日	香港《南华早报》网站	张高丽主旨发言	《中国认为全球化没有回头路》	正面
2017 年 3 月 25 日	新加坡《联合早报》网站	新华社报道	习近平总书记致辞	中性
2017 年 3 月 25 日	《日本经济新闻》网站	张高丽主旨发言和博鳌亚洲论坛理事长福田康夫的讲话	加强国际合作	正面
2017 年 3 月 25 日	台湾"中央社"	张高丽主旨发言	中方承诺加大开放	正面
2017 年 3 月 25 日	香港《信报》网站	张高丽主旨发言	中国内地经济运行缓中趋稳、稳中向好	正面
2017 年 3 月 26 日	新加坡《海峡时报》网站	全体大会直面全球化与自由贸易的未来	新加坡荣誉国务资政吴作栋认为，中日两国可在亚洲推动自由贸易方面取代美国发挥领导作用	正面
2017 年 3 月 26 日	香港《南华早报》网站	央行行长周小川 25 日讲话	不能过度依赖货币政策	中性
2017 年 3 月 27 日	新加坡《联合早报》	26 日"楼市泡沫：中国会例外吗？"的分论坛	中国房价走势	中性
2017 年 3 月 27 日	俄罗斯卫星网	俄远东发展基金会总经理阿列克谢·切昆科夫采访	"一带一路"举全球化大旗，不与其合作非理性	正面

从表 7-4 来看，外媒观点主要反映了以下态度：

1. 对全球化趋势的认同

尽管早期经济全球化伴随着殖民主义的扩张与掠夺，但外媒从客观上认可经济全球化进程极大地促进了人类社会的发展。1970~2017 年，全球 GDP 总量由不足 20 万亿美元升至 80 万亿美元，同期，人均 GDP 从 5185 美元升至 10634 美元。全球贸易额在 GDP 中的占比由 1970 年的 26.72%升至 2017 年的 56.21%。直接投资净流出从 130.4 亿美元升至 1.525 万亿美元。1981~2013 年，全球贫困人口比例已经由 42.3%下降至 10.9%。据世界银行预计，全球 85%的人口预期寿命可达 60 岁，是 100 年前的两倍。财富激增，贸易投资活跃，绝对贫困人口减少，预期寿命增长。目前，人

· 251 ·

工智能、大数据、量子信息、生物技术等新一轮科技革命和产业变革正在积聚力量，催生出大量新产业、新业态、新模式，给全球发展和人类生产生活带来更多意想不到的变化，有力地推动着经济全球化的深入发展。

2. 关注中国对亚洲地区的贡献，尤其是经济方面的贡献

改革开放以来，中国的经济成就有目共睹，1978~2017 年近 40 年的时间里增长了 226.9 倍，经济总量高达 827122 亿元，2017 年中国以美元计算的 GDP 达到 122503 亿美元（不含港澳台），如果把港澳台算进来，2017 年中国经济总量高达 13.21 万亿美元，约占亚洲的 45.3%、世界的 16.5%。外媒通过分析中国与香港地区、周边国家经贸关系的变化，看好合作潜能。世界本来是多样性和差异性的，亚洲国家在过去长期的交流和合作中已经摸索出了共处之道，相互尊重和信任，遵循联合国宪章确立的宗旨和原则，尊重各国主权、独立，尊重各国自主选择的政治制度和发展道路，在基础设施建设、产能合作、区域经济一体化、多边贸易和投资自由便利化等方面都取得了扎实进展。

3. 关注中国全球影响力的变化、认可中国"一带一路"倡议的正面价值

随着中国经济全球影响力的提升，外媒对中国的"一带一路"倡议、人类命运共同体建设的态度也表现得更加正面。2001~2017 年，中国的货物进口年均增长 13.5%，是世界进口增长速度的 2 倍，服务贸易进口年均增长 16.7%，是世界平均水平的 2.7 倍。2017 年，中国已是全球最大商品贸易出口国和第五大商业服务出口国，出口值分别达 22630 亿美元和 2260 亿美元。2010 年 4 月，中国在世界银行投票权从 2.77% 提高到 4.42%，超过德国、英国、法国，居美国、日本之后，成为世界银行第三大股东国。中国是经济全球化的坚定捍卫者，积极参与做大全球经济贸易"蛋糕"，与贸易伙伴各得其利，切实推动了贸易便利化，扩大开放。

4. 对中国经济的结构性风险依然保持警惕和关注

长期以来，我国传统经济的发展模式主要是依靠投资、消费和出口，即强调需求侧的刺激带动经济的发展。随着经济增长速度的逐年下滑，传

统"需求侧管理"所积聚的问题日渐凸显。一是需求侧刺激拉动经济边际效应的成果呈现明显的逐年递减。近年国内产能过剩问题加剧，杠杆率快速攀升，债务风险不断堆积。二是要素资源的供给抑制日益加剧。目前，我国经济不仅受到高税收、高垄断、高社会成本等供给抑制，而且在劳动力、土地、资本、资源、技术创新等方面，都受到不同程度的制度与行政制约。外媒对中国的金融风险，包括非金融企业债务风险、银行不良贷款风险、互联网金融风险、经济结构性改革等多个内部风险点始终保持警惕和关注，尤其关注中国的房地产市场，由于房子不仅有居住功能，还有金融属性、投资属性，这种需求拉动住房供给一定会超过刚性需求，一旦住房供给过多超过刚性需求，便形成泡沫。更加关注中国的价格调控等中短期对策和共有产权、租售同权、调整一线城市空间布局、房产税等长效机制。

5. 重视中国领导人的发言与表态，关注中国开放、合作等战略的持续性

中共十九大宣告中国特色社会主义进入了新时代，制定了全面建设社会主义现代化强国的宏伟蓝图。外媒提高了对中国国家主席习近平活动的关注度，在博鳌亚洲论坛的主旨演讲上，习近平主席也表示将坚定不移奉行互利共赢的开放战略，坚持"引进来"和"走出去"并重，推动形成陆海内外联动、东西双向互济的开放格局。无论中国发展到什么程度，我们都不会威胁谁，都不会颠覆现行国际体系，都不会谋求建立势力范围。中国始终是世界和平的建设者、全球发展的贡献者、国际秩序的维护者。中国人民将继续与世界同行、为人类做出更大贡献，坚定不移走和平发展道路，积极发展全球伙伴关系，坚定支持多边主义，积极参与推动全球治理体系变革，构建新型国际关系，推动构建人类命运共同体。

第三节 博鳌亚洲论坛国际传播的实证效果分析

一、实证分析方法

本书采用非概率抽样，借助沃德、慧科等新闻大数据收集软件，收集目标媒体对 BFA 年会的报道，由于受软件数据源和数据质量等多方面约束，本书仅选取符合条件的 2017 年 BFA 年会为观察点。在此基础上，利用语义分析法、内容分析法和对比分析法，对开会前后目标媒体对不同关注内容的报道数量和态度，评析 BFA 的国际传播效果及其对塑造中国和海南的国际形象的效果。

本书观察的时间段分为两个部分：一个是"开会前"，即 2017 年 3 月 16 日 00 时至 2017 年 3 月 22 日 23 时；另一个是"开会后"，即 2017 年 3 月 23 日 00 时至 2017 年 3 月 29 日 23 时。

本书选取的目标媒体如表 7-5 所示。

表 7-5 目标媒体类别及具体内容

类别	具体媒体
微信	微信公众号
微博	新浪微博
客户端	《人民日报》、新华社、央视新闻、凤凰新闻等
网页	搜狗、雅虎、天天快报、ZAKER、UC 头条、腾讯新闻、360 新闻、今日头条、东方头条、东网等
论坛	百度贴吧、知乎等
境外社交平台	Facebook、Twitter、YouTube、Instagram
境外主流媒体	美联社、路透社、拉美社、联合早报、海峡时报、日本经济新闻、中央社、南华早报、文汇报、明报、信报、大公报、苹果日报、香港周报、壹周刊、突然一周、东亚日报、中央日报、韩国日报等

为方便表述，下面对目标媒体进行分类：

所有媒体：指所有目标媒体，即微信、微博、客户端、网页、论坛。

境外媒体：指境外社交平台、境外主流媒体。

境外主媒：指境外主流媒体。

二、实证分析结果

（一）对于 BFA 年会报道的实证分析

根据研究目标，本书具体分析六种情况（见表 7-6），即通过开会前后境内外媒体、境外媒体以及境外主流媒体分别对 BFA 年会的报道数量和态度，得出开会前后整体评价情况。

表 7-6　具体分析六种情况

情况	目标		筛选条件	时间选择	数据库
情况 1	开会前对 BFA 年会的评价	境内外媒体	博鳌亚洲论坛 Boao Asia Forum Boao Forum for Asia（BFA） 博鳌论坛	2017 年 3 月 16 日 00 时至 2017 年 3 月 22 日 23 时	所有媒体
情况 2		境外媒体			境外媒体
情况 3		境外主流媒体			境外主媒
情况 4	开会后对 BFA 年会的评价	境内外媒体		2017 年 3 月 23 日 00 时至 2017 年 3 月 29 日 23 时	所有媒体
情况 5		境外媒体			境外媒体
情况 6		境外主流媒体			境外主媒

情况 1：开会前境内外媒体对 BFA 年会的评价

在观察期内，与主题相关的新闻有 7151 条，平均每天 42 条，其中网上关注最高峰出现在 2017 年 3 月 22 日 17 时，数据累计达到 235 条（见图 7-3）。

从五大平台（微信、微博、客户端、网页和境外社交平台）的数据发展走势来看（见图 7-4），微信和微博的讨论量排在前列，在很大程度上影响着整个事件的发展态势。从具体新闻数量占比来看，微信占比 25.30%，排在第一位；其次是微博，占比 23.93%；排在第三位的是网页，占比

23.62%；此外，客户端占比 17.56%，还有 8.68% 的境外社交平台。

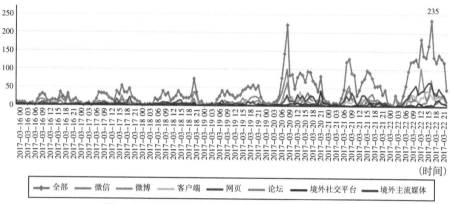

图 7-3　开会前境内外媒体总体关注度走势变化

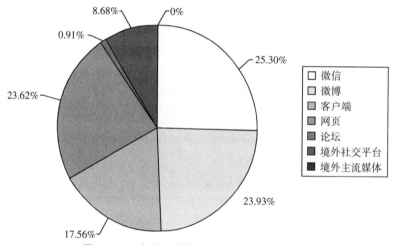

图 7-4　开会前各媒体类型关注数量占比情况

从总体评价来看（见图 7-5），以中性评价为主，占比高达 80.06%，其次是积极评价，占比 15.35%，最后是消极评价，占比 4.59%。

具体到整个观察期内，与主题相关的言论及文章主要以中性评价为主，积极评价偶尔掀起波澜，消极评价最少（见图 7-6）。其中，网上中性评价最高峰同样出现在 2017 年 3 月 22 日 17 时，积极评价两次较高峰值分别为 2017 年 3 月 20 日 9 时和 2017 年 3 月 22 日 17 时。

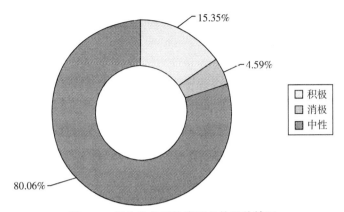

图 7-5 开会前各媒体类型总体评价情况

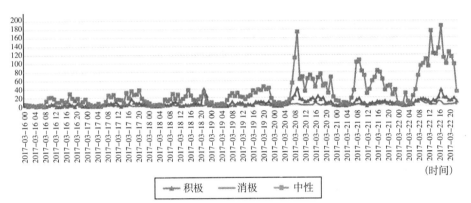

图 7-6 开会前境内外媒体总体评价走势变化

从热门主题词来看，与主题相关的其他热门主题词还有：博鳌、论坛、亚洲、年会、海南、"一带一路"、全球化、BFA、南海、张高丽等（见图 7-7）。

图 7-7 开会前境内外媒体热门主题词词云图

从热门主题词演化趋势来看，"博鳌"热词在2017年3月22日16时，到达峰值，其后态势有所趋缓（见图7-8）。

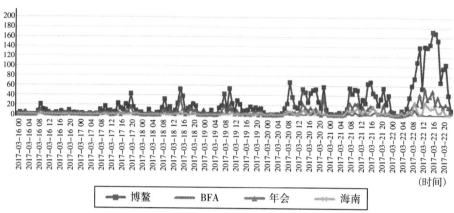

图 7-8　开会前境内外媒体热门主题词演化趋势

从发布量、转发量等情况来看，仍是以境内主流媒体为主，博鳌亚洲论坛、《海南日报》、琼海在线、南海网、人民网海南视窗位居前五名（见表7-7）。

表 7-7　开会前境内外媒体前五位宣传情况

影响者	发布量（条）	浏览数（万）	点赞数（个）	转发数（条）	评论数（条）	粉丝数（万）	影响力指数
博鳌亚洲论坛	35	0	57	68	31	14.54	27.23
《海南日报》	18	0	36	11	7	4001.61	28.62
琼海在线	18	6.07	190	0	8	0	21.41
南海网	14	0	72	20	34	2436.02	30.61
人民网海南视窗	11	0	8	6	3	174.98	22.39

情况2：开会前境外媒体对BFA年会的评价

在观察期内，与主题相关的新闻有621条，平均每天4条，其中网上关注最高峰出现在2017年3月20日22时，数据累计达到42条（见图7-3）。

从总体评价来看，以中性评价为主，占比高达 89.05%，其次是积极评价，占比 9.66%，最后是消极评价，占比 1.29%（见图 7-9）。与境内外所有媒体相比，境外媒体中性评价占比明显增多，高出大约 9 个百分点；积极评价占比明显较低，低出 5.69 个百分点；消极评价占比明显增多，高出大约 3.3 个百分点。

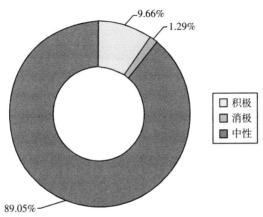

图 7-9　开会前境外媒体类型总体评价情况

具体到整个观察期内，与主题相关的言论及文章，主要以中性评价为主，积极评价偶尔掀起波澜，消极评价最少（见图 7-10）。其中，网上中

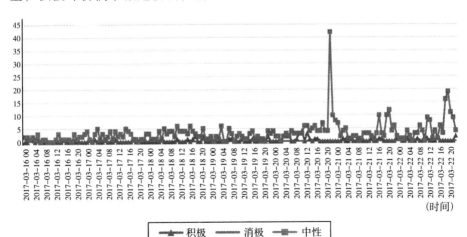

图 7-10　开会前境外媒体总体评价走势变化

性评价最高峰同样出现在 2017 年 3 月 20 日 22 时, 与之前相关主题网上关注最高峰相对应, 累计 42 条均为中性评价。

情况 3: 开会前境外主流媒体对 BFA 年会的评价

在观察期内, 没有抓取到境外主流媒体对 BFA 年会的相关报道。

情况 4: 开会后境内外媒体对 BFA 年会的评价

在观察期内, 与主题相关的新闻有 56598 条, 平均每天 337 条, 其中网上关注最高峰出现在 2017 年 3 月 26 日 15 时, 数据累计达到 6161 条 (见图 7–11)。

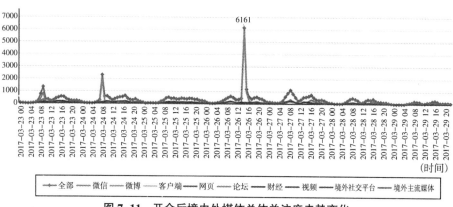

图 7–11 开会后境内外媒体总体关注度走势变化

从五大平台 (微信、微博、客户端、网页和境外社交平台) 的数据发展走势来看 (见图 7–12), 微博和网页的讨论量排在前列, 极大程度上影响着整个事件的发展态势。从具体新闻数量占比来看, 微博占比 36.88%, 排在第一位; 其次是网页, 占比 23.05%; 排在第三位的是客户端, 占比 19%; 此外, 微信占比 18.31%, 还有 2.24% 的境外社交平台以及 0.02% 的境外主流媒体。

从总体评价来看 (见图 7–13), 以中性评价为主, 占比高达 72.13%, 其次是积极评价, 占比 22.67%, 最后是消极评价, 占比 5.20%。

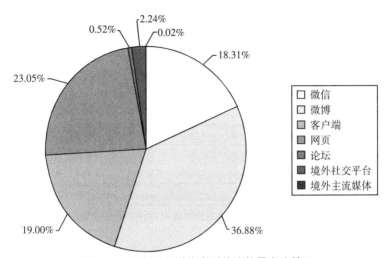

图 7-12 开会后各媒体类型关注数量占比情况

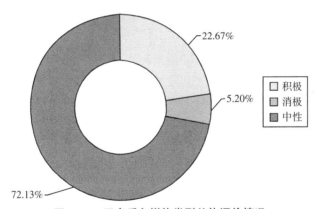

图 7-13 开会后各媒体类型总体评价情况

具体到整个观察期内，与主题相关的言论及文章，主要以中性评价为主，积极评价次之，消极评价最少（见图 7-14）。其中，网上中性评价和最积极评价高峰同样出现在 2017 年 3 月 22 日 15 时。

从热门主题词来看，与主题相关的其他热门主题词还有：博鳌、论坛、亚洲、年会、亮相、全球化、"一带一路"、习近平、海南、张高丽等（见图 7-15）。

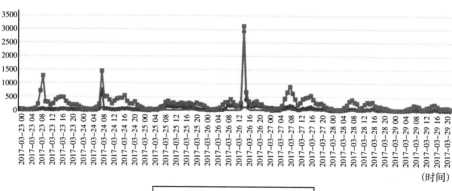

图 7-14　开会后境内外媒体总体评价走势变化

图 7-15　开会后境内外媒体热门主题词词云图

从热门主题词演化趋势来看，"博鳌"热词在 2017 年 3 月 26 日 15 时，达到峰值，其后态势有所趋缓（见图 7-16）。

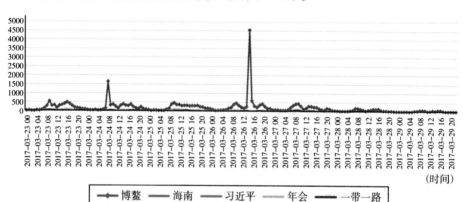

图 7-16　开会后境内外媒体热门主题词演化趋势

从发布量、转发量等情况来看，仍是以境内主流媒体为主，博鳌亚洲论坛、《海南日报》、新浪财经、张萌_萌姐（个人）、《中国日报》位居前五名（见表7-8）。

表7-8 开会后境内外媒体前五位宣传情况

影响者	发布量（条）	浏览数（万）	点赞数（个）	转发数（条）	评论数（条）	粉丝数（万）	影响力指数
博鳌亚洲论坛	580	0	294	285	452	10.38	35.37
《海南日报》	55	0	549	122	106	4001.61	37.33
新浪财经	44	0	140	652	19	5752.77	36.1
张萌_萌姐	19	0	1209	93	1961	209.74	36.78
《中国日报》	16	0	866	303	173	13775.2	39.22

情况5：开会后境外媒体对BFA年会的评价

在观察期内，与主题相关的新闻有1283条，平均每天8条，其中网上关注最高峰出现在2017年3月25日9时，数据累计达到44条（见图7-17）。

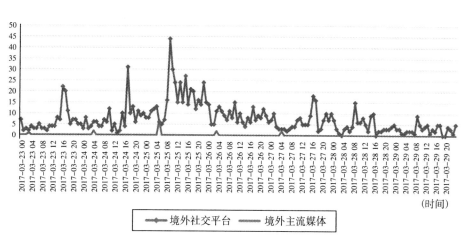

图7-17 开会后境外媒体总体关注度走势变化

从总体评价来看，开会后境外媒体以中性评价为主，占比高达68.04%，其次是积极评价，占比29.46%，最后是消极评价，占比2.49%（见图7-

18)。与境内外所有媒体相比，境外媒体中性评价占比有所下降，降低大约 4.09 个百分点；积极评价占比明显增多，高出 6.79 个百分点；消极评价占比有所下降，降低大约 2.71 个百分点。

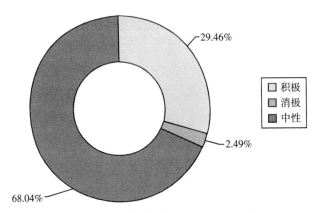

图 7–18　开会后境外媒体类型总体评价情况

具体到整个观察期内，与主题相关的言论及文章，主要以中性评价为主，积极评价偶尔掀起波澜，消极评价最少（见图 7–19）。其中，网上中性评价最高峰同样出现在 2017 年 3 月 22 日 15 时，与之前相关主题网上关注最高峰相对应，累计 44 条中的 43 条为中性评价。

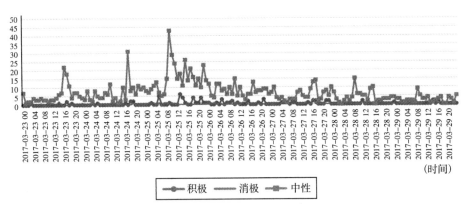

图 7–19　开会后境外媒体总体评价走势变化

情况 6：开会后境外主流媒体对 BFA 年会的评价

在观察期内，境外主流媒体对 BFA 年会的相关报道共有 14 条。其中，积极评价 8 条，占比为 57.14%；中性评价 6 条，占比为 42.86%。

（二）对中国和海南报道的实证分析

根据研究目标，本书具体分析六种情况（见表 7-9），即通过开会前后境内外媒体、境外媒体以及境外主流媒体分别对中国和海南的报道数量和态度，得出开会前后的整体评价情况。

表 7-9　具体分析六种情况

情况	目标		筛选条件	时间选择	数据库
情况 7	开会前对中国和海南的评价	境内外媒体	"中国，China，中国" and "海南，Hainan"	2017 年 3 月 16 日 00 时至 2017 年 3 月 22 日 23 时	所有媒体
情况 8		境外媒体			境外媒体
情况 9		境外主流媒体			境外主媒
情况 10	开会后对中国和海南的评价	境内外媒体		2017 年 3 月 23 日 00 时至 2017 年 3 月 29 日 23 时	所有媒体
情况 11		境外媒体			境外媒体
情况 12		境外主流媒体			境外主媒

情况 7：开会前境内外媒体对中国和海南的评价

在观察期内，与主题相关的新闻有 79455 条，平均每天 472 条，其中网上关注最高峰出现在 2017 年 3 月 17 日 17 时，数据累计达到 1239 条（见图 7-20）。

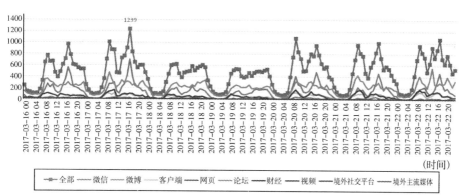

图 7-20　开会前境内外媒体总体关注度走势变化

从五大平台（微信、微博、客户端、网页和境外社交平台）的数据发展走势来看，微博和微信的讨论量排在前列，极大程度上影响着整个事件的发展态势。从具体新闻数量占比来看，微博占比 43.74%，排在第一位；其次是微信，占比 29.88%；排在第三位的是网页，占比 12.27%；此外，客户端占比 9.77%，还有 3.20% 的论坛数据，1.14% 的境外社交平台（见图 7-21）。

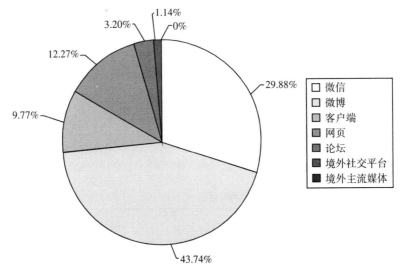

图 7-21　开会前各媒体类型关注数量占比情况

从总体评价来看（见图 7-22），以中性评价为主，占比高达 77.28%，其次是积极评价，占比 16.21%，最后是消极评价，占比 6.51%。

具体到整个观察期内，与主题相关的言论及文章，主要以中性评价为主，积极评价偶尔掀起波澜，消极评价最少（见图 7-23）。其中，网上中性评价最高峰同样出现在 2017 年 3 月 17 日 17 时，第二高峰出现在 2017 年 3 月 20 日 9 时。

从热门主题词来看，与主题相关的其他热门主题词还有：中国、China、海南、博鳌、三亚、海南省、海南航空、芒果、限购、旅游、海口等（见图 7-24）。从热门主题词演化趋势来看，"中国"热词在 2017 年 3 月 19 日 19 时达到峰值，"海南"热词在 2017 年 3 月 17 日 9 时达到峰值，其后态势有所趋缓。

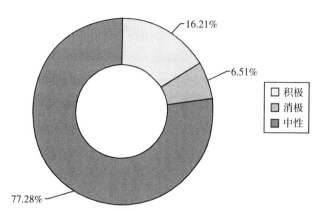

图 7-22　开会前各媒体类型总体评价情况

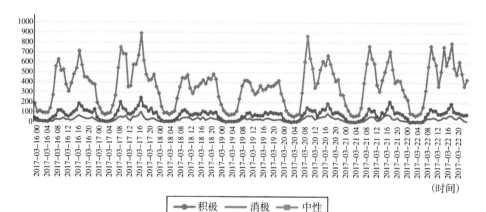

图 7-23　开会前境内外媒体总体评价走势变化

图 7-24　开会前境内外媒体热门主题词词云图

从发布量、转发量等情况来看，以境内主流媒体为主。《海南日报》、新浪海南、直播海南、《海口日报》、海南热带海洋学院团委位居前五名（见表7-10）。

表7-10　开会前境内外媒体前五位宣传情况

影响者	发布量（条）	浏览数（万）	点赞数（个）	转发数（条）	评论数（条）	粉丝数（万）	影响力指数
《海南日报》	91	0	319	129	68	4668.55	37.05
新浪海南	44	0	248	114	267	458.14	35
直播海南	44	0	146	53	94	188.56	31.79
《海口日报》	36	0	115	19	11	522.28	29.31
海南热带海洋学院团委	34	0	215	188	341	4.14	30.64

情况8：开会前境外媒体对中国和海南的评价

在观察期内，与主题相关的新闻有906条，平均每天5条，其中网上关注最高峰出现在2017年3月19日22时，数据累计达到26条（见图7-25）。

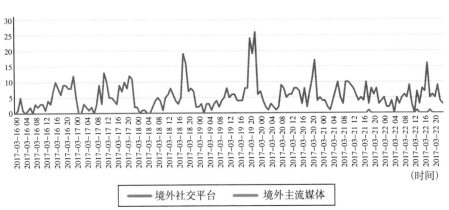

图7-25　开会前境外媒体类型总体评价情况

从总体评价来看，以中性评价为主，占比高达86.20%，其次是积极评价，占比8.28%，最后是消极评价，占比5.52%（见图7-26）。与境内外所有媒体相比，境外媒体中性评价占比明显增多，高出 9.2 个百分点；积极评价占比明显降低，低出 7.07 个百分点；消极评价占比基本持平，高出约 0.93 个百分点。

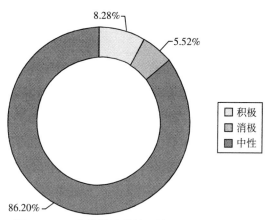

图 7-26　开会前境外媒体总体评价走势变化

具体到整个观察期内，与主题相关的言论及文章，主要以中性评价为主，积极评价偶尔掀起波澜，消极评价最少（见图 7-27）。其中，网上中性评价最高峰同样出现在 2017 年 3 月 19 日 22 时，与之前相关主题网上关注最高峰相对应，累计 26 条中 25 条均为中性评价。

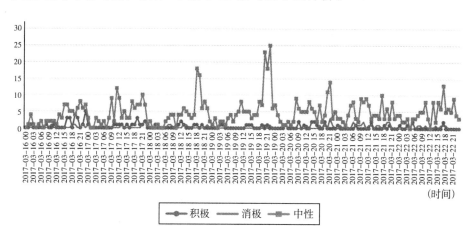

图 7-27　开会前境外媒体总体评价走势变化

情况 9：开会前境外主流媒体对中国和海南的评价

在观察期内，抓取到境外主流媒体对中国和海南的 3 篇报道，2 篇来自台湾苹果日报，1 篇来自东森日报，均为中性评价。

情况 10：开会后境内外媒体对中国和海南的评价

在观察期内，与主题相关的新闻有 85501 条，平均每天 509 条，其中网上关注最高峰出现在 2017 年 3 月 24 日 8 时，数据累计达到 2581 条（见图 7-28）。

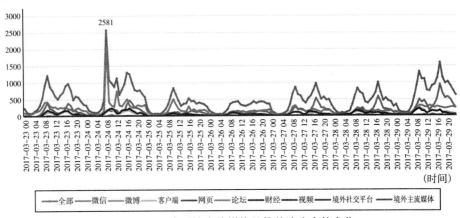

图 7-28　开会后境内外媒体总体关注度走势变化

从五大平台（微信、微博、客户端、网页和境外社交平台）的数据发展走势来看，微博和微信的讨论量排在前列，极大程度上影响着整个事件的发展态势。从具体新闻数量占比来看，微博占比 37.38%，排在第一位；其次是微信，占比 31.43%；排在第三位的是网页，占比 14.35%；此外，客户端占比 13.38%，还有 2.10%的论坛数据，1.34%的境外社交平台和 0.02%的境外主流媒体（见图 7-29）。

从总体评价来看（见图 7-30），以中性评价为主，占比高达 75.78%，其次是积极评价，占比 18.12%，最后是消极评价，占比 6.09%。

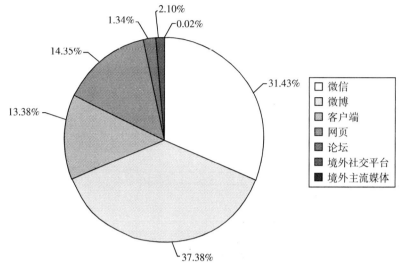

图 7-29　开会后各媒体类型关注数量占比情况

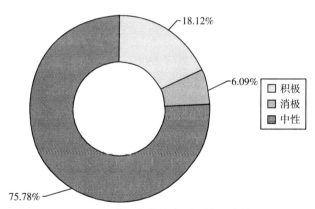

图 7-30　开会后各媒体类型总体评价情况

　　具体到整个观察期内，与主题相关的言论及文章，主要以中性评价为主，积极评价偶尔掀起波澜，消极评价最少（见图 7-31）。其中，网上中性评价最高峰同样出现在 2017 年 3 月 24 日的 8 时。

　　从热门主题词来看，与主题相关的其他热门主题词还有：中国、China、博鳌、海南、论坛、三亚等（见图 7-32）。从热门主题词演化趋势来看，"中国"热词在 2017 年 3 月 23 日 21 时达到峰值，"博鳌"热词在

2017 年 3 月 24 日的 8 时，达到峰值，其后态势有所趋缓。

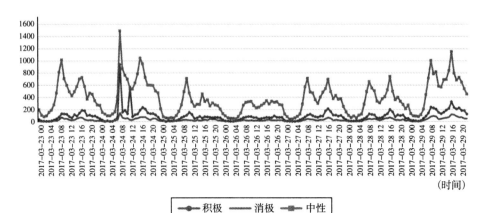

图 7-31 开会后境内外媒体总体评价走势变化

图 7-32 开会后境内外媒体热门主题词词云图

从发布量、转发量等情况来看，以境内主流媒体及其官方微博为主。《海南日报》、新浪海南、直播海南、海南微时代、南海网位居前五名（见表 7-11）。

情况 11：开会后境外媒体对中国和海南的评价

在观察期内，与主题相关的新闻有 1167 条，平均每天 7 条，其中网上关注最高峰出现在 2017 年 3 月 25 日 14 时，数据累计达到 26 条（见图 7-33）。

表 7-11 开会后境内外媒体前五位宣传情况

影响者	发布量 （条）	浏览数 （万）	点赞数 （个）	转发数 （条）	评论数 （条）	粉丝数 （万）	影响力 指数
《海南日报》	90	0	775	274	209	4668.55	39.79
新浪海南	50	0	363	100	442	458.14	35.88
直播海南	41	26.18	1787	0	193	0	28.97
海南微时代	37	0	489	88	152	117.85	33.33
南海网	35	0	85	28	37	2436.02	32.05

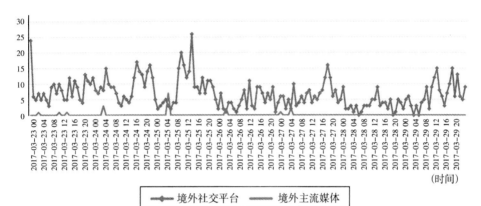

图 7-33 开会后境外媒体类型总体评价情况

从总体评价来看，以中性评价为主，占比高达 84.40%，其次是积极评价，占比 9.77%，最后是消极评价，占比 5.83%（见图 7-34）。与境内外所有媒体相比，境外媒体中性评价占比明显增多，高出 8.62 个百分点；积极评价占比明显较低，低出 8.35 个百分点；消极评价占比基本持平，高出约 0.26 个百分点。

具体到整个观察期内，与主题相关的言论及文章，主要以中性评价为主，积极评价偶尔掀起波澜，消极评价最少（见图 7-35）。其中，网上中性评价最高峰同样出现在 2017 年 3 月 23 日 0 时，第二高峰出现在 2017 年 3 月 25 日 14 时。

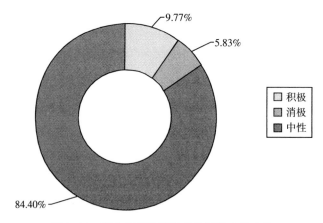

图 7-34　开会后境外媒体总体评价走势变化

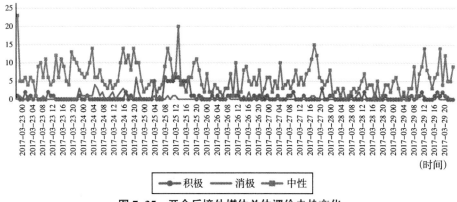

图 7-35　开会后境外媒体总体评价走势变化

情况 12：开会后境外主流媒体对中国和海南的评价

在观察期内，抓取到境外主流媒体对中国和海南的 18 篇报道，10 篇为中性评价，占比为 55.56%；8 篇为积极评价，占比为 44.44%。

三、对比分析结果

根据上述 12 种情况，下面对开会前后的目标主题进行对比分析：

（一）开会前后关于博鳌亚洲论坛评价的对比分析

数量上，所有媒体对博鳌亚洲论坛的关注度明显上升，增幅为691.47%。其中，微博增幅最大（1119.70%），客户端（756.13%）和网页（672.05%）次之，微信（472.69%）和论坛（350.77%）随后，境外媒体以境外社交平台为主，增幅为104.35%（见表7–12）。

表7–12　开会前后各媒体关于博鳌亚洲论坛关注数量的对比分析

开会前		开会后		前后对比	
数据源	数量	数据源	数量	增量	增幅（%）
微信	1809	微信	10360	8551	472.69
微博	1711	微博	20869	19158	1119.70
客户端	1256	客户端	10753	9497	756.13
网页	1689	网页	13040	11351	672.05
论坛	65	论坛	293	228	350.77
境外社交平台	621	境外社交平台	1269	648	104.35
境外主流媒体	0	境外主流媒体	14	14	—
所有媒体	7151	所有媒体	56598	49447	691.47

占比上，除了微博、客户端、境外主流媒体的占比有所提升以外，其他类型均有不同程度的下降，主要原因与开会后微博和客户端数量迅速上升有关（见表7–13）。

表7–13　开会前后各媒体关于博鳌亚洲论坛关注占比的对比分析

开会前		开会后		前后对比	
数据源	占比（%）	数据源	占比（%）	增量（%）	增幅（%）
微信	25.30	微信	18.30	-6.99	-27.64
微博	23.93	微博	36.87	12.95	54.11
客户端	17.56	客户端	19.00	1.43	8.17
网页	23.62	网页	23.04	-0.58	-2.45
论坛	0.91	论坛	0.52	-0.39	-43.05
境外社交平台	8.68	境外社交平台	2.24	-6.44	-74.18
境外主流媒体	0.00	境外主流媒体	0.02	0.02	—

评价上，所有媒体随着关注度的增长，各类评价均呈现大幅上涨趋势，积极类评价上升最为明显，为 1068.67%；消极类评价次之，上升796.95%；中性评价上升 613.08%。从占比来看，虽然开会前后均以中性类评价为主，但值得关注的是，积极类评价占比增加较快，增加 7.32%，增幅为 47.66%；中性类评价占比下降较快，下降 7.93%，降幅为 9.90%；消极类评价基本持平（见表 7-14）。

表 7-14　开会前后各媒体关于博鳌亚洲论坛评价的对比分析

评价	开会前		开会后		前后对比（数量）		前后对比（占比）	
	数据量	占比(%)	数据量	占比(%)	增量	增幅(%)	增量(%)	增幅(%)
积极	1098	15.35	12832	22.67	11734	1068.67	7.32	47.66
消极	328	4.59	2942	5.20	2614	796.95	0.61	13.33
中性	5725	80.06	40824	72.13	35099	613.08	-7.93	-9.90

与所有媒体类似，境外媒体的各类评价同样呈现上涨趋势，但增幅稍小一些。但占比方面，境外媒体对于博鳌亚洲论坛积极类评价占比的上涨幅度明显要高于所有媒体，积极类评价占比增加较快，增加 19.80%，增幅为 204.93%；中性类评价占比下降较快，下降 21.01%，降幅为 23.59%；消极类评价基本持平（见表 7-15）。

表 7-15　开会前后各媒体关于博鳌亚洲论坛评价的对比分析

评价	开会前		开会后		前后对比（数量）		前后对比（占比）	
	数据量	占比(%)	数据量	占比(%)	增量	增幅(%)	增量(%)	增幅(%)
积极	60	9.66	378	29.46	318	530.00	19.80	204.93
消极	8	1.29	32	2.49	24	300.00	1.21	93.61
中性	553	89.05	873	68.04	320	57.87	-21.01	-23.59

结论：博鳌亚洲论坛的召开有效提升了所有媒体的关注度，无论是境内媒体还是境外媒体，关注数量明显上升。从媒体类型来看，微博和客户

端对于博鳌亚洲论坛跟进速度较快，这说明新媒体和传统媒体对博鳌亚洲论坛的传播各有优势，某种程度上已基本站在同一起跑线上。博鳌亚洲论坛的召开有助于提升自身品牌的传播力，特别是国际传播力。从未来国际传播角度来看，应当更多关注境外社交平台而非境外主流媒体，策略上应更多侧重于将中性类评价转为积极类评价，而非彻底改变消极类评价。

（二）关于开会前后中国和海南评价的对比分析

数量上，对中国和海南的关注度有所上升，增幅为7.61%。其中，境外主流媒体增幅最大（500.00%），客户端（47.35%）和境外社交平台（27.24%）次之，网页（25.82%）和微信（13.22%）随后，微博（–8.05%）和论坛（–29.47%）关注度反而减少（见表7–16）。

表7–16 开会前后各媒体关于中国和海南关注数量的对比分析

开会前		开会后		前后对比	
数据源	数量	数据源	数量	增量	增幅（%）
微信	23739	微信	26877	3138	13.22
微博	34752	微博	31956	–2796	–8.05
客户端	7764	客户端	11440	3676	47.35
网页	9749	网页	12266	2517	25.82
论坛	2545	论坛	1795	–750	–29.47
境外社交平台	903	境外社交平台	1149	246	27.24
境外主流媒体	3	境外主流媒体	18	15	500.00
所有媒体	79455	所有媒体	85501	6046	7.61

占比上，境外主流媒体的占比上升最快，升幅为457.57%；随后依次为客户端（36.93%）、境外社交平台（18.24%）、网页（16.92%）、微信（5.21%）；论坛占比下降最快，降幅为34.46%；微博次之，降幅为14.55%。主要原因与开会后微博和论坛数量有所下降有关（见表7–17）。

表7-17 开会前后各媒体关于中国和海南关注占比的对比分析

开会前		开会后		前后对比	
数据源	占比（%）	数据源	占比（%）	增量（%）	增幅（%）
微信	29.88	微信	31.43	1.56	5.21
微博	43.74	微博	37.38	−6.36	−14.55
客户端	9.77	客户端	13.38	3.61	36.93
网页	12.27	网页	14.35	2.08	16.92
论坛	3.20	论坛	2.10	−1.10	−34.46
境外社交平台	1.14	境外社交平台	1.34	0.21	18.24
境外主流媒体	0.00	境外主流媒体	0.02	0.02	457.57

评价上，所有媒体随着关注度的增长，各类评价均呈现大幅上涨趋势，积极类评价上升最为明显，为20.31%；中性类评价次之，上升5.52%；消极类评价基本持平。从占比来看，虽然开会前后均以中性类评价为主，但值得关注的是，积极类评价占比有所上升，增加1.91%，增幅为11.80%；消极类评价有所下降，降低0.41%，降幅为6.35%；中性类评价占比减少1.50%，降幅为1.94%（见表7-18）。

表7-18 开会前后各媒体关于中国和海南评价的对比分析

评价	开会前		开会后		前后对比（数量）		前后对比（占比）	
	数据量	占比（%）	数据量	占比（%）	增量	增幅（%）	增量（%）	增幅（%）
积极	12880	16.21	15496	18.12	2616	20.31	1.91	11.80
消极	5169	6.51	5209	6.09	40	0.77	−0.41	−6.35
中性	61406	77.28	64796	75.78	3390	5.52	−1.50	−1.94

与所有媒体类似，境外媒体的各类评价同样呈现上涨趋势，但增幅稍小一些。但占比方面，境外媒体对中国和海南积极类评价占比的上涨幅度明显要高于所有媒体，积极类评价占比增加较快，增加1.49%，增幅为18.01%；消极类评价占比有所增加，增加0.31%，增幅为5.58%；中性类

评价占比下降较快，下降1.80%，降幅为2.09%（见表7-19）。

表7-19 开会前后境外媒体关于中国和海南评价的对比分析

评价	开会前		开会后		前后对比（数量）		前后对比（占比）	
	数据量	占比(%)	数据量	占比(%)	增量	增幅(%)	增量(%)	增幅(%)
积极	75	8.28	114	9.77	39	52.00	1.49	18.01
消极	50	5.52	68	5.83	18	36.00	0.31	5.58
中性	781	86.20	985	84.40	204	26.12	-1.80	-2.09

　　结论：博鳌亚洲论坛的召开在一定程度上有助于提升所有媒体的关注度，无论是境内媒体还是境外媒体，关注数量有所上升。从媒体类型来看，传统媒体明显比新媒体跟进速度要快，微博和论坛的关注数量不升反降。但是，博鳌亚洲论坛的召开明显有助于提升境外媒体对中国和海南的关注度，无论是境外主流媒体还是境外社交平台。结合上文，博鳌亚洲论坛不仅有助于提升自身品牌的国际传播力，也有助于提高主办城市和主办国的国际传播力。

第八章 基于多学科视角探索构建会展国际传播三维评价体系

第一节 传统会展业评价体系的构建思路与局限性

一、传统会展业评价体系的构建思路

从现有文献来看，涉及会展业评级体系大体可以分为定性评价和定量评价两种类别。

（一）会展业定性评价体系

会展业定性评价体系主要采用 SWOT 分析与波特的"钻石模型"两种方法。

1. SWOT 分析方法

SWOT 分析方法常用于战略规划，其特点在于能够根据外部冲击与内部因素的联系，来规划和设计下一步战略；优点在于能够吸纳各种形式的信息，而非拘泥于某一个固定的模式或是固定的目标；缺点在于评价者的主观判断和个人经验可能会影响到最终结论的形成。从先后顺序来看，SWOT 分析方法首先需要明确优势（S）和劣势（W），继而分析来自外部

的机会（O）和威胁（T），并随时根据这些因素的变化来调整战略规划（见图 8-1）。

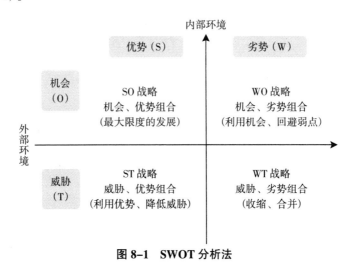

图 8-1　SWOT 分析法

具体到会展业评价上，褚秀慧（2008）借助 SWOT 分析方法，以上海会展业为研究对象，对其面临的优势（S）、劣势（W）、机会（O）以及威胁（T）进行分析，并对 2010 年世博会提出了建议。

2. 波特的"钻石模型"

"钻石模型"是由美国教授迈克尔·波特提出的，同时也是战略理论之一。钻石模型用于分析一个国家某种产业为什么会在国际上有较强的竞争力。其主要因素如表 8-1 所示。

表 8-1　"钻石模型"的六大因素

类别	因素	基本内容	备注
基本决定因素	生产要素	包括人力资源、天然资源、知识资源、资本资源、基础设施	竞争优势依赖于一国长期投资升级而形成的高级要素
	需求条件	本国市场的需求	国内强大的需求有利于建立国际竞争优势
	相关产业和支持产业的表现	产业及其相关上游产业是否具有国际竞争力	由本地企业组成上下游是最为可靠的
	企业竞争	企业的战略、结构、同业竞争	国内竞争才是能够刺激企业进步和推动创新的动力

类别	因素	基本内容	备注
辅助因素	政府	政府政策的影响	政府的角色应当是市场竞争的催化剂
	机会	机会可以影响四大要素发生变化	机会来自于企业外部，如新发明、基础技术的突破、政治变化和国外市场的转变

　　由于六个要素之间存在相互影响的关系，一些要素之间具有双向作用效应，用线条连接在一起，能够形成一个菱形，就像钻石一样，故得名为"钻石模型"（见图8-2）。

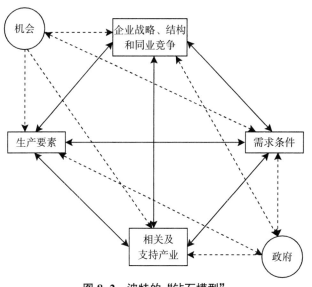

图8-2　波特的"钻石模型"

　　具体到会展业评价上，大部分文献借助六大要素，对所研究的会展竞争力进行分析（见表8-2）。

表 8-2 运用"钻石模型"相关文献

年份	作者	研究对象	研究内容	关键要素
2010	徐成里	福建省	对比分析福州、泉州、漳州、莆田、南平、三明、龙岩、宁德8个地区的会展业竞争力	生产要素、需求条件、相关产业、企业战略、企业结构和同行竞争、政府和机会
2010	申雨璇	秦皇岛市	会展业竞争力	区位环境、自然环境、城市基础设施、相关产业和支持产业、政府
2011	肖红艳	内蒙古自治区	会展业国际竞争力	生产要素、需求条件、相关产业、企业战略、企业结构和同行竞争、政府和机会
2011	庾为	北京市朝阳区	会展业竞争力指标体系	除六大要素外，还包括场馆数量、场馆总面积、总收入、国际展览及国际会议数量、对外交流等

（二）会展业定量评价体系

会展业定量评价体系主要采用层次分析法、因子分析法与 GEM 模型（见表 8-3）。

表 8-3 运用定量评价体系相关文献

年份	作者	研究对象	研究方法	指标维度
2008	李海霞	会展城市竞争力	层次分析法	现实竞争力、潜在竞争力和环境支持力，但并未为每种竞争力赋予具体的权重
2009	王述珍、庾为、李智玲	北京、广州、上海三大会展龙头城市	层次分析法	相关环境因素、会展竞争业绩、内部资源条件、外部产业支持
2010	徐秀美	昆明会展旅游竞争力	层次分析法	企业竞争力、产业管理、相关产业发展、辅助产业发展等情况
2012	徐秀平、史万震	武汉会展旅游竞争力	层次分析法+因子分析法	城市综合实力、城市会展业发展水平、城市旅游业发展水平、会展旅游主体的协作
2012	卢晓	上海会展产业集群竞争力	GEM 模型	基础竞争力、企业竞争力和市场竞争力
2010	张俐俐、周丽丽、庞华	广州会展产业集群竞争力	GEM 模型	基础竞争力、企业竞争力和市场竞争力
2008	程林、涂建华	12个城市会展业竞争力	因子分析法	经济、科技文化、基础设施、对外开放、环境、人力资源

二、传统会展业评价体系的局限性

（一）传统定性评价体系多以管理学研究视角为主

从前文可知，传统会展业定性评价体系大多源自管理学的研究视角，以 SWOT 分析与波特的"钻石模型"为主要的研究方法，对于会展业自身因素和外部因素进行优劣势分析。这种研究视角的局限性在于，将会展业视为一个具体的产业或是企业，并没有认为会展业和其他产业有本质上的区别，因此在研究方法上也没有特别加以区分，而是统一运用管理学研究框架进行统筹安排乃至战略规划。

（二）传统定量评价体系多以经济学研究视角为主

由于会展业天然具有经济属性，会展经济本身也成为一个国家和地区的战略性产业。因此，大多数定量评价体系从会展产生的经济效益，并通过各种实证分析手段将基本因素转化为可以进行定量分析的指标因子，在此基础上，利用赋值或者打分的方法，对研究对象进行排序。这种研究视角的局限性在于，将会展业视为可以带来经济效益的产业或是企业，而对于会展业带来的政治传播和文化传播影响力基本不涉及。

（三）大多数以城市研究视角为主

无论是定性评价体系，还是定量评价体系，一个共同特点是大多数研究的出发点和落脚点为某个具体的城市或是城市与城市之间的比较。这种研究视角的局限性在于，将会展业局限于一个地域的概念或研究框架下，而忽视会展之于整个国家政治、文化、经济战略的意义。

第二节　会展国际传播三维评价体系的构建

一、会展国际传播三维评价体系的构建思路

(一) 研究视角

由第二章到第四章的理论分析以及第五章的实证分析可知，会展具有国际传播功能，而非简单的经济影响力。由此可见，无论是以管理学为主的定性评价体系，还是以经济学为主的定量评价体系，都具有局限性。与此同时，针对以城市为主的地域化研究视角的局限性问题，需要引入国际关系学、政治学，打破传统研究的思维惯性。本书从传播学、经济学、管理学、政治学、文化学、国际关系学等多学科视角出发，尝试通过"东道国影响力""城市支撑力"以及"复合传播力"三个维度，构建会展国际传播三维评价体系。

(二) 构建原则

为了使评价体系更加科学化、规范化，构建会展传播评级体系既需遵循评级体系构建的基本原则，也需根据会展国际传播功能的特点，适当调整和增添一些原则。总之，会展国际传播三维评价体系构建的基本原则如下：

一是综合性原则。评价体系是一个完整的整体，需要全面考虑政治传播、文化传播、经济传播三大维度。同时，在指标设计上要注重层次性，自上而下，从宏观到微观层层深入，形成一个不可分割的评价体系。

二是系统性原则。评价体系的每一个维度相当于一个子系统，每一个子系统由既相互独立又彼此联系的一组指标构成。而各子系统之间也同样相互独立，彼此间又存在一定的逻辑关系。

三是适应性原则。评价体系的构建既需要权威的、国际化的理论分析作为支撑，又需要结合各国实践经验和实际情况进行适当修订。各评价指标必须标准统一，为了易于在不同国家、不同城市、不同会展之间进行比较分析，应当尽量简单明了，同时具有较强的现实可操作性。

四是导向性原则。构建评价体系最终是为了服务于政策分析，通过捕捉会展的国际传播功能在不同维度、不同方面的独特优势以及薄弱环节，预测其发展趋势和走向，为有关部门提供具有针对性的对策建议。

二、会展国际传播三维评价体系的指标设计

该评价体系具体分为"东道国影响力"、"城市支撑力"和"复合传播力"三个维度，每一维度共由三级指标构成。

"东道国影响力"按东道国软实力和硬实力分为"东道国经济实力"、"东道国政治影响力"和"东道国文化影响力"三个指标。

"城市支撑力"同样按城市的硬件和软件分为两部分，城市硬件实力包括"城市区位优势""城市经济总量""城市交通承载力""城市公共基础设施建设水平""城市旅游业水平""城市产业实力""城市企业实力"七大部分。城市软件实力包括"城市文化影响力""政府行政力""人才集聚力"三大部分。

"复合传播力"是该评价体系的设计重点。具体包括线上和线下传播两部分，线上传播以大众传媒为主，包括"内容生产力"和"融合传播力"两部分。线下传播包括 "场内传播力"和"场外传播力"两部分。

具体指标设计如表8-4所示。

表 8-4　会展国际传播三维评价体系的指标设计

一级指标	含义	分类	二级指标	三级指标
东道国影响力	会展主办国国家实力和国际影响的变化	东道国硬实力	东道国经济实力	东道国 GDP、东道国人均 GDP、东道国贸易额、东道国对外直接投资额等
		东道国软实力	东道国政治影响力	东道国本届政府下双边外交活动数量和多边外交活动数量等
			东道国文化影响力	东道国本届政府下文化产品出口额及进口额等
城市支撑力	会展主办城市软硬件实力	城市硬件实力	城市区位优势	城市的地理环境、自然条件等
			城市经济总量	城市 GDP、城市人均 GDP、城市居民消费水平、城市 FDI 流入等
			城市交通承载力	城市公共交通运载量、货柜吞吐量、机场旅客量、城市客运量、机场飞机起降次数等
			城市公共基础设施建设水平	城市邮政服务信件业务量、邮电包裹业务量、电信业务总量、宽频互联网接驳用户、电力消费量、每万人公共厕所数、公共绿地面积等
			城市旅游业水平	城市星级酒店数量、星级酒店的客房出租率、居民外出旅游人数、入境旅游人次、入境旅游相关的总消费等
			城市产业实力	城市产业多样性、产业集群数量、高新技术产业、特色产业等
			城市企业实力	城市世界 500 强跨国企业数量、国有大中型企业数量等
		城市软件实力	城市文化影响力	城市文化设施建设、城市文化活动数量等
			政府行政力	政府主导型会展数量、大型会展活动承办经验、城市活动数量、城市治安情况、城市开放程度
			人才集聚力	城市居住人口、服务业人数、在岗职工人数、高等教育院校数量、高等院校在校人数
复合传播力	线上线下传播实力	线上传播实力	内容生产力	主流媒体与新媒体的发稿量、联动传播数量等
			融合传播力	主流媒体与新媒体的转发量、评论量、满意度等
		线下传播实力	场内传播力	举办天数、参观人数、建筑面积、参展国数、主题设置力、议程设置力、创新手段运用、现场服务配套等
			场外传播力	周边文化感染力、周边服务配套等

第九章　会展国际传播的中国实践与范式转移

第一节　国际传播空间范式的现实意义

一、国际格局与国际传播概况

当今世界是一个在政治、经济、文化等领域全面不平等的世界，在经济上，世界体系的"中心"与"边缘"的经济结构使发达国家对发展中国家施展依附性积累。发达国家与发展中国家政治上的不平等更加突出，表现为中心国家以经济实力为基础，强化武力、推销政治话语来维持自身的政治霸权，不断向欠发达国家推销自身的价值观念与政治模式。在文化上，强势文化对弱势文化进行侵袭，世界信息单向流动，逐渐形成文化帝国。

按照沃勒斯坦的理论，世界体系是一个"多重国家体系"，世界体系内存在"中心"与"边缘"的经济结构，在这样一个多重国家体系中，不同的历史时期会在不同的中心区，出现相应的"霸权"。任何霸权都存在一个"霸权周期"，通过对政治权力的垄断，为本国在经济上谋取利益而服务。

"中心"地区在整个世界体系中占据着政治、经济、文化上的主导地位，它们处于劳动分工的顶端，依靠自己的先发优势和先进技术进行工业半成品的制造。这些产业大部分属于技术密集型和资本密集型，可以保证中心国家获得大量利润。而边缘地区处于劳动分工低端，它们为中心地区提供原材料和廉价劳动力，甚至一些初级产品和广阔的商品销售市场。它们在劳动方式上较采取强制劳动，在政治和军事上也较为弱小。"半边缘"地区则是介于两者之间的地带，它是"一个世界经济体不可缺少的结构性要素"，也是一个缓冲地带，可以有效地缓解和转移政治压力，减少边缘地区对中心地区的直接反对。

当今世界体系是由旧的殖民体系发展而来的，在旧殖民体系的基础上，20世纪80年代左右，随着新自由主义崛起所推行的一系列政策，正在不断加剧原有的不平等。在"中心—半边缘—边缘"的结构中，"中心国家"对国际组织的控制带来了国际政治话语霸权。由于经济上的"中心"与"边缘"、政治上的不平等，世界体系在文化上总体处于不平衡状态，集中体现在西方国家在文化产业方面的压倒性优势和以英美为代表的文化价值观的全球扩散。在文化产业方面，世界的文化和新闻信息主要是从西方流向东方，从北方流向南方，从信息发达和富裕的国家流向信息落后和贫穷的国家。依靠先进、强大的科学与技术手段，英美的文化价值观——自由、民主、人权等观念在全球扩张。

二、国际传播学的研究对象和内容

按照国际传播研究对象的层次和范围，可以将国际传播理论分为宏观、中观和微观三个层次。宏观理论主要考察国家、文化、国际体系等大秩序问题；中观理论则较多关注国际传播中的群体、组织、社区、阶级等单位的国际传播理论；微观理论主要考察国际传播中的个人行为和传播效果。

国家与国家之间的信息传递活动从国家诞生以来就一直存在，无论是古代各国互派使节、首领会盟之类的外交活动，还是远洋贸易、海外传教等民间往来，上述信息的跨国传递或跨国交流就是信息的国际传播。当前，大多数国际性社会组织主要是通过出版物或国际论坛和推介会，参与或监督全球事务，引导全球社会的良性发展。

在国际传播早期，政府是最为重要乃至唯一的传播行为体，进入社会高度信息化的国际传播时代以后，国家政府同样是极为重要的传播行为体。政府对外介绍和宣传本国的国情、政策和文化，以赢得良好的全球舆论，利用公共外交的形式，"告知、接触并影响"外国民众，"保证使自己国家与外国保持有效的思想联系"和"信息与观点的跨国流通"，以此减少全球公众对本国的误解和猜疑，增进全球社会对本国的认知、理解和信任，从而营造有利于本国对外政策产生和推行的全球舆论环境。

从狭义的国际传播概念出发，国家决定本国是否加入和如何加入国际传播过程，采取什么样的信息接收方式，怎样建立自己的国际传播系统等，这些都是国家以外的其他组织和个人难以做到的。从广义上说，国际传播即为国际交往或国际互动，它包括世界各国政府之间、人民之间、政府与人民之间的一切相互联系、相互影响和相互作用。狭义的国际传播的传播主体往往局限于国家政府，主要表现为主权国家（政府）之间的相互关系。

事实上，个人是最早的国际传播行为体，唐代玄奘、意大利人马可·波罗，在古代中印和中欧之间的信息交流中发挥了重要的作用。在 19 世纪国际邮政业、电报、电话、传真通信出现之后，个人作为国际传播的信息传递者的作用日渐增强，互联网的出现从根本上改变了个人在大众传播中作为"受众"的被动地位。由此，个人从作为国际传播的弱势主体提升为同主权国家、跨国公司和国际非政府组织并立的主体。

三、国际传播的经典范式与空间范式

（一）国际传播的经典范式

知识学理化的重要标志就是学科的理论范式，任何学科都有自身独特的理论范式，国际传播学也不例外。它是一种分析框架或是解释模式，是人们用以描述、分析、解释、说明、阐释、预测乃至于规范世界的框架或模式，也被称作"理论框架"。它是该学科研究所遵循的价值原则和基本方法，学术研究的演进和变革在很大程度上取决于理论范式的转换。近百年来，现当代国际传播研究大致经历了 20 世纪 20~40 年代的国际宣传范式、50~60 年代的发展/现代化传播范式、70~80 年代依附理论与媒介/文化帝国主义范式，以及 90 年代以来的全球主义或世界主义范式。

理论范式人为地把一个混沌的、绵延不绝的世界整体划分成一块块边界清晰乃至断裂的论域，所以任何一套理论范式对国际传播整体世界的观照都是相对褊狭、有限的。框架既是选择又是拘囿、阈限，理论往往表现为一套建构社会现实的话语系统，一种理论范式既是一种世界观或现实观，同时它又蕴含着关于对现实世界和人类社会现实的价值预设、取向和研究方法。

1. 技术主义范式

技术主义范式是从技术的角度看待世界和社会现象的世界观及其研究方法。技术主义范式的核心思想是：人类社会的进步源于技术的进步，人类社会的历史就是一部技术进步史。

传播的技术主义范式用信息传播技术来分析人类的信息传播活动及其社会历史影响，把人类文明等同于传播技术的发展史，在技术主义范式的支配下看待国际传播现象，进而预测国际传播的发展趋势。技术主义范式所表现出来的、具体的国际传播理论（形态）主要有两种：传播技术决定论和发展传播理论。传播技术决定论从媒介自身的技术特性来解释一切，认为媒介并非价值中立的渠道或中介，而是拥有内在逻辑的自主的力量，不同的媒介形式会以不同的方式影响人们如何感知、认识、思考、理解和表征。发展传播理论强调西方对欠发达国家的大众传媒建设提供援助，实际上加深了两者之间的依附关系。进入 20 世纪 70 年代中期后，在质疑之下，发展传播理论得到了部分的修正，形成了"新发展主义观点"，"从对大众媒体的支持转变成对新的信息与传播技术的潜力的盲目信仰"。

2. 政治经济学范式

政治经济学范式是指从政治、经济即权力和资本关系的角度来看待社会现象，聚焦于对社会关系尤其是权力关系的研究上，将信息传播现象放在一个更广泛的历史经济和社会背景之下，它认为媒介及其传播活动是社会权力运作和社会控制的一部分，把媒介的整个传播过程看作是一种包括传播资源生产、分配、流通、交换、消费各环节以及宏观决策的经济活动，把所有的媒介产品（包括受众）当商品，从而揭示出资本主义社会大众媒介及其信息传播与更广泛的阶级、阶层等社会权力关系之间的互动，并落实到大众传媒支配和控制的权力结构关系，即传播体制和传播生态之上。

3. 文化研究范式

文化研究范式是指从文化生产、在场和接受（消费）的角度看待社会现象的世界观及其研究方法。在人的整个生活世界内，"感知结构"是文化的核心要义。将感知主体或者说是意义系统客体的受众的文化接受成消费行为及其方式，并着力聚焦于媒介及其传播在创造和保持共享的意义和价值观的过程中所发挥的作用。概而言之，传播的文化研究范式关注媒介传播的文化意识形态本质及其文化效应，文化研究范式与政治经济学范式同属非经验性的批判范式，只是前者侧重于媒介生产和传播形态的思辨性推导和体制批判，后者侧重于媒介传播内容及其消费的诠释性理解和符号批判。传播的文化研究范式将信息传播过程理解为一个媒介内容唤醒受众、释放受众主体能量的过程，从文化或符号的视域来看待国际传播的不均衡现象及其中所发生的跨国符号竞争和叙事博弈，解释国际传播的发展态势。

（二）国际传播的空间范式

空间并非填充物体的容器，而是人类意识的居所，整个 20 世纪，世界都呈现了空间意识的复苏，只不过各个领域出现的时间和强度有所不同，这个过程中交织着所谓现代主义和后现代主义两大思潮的兴衰。

20 世纪初，在爱因斯坦、柏格森颠覆牛顿和笛卡尔的绝对空间和绝对时间观念出现的同时，以毕加索为代表的艺术家就在绘画作品中义无反顾地破坏透视法，搅乱画面的空间感。同时，对空间的强烈兴趣跳出画布，建筑师们怀着改造空间的巨大热情投入到自己的建筑设计和都市规划中。

海德格尔、梅洛·庞蒂在 20 世纪 30 年代开始关注实存的空间性，这个思想在战后以场所主义的形式支持了建筑和都市批判。从 20 世纪初以来，人类学、社会学、地理学、经济学等虽非以空间性来建构其理论，但是一些研究注意到了人的活动和组织与地理、区域乃至空间秩序的关系。20 世纪 70 年代，福柯、列斐伏尔等人尝试批判社会论空间化，把资本主义都市及其他国家看作空间的政治学或政治经济学的秩序化和利润化过程。20 世纪 80 年代前后出现了后现代理论，它们发起了对晚期资本主义空间的文化批评，但是该理论马上便被新兴的全球化理论所冲淡或吸入。现在，空间论的热点转向了重建全球化经济、政治、文化、生态、族群的认知图式。

20 世纪空间思想主要经历了三个时期：20 世纪上半叶为第一时期，空间思想主要在建筑或艺术领域展开；20 世纪 50~70 年代为第二时期，空间思想主要针对都市化过程展开；80 年代后期开始为第三时期，空间思想在全球化这个新的背景下展开。

黑格尔是贬低物质的，然而直至 20 世纪初的大约一百年，机器、材料、能源和交通工具等新发明不仅创造出大量功能卓越的工业产品，也极大地改变了人类生活的空间形态。在黑格尔过世的半个多世纪之后，物质堆积忽然重新成为时代精神的化身回到了历史舞台，这是对黑格尔精神哲学的彻底颠覆，是物质作为工业品而不是自然界的复权，同时也意味着物质对精神的压制。

当罗兰·巴特运用符号学原理对大众文化中的流行解码，作为实体的商品就不再重要，而广泛传播的商品的符号才具有真实的意义。鲍德里亚从更宏大的视角发现了虚像对真实的取代。他说："从今以后，那些通常被认为是完全真实的东西——政治的、社会的、历史的以及经济的都将带上超真实主义的类像特征，"鲍德里亚认为在后现代世界中，形象或类像与真实之间的界限已经内爆——各种界限消失，制造出"超现实"。"城市不再像 19 世纪那样是政治、工业的场所，而是'符号、传媒和符码'的场所，模拟的环境变得比真实环境更加真实，变成了'超空间'"。以电视为标志的电子视觉大众传媒的广泛应用，成为超现实空间体验的最直接的感性经验的来源，同时也为符码、仿真等观念的传播和普及提供了最通俗的实例。

杰姆逊认为，空间迷失不仅发生在现代都市和公共建筑内，这其实是一个更大更严重的问题的表征，它表明"在新的非中心化的资本主义传播网络中，在它的'局部的、国内的、跨国的阶级实体'中，主体丧失了以个人或集体方式把握自身的能力"。杰姆逊的后现代空间性概念受到了鲍德里亚以及麦克卢汉的很大影响。在杰姆逊那里，"后现代空间是鲍德里亚定义为超空间"的东西，一个充斥幻影和模拟的空间，一个纯粹直接和表面的空间。超空间是空间的模拟，对它而言，不存在原始的空间；类似于与它相关的"超现实"，它是被再生和重复的空间，由于后现代超空间是空间的模拟，消除了真实空间（被复制品）和复制品之间的界限，因此在杰姆逊看来，超空间的主要特征是引起人的迷向感。他说："后现代超空间"成功地超越了个人的能力，使人体未能在空间的布局中为其自身定位且置身其中，我们便无法以感官系统组织围绕我们四周的环境认知，也不能透过认知系统为自己在外界事物的总体设计中找到自己的位置方向。人的身体和周遭环境惊人"割裂"，使思维能力尤所作为。

《城市意象》的作者林奇曾用"超空间"一词来描述现代都市的复杂空间，批评了现代城市由于缺乏可读性而导致空间迷失。杰姆逊把现代城市空间特有的这种由于缺少独特意象而导致人的迷向感的现象，进一步看作后现代社会的一般性的空间表征。他也接受了林奇关于提高现代都市的可意象性的说法。呼吁重建日常生活的"认知绘图"，即"能为个人主体所把握的，特定的境况，以及能够克服后现代空间迷失的途径和政治使命"。他认为，要解除这种对空间的混淆感，就必须适时地在社会和空间的层面发现及投射一种全球化的认知绘图，并以此为我们的文化政治使命。

吉登斯提出"时空分延"的概念来描述全球化时代"让远距离的社会事件和社会关系与地方性场景交织在一起"的景象，他认为，时空分延的结果导致社会关系从地方性场景中被抽离出来。换句话说，就是人与场所的天然关联被切断，人的社会关系在更广的空间中被整合，从而导致现代社会人与场所的天然关联被割断，那么在"缺场"的地方出现场所的仿制品就是广域空间融合会造成的局面。但是，人们亲临这种局面时却往往不能适应，需要一种人为的空间解读，以协助现代人把握空间连续性。

列斐伏尔在《空间的生产》一书中提出意识空间的概念，认为"意识空间中包含逻辑的一致性、实践的连贯性、自我调节性，以及在整体中的局部之间的联系性，并以此造成一系列相对于内容的、类似于空间的逻辑集合"。如果说"物质空间"是认知的存在，那么"意识空间"则对应着精神世界中的秩序、等级与结构，本质上是一种政治空间、象征空间与文化空间。

现代的文化和技术手段制造了一种新的超空间，人的视觉感官习惯始终无法摆脱昔日传统的空间感，于是会产生空间迷向，感到无力把握空间等问题。我们只有认清当代空间是由地理空间、表象空间、赛博空间、社会空间等多重空间交错叠加在一起的真实的后现代性全球化空间，才能意识到后现代空间的阅读方式要有异于传统的认知方式，在断裂、人造、复制、夸大、非连续性空间中把握真实，并超越后现代空间。仪式必须发生在物理时空里，但仪式的时空观恰恰是物理时空观的反面，隐藏在无形的意识框架内，如果观者无法解码这些仪式符号，传播则是陌生的、无意义的。

第二节　国际传播与国家利益

国际传播的目的是最大限度地争取国家利益，国际威望和声誉能够为国家获取国际政治合法性提供保障，是国家利益的重要组成部分。无论是资本主义国家还是社会主义国家，统治阶层总是按照自己的国内政治秩序设想利益分配原则，按照自己的世界观和国家利益认识来制定国家战略。但由威望和声誉所带来的国家利益并不一定像经济利益那样直接可见，它往往是隐性的，利益变现也需要经历一定的时间，但其所带来的国家利益未必会比经济少。

人类社会真正从闭塞走向全球范围的国际交往始于 1500 年左右新航路的开辟。新航路的开辟打破了世界各国的隔绝，带来了人员的跨国活动和货物贸易，促进了国家之间信息和文化的传播。当时国际传播的主要工具是 1453 年古登堡发明的金属活字印刷术以及莫尔斯、爱迪生等发明的早期电子通信传播媒介。1835 年法国率先建立起哈瓦斯通讯社，成为世界上第一个新闻通讯社。之后，美国的美联社、德国的沃尔夫社以及英国的路透社相继成立。

"一战"时，国际传播首次被运用到战争动员与战争宣传中，通过制作海报、传单、小册子、明信片、邮票和电影等进行政治宣传。荷兰率先于 1927 年开办国际广播，用 20 多种语言进行对外传播。1929 年，苏联开始固定地对外广播，被认为是第一个利用广播从事"政治意识形态"活动的国家。随后，德、法、英、日等国纷纷开展针对国外受众的国际广播活动。"二战"时，国际传播的战争宣传与动员达到了前所未有的程度。

20 世纪 70 年代后，一批重大通信技术的发展使国际传播中的经济利益上升到与政治利益同等重要的程度。卫星电视给人类传播带来一次革命，微电子技术和计算机技术以及卫星通信技术的发展大大扩展了国际传播的范围，全球电视受众可以同步收看直播。冷战期间，除了美苏争霸时的冷战宣传外，英法等欧洲国家的对外宣传也得到进一步巩固和扩展。冷战结束以后，传播技术突飞猛进，全球化传播向广度、深度全面发展。

一、传播与国家战略

战略往往带有全局性、宏观性、抽象性、系统性和目的性，它所涉及的是带有根本性的问题。国家战略作为一个政治话语、学术话语是在第二次世界大战以后出现的，它反映了战后的世界政治现实和国际冷战体系中大国新的国家利益竞争思维。国家战略是从国家利益的全局发展和运用国家的综合实力以统筹全局，综合协调经济社会发展、国家安全、对外关系等各个方面，是一个巨大的、复杂的、多层次的、动态的系统。

国际传播是以政府为代表的国家从事的跨国界的对外传播，从这个意义上讲，所有国际传播都带有政治色彩。与其他国家活动一样，国际传播水平是由国家实力直接影响和决定的。一国的国家形象是国家的外部公众和内部公众对国家本身、国家行为、国家各项活动及其成果所给予的总体评价和认定，是社会公众对国家的印象、态度、评价的综合反映及情感和意志的总和。

国际传播活动常常发生在不同文化的国家之间，它带来了世界不同文化之间的融合与进步，是国家外交活动的重要组成部分。通过广播、电视、音像制品、图书出版物、卫星、互联网等现代传播手段，向国外受众传播本国的政治意识形态、社会制度、价值观等信息，影响他们对本国的态度。

新的媒体技术出现会带来新的文化艺术形式，如网络文学、手机报、电子音乐等。传播技术手段使文化的商品属性解放出来，使文化因素进入市场，形成文化产业，并在世界范围内进行广泛的国际文化贸易。拥有深厚文化底蕴和"温和"制度的欧洲积极培育和发挥着软实力，如法国的"文化外交"、德国的歌德学院、英国的"创意英国"及宝莱坞电影和音乐唱片的文化输出等。

二、不均衡的国际传播秩序

美国学者最先提出"数字鸿沟"概念，即"信息富有者和信息贫困者之间的鸿沟"，它的出现是世界各国发展不平衡的必然结果，只是在全球传播时代显得更加突出。

与西方发达国家相比，广大发展中国家要么处于农业经济向工业经济转型的时期，要么处于工业化初级阶段。由于信息技术和产业在发育初期需要高投入，发展中国家无力承担大规模的信息基础设施建设，互联网应用水平有限。在与信息秩序相关的规则制定过程中几乎没有发言权和影响力。

在新闻通讯社方面，几乎所有的发达国家都有自己的通讯社，而 1/3 以上的发展中国家却根本没有自己的通讯社，发达国家向发展中国家发出的新闻信息可以像洪水一样源源不断，而发展中国家向发达国家发出的新闻信息却寥寥无几。

现代以民族国家为基础的世界体系产生以后，少数国家成为现代帝国，打着自由平等的旗号，为殖民地抗争留下意识形态缺口，新兴民族国家纷纷独立，新的全球体系就此建立。信息流通建构了资本的全球网络，全球传播秩序也因此出现了新的景象。1870 年法国的哈瓦斯社、德国的沃尔夫社、英国的路透社以及美国的联合通讯社签订了《通讯社条约》，资本主义国家伴随着政治和经济控制，也实现了信息控制。新兴的美利坚合众国也有自己的联合通讯社，即以纽约报业联合会为主体的美联社。正如李彬评论说，"这就像当今一样，是一种不平衡、不平等的新闻传播秩序，只不过当年的'被压迫者'，如今得势之后早已成为当年它所抨击的'压迫者'了"。

三、中国国际传播的困境和机会

对外开放是我国的基本国策。习近平总书记指出，"中国坚持改革开放不动摇。中国越发展，就越开放"。在 2018 年中央经济工作会议上，习近平总书记提出的新要求，是更深层次开放的核心要义，标志着我国扩大对外开放进入新阶段。

经过四十多年的改革开放，我国经济发展取得举世瞩目的巨大成就。目前我国已成为世界第二大经济体、第一大货物出口国，利用外资和对外投资规模位居世界前列。中国在改革开放后主动打破隔绝状态，积极融入世界，经过四十多年的发展，中国经济已经崛起，成为了当今世界经济体系中不可或缺的一环，在经济上选择性接受了自由主义的意识形态，在政治体制上坚持有中国特色的社会主义制度。

全球性的国际体系要求国家战略具有全球性的知识视野和全球性的政治、经济、文化竞争目标。中国国家战略体系中全球战略的目标是：维护、营造有利于中国现代化建设的国际环境，维护、扩展国家战略利益的范围和空间，积极参与全球性国际制度并促进其完善。因此，中国需要实施更大范围的全面开放，优化对外开放的空间格局，通过更大范围的开放，改变东快西慢、沿海强内陆弱的开放状况，引导沿海内陆沿边开放优势互补、协同发展。全面开放不仅包括扩大对外贸易、跨境投资合作，还包括深化和拓展资金、人才、科技等领域的国际合作，完善要素市场化国际化配置，使商品、要素等领域开放形成协同效应，更好地发展和积聚我国经济新动能。

中国国家形象传播的战略方针是国内建设与外部认同的协调共进。内部建设不仅仅是要建设强大的媒体这一单一维度，而是要从国家理念到国家建设实践的全面调整和积极推进，包括国家理念的明晰与调整、社会的管理、民生的建设、国家经济制度的完善与政治制度的改革等，当然媒体建设是其中的重要一环。而外部认同是指要以中国的硬实力为依托，以自身的理念、价值、文化与不同的文明对话，通过政府外交、公众外交、个人传播等多种形式传递自身的理念和价值，求得对方的认同。

随着中国经济的迅猛崛起，中国日益受到世界其他国家的瞩目，中国已经成为世界关注的焦点，但是中国特色的社会主义制度又与"冷战"后西方自由、民主的话语格格不入，中国的古典文化、政治价值观、文化价值观等面貌依然是高语境、模糊的。中国的传媒力量也与国力不相匹配，对外传播力不足、国际受众的刻板印象、境外媒体对涉华问题的恶意误读、中西方文化和意识形态的差异、国际传播结构的不均衡等问题加剧了中国在国际传播场域中经济和政治的错位，迫切需要改善自己在国际传播中的影响力。

国际受众期待后起之秀的中国不单单向世界展示作为一个主权国家的政治、经济、文化信息，而且积极参与对世界体系中其他国家事件的发声、表态、报道，坚持维护本国利益与关照全球公共利益的结合，在本国利益与全球公共利益的适度平衡中对国际事务发声，表态企业（尤其是跨国企业）要在追求利润和适当照顾当地利益之间找到平衡。大众媒介在传播内容的选择上不能成为狭隘民族主义的吹鼓手，而应做一个负责任的大国，既要在传播中坚持本国立场、维护本国利益，又要传播与全球公共利益有关的信息。

随着新媒体技术的发展，越来越多的中国人在国际传播的实践中，能够更多元、务实、全面、客观地进行国际传播。会展的国际传播，可以综合使用人际传播、组织传播、大众传播以及网络传播等手段进行点对点、多对多的传播，展事现场则给国际受众提供了亲临现场的契机，可以使受众近距离地观察中国。

第三节　会展国际传播的空间范式

一、不同时期中国外交关系的波动与演变

1949 年 10 月 1 日是中华人民共和国对外关系的开始，作为中国革命运动的产物，中国共产党在革命运动和中华人民共和国成立过程中逐步形成了处理革命运动的对外关系的指导原则——"独立自主""以自力更生为主，以争取外援为辅""利用矛盾、各个击破"。在处理对外关系方面能不能提出和坚持独立自主的原则，是关系到中国革命运动成败的至关重要的问题，也是衡量当时中国政治舞台上任何一个政党的政治水平和能力的最本质的标准之一。

中国共产党在领导中国革命运动时期，曾经多次面临外来的干涉，从苏联和共产国际对中共中央统一战线政策的干预，到以美苏协调对华政策为背景的美国和苏联对中共战后政策的干预等。中国共产党人在整个革命时期主要依靠的是动员和组织民众的工作，并没有得到持续和大量的外部援助。在抗战初期，中国有一部分人过多地强调外援的重要性，过高地估计了中国民族解放运动在国际政治中的地位与作用，没有认识到世界政治的中心在欧洲，东方问题是围绕欧洲问题的一个部分，无论如何外援都会是相当有限的，中国必须坚持自力更生才有出路。20 世纪 40 年代中期，毛泽东提出"中间地带"的思想，他指出美国干预中国内部事务的能力有限和苏联对革命援助的局限，中国革命运动必须也只能走独立发展的道路。

中华人民共和国成立后，中国共产党作为执政党，它所制定的对外政策已经成为中国国家的对外政策，它要处理的对外关系主要是国与国之间的关系。随着中华人民共和国的成立，在经历了一系列重大外部事件和处

理重大外交问题后，中国逐步形成了完整的对外政策。1954 年中国政府提出和平共处五项原则，是中国对外关系发展的一个阶段性的里程碑。1955 年中国政府派代表团参加万隆会议，是当时贯彻和平共处五项原则的一次重要的实践。

从 1956 年 9 月中国共产党召开第八次全国代表大会起，中华人民共和国对外关系进入到一个新的阶段。这个阶段持续到"文化大革命"爆发，它的主要特点可以用"发展、探索与动荡"来概括。中共八大提出了新的外交方针，在中华人民共和国成立后首次对中国对外政策作了比较系统和全面的论述。这十年中，中苏关系从进一步密切合作开始，最终发展到同盟关系破裂，这里既有极为深刻的原因，也有极为深刻的教训。中国在国际舞台上日益活跃，特别是中国与亚非新兴民族国家的关系不断发展和深化，中国在亚非国家中的地位和影响力迅速上升。另外，与中国建交的国家的数量明显增加，即使美国竭尽全力地推行遏制和孤立中国的政策，到 1966 年"文化大革命"爆发时，与中国建交或半建交的国家还是达到了 40 多个，其中包括了像法国那样属于西方阵营的大国。

从 20 世纪 50 年代中期开始，中国政府逐步形成了对亚非拉新独立民族国家的政策，在和平共处五项原则的基础上，促进发展了中国同这些国家的关系。在这个过程中，中国政府提出了对外援助的八项指导原则，以及发展同阿拉伯国家的五项指导原则。中国同亚非新独立国家关系的发展，扩大了中国在世界政治中的影响力，也在逐步改变中国对外关系的基本面貌。这个时期中国援越抗美，对这个时期的中国对外关系产生了战略性的影响。

中共八大召开前，中国领导人已经开始探索指导中国对外关系的基本原则，以及如何处理中国面临的独特的复杂问题。这些问题涉及中国对外关系的方方面面，包括如何认识和合理地处理同苏联和社会主义阵营国家的关系；如何处理同一些周边国家之间的历史遗留问题，如边界问题等，从而建立起稳定的睦邻友好关系。

这个时期中国对外关系的发展和动荡几乎在各个领域都有反映。如中苏关系曾经获得进一步发展，然后又从恶化走向同盟的衰亡。在处理同周边国家的历史遗留问题时，中国同一些周边国家妥善解决了各种复杂的问题，包括边界问题、华侨的双重国籍问题等。同时也与有的邻国关系恶化，如同印度处理边界遗留问题失败，甚至被迫进行了自卫反击战。造成这种结果的原因主要是印度利用解决边界遗留问题借机推行领土扩张的政策。总体而言，中国在处理同亚非拉国家的关系中取得了重要的成果，使中国在亚非拉国家中的地位和影响不断上升。

1972 年美国总统尼克松访华，在中美和解的背景下，毛泽东逐步提出了"一条线""一大片"的反苏国际统一战线政策。"二战"后兴起的亚非拉民族独立解放运动和反帝反殖民主义运动取得了历史性的胜利，由此出现了一大批新兴独立的民族国家，它们在世界政治舞台上发挥着越来越重要的作用，成为左右世界政治潮流的一支重要力量。中国由于长期坚定不移地支持亚非拉民族独立解放运动，所以同大多数亚非拉新兴独立国家建立和发展了友好关系。随着中国国际地位的不断提高，主要是在亚非拉广大新兴独立国家的支持下，中国恢复了在联合国的合法席位和一切合法权利。

1971 年中国恢复在联合国的合法席位和一切合法权利，标志着中国进入国际体系，这是中国对外关系发展过程中的一个里程碑。中国作为安理会常任理事国，开始积极参与重大的国际事务，并承担了越来越多的国际责任和义务。中国代表团在第六届联合国大会特别会议上提出"三个世界"的理念，并提出同广大第三世界国家站在一起，共同努力建立国际政治经济新秩序。中国国际角色和相关思想的变化对中国对外关系的发展有着长期和重大的影响。

从 1978 年 12 月中共中央召开十一届三中全会开始，中国进入了改革开放时期。从 1978 年到 20 世纪 80 年代末，中国同世界上主要的大国均建立了相对稳定的关系，同周边国家中的绝大部分国家建立了外交关系，同绝大多数第三世界国家保持了友好关系。中国先后参加了许多重要的国际组织以及全球和地区的多边外交机制。尤为突出的是在 20 世纪 80 年代初美苏冷战开始加剧的时期，中国通过外交努力，逐步在美苏两国之间取得前所未有的有利的战略地位。

1989 年春到 1991 年，东欧剧变，苏联解体，美国凸显了它在世界政治中"超独大"的地位，美国和一些发达国家在对外政策中搞强权政治的趋势日益明显。这一时期中国经济也进入治理整顿阶段。面对国内外复杂严峻的局势，中国领导人为了中国对外关系的稳定和发展，有针对性地提出了一系列处理对外关系的原则，使中国的对外关系平稳地过渡到后冷战时期。

中共十四大以后，随着中国改革开放的深入发展和中国经济再次步入高速发展的轨道，中国的对外关系也开始向新的阶段跃升。中国的国际地位明显上升，对世界事务的影响力明显增强，中国同世界主要大国建立了稳定的关系，同发展中国家关系进一步加强。中国推行睦邻外交政策成就显著，中国的周边环境进入历史上的最好时期。中国全面加入到各国际组织中，并在多边外交中取得重要和丰富的成果。总而言之，在顶住冷战结束造成的冲击和克服种种困难后，中国的对外关系进入一个新的全面发展的时期。

中国对外关系的全面发展一方面为改善中国的战略安全环境，特别是改善中国的周边安全环境，创造了非常有利的条件；另一方面也为中国的经济改革和经济发展创造了有利的外部条件。中国政府通过积极的外交活动，与各个国家建立起稳定良好的双边关系，并积极参加多边的外交活动和相关的国际组织等，为中国经济发展扩展了国际空间，包括开拓国际市场、引进先进技术和设备、争取越来越多的国际投资、扩大同有关国家和国际组织在科学技术和文化教育等各个领域的交流等。可以说中国改革开放政策的实施和现代化取得的成果，均得益于提出和坚定地贯彻独立自主的和平外交政策，以及由此带来的对外关系的全面发展。

2019 年，中国特色大国外交更是成绩斐然。4 次主场外交，7 次出访 3 大洲、12 个国家，6 场国际会议，百余场双多边活动，扎实的数据勾勒出 2019 年中国元首外交的清晰轮廓。主场外交、双边外交、多边外交，中国特色大国外交格局立体有致、破浪前行，打出漂亮组合拳，收获更大朋友圈。第二届"一带一路"国际合作高峰论坛、2019年中国北京世界园艺博览会、亚洲文明对话大会、第二届中国国际进口博览会等主场外交璀璨夺目。作为中国与世界对话的重要平台，主场外交全面展示了中华人民共和国成立70年来的伟大成就和中国特色的大国外交风范，也为促进全球文明互鉴写下浓墨重彩的一笔。

2019年，中国双边外交也亮点频出，习近平主席7次出访，对9个国家进行国事访问，和印度领导人进行非正式会晤，出访路线兼顾大国和周边，涵盖发达国家和新兴市场及发展中国家。通过点对点的双边外交，从政治、经济到人文，全方位多领域，中国持续巩固传统友谊，不断拓展全球伙伴。在意大利，习近平主席和孔特总理共同签署政府间"一带一路"合作谅解备忘录，推动中意关系进入新时代；在中俄建交70周年之际，习近平主席开启了自2013年以来对俄罗斯的第8次访问，与普京总统共同宣布将两国关系提升为"新时代中俄全面战略协作伙伴关系"；在塔吉克斯坦，拉赫蒙总统授予习近平主席塔吉克斯坦国家最高勋章——"王冠勋章"，双方一致同意深化全面战略伙伴关系，致力于发展全天候友谊；自中共十八大以来，习近平主席首次访问朝鲜，这也是党和国家最高领导人时隔14年再次访问朝鲜；在印度，习近平主席和莫迪总理在金奈论道，在友好、轻松的气氛中把脉龙象共舞，实现了自2018年以来两国领导人的第二次非正式会晤。除了国事访问之外，2019年，习近平主席的行程单里还包括出席诸多国际多边活动。中法全球治理论坛、圣彼得堡国际经济论坛、上合组织峰会、亚信峰会、二十国集团峰会……中国声音一次次在世界回响，引发广泛共鸣。

中国外交在世界格局重大变化和全球治理急流变局中引领方向，在国际形势风云变幻中把握主流，在激烈复杂大国博弈中维护利益，走出了一条具有中国特色的大国外交之路。中国外交70年的成就与经验表明，独立自主是中国外交的基石，公平正义是中国外交的信念，互利共赢是中国外交的追求，多边主义是中国外交的坚守。

二、媒体融合时代国际传播主体的构成

国家形象传播的战略方针是关于国家形象传播全局的指导意见，它对整个国家形象的传播活动具有规定性。它规定着整个传播活动所要达到的目的，在战略上的力量布局和重点努力的方向，规定着传播过程中所采用的形式和相应的战略。时机的转变依照国家形象传播与塑造活动的时间长短，可以有统管全局较长时间段内的战略方针，也可以有局部时间段内的局部战略方针。

政府传播在国家形象构建和塑造中居于主导地位，具有支配性，它对国内政治生活的垄断、经济生活的调节、文化生活的控制使得该主体发布的信息更加权威，能够动用行政等资源对信息源进行垄断。它们拥有雄厚的资金支持和较为强烈的意识形态，对外要通过传播完成对自身国家利益的维护，这些强烈的目的性要求其对自身所坚持的价值目标有所宣称，反映在对内对外政治传播中使传播的内容不可避免地带有强烈的国家意识形态特征。

社会传播代表的是社会力量，在多元化的社会中，国家并不能包办一切，一般情况下，国家力量也无法完全覆盖社会所有的领域。尽管社会传播在整个国家传播中处于辅助地位，是政府传播的补充形式，具有多元性、真实性和较弱的意识形态色彩，为国外受众更好理解和认同传播主体国提供更多样化的选择。个人传播属于微观层面的传播主体，就单个的个人来说，与政府传播和社会组织传播相比他的力量更单薄。但是他的数量庞大、活动灵活、分布广泛的特征使他的重要性不容忽视。

尽管政府传播和社会组织传播在国家形象传播这一政治传播的特殊活动中处于不同的地位，但两者之间却存在一定的张力。社会组织传播因其多元性的特征，在传播的目的上与政府传播并不时时一致。政府传播从主观上讲总是希望社会组织传播能够按照自身所定的基调和传播意图来传递国家和政府的形象信息，大多数情况下社会组织会按照国家和政府事先设

定的目的和要求来传播国家和政府的形象信息。但社会组织往往会有自身的利益诉求，大多数情况下，它们之间会因自身判断标准的不同、注重的目标不同而产生矛盾和冲突，这需要国家和政府传播主体能够遵循多元评价标准的合法性，给社会传播主体提供国际活动空间。

国际传播不是空洞的政治说教，也不是枯燥的政治宣传，国家形象传播活动其实是国家的主体性活动，国家通过一系列的国家形象传播活动来建构自身的主体性，其目标是获得国内外民众的认同。因此，国家形象传播的视野应该纳入基层人民而非所谓单一精英人物的拼盘，传播最终所形成的展现形式应该多种多样，可以是国家形象宣传片、各种展事活动、图片展览、公众外交、个人旅游等多种形式，但最后都要落脚到具体的活生生的人身上。

正是因为政府、社会组织和个人都是国家形象传播不可或缺的主体，所以它们从不同的向度完成对国家形象的塑造和传播。社会大众作为一个集合概念，其本身就包含了精英和底层，将底层人的生活纳入国家形象传播的视野，不仅不会降低国家形象传播的效果反而会锦上添花，使传播的内容更多元、更平衡和更真实。只有将物质基础和技术支撑的基础力量与政府、社会、个人的积极、正向、细致的传播活动有机结合起来，国家形象传播的战略依靠力量才更坚实、更强大。

主体的特殊性存在于转型国家中，政治国家与市民社会之间的关系较为复杂。因为两者之间正处于分离过程中，国家在有意识下放自身权力，市民社会的自主意识在增强，两者之间此消彼长的关系会直接反映到政府传播与社会组织传播的关系中来。政府传播的僵硬化和权力特征并未明显削减，而社会组织因较为宽松的环境急于表达自身。社会组织所想要传递的信息往往不是国家和政府想要的，并不符合国家和政府的意图。如果政府加强自身权力，社会组织就又被统合进国家，循环下去就是邓正来先生所说的"一放就乱，一乱就统，一统就死"的怪圈。

在政治国家与市民社会并未分离甚至完全统合在一起的社会中，这一问题反而变得较为简单，由于国家将社会完全统合，实质上，在这样的共同体中只有强大的国家，并无强大的社会。社会几乎完全听命于国家，它既无挑战国家的意图，更没有挑战国家的能力。社会组织基本被国家吸纳进入自己的组织系统。这样的社会结构反映到政府传播与社会组织传播的关系上，政府传播完全吸纳了社会组织传播，两者不存在分化，传播的目的和意图是完全一致的——只能按照政府的意图去传播国家形象，因而，有关这一国家的信息只剩下一种声音——国家和政府的声音。

对于这样的国家来说，作为政治国家的执政者要有容忍多元意识的勇气，积极培育市民社会的发展，这样做对国家和社会都有好处，在管理社会的方式上进行创新是当务之急，否则社会组织传播难免会成为政府传播的挑战者，两者传递信息的不一致，互相矛盾，会对国家形象造成破坏。

三、会展空间内的国际传播实践

国家理念是国家形象传播的决定因素，国家理念的不同决定了国家形象传播的内容、国家形象传播的主体选择和国家形象传播的策略选择的差异性，任何形式的传播都必须达到或者完成人的主体性建构，在国家形象塑造和传播的过程中关注人、确立具体国民的主体地位，让国民过得更幸福，是国家形象塑造的最终归宿和落脚点。因此，持有什么样的国家理念对于一国的国家形象传播来说具有至关重要的意义。

理论的作用在于廓清人们的认识，理论的力量在于改变现实，理论的目的在于作用于实践。理论要发挥作用，最终要落脚到现实行动上。良好的国家理念应该是历史与现实的统一，做到国家与社会的良性互动，坚持公平和效率、自由与秩序的统一。国际传播的空间范式依据现有国际传播实践经验，在国际传播主体政治经济目标的主导下，以文化研究范式为底色，结合现代传播技术、空间展示技术建构一种包容多重身体在场的国际传播实践范式。

会展国际传播作为一种集人际传播、组织传播、大众传播、群体传播、新媒体传播为一体的国际传播实践，行动主体不限于传统的国家和政府行为。它区别于一般经济活动的特色型经济活动，它在确定的时间和地点，进行大规模的信息集中，信息能得到充分的宣传、展示、交流，使其直观性、艺术性的宣传力得以充分体现。

国际上有许多以会展著称的城市，如德国的汉诺威、杜塞尔多夫、莱比锡、慕尼黑等均是世界知名的国际会展之都。会展为这些城市带来可观经济效益的同时，也大大提高了它们的知名度。如法国首都巴黎，平均每年都要承办 300 多场国际大型会议，因此赢得了"国际会议之都"之称；香港地区则以每年举办若干大型国际会议、展览而在国际上享有盛名；上海世博会、进博会的召开，预示着上海在向国际展览名城的方向迈进；大连也因每年举办的"服装节"而提高了在国内外的知名度。

首先，举办大规模的会展活动能有效推动城市建设，促进社会整体服务水平的提高，从而带动相关产业发展。大量的人流汇集到举办地点，拉动包括通信业、交通业、商业、餐饮业、酒店业、旅游业、金融保险业、广告业以及印刷、装饰等各个行业发展。2000 年，在德国汉诺威举办的工业博览会，德国政府为此拨款 70 亿马克进行基础设施建设，大大改善了该市的基础设施环境；1990 年我国在昆明举办世界园艺博览会，218 公顷的场馆群及相关投资总计超过 216 亿元，使昆明的城市建设至少加快了 10 年，也扩大了办展城市的知名度。2000 年，在德国汉诺威举办的世界博览会创造了 10 万个就业机会、获得了 145 亿马克的利润及 45 亿马克的税收；在香港，每年会展业大约可提供 9 万个就业机会。

其次，大规模的会展活动尤其是国际性会议或博览会能为众多参展商提供理想的交易平台，并有助于加强会展举办地与国内外的经济、技术交流与合作，推动城市间的人员互访和文化交流。通过举办大型会议或展览会，举办地可以向全国甚至世界各地的与会者、参展商、经营人员和游客宣传本地的经济建设成就与科技发展水平，充分展示城市的现代风貌，通过为参展商和观展人员提供高品质的服务，能有效提高城市的美誉度。

再次，会展业可以提升会议与展览举办地的综合竞争力，提高举办地的知名度，并对进一步完善基础设施、美化市容市貌有巨大的推动作用。

上海以举办亚太经合组织（APEC）中国会议为契机，加大了城市管理、市容整洁和环境保护的力度，并增加用于整治河道、改善水质、增加绿化面积、提高空气质量的投入。此外，近年来上海修建的上海科技馆、上海浦东国际博览中心、国际新闻中心等建筑设施堪称世界一流，这对于提高上海在国际都市中的竞争力有极大的帮助。

最后，会展展示可以传播信息、知识、观念，举办国际性会议和展览很多是在向学术界、产业界和社会公众介绍当今世界或国家最前沿的科技成果和学术成果，有的甚至是刚萌发的思想或假设，但对举办会议和展览的城市的有关专家学者和实业界而言，可以抢先拥有或使用当今世界的先进科技成果，或者通过会展将自己在研究开发新技术、新产品中遇到的困难与问题提出来，同相关专家学者进行探讨，加快科研步伐，加速技术、经验的传递和流动。

第十章 结 论

第一节 本书结论

一、本书研究的总结

会展经常被视作一种经济现象，人们讨论注重会展的经济效益，而在一定程度上忽视了会展最本质的传播价值。从传播学角度看，会展是一种特殊的媒介平台，集各种传播手段于一体，并伴随高密度的信息流动。近年来，随着国家频繁承办重要国际会议和大型赛事，学界和业界逐渐发现仅将会展业看作拉动城市基础设施建设、促进经贸发展的产业定位已不能涵盖会展在国家影响力提升方面的价值。与此同时，会展在国际传播上的独特作用和影响力也越来越引起学界和业界的重视。国际传播与国际关系有着天然的学缘关系，国际传播即为国际交往及在国际交往中形成的国际关系，两者在现实世界是一体两面的同一关系。国际传播是信息化的国际交往，国际交往则是社会化的国际传播。历史上，强国崛起之路也都大多伴随着大型会展的身影。随着我国会展业逐渐朝专业化、规模化方向发展，国际化趋势也日益显著，会展国际传播的价值日益凸显。高水平、影响力广的会展对办展基础和传播策略都有较高要求，然而，高水平的会展在获得客观经济效益的同时，在传播影响力上也具有无可比拟的优势。

本书的研究价值在于两个方面：理论上，一是针对现有国际传播秩序的不平衡，亟须突破西方中心主义理论范式；二是针对现有研究视角的局限性，引入国际传播学、国际关系学等多学科拓展研究的深度和广度。实践上，一是借助会展的传播本质，弥补中国提升国际传播能力的建设"短板"；二是借助会展的传播效果，打破西方社会对中国国家形象的刻板印象；三是借助会展的传播平台，探索缓解大国关系冲突与矛盾的传播路径。

现有国内外文献存在的特点和局限性：一是涉及会展研究传统领域，国外研究水平高于国内研究。西方发达国家得益于科技、交通、通信、服务业方面的优势，在全球会展经济发展中占据了主导地位。国内会展业起步较晚，相应的学术研究也有迟滞，不论是专著还是会展业相关的论文上都处于快速追赶阶段。二是涉及会展研究新兴领域，国内研究早于国外研究。互联网时代使网络会展成为会展业发展的新特点，国外对网络会展的研究成果反而少于我国，这与国家重视媒体融合建设，重视网络传播渠道的建设不无关系。随着科技的进步，我国相关研究将会再上新的台阶。三是涉及城市会展传播领域，国内外的关注焦点不同。目前我国在社会、经济、政治、文化、资源分布、城市发展阶段与国外发达国家还存在一定差距，具有明显的中国特色。四是涉及会展传播评价领域，多从管理学、经济学角度切入。传统会展业定性评价体系大多源自管理学的研究视角，而传统定量评价体系多以经济学研究视角为主。五是涉及会展传播研究对象，大多数以城市、企业、展览等为主，忽视会展之于整个国家政治、文化、经济战略的意义。对此，本书指出会展具有三大传播功能，即政治传播、经济传播、文化传播功能。

首先，会展的政治传播功能。政治传播是指政治传播者利用各种媒介或符号传播政治信息，根据政治传播者的意愿、方向和目的影响受众态度和行为的活动。从"对主体意识的自觉"的角度看，政治传播主要体现在它的倾向性、劝服性、强制性、单向传播性上。传统政治传播的局限性在于：一是单向输出，内容枯燥；二是传播手段单一，表达方式陈旧；三是忽视受众需求，影响传播效果。然而，通过会展进行政治传播的优势体现在以下方面：第一，抽象政治概念到可视化表达。由于会展的便捷性、集中性、直观性和快速性，在政治传播上，新思想、新技术、新成果的展示，对于大量抽象的政治理念、发展策略、建设成果的推广和普及至关重要。第二，展示策划实现议程设置的效果。与媒介的议程设置相似，会展前期也要通过严密策划，凸显某些议题的重要性，以此影响公众对话题的关注点。第三，虚实结合，观展与体验并举。会展的政治沟通不仅体现在语言的使用和词汇、语法的选择方面，而且通过非语言符号系统来表现。这些都是与社会权力关系的一般抽象事物相关联且贯穿传播全过程的不同形式。

本书指出会展的政治传播功能主要有三点，即系统展示政治成就、全球治理理念的传播以及周边战略的传播。本书以"砥砺奋进的五年"大型成就展来阐释会展的政治传播功能之一——系统展示政治成就。从政治传播的角度，该展的特色体现在：内容丰富，全方面展示国家建设和治理成绩；大型实物装置直观感受国家重器；特色体验，感受创新活力；观展仪式，提升百姓崇敬和幸福感；媒介联动报道，放大展览传播范围；网上会展，延长办展期间的持续关注。从国际传播效果来看，"砥砺奋进的五年"大型成就展也取得了积极的政治传播功能。本书以杭州 G20 峰会与全球治理来阐释会展的政治传播功能之二——全球治理理念的传播。从政治传播的角度，该峰会的特色体现在：受众因更多发展中国家的参与而变得范围更广、主体更加多元化；抽象政治概念到可视化表达；多层次多样化展示策划，实现议程设置的效果。从国际传播效果来看，杭州 G20 峰会一反此前峰会发展中国家兴致不高的情况，此次峰会谋发展中国家之所谋、想发展中国家之所想，"中国方案"激起了大多数发展中国家的强烈兴趣，如拉美和非洲国家都积极参与峰会全过程。相关外媒报道也由开会前的各种评价不均转变为开会后以正面评价为主的状态。本书以边疆会展带与中国周边战略传播来阐释会展的政治传播功能之三——周边战略的传播。从政治传播的角度，边疆会展带对于周边战略传播的特殊功能体现在：第一，促进中国对外贸易整体格局的转变。以往的博览会以赚取外汇为主要目的，更多关注欧、美、日等发达国家和发达市场。中国边疆地区博览会以服务周边传播为目的，注重贸易平衡、进出口结构优化，服务对象也转为以周边国家和周边市场为主。第二，促进区域贸易和投资治理。在中国边疆地区博览会运作过程中，相继达成了涉及区域贸易、投资、物流、交通等领域的新协议，进而达成了一系列区域贸易和投资治理新规则和新体系，发挥了传统博览会不具备的独特功能。第三，辐射周边政治、文化等多领域战略传播。在举办过程中，借助中国边疆地区博览会这一重要平台，不仅服务区域贸易领域，甚至会进一步辐射到政治、文化、农业、科技、旅游等多个领域，良好的互惠机制有利于中国周边战略传播整体布局的实现。

其次，会展的经济传播功能。本书从会展与经济的互动关系出发，研究会展的经济传播功能。一方面，会展对经济发展的拉动作用，体现在集聚功能、扩散功能、协调功能和创新功能等方面。另一方面，经济基础对会展发展的促进作用，体现在城市区位与环境条件、城市产业与市场条件、城市的治理水平与发展理念、城市的人文资源与社会环境等方面。正是因为会展与经济之间的互动关系，中国会展经济才得以快速发展。

本书指出会展的经济传播功能主要有两点，即对城市经济形象的传播以及对国家经济发展理念的传播。作为会展经济传播功能之一——对城市经济形象的传播，具体表现为对核心经济圈的传播、对特色港口经济形象的传播、对区域经济一体化的传播。本书以广交会为例，阐释对核心经济圈的传播功能，即世界了解中国经济的重要平台和窗口；国家"一带一路"倡议的宣传推广平台；展示中国创新实力；助力中国品牌"走出去"。本书以宁波会展业为例，阐释对特色港口经济形象的传播功能，即重视会展发展，传播当地文化形象与经济形象；发挥产业优势，带动产业周边；运用特色符号，打造会展品牌；市场化运作，扩大传播效应。本书以六大会展经济圈为例，阐释对区域经济一体化的传播功能，回顾了珠三角会展经济圈、长三角会展经济圈、环渤海会展经济圈、东北亚会展经济圈、中西北会展经济圈、南亚会展经济圈的发展历程、主要会展、主要特色、主要经济效益等，突出中国会展经济从沿海逐步向中西部发展的趋势。本书以"一带一路"国际合作高峰论坛为例，阐释会展经济传播功能之二——对国家经济发展理念的传播，即政策沟通、设施联通、贸易畅通、资金融通、民心相通。从外媒关于"一带一路"国际合作高峰论坛的报道来看，有几个关键时间点属于较为密集的传播时段。一是菲律宾总统拟参加论坛后，以正面评价为主；二是中国外交部部长王毅公布参会人员名单后，以中性评价为主；三是日本自民党高层决定出席之后，以中性评价为主；四是美派员参会之后，开始转为以正面评价为主。由此可知，"一带一路"国际合作高峰论坛达到了国际传播目的，一些外媒如印度媒体点名批评莫迪政府错失与中国经济合作的良机。

最后，会展的文化传播功能。本书从符号与会展传播入手，研究会展的文化传播功能。具体表现为：一是非语言符号在会展传播中的重要性。不论是语言文字符号还是非语言文字符号，声音、画面、表情、服饰、身体语言都是传播符号的表现。符号被定义为携带意义的标记，意义必须用符号才能实现表达，符号的功能正是为了意义的传递。二是会展的视觉展示功能。即会展展示的直观性符合人类视觉认知的本能需要、会展主题的传达有赖于展示形式和内容的有机统一，展示技术与新科技延伸人类视觉器官。三是会展的影像呈现技术与互动装置。会展可以运用大尺寸影像类表演、漫游式动感体验等接近完美的视觉呈现，这种视觉设计会给人带来欢愉。此外，还有情境设计与互动体验，如场景复原与全景体验、艺术装置与互动装置、综合性艺术空间等。

本书以北京奥运会开幕式中中国符号的运用为例，阐释会展文化传播功能之一——对中国传统文化的传播，即奥运会开幕式是体系化的"仪式浓缩"、奥运会开幕式包含着巨大的符号象征体系、奥运开幕式文化传播的世界影响力、通过人文奥运传递中华"和"的价值观。本书以世博会的理念为例，阐释会展文化传播功能之二——对现代文明的传播，即世博会与创新精神、世博会与科技前沿、世博会与环境意识的呼吁与提升。

实证方面，本书以博鳌亚洲论坛为例，通过对国内外主流和社交媒体的语义抓取，采取实证研究方式，分析办展前后国际媒体对中国印象的变化。主要研究结论如下：

第一，年会主题内容。从时间顺序上，大致可以分为三个阶段：第一阶段，2002~2007 年，即国际金融危机爆发前，此阶段 BFA 的议程大多以亚洲区域合作为主，强调互惠互利和合作共赢。通过这一阶段的发展，BFA 逐渐成为亚洲区域经济合作的重要平台。第二阶段，2008~2012 年，即国际金融危机爆发以来，此阶段 BFA 的议程更多是围绕亚洲如何应对危机以及未来发展道路选择。通过前两个阶段的发展，BFA 开始从一个区域性论坛走向全球事务的重要发声平台。第三阶段，2013~2018 年，即党的十八大以来，此阶段 BFA 的议程更为关注亚洲和世界的关系，并提出打造命运共同体的发展和合作模式。随着国际传播力不断提升，BFA 不仅是亚洲区域经济合作的重要平台，也更成为我国公共外交的重要舞台，随着论坛影响力的扩大，博鳌亚洲论坛逐渐靠齐达沃斯世界经济论坛，逐渐跻身为国际上最有影响力的论坛组织之一。

第二，关注度。主要表现为发起国、参会代表人数、媒体合作伙伴、参会的外国企业四个方面。一是发起国，从 26 个国家增至 29 个。二是参会代表人数，以 2012 年为界，参加 BFA 年会的代表人数大致分为两个阶段。第一阶段，2002~2011 年，参会代表人数大幅上升，由 1000 余名代表快速上升至 2474 名代表，参会代表的国家或地区也从 30 个拓展至接近 40 个。从参会国外领导人情况看，无论中方参会的领导人级别如何，参会国外领导人数量始终未突破 9 名。第二阶段，2012~2017 年，参会代表人数比较稳定，在 1800~2100 名，参会代表的国家或地区快速拓展至 50~62 个。这一时期，参会国外领导人与中方领导人级别呈明显正向关系，说明中国在世界舞台的地位有显著提升，国际社会对 BFA 动态更为敏感。基于定量分析，从对国外领导人参会人数与中方领导人职务赋值结果相关性分析可知，2002~2017 年，相关系数为 0.398，说明相关性相对一般。但以 2012 年为界进行分段相关性分析，结果就截然不同。2002~2011 年相关系数为 0.155，相关性较弱，但 2012~2017 年相关系数高达 0.897，相关性极强。三是媒体合作伙伴，从 2013 年开始，BFA 年会境外媒体合作伙伴逐步稳定下来，2015~2017 年基本稳定在 7~8 家，以美国、英国、韩国为主。这说明，无论是数量上还是地域上，BFA 境外合作伙伴还存在较大的拓展空间。四是参会的外国企业，2003~2005 年，作为嘉宾参加 BFA 年会的外企只有 10 家左右，2006 年上升到 60 余家，2007 年上升到 70 多家。2017 年 BFA 年会，仅世界 500 强企业高管就达到 150 多位，彰显了 BFA 在全球企业界与日俱增的影响力。

第三，对比分析。根据研究目标，本书具体分析了六种情况，即通过开会前后境内外媒体、境外媒体以及境外主流媒体分别对于 BFA 年会、中国和海南的报道数量和态度，得出开会前后的整体评价情况。

其一，关于开会前后博鳌亚洲论坛评价的对比分析。数量上，所有媒体对博鳌亚洲论坛的关注度明显上升，增幅为 691.47%。其中，微博增幅最大（1119.70%），客户端（756.13%）和网页（672.05%）次之，微信（472.69%）和论坛（350.77%）随后，境外媒体以境外社交平台为主，增幅为 104.35%。占比上，除了微博、客户端、境外主流媒体的占比有所提升以外，其他类型均有不同程度的下降。主要原因与开会后微博和客户端数量迅速上升有关。评价上，所有媒体随着关注度的增长，各类评价均呈现大幅上涨趋势，积极类评价上升最为明显，为 1068.67%；消极类评价次之，上升 796.95%；中性评价上升 613.08%。从占比来看，虽然开会前后均以中性类评价为主，但值得关注的是，积极类评价占比增加较快，增加 7.32%，增幅为 47.66%；中性类评价占比下降较快，下降 7.93%，降幅为 9.90%；消极类评价基本持平。与所有媒体类似，境外媒体的各类评价同样呈现上涨趋势，但增幅稍小一些。但占比方面，境外媒体对于博鳌亚洲论坛积极类评价占比的上涨幅度明显要高于所有媒体，积极类评价占比增加较快，增加 19.80%，增幅为 204.93%；中性类评价占比下降较快，下降 21.01%，降幅为 23.59%；消极类评价基本持平。由此可见，博鳌亚洲论坛的召开有效提升了所有媒体的关注度，无论是境内媒体还是境外媒体，关注数量明显上升。从媒体类型来看，微博和客户端对于博鳌亚洲论坛跟进速度较快，这说明新媒体和传统媒体对博鳌亚洲论坛传播各有优势，某种程度上已基本站在同一起跑线上。博鳌亚洲论坛的召开有助于提升自身品牌的传播力，特别是国际传播力。从未来国际传播角度来看，应当更多关注境外社交平台而非境外主流媒体，策略上应更多侧重于将中性类评价转为积极类评价，而非彻底改变消极类评价。

其二，关于开会前后中国和海南评价的对比分析。数量上，对中国和海南的关注度有所上升，增幅为 7.61%。其中，境外主流媒体增幅最大（500.00%），客户端（47.35%）和境外社交媒体（27.24%）次之，网页（25.82%）和微信（13.22%）随后，微博（-8.05%）和论坛（-29.47%）关注度反而减少。占比上，境外主流媒体的占比上升最快，升幅为 457.57；随后依次为客户端（36.93%）、境外社交平台（18.24%）、网页（16.92%）和微信（5.21%）；论坛占比下降最快，降幅为 34.46%；微博次之，降幅为 14.55%。主要原因与开会后微博和论坛数量有所下降有关。评价上，所有媒体随着关注度的增长，各类评价均呈现大幅上涨趋势，积极类评价上升最为明显，为 20.31%；中性类评价次之，上升 5.52%；消极类评价基本持平。从占比来看，虽然开会前后均以中性类评价为主，但值得关注的是，积极类评价占比有所上升，增加 1.91%，增幅为 11.80%；消极类评价有所下降，降低 1.50%，降幅为 1.94%；中性类评价占比降低 0.41%，降幅为 6.35%。与所有媒体类似，境外媒体的各类评价同样呈现上涨趋势，但增幅稍小一些。占比方面，境外媒体对于中国和海南积极类评价占比的上涨幅度明显要高于所有媒体，积极类评价占比增加较快，增加 1.49%，增幅为 18.01%；消极类评价占比有所增加，增加 0.31%，增幅为 5.58%；中性类评价占比下降较快，降低 1.80%，降幅为 2.09%。由此可见，博鳌亚洲论坛的召开在一定程度上有助于提升所有媒体的关注度，无论是境内媒体还是境外媒体，关注数量有所上升。从媒体类型来看，传统媒体明显比新媒体跟进速度要快，微博和论坛的关注数量不升反降。但是，博鳌亚洲论坛的召开明显有助于提升境外媒体对中国和海南的关注度，无论是境外主流媒体还是境外社交平台。结合上文，博鳌亚洲论坛不仅有助于提升自身品牌的国际传播力，也有助于提高主办城市和主办国的国际传播力。

评价体系方面，本书指出传统会展业评价体系的局限性：一是传统定性评价体系多以管理学研究视角为主，如SWOT分析与波特的"钻石模型"；二是传统定量评价体系多以经济学研究视角为主；三是大多数以城市研究视角为主。针对三大局限性，需要引入国际关系学、政治学，打破传统研究的思维惯性。本书从传播学、经济学、管理学、政治学、文化学、国际关系学等多学科视角出发，基于综合性、系统性、适应性、导向性四大基本原则，构建会展国际传播三维评价体系。该评价体系具体分为"东道国影响力""城市支撑力"和"复合传播力"三个维度，每一维度共由三级指标构成。"东道国影响力"下按东道国软实力和硬实力分为"东道国硬实力"和"东道国软实力"两个指标。"城市支撑力"同样按城市的硬件和软件分为两部分，城市硬件实力包括"城市区位优势""城市经济总量""城市交通承载力""城市公共基础设施建设水平""城市旅游业水平""城市产业实力""城市企业实力"七大部分。城市软件实力包括"城市文化影响力""政府行政力""人才集聚力"三大部分。"复合传播力"是该评价体系的设计重点，具体包括线上和线下传播两部分，线上传播以大众传媒为主，包括"内容生产力"和"融合传播力"两部分，线下传播包括"场内传播力"和"场外传播力"两部分。

二、本书研究的主要发现

（一）会展作为一种聚合平台在国际传播中具备的优势

广义的国际传播包括大众传播及跨越国界所有形式的传播。历史上，政治强国、科技强国、经济强国在崛起过程中，世博会、奥林匹克运动会、雅尔塔会议等重要的跨国间沟通、交流、展示活动都发挥着重要的平台作用。在国际传播实践上，"西强我弱"的格局没有改变，西方50家跨国媒体公司占据了世界95%的传媒市场，以美联社、路透社、法新社为代表的世界性大通讯社的国际新闻占到新闻流通总量的80%以上。中国文化作为一种高语境文化，信息传播的意涵往往超过字面的文字、图形、声音，需要受众借助更多"语境"信息——如说话者的表情、动作、物理环境，乃至抽象的个人背景等来达到目的。会展聚合了人际传播、组织传播、群体传播，即便是高语境文化，信息的多层性和丰富性也能在会展传播这一复合传播形式中获得较为充分的解读，降低国际受众理解中国文化的困难。

（二）会展活动是对传播仪式观的重申

传播技术发展迅猛导致传播学常被简单等同于大众传播，这在美国尤为突出，"二战"后，美国传统的生活习惯被工业化、城市化打破，现代性加速了社会流动，社会转型加剧，原有的文化传统与社会格局遭到冲击。传播在当时被美国的知识精英阶层当作联结社会的黏合剂，有助于弥合社会交流与沟通的困境。大众传媒凭借传播效率优势帮助统治者重建社会秩序，形成了以往人际传播、组织传播无可比拟的优势。尤其在"二战"前后，不论是对内制造认同还是对外发动战争，大众传媒的工具价值都被发挥到了极致。而后来，大众传媒为美国争得了冷战时期的话语权，发挥了国家机器的意识形态功能，主流传播学理论把传播过程的丰富性化约为传播效果，将与日常生活密切相关的人际传播、群体传播排斥在了传播学研究的主流视野之外。

然而，当今世界地缘政治状况恶化、贸易保护主义抬头、大国间的对抗加剧，在全球政治、经济巨大的不确定性面前，单纯的信息传递已经无法满足国际信息交流的需求。国际间政治、军事、经济、网络安全的合作都在呼吁更充分的信息沟通机制。早在1975年，凯瑞（James W. Carey）首次提出"传播的仪式观"，倡导传播的文化研究取向，反对传播学经验主义的主导范式。不同于传统的"信息传递"本体观，凯瑞把传播视为一种文化共享活动，而不是简单的信息传递的过程。在他看来，传播是一种生产、维系、修正和转变的符号过程，通过符号互动强调传播的社会建构功能。会展包含了大量的政治、经济、文化交流行为，同时还具有相对稳定的流程、仪式、形式，集合了符号互动和文化分享，仪式规定的程式化与仪式本身的无限细节形成了会展传播的张力，使有限时空的会展拥有无限细化和创意、交流的可能。会展在一定程度上是重申仪式的秩序，包含了美学体验、宗教思想、个人价值与情感以及观念的分享。

（三）融媒体传播是发展中国家国际传播弯道超车的重要机遇

从博鳌亚洲论坛对外传播效果的实证分析可以看出，融媒体，尤其是新媒体在国际传播中的影响力日益增大。西方传统媒体也纷纷进行了新媒体转型，从战略规划、技术创新、渠道建设和运营机制等方面实施全媒体融合传播的相应调整。早在 1997~2006 年，BBC 就实现了传统业务的数字化转型，随后，不断将电视、广播、新媒体等平台连接，建构多终端、跨渠道、全交互的全媒体传播平台。CNN 则利用先进科技抢占新途径，集中精力重点发展优势内容，实现了流程再造。中国的媒体融合从 2014 年起，从中央到地方全面铺开，《人民日报》转变为拥有报纸、网站、电视、广播、电子屏、手机报、微博、微信、客户端等 10 多种载体 300 多个终端的全媒体机构；新华社打造了"网上通讯社"，《光明日报》、《经济日报》、中央电台、中央电视台相继成立全媒体或融媒体工作机构。外宣融媒体建设通过资源融合、渠道融合、平台融合、技术融合、产品融合五大融媒体建设方式积极推进融媒体矩阵在国际传播中的布局，力争将中国国际传播的阵线前移，不论在重大敏感问题的权威发声还是中国题材内容的宣传推广，融媒体都体现了突破传统播出平台的国界与地域限制，发挥新媒体矩阵传播，形成联动报道声势的优势。

（四）会展对中国周边传播战略的贡献突出

周边传播存在近而不亲、亲而不近的问题，加上西方大国远交近攻的战略，中国周边国家传播存在"灯下黑"的问题。陆地教授的"周边传播理论"强调了弹性周边的概念，既包括自然地理周边，又包括战略周边，自然万物的影响力都是从中心向外、涟漪式层层荡开，古今中外历史经验都说明了经营周边的重要性。周边稳则中国安，从 2004 年中国东盟博览会起形成的中国边疆会展带切实实现了中国与周边国家展示经贸、政治、文化的互动，到黑龙江、新疆、广西、云南、海南等各省区也通过举办各式各样的边疆展会扩大本地区对周边国家的影响。正是因为会展传播具有发展性、贸易性、战略性等特点，边疆地区会展在周边经贸与合作交流上最为直接，贸易搭桥、文化唱戏，便于民众通过多层次的交流往来，沟通双边情感，减少西方媒体的宣传影响，逐步形成最符合两国实际利益的认知。

三、本书研究的核心问题：发展中国家突破不平衡国际传播秩序的策略选择

（一）后发国家国际传播力提升的另一种可能："走出去—请进来—引进来"

1. 国际信息流动的不平衡的应对策略

国际媒体的传播能力综合表现在以数字出版、广电技术、网络传播等为代表的传播技术研发、内容生产、资本运作和经营管理人才的培养传播手段、媒体覆盖率等方面，西方媒体在历史上的先发优势和现实传播技术的突飞猛进，国际传播秩序呈现出极不均衡的态势，国际新闻报道和国际舆论领域、西方国家媒体传播的强势地位显著。新闻传媒加上经济全球化背景下的雄厚的经济实力为后盾，西方国家纵横国际传媒界，发出自己的声音。以卫星电视、互联网技术为代表的传播技术飞跃更是加剧了国家间媒体力量的不平衡。20世纪90年代，卫星电视进入大发展时期，1964年，美国凭借在通信卫星领域的技术领先组建了由19个国家组成的国际通信卫星组织，组织内部的权益分配给美国的超过一半，西欧国家和加拿大、日本、澳大利亚占到近40%，预留给所有发展中国家的不到两成。1970年后，计算机、数码传播、光纤通信技术的突破又使美国确立了在计算机硬软件、网络传播市场上的垄断地位，为西方国家主导的信息经济奠定了技术基础。

在公众媒介资源接触，如固定电话、无线电话、电视机、日报、互联网、宽带用户南北分化严重，从语言信息占有上看，西方世界的语言相继成为世界的主要通用语言，英语在国际传播中的强势地位也越来越明显，世界传媒中信息的最重要语言载体就是英语。大多数的全球性媒体，不论是报纸、杂志、电影还是电视，都使用英语作为传播语言，以英语为语言载体的新闻和娱乐产品在全世界广泛传播。而互联网媒介中，英语信息更是遍及天下。语言是信息的载体，语言强势决定了信息支配的强势。世界上主要的跨国传媒集团基本上都来自西方，从质量上看，最具传播影响力的全球媒体也都来自西方国家，包括纽约时报、华盛顿邮报、时代周刊这样的杂志，BBC电台，CNN电视台，美联社、路透社、法新社等通讯社，网络媒体美国在线之类，几乎覆盖了所有媒体形态。哪里有热点新闻，哪里就会出现西方传媒记者的身影，并以最快的速度和最大的容量进行报道。根据"沉默螺旋"理论，有争议的观点会让大众发觉到身边的"意见气候"，多数人往往害怕因为观点和信念的分歧遭到孤立，所以已经占据支配地位或者得到支持的观点就会不断被强化，原本只有个别媒体发起议题，在其他媒体的转发、跟随、转述、再组织后，不断地被引申报道，逐渐形成某种议程，如滚雪球般被不断地强化，在全球公众中形成"沉默螺旋"。发达国家在国际新闻报道中占有鲜明的优势。

后发国家提高国际传播力的理想状态是通过提升本国媒体公信力和影响力达到的，不同国家依据自己的立场设计全球议题，并力图使他国受众接受本国的价值和对国际事务的解释，西方媒体凭借其在全球范围内的高覆盖率和先发优势在议程设置上优势突出，"沉默螺旋"效应在国际媒体上同样适用，在有争议的观点上，国际社会往往也倾向于固有的、已经取得共识的意见，发展中国家媒体对西方媒体阵营打造的焦点、热点事件如果不追随很可能被海量信息排挤出关注视野，难以取得预计的传播效果。而发展中国家自设的议题如果遭遇西方媒体阵营的冷落也难以形成传播声势，长此以往，国际传播的"马太效应"将日益显现，拥有雄厚技术的国家可以将后进者远远甩开，扩大国家间在全球范围内的信息差距。而信息传播的不均衡甚至可能超过国家间经济力量的悬殊。

2. 大众传播对中国传播效果的有限性

国际形势的复杂多变，中国文化本身的高语境特征和中国经济在崛起过程中遇到的许多转型调整都增加了国际受众对中国全面认知的困难。大众传播这种单向度、强制性和把传者与受者相互割裂的大众传播仅仅是简单的信息传递，无法实现一种彼此之间互馈式的对话和交流，不能充分达到传播目的。尤其在中国崛起过程中需要积极争取与本国实力相匹配的国际传播力，单纯依靠媒介传播的功能模式因为其不适应性而受到了严峻挑战。

现代传播手段的出现曾使人们误以为普遍传播无所不能，当时著名的"魔弹论"认为传播媒介可以直接操纵人们的态度，甚至控制人类的行为。20世纪40年代，卡尔·霍夫兰发现了大众传播媒介在传播效果上的局限。到了60年代，传播学家克拉伯正式提出有限效果理论，拉扎斯菲尔德、卡兹和克拉帕通过实证调查，发现政治、经济、文化、心理动机对大众传播效果的影响，人们的态度倾向、媒介选择、意见领袖等中介因素决定大众传播不是受众意见形成的唯一原因，只能是构成促进作用的原因之一。

3. 从"走出去"的单向传播到"请进来"的多元对话

中国十分重视国际传播的平台建设，尤其是2016年中国国际电视台CGTN的成立，旗下包括6个电视频道、1个视频通讯社和新媒体机构等，中国电视媒体的国际传播平台建设进入了组织化的发展阶段。CGTN作为新的国际传播平台，要充分利用自身新媒体平台的传播优势，着力打造移动新媒体平台，健全中国传媒的国家话语机构。

"走出去"是为了更好地传播中国声音，但除了自建海外传播渠道外，和平崛起的中国要打破国际社会的刻板印象还是要借鉴西方国家崛起的经验，积极承办大型国际会展，从APEC、夏季达沃斯、博鳌，到上海世博、杭州G20等，中国邀请各国政、商、学、传播界人士来到中国，通过主题阐释、议程设置及多边、双边等多层次、多元化的接触了解，让世界在交流和对话中逐渐形成对中国的认知。会展是国际社会更好了解中国的重要平台，通过会展，中国能更充分地展现国家发展新面貌、阐释中国理念，更多地争取国际社会的认同，增强中国对世界的吸引力，最终实现从"请进来"走向"引进来"。

（二）以会展作为"请进来"国际传播平台的优势

事实上，"请进来"是我们长期探索的国际传播策略。早在延安时期，"请进来"的外国记者向西方世界有效传播了"红星照耀下的中国"。中共第一次主动利用外国媒体进行形象宣传是在 1936 年 6 月，美国记者埃德加·斯诺代表其所在的《纽约太阳报》和《每日先驱报》赴陕甘宁边区对中共中央进行了近四个月的采访。抗战全面爆发后，多国国际友人相继访问了陕甘宁边区，发表了多篇对中共及其事业同情和支持的文章，引起了美国公众读者的广泛关注。后来，欧文·拉铁摩尔、托马斯·毕森、菲利普·贾菲和夫人艾格尼斯·贾菲分别代表美国《太平洋事务》杂志、美国《美亚》杂志来华访问。"文革"时期，意大利导演安东尼奥尼受邀来华拍摄的纪录片《中国》，1987 年，广东省主动邀请哈佛著名的中国问题学者傅高义（Ezra F. Vogel）用八个月时间走访了广东一半以上的县市，访问了数百人，于 1990 年写成中国对外开放先锋城市——广东的调查报告《先行一步：改革中的广东》，很好地向西方世界传播了改革开放试验区的中国经验，提升了广东在世界的知名度。

会展作为国际传播"请进来"的重要形式区别于以往小规模、不定时的走访，主要具有以下优势：

1. 高规格，国家领导人高度重视

中国最高领导人参与大型会展对提升会展层次、规格和影响力都有重要作用，国家元首、政府首脑借出席会展展开政治、经济、安全合作方面的对话。杭州 G20、厦门金砖国家峰会、2018 博鳌亚洲论坛、第二届世界互联网大会、"一带一路"高峰论坛等都是由习近平主席亲自参会，成为中国和各国开展外交的重要平台。作为中国国家层面举办的重点涉外展会和论坛之一，中国—东盟博览会举办 13 年来，也有 63 位中国和东盟国家领导人、2700 多位部长级以上贵宾出席。现任中国国家领导人中习近平、李克强、张高丽、王岐山等都曾出席东博会，历届共有9位国家领导人出席东博会。北京奥运会出席开幕式的领导人数量更是创造了历届之最，达到80人。

2. 规模性和集中性

会展是由多个人集聚在一起形成的活动，它往往具有具体的活动目标，在特定时间、场所，明确活动任务、烘托同一主题。由于会展等大型活动对办展地日常秩序有较大影响，体现着举办城市的社会经济整体形象，加上活动的集中性和风险的难以挽回性，会展需要政府部门、工商、行业协会等多部门的协调，它是一种管辖关系、组织关系复杂的集体性、大规模的物质文化交流方式。参与主体包括政府、主办单位、承办单位、协办单位、支持单位、参展商、服务提供商、媒体、观众等。活动参与方既要协调办展机构内部的管理层次、分工协作，又要在政府、行业、供应商、赞助商等各方面进行外部协调。尤其是强时效性的会展活动主题更需要宣发部门紧密配合，组织、起草公共宣传、提供活动信息。随着世界各国政府与企业越来越重视会展活动，企业纷纷参与世界各地的会展活动来进行产品营销，争夺市场，谋求发展的机会，各式各样丰富的展览已经成为国际交流的一大盛事，特别是在现代展览中，强调体验参与，亲自参加操作、演示、咨询、座谈、讨论、交流以及娱乐等各种活动。具有多元主体、信息密度大是吸引足够数量的人士参与的关键，人们通过这样一种集体性的聚会，使自己能在较短的时间里高效率地实现经济、政治、文化，或者说是物质需要和精神需要。

3. 直观性与艺术性

对会展参加者来说，百闻不如一见，不论是所见所闻，还是参会期间的议程探讨，一个国家的经济面貌、文化气质都可以通过与会者亲自感受形成个体的体验。而在文化传播时，会展本身还会运用多种艺术手法和技巧创造出具有艺术性的展览形象，以各种实物展品、模型、沙盘、图表、图片、绘画、雕塑以及音乐、影视等形象化的展示为主，不抽象地说教或论述，综合运用各种社会科学、自然科学以及工程科学的知识与方法对展览内容与形式进行深化，广泛涉及美学、心理学、人机工程学、声学、光学、管理科学等各种学科，以及工程技术、电子技术、计算机技术、通信技术、自动化技术等各种技术的理论与成果，使会展具有了持续不断的勃勃生机和吸引力。

4. 传播功能多样性

会展因其只规定了聚集的形式，并不限制具体内容，所以能够承载政治、经济、文化传播的诸多内容。在政治传播方面，会展不仅可以用多媒体形式多样化表达，系统梳理、归纳一国的政治建设成就，还可以在世界范围内传播一国的政治理念，通过双边、多边、正式、非正式对话的方式传达国家的全球和地区性战略观念。在经济传播方面，会展对拉动城市经济的作用显著，所以，会展产业作为城市建设和企业宣传的平台天然受到市场和政府的欢迎。通过发展会展产业改善城市功能的同时，还可以凭借会展本身的影响力提高办展城市的知名度。而在文化传播方面，会展的展示技术既可以将本国文化传统元素合理运用在展示系统中，又可以通过会展主题的设计和演绎传递办展国对现代文明的理解。会展集合了人际传播、群体传播和组织传播，能够在场内形成充分交流，还可以在场外通过主流媒体的系列报道和社交媒体的交互，形成持续性关注，实现多圈层的复合传播效果。

（三）会展国际传播：从"请进来"到"引进来"

从 2008 年北京奥运会起，记者在新闻工作实践中越来越多地参与到国际会议、大型活动的报道中。除了北京奥运会，上海世博会、APEC、亚信会议、金砖国家领导人峰会、杭州 G20，还有在青岛举办的上合组织峰会以及中国国际进口博览会，会展在中国提升国际形象上发挥着越来越重要的作用。而早在 1994 年，美国学者 Hall 就在其《旅游与政治：政治权力与地点》一书中指出，大型会展活动的决策往往是政治过程的产物，裹挟着不同主体、利益集团、组织的不同价值和目标诉求，可以成为政治抱负和目标实现的重要平台。中国政府对会展的介入和引导主要通过办展行政审批来实现，国务院所属单位在境内举办的展会、省级外经贸部门主办和多省联合办展的活动都需要经过商务部的提前审批，而以科研、技术交流、研讨等为内容的国际科技展览项目也要经过科技部的批准。贸促会系统举办的展会由中国贸促会审批，在审批过程中，政治需要往往优先于市场考量。中国—东盟博览会原是在昆明市出口商品交易会基础上提出的，然而在办展城市的选择上，商务部为了平衡地区发展，国家没有将这个开拓东南亚国际市场的重要国家级会展举办地选在云南或者广西桂林，而是放在了广西南宁。由于政府主导型的会展多数是以"请进来"的方式邀请相关国家嘉宾前来参展，所以即便当时南宁的办展配套并不如其他西南旅游城市一样健全，也依然获得了足够的参与。但随着中国地区协同发展的推进，各地举办会展的硬件基础趋平，将来，会展业发展应更多依赖市场主导，通过博览产业的产品开发、品牌经营、战略结盟合作、国际化运作等方式提升展览吸引力，从"请进来"参展，到"引进来"，以市场手段吸引国际企业和展商前来参展，逐渐降低会展对政府主导的依赖，培育真正市场化、世界级、有影响力的会展品牌。

（四）会展国际传播：一种对话式国际传播秩序的建构

由于在国际传播格局中处于劣势，一直以来，中国的国家形象深陷于各种国际权力体系之中，国家形象的塑造权主要掌握在西方强势媒体手中。对这种"信息资本"的运作与流动控制是西方国家实现全球扩张的方法。国际传播的话语多由西方主导，它们既是世界话语的生产者，又同样扮演着国际传播渠道的控制者，"西强我弱"的国际舆论格局使中国国家形象长期陷溺于妖魔化、对抗性困境。发展中国家的对外传播常常陷于"有理说不出，说出传不开"的被动境地。"半岛"和"今日俄罗斯"被看作非西方传媒悄然挑战西方媒体话语主导的代表，中国也在不断为大国传播夯实基础，加大全球信息采集和传播网络建设，把握移动互联技术在国际传播方面弯道超车的机会，提升本国观点的"可见度"。

中国努力提高国际传播力的本质是追寻认同之路，争取分享理想化共同体的心理表现。今天的中国已经具备放眼全球的气魄和目标，以自信和开放的心态积极地与他民族开展交流与对话，一方面向全世界展示中华民族的独特成就，让世界了解中国；另一方面主动地吸收他民族的合理文化内核，为我所用。巴赫金的对话理论就指出，就像每个人无法看见自身背景一样，个体的思想也存在自身难以审视到的盲区，这个思想盲区只能由他者洞见，巴赫金把这个盲区称为"视野剩余"。而这个无法被主体替代的客体视野可以通过语言和行为，在社会互动中通过客体反馈给主体。文化间的对话和沟通能弥补单一文化的视野剩余，补充主体视野，与其形成如音乐复调上的对位。文化间的对话本质是异质文化简单互动，通过不同文化背景个体间的对话可以增加互惠理解，使单一文化融入一个由多个主体共同构成并一起承担的生活世界，提升本土化的互动能力，使本土化不仅能通过自身关系建构自建，还能在文化间的关系中丰富自身。

国际传播的障碍恰恰不是空间和社会文化距离的陌生感引发的，更多是因为自我中心、民族优越感、偏见、刻板印象等造成的印象认知偏差，对他文化脸谱化、概念化的认识，不理性的判断，不公正的个体行为评价都是褊狭传播机制的体现。这种冲突还可能因国家利益、文化产业本身的商业行为与社会文化矛盾而加剧冲突的复杂性。放松国际传播中的支配权力，改变标准化、整齐划一的信息单向说服和零和博弈对个性、文化多样性和人类的想象的扼杀，以广义国际传播的思路，创造一种通向对话的国际传播秩序，把国族想象置于人类命运共同体的想象空间中，形成国际社会可沟通的传播秩序。中国致力于用自己的声音打破西方的传播垄断，寻求在世界传播舞台上应有的地位和利益。在与世界文明的对话中，中华文化一定会成为多样性的世界文明中散发独特魅力的一支。

第二节　未来研究展望

一、对会展国际传播功能变迁背后的社会原因缺乏更深入的分析

传播的功能是从社会角度和受传者层面审视传播的作用，古今中外，在社会发展的不同时期、不同阶段，传播的功能随着时代的变迁而存在差异。孔子强调了传播的感染功能，让·皮亚热发现传播的社交功能和内传功能。美国的威廉·斯蒂芬森认为满足和快乐是传播的重要功能。爱德华·托尔曼则认为传播具有工具的功能。哈罗德·拉斯韦尔德归纳了传播的三大社会功能，包括监视社会、关系协调和环境瞭望。在拉扎斯菲尔德看来，大众传播的主要功能是授予地位、促进社会准则的实行和麻醉神经。威尔伯·施拉姆提出了雷达、控制、教育、娱乐的"四功能说"。从语言学角度，罗宾森指出人际传播的 13 种功能。不同传播功能可以服务于特定的研究对象和研究目的，传播功能的复杂性不容忽视。因为研究的篇幅和周期所限，本书只对会展国际传播的政治、经济、文化三大功能进行分析，对会展国际传播功能变迁背后的社会原因没有进行更为深入的研究和分析，研究格局有一定的局限。

二、理论与会展实践联系的紧密程度有待进一步深入

会展作为一个新兴产业，具有很强的实践性。世界各国的会展研究实践都存在偏重产业的问题。本书尝试突破会展固有研究视角的局限，试图从传播学角度分析会展这一强仪式感的信息聚合平台在强化身份认同、争

取国际话语权及提升政治、经济、文化地位方面所具备的独特优势。然而受制于会展形式、组织、内涵、仪式、文化、社会背景的迥异，本书更多从功能角度对会展进行分类和梳理，而在传播学理论与会展国际传播实践上联系不够紧密，理论研究深入程度不足，指标体系建构也还处于构想和设计阶段，需要有更扎实的和统一的数据口径才能进一步运用到会展国际传播力评估的实证，在实践上，由于各国统计口径的差异，想在国别间横向比较东道国的综合实力、办展城市的支撑力和融合传播能力，及会展国际传播力依然比较困难。

三、研究展望

随着我国会展业逐步朝着专业化、规模化方向发展，会展在国际传播上的价值也日益凸显，本书试图运用传播学、政治学、国际关系学、经济学等多学科的理论和方法研究会展国际传播力，从会展发展历史、现实困境、实践活动分析会展的传播本质和作为聚合在国际传播方面的重要意义。希望在接下来的研究中能够进一步丰富和夯实研究内容，拓宽研究视野，在会展政治、经济、文化三大传播功能方面突破传播效果研究的范式，在"正面""负面""中性"的传统效果分析之上建立解释力更强、更加科学的分析评价体系与研究方法。

参考文献

白世贞、陈化飞：《会展服务外包管理》，化学工业出版社 2012 年版。

包亚明：《现代性与空间的生产》，上海教育出版社 2003 年版。

北京国际城市发展研究院：《中国城市蓝皮书》，中国时代经济出版社 2003 年版。

陈冰莹：《会展传播与策划》，2007 年硕士学位论文，广西大学，2007 年。

陈慧英：《城市会展品牌塑造与实施路径研究》，《武汉轻工大学学报》2015 年第 1 期。

陈文洁：《会展对政府国际形象塑造与传播中的若干问题及应对策略——以中国—东盟博览会和广西政府为例》，《邵阳学院学报》（社会科学版）2011 年第 10 期。

陈岩：《全球视野下的会展传播》，《电影评介》2009 年第 18 期。

陈志平：《会展经济学》，经济科学出版社 2005 年版。

储诗敏：《会展传播与媒介展示系统构建》，硕士学位论文，重庆工商大学，2011 年。

成都市博览局：《会展经济论：以成都为例》，中国发展出版社 2016 年版。

丁烨：《会展业对国民经济贡献的分析方法与指标体系研究》，南开大学出版社 2013 年版。

都薇：《全媒体时代会展品牌的塑造与传播》，《新闻传播》2016 年第 4 期。

［德］恩斯特·卡西尔：《国家的神话》，范进等译，华夏出版社 1990 年版。

［德］H.G.伽达默尔：《美的现实性——作为游戏、象征节日的艺术》，张志扬等译，生活·读书·新知三联书店 2000 年版。

[德] 约瑟夫·皮珀：《节庆、休闲与文化》，黄薇译，生活·读书·新知三联书店 1991 年版。

方玲玲、洪长晖：《会展文案写作》，浙江大学出版社 2015 年版。

[法] 弗朗索瓦：《会展力量：国际会展设计集成》，顾玉梅译，大连理工大学出版社 2007 年版。

[法] 阿诺尔德·范热内普：《过渡礼仪》，张举文译，商务印书馆 2010 年版。

[法] 居伊·德波：《景观社会》，王昭风译，南京大学出版社 2007 年版。

[法] 莫里斯·哈布瓦赫：《论集体记忆》，毕然等译，上海人民出版社 2002 年版。

[法] 爱弥尔·涂尔干：《宗教生活的基本形式》，渠东等译，上海人民出版社 1999 年版。

高姗：《以绿色打造城市会展品牌——以杭州为例》，《企业技术开发》2010 年第 23 期。

郭翠萍：《专业会展品牌塑造研究》，硕士学位论文，上海师范大学 2014 年版。

过聚荣：《会展导论》，上海交通大学出版社 2006 年版。

郭于华：《中国人类学逸史》，社会科学文献出版社 2000 年版。

韩红星、黄维敏：《体验经济视角下的广东会展传播策略创新》，《广东科技》2011 年第 24 期。

洪晔：《会展传播的基本模式与研究领域探索》，《新闻知识》2014 年第 2 期。

胡广梅：《浅析会展经济中传播要素的科学构建》，《江苏商论》2009 年第 6 期。

华钢、楼嘉军：《会展品牌塑造影响因素研究——以中国华东进出口商品交易会为例》，《旅游论坛》2010 第 1 期。

华谦生：《会展策划与营销》，广东经济出版社 2004 年版。

华谦生：《会展管理》，广东经济出版社 2008 年版。

胡斌：《我国城市会展业发展动力系统研究》，硕士学位论文，上海师范大学 2014 年版。

［荷］黛丝瑞·奥瓦内尔：《会展：一门特殊的艺术》，维凯克译，上海教育
　　出版社 2004 年版。

蒋建国：《祭祀消费：仪式传承与文化传播——古代书院祭祀的社会空间》，
　　《现代哲学》2006 年第 3 期。

贾彦静：《大型国际会展的文化传播功能探讨》，硕士学位论文，山东大学
　　2013 年。

金辉：《会展概论》，上海人民出版社 2004 年版。

靳文敏、罗秋菊：《城市会展业资金类政策传播研究——以广州、深圳、东
　　莞为例》，《旅游学刊》2012 年第 1 期。

剧宇宏：《我国会展业可持续发展研究》，中国法制出版社 2014 年版。

［加］文森特·莫斯可：《传播政治经济学》，胡正荣译，华夏出版社 2000
　　年版。

来逢波：《会展概论》，北京大学出版社 2012 年版。

李春林等：《区域产业竞争力：理论与实证》，冶金工业出版社 2005 年版。

李莉文：《会展整合营销传播手段分析》，《科技视界》2013 年第 19 期。

李志飞：《会展服务管理》，武汉大学出版社 2013 年版。

梁赫：《会展成长的逻辑——文化、创意与预警》，浙江大学出版社 2013
　　年版。

林元媛：《国内会展传播现状及其策略研究》，硕士学位论文，南昌大学
　　2012 年。

刘德艳：《会展胜地形象策划（会展系列丛书）》，立信会计出版社 2004 年版。

刘海洋：《基于地域文化的会展品牌营销策略研究》，硕士学位论文，沈阳
　　理工大学 2012 年。

刘红霞：《会展实务》，北京师范大学出版社 2011 年版。

马洁、刘松萍：《会展概论》，华南理工大学出版社 2005 年版。

马勇、何莲：《城市会展品牌构建与创新策略》，《商业研究》2009 年第 9 期。

马勇、王春雷：《会展管理的理论、方法与案例》，高等教育出版社 2003
　　年版。

苗丽娥:《基于传播模型构建的会展新闻传播力研究》,《潍坊工程职业学院学报》2015 年第 4 期。

闵德霞:《大型会展的跨媒体传播策略研究》,硕士学位论文,重庆大学2013 年版。

[美] 戈德布拉特:《国际性大型活动管理》,机械工业出版社 2003 年版。

[美] 巴利·西斯坎德:《会展营销全攻略:循序渐进揭开成功会展的秘诀》,郑睿译,上海交通大学出版社 2005 年版。

[美] 戈德布拉特:《国际性大型活动管理》,陈加丰、王新译,机械工业出版社 2003 年版。

[美] 伦纳德·纳德勒、[美] 泽西·纳德勒:《成功的会议管理:从策划到评估》,刘洋亚、周晶译,机械工业出版社 2003 年版。

[美] 迈克尔·波特:《国家竞争优势》,何燕子、罗辉译,华夏出版社 2002年版。

[美] 米尔顿·T.阿斯道夫:《会展管理与服务》(第 5 版),宿荣江译,中国旅游出版社 2002 年版。

[美] 约翰·艾伦:《大型活动项目管理》,王增东译,机械工业出版社 2002年版。

[美] 维克多·特纳:《仪式过程:结构与反结构》,黄剑波译,中国人民大学出版社 2006 年版。

[美] 维克多·特纳:《戏剧、场景及隐喻:人类社会的象征性行为》,刘珩等译,民族出版社 2007 年版。

[美] 兰德尔·柯林斯:《互动仪式链》,林聚任等译,商务印书馆 2000 年版。

[意] 马里奥·佩尔尼奥拉:《仪式思维》,吕捷译,商务印书馆 2006 年版。

[美] 本尼迪克特·安德森:《想象的共同体——民族主义的起源与散布》,吴叡人译,上海人民出版社 2003 年版。

[美] 保罗·康纳顿:《社会如何记忆》,纳日碧力戈译,上海人民出版社2000 年版。

[美] 乔纳森·弗里德曼:《文化认同与全球性过程》,郭建如译,商务印书

馆 2003 年版。

［美］詹姆斯·凯瑞：《作为文化的传播："媒介与社会"论文集》，丁未译，华夏出版社 2005 年版。

［美］苏珊·朗格：《情感与形式》，刘大基等译，中国社会科学出版社 1986 年版。

［美］斯维特兰娜·博伊姆：《怀旧的未来》，杨德友译，译林出版社 2010 年版。

［美］拉里·A.萨默尔等：《跨文化传播》，中国人民大学出版社 2004 年版。

［美］约书亚·梅罗维茨：《消失的地域：电子媒介对社会行为的影响》，肖志军译，清华大学出版社 2002 年版。

［美］丹尼尔·戴扬、伊莱休·卡茨：《媒介事件——历史的现场直播》，麻争旗译，北京广播学院出版社 2000 年版。

［美］道格拉斯·凯尔纳：《媒体奇观：当代美国社会文化透视》，史安斌译，清华大学出版社 2003 年版。

［美］詹姆斯·罗尔：《媒介、传播、文化：一个全球性的途径》，董洪川译，商务印书馆 2011 年版。

倪鹏飞：《中国城市竞争力报告 No·1——推销：让中国城市沸腾》，社会科学文献出版社 2003 年版。

倪鹏飞：《中国城市竞争力理论研究与实证分析》，中国经济出版社 2001 年版。

宁越敏、唐礼智：《城市竞争力的概念和指标体系》，《现代城市研究》2001 年第 3 期。

庞华：《会展运营与服务管理》，南开大学出版社 2010 年版。

邱文成：《试析会展品牌的构建》，《价值工程》2013 年第 31 期。

覃冠玉：《会展品牌传播探析》，硕士学位论文，广西大学 2007 年。

谭敏：《网络科技会展平台品牌化传播研究》，硕士学位论文，华南理工大学 2015 年。

王程凯：《会展业评价指标体系与上海会展业前景研究》硕士学位论文，同济大学 2004 年。

王春雷：《国际城市会展业发展理论与实践》，中国旅游出版社 2014 年版。

王丹谊：《会展式广告传播与品牌形象塑造》，《科技传播》2013 年第 12 期。

王东强、田书芹、杨宇：《中国白酒专业博览会会展品牌塑造策略》，《企业经济》2014 年第 1 期。

王东强、周燕、田书芹：《会展品牌塑造方法和可持续发展研究》，《商业时代》2008 年第 10 期。

王红梅：《会展管理信息系统》，南开大学出版社 2011 年版。

王惠姣：《中小城市会展品牌化发展研究》，硕士学位论文，湖南大学 2013 年。

王起静：《会展活动策划与管理经典案例》，南开大学出版社 2012 年版。

王肖生：《会展设计》，复旦大学出版社 2005 年版。

王彦华：《现代会展招商推广》，中国商务出版社 2015 年版。

王重和：《国际会展实务精讲》，中国海关出版社 2011 年版。

王祚：《移动互联时代会展传播理念创新》，《青年记者》2015 年第 35 期。

王振亚等：《政治文明与当代中国政治发展》，人民出版社 2006 年版。

韦鸾鸾：《浅谈整合营销传播背景下的会展策划》，《艺术科技》2015 年第 6 期。

魏殿林：《基于情境理论的会展文化传播模式解析》，《今传媒》2016 年第 6 期。

魏玲：《浅析虚拟会展的传播主体与传播客体》，《芜湖职业技术学院学报》2014 年第 3 期。

温玲：《我国网络会展传播分析》，《新闻爱好者》2011 年第 18 期。

肖庆国、武少源：《会议运营管理》，中国商务出版社 2004 年版。

谢辉：《陈琪与近代中国博览会事业》，硕士学位论文，浙江大学 2005 年。

谢立新：《区域产业竞争力：泉州温州苏州实证研究与理论分析》，社会科学文献出版社 2004 年版。

谢苏、焦巧：《会展心理》，重庆大学出版社 2013 年版。

杨明刚：《国际知名品牌中国市场全攻略》，华东理工大学出版社 2003 年版。

于世宏：《会展管理信息系统》，重庆大学出版社 2014 年版。

俞华与、朱立文：《会展学原理》，机械工业出版社 2005 年版。

俞可平：《政治与政治学》，社会科学文献出版社 2003 年版。

袁家能：《会展传播的发展——以世博会为例》，《现代经济信息》2013 年第 13 期。

[英] 贝拉·迪克斯：《被展示的文化：当代"可参观性"现中的迷思的生产》，冯悦译，北京大学出版社 2012 年版。

[英] 戴维·莫利、凯文·罗宾斯：《认同的空间——全球媒介、电子世界景观和文化边界》，司艳译，南京大学出版社 2001 年版。

[英] 简·艾伦·哈里森：《古代艺术与仪式》，刘宗迪译，生活·读书·新知三联书店 2008 年版。

[英] 约翰·B.汤普森：《意识形态与现代文化》，高话等译，译林出版社 2005 年版。

张碧霞：《数字技术与会展传播的发展》，硕士学位论文，浙江大学 2008 年版。

张博：《会展：全面的信息传播方式》，《今传媒》2014 年第 4 期。

张茂伟：《"互联网+"理念下区域会展品牌建设与传播策略研究》，《广东开放大学学报》2016 年第 4 期。

中国农业展览协会：《展览学概论》，辽宁人民出版社 1990 年版。

中国人民大学竞争力与评价研究中心研究组：《中国国际竞争力发展报告（2001）——21 世纪发展主题研究》，中国人民大学出版社 2001 年版。

周明苇：《传播学视角下中国会展品牌个性塑造研究》，硕士学位论文，上海师范大学 2012 年版。

周明苇：《全媒体时代会展品牌的塑造与传播——以中国平遥国际摄影大展为例》，《商业文化》2011 年第 5 期（下半月）。

周权虎：《会展设计与中国会展品牌构建》，《艺术科技》2016 年第 7 期。

朱晨明：《会展品牌的塑造与可持续发展策略的探讨》，《中国市场》2016 年第 14 期。

朱红岩：《会展广告品牌传播策略研究》，硕士学位论文，山东大学 2007
年版。

邹树梁：《会展经济与管理》，中国经济出版社 2008 年版。

周光军：《天安门广场升旗仪式》，华夏出版社 2000 年版。

Ames M.M，"Hybrids of Modernity：Anthropology，the Nation State，and the
Universal Exhibition"，American Journal of Sociology，Vol.103，No.3，
1998，pp.1104-1106.

Anklam，E.，Gadani，F.，Heinze，P.，Pijnenburg，H.，& Eede，G.V.D.，
"Bierstuben，Cottages and Art Deco：Regionalism，Nationalism and Inter-
nationalism at the Belgian World's Fairs"，Revue Belge De Philologie Et
D'histoire，Vol.69，No.69，2012，pp.1373-1388.

Barth，V.，"Displaying Normalisation：The Paris Universal Exhibition of
1867"，Journal of Historical Sociology，Vol.20，No.4，2007，pp.462-
485.

Bergman，T.，"A Living Exhibition：The Smithsonian and the Transformation
of the Universal Museum"，Journal of American History，Vol.101，No.
1，2011，pp.230-231.

C. Bell，"Ritural Theory，Ritual Practice"，Oxford University Press，1992.

Catherine Bell，"Ritual：Perspectives and Dimensions"，New York Oxford
University Press，1997.

Christel Lane，"The Rites of Rulers：Ritual in Industrial Society：The Soviet
Case"，Cambridge University Press，1981.

Çelik，Z.，"Displaying the Orient：Architecture of Islam at Nineteenth-Cen-
tury World's Fairs"，Journal of High Energy Physics，Vol.2014，No.
8，1994，pp.1-41.

Dimanche，F.，"Special Events Legacy：The 1984 Louisiana World's Fair in
New Orleans. Festival Management & Event Tourism"，Festival Manage-

ment & Event Tounjm, Vol.4, No.1, 1996, pp.49-54.

Dittrich, K., "The Universal Exhibitions as Media for the Transnational Knowledge Circulation About Primary Education in the Mid-19th Century", Historia Da Educacao, Vol.41, No.17, 2013, pp.213-234.

Dittmer, Lowell, "Political Culture and Political Symbolism: Toward a Theoretical Synthesis", World Politics, Vol.29, No.4, 1977, pp.552-583.

Erickson, David, "Presidential Inaugural Addresses and American Political Culture", Presidential Studies Quarterly, Vol.27, No.4, 1997, pp.727-744.

Ferguson, E.S., "Technical Museums and International Exhibitions", Technology & Culture, Vol.6, No.1, 1965, pp.30-46.

F. E. Manning (Ed.), "The Celebration of Society: Perspectives on Contemporary Cultural Performance", Bowling Green, OH: Bowling Green University Popular Press, 1983.

Foret, Francois, "European Political Rituals: A Challenging Tradition in the Making", International Political Anthropology, Vol.3, No.1, 2010, pp.55-77.

Fox, G.J., "Playing with Power: Ballcourts and Political Ritual in Southern Mesoamerica", Current Anthropology, No.3, 1996, pp.483-509.

Felicia Hughes, "Freeland, Ritual, Performance, Media", Lonon: Routledge, 1997.

Futrell, Robert, P.Simi, and Simon Gottschalk, "Understanding music in movements: The white power music scene", The Sociological Quarterly Vol.47, No.2, 2006, pp.275-304.

Gehmacher, A. "Canada in Paris: Krieghoff at the Universal Exhibition 1867", Journal of Canadian Art IIistory, Vol.24, 2003, pp.20-45.

Gerritsen, M., "The Role of Culture in Communication. How Knowledge of Differences in Communication Between Cultures May be the Key to Succesful Intercultural Communication", South African Journal of Linguistics, Vol.35, No.16, 1997, pp.28-50.

G. E. Marcus, M. J. Fisher, "Anthropology as Cultural Critique", Chicago: University of Chicago Press, 1986.

Gatewood, John, and Catherine Cameron, "Battlefield Pilgrims Gettysburg National Military Park", Ethnology, No.3, 2004, pp.193-216.

Goehr, Lydia, "Political Music and the Politics of Music", The Journal Aesthetics and Art Criticism, Vol.52, No.1, 1994, pp.99-112.

Hollywood, Amy, "Performativity, Citationality, Ritualization", History of Religions, Vol 42, No.2, 2002, pp.93-115.

Hooglund, M., "Religious Ritual and Political Struggle in an Iranian village", Islam and Politics, No.102, 1982, pp.10-17+23.

Hogan, No.B., "The Presentation of Self in the Age of Social Media: Distinguishing Performances and Exhibitions Online", Bulletin of Science Technology & Society, Vol.30, No.6, 2010, pp.377-386.

Holder, J., "Ephemeral Vistas: The Expositions Universelles, Great Exhibitions and World's Fairs, 1851-1939", Albion A Quarterly Journal Concerned with British Studies, Vol.21, No.3, 1993, p.518.

Hovers, Erella, Shimon Ilani, Ofer Bar-Yosef, and Bernard Vandermeersch, "An Early Case of Color Symbolism: Ochre Use by Modern Humans in Qafzeh Cave," Current Anthropology, Vol.44, No.4, 2003, pp.491-522.

Huckfeldt, R, "Political Loyalties and Social-class Ties: The Mechanisms of Contextual Influcnce", American Journal of Political Science, Vol.28, No.2, 1984, pp.399-417.

Hughes, Michael L., "Splendid Demonstrations: The Political Funerals of Kaiser Wilhelm I, and Wilhelm Liebknecht", Central European History, Vol.41, 2008, pp.229-253.

Jacobson, S., "Interpreting Municipal Celebrations of Nation and Empire: The

Barcelona Universal Exhibition of 1888", Palgrave Macmillan UK, 2011.

John Mac Aloon. (Ed.), "Rite, Drama, Festival, Spectacle Philadelphia", ASHI Press, 1984.

J. R. Gillis (Ed.), "Commemorations: The Politics of National Identity", Princeton University Press, 1994.

Kampf, Zohar, and Nava Lowenheim, "Rituals of Apology in the Global Arena", Security Dialogue, Vol.43, 2012, pp.43-60.

Kapralski, Slawomir, "Symbols and Rituals in the Mobilisation of the Romani National Ideal", Studies in Ethnicity and Nationalism, Vol.12, No.1, 2012, pp.64-81.

Katherine, M.Comas, John Besley and Laura Black, "The Rituals of Public Meetings", Public Administration Review, Vol.70, No.1, 2010, pp. 122-130.

Kideckel, A.D., "Introduction: Political Rituals and Symbolism in Socialist Eastern Europe", Anthropological Quarterly, Vol.56, No.2, 1983, pp. 52-54.

Klatch, Rebecca, "Of Meanings & Masters: Political Symbolism Symbolic Action", Polity, Vol.21, No.1, 1988, pp.137-154.

Kong, Lily, "Music and Cultural Politics: Ideology and Resistance in Singapore", Transactions of the Institute of British Geographers, Vol.20, No. 4, 1995, pp.447-459.

Ley, D., & Olds, K., "Landscape as Spectacle: World's Fairs and the Culture of Heroic Consumption", Environment & Planning D Society & Space, Vol.6, No.2, 1988, pp.191-212.

Licbes, Tamar, Elihu Katz and Rivka Ribak, Ideological Reproduction. Political Behavior, Vol.13, No.3, 1991, pp.237-252.

Lipari, Lisbeth, "Polling as Ritual", Journal of Communication, Vol.49, 1999, pp.83-102.

MeLeod, James, "The Sociodrama of Presidential Politics: Rhetoric, Ritual, and Power in the Era of Teledemocracy", American Anthropologist, Vol. 101, 1999, pp.359-373.

MeNeil, John, "Observations on the Nature and Cult Environmental History", History and Theory Studies in the Philosophy of History, Vol.42, No. 4, 2003, pp.5-43.

Medvetz, T., "The Strength of Weekly Ties: Relations of Material and Symbolic Exchange in the Conservative Movement", Politics & Society, Vol. 34, No.3, 2006, pp.343-368.

Mona Ozouf, "Festivals and the French Revolution", Cambridge: Harvard University Press, 1988.

Miller, F.and B. Schwartz, "The Icon of the American Republic: A Study in Political Symbolism", The Review of Politics, Vol.47, No.4, 1985, pp. 516-543.

Morton, R.A., "The World Columbian Exposition: The Chicago World's Fair of 1893", Journal of the Illinois State Historical Society, Vol.97, No. 2, 2004, pp.155-157.

Nahmod. Sheldon, "The Pledge as Sacred Political Ritual", William & Mary Bill of Rights Journal, Vol.13, Iss.3, 2004, pp.797 819.

Papadakis, Y., "Nation, Narrative and Commemoration: Political Ritual in Divided Cyprus", History and Anthropology, Vol.13, No.3, 2003, pp. 253-270.

Podeh, Elie, "From Indifference to Obsession: The Role of National State Celebrations in Iraq, 1921-2003", British Journal of Middle Eastern Studies, Vol.37, No.2, 2010, pp.179-206.

Rai, Shirin, "Analysing Ceremony and Ritual in Parliament". Journal of Legislative Studies, Vol.16, No.3, 2010, pp.284-297.

Rydell, R.W., "The Fan Dance of Science: American World's Fairs in the

Great Depression", Isis, Vol.76, No.4, 1985, pp.525–542.

Rydell, R.W., Findling, J.E., & Pelle, K.D, "Fair America: World's Fairs in the United States", Smithsonian Institution Press, 2002.

Rydell, R.W., Gwinn, N.E., & Gilbert, J.B, "Fair Representations: World's Fairs and the Modern World", VU University Press, 1994.

Revill, George, "Music and the Politics of Sound: Nationalism Citizenship, and Auditory Space", Environment and Planning, Vol.18, No.5, 2000, pp.597–613.

Ronald L.Grimes., "Beginnings in Ritual Studies", University Press of America, 1982.

Samovar, & Larry A., "Communication between Cultures", Peking University Press, 2004.

Satori, G., "Politics Ideology and Belief Systems", American Political Science Review, Vol.63, No.2, 1969, pp.398–411.

Schnell, S., "Ritual as an Instrument of Political Resistance in Rural Japan", Journal of Anthropological Research, No.4, 1995, pp.301–328.

Street, John, "'Fight the Power': The Politics of Music and the Musicmof Politics", Government and Opposition, Vol.38, No.1, 2003, pp.113–130.

Stogner, M.B., "The Media–enhanced Museum Experience: Debating the use of Media Technology in Cultural Exhibitions", Curator the Museum Journal, Vol.52, No.4, 2010, pp.385–397.

Sun, W., "Design and Research of Large –span Beam String Structure of Guangzhou International Exhibition Center", Building Structure, Vol.32, No.2, 2002, pp.54–56.

Sutter, T., "Processes of Inclusion in Mass Communication: A new Perspective in Media Research: Communications", Communications, Vol.30, No.4, 2005, pp.431–444.

Surralles, Alexander, "Face to Face: Meaning Feeling and Perception Amazonian Welcoming Ceremonies", The Journal of the Royal Anthropological Institute, Vol.9, No.4, 2003, pp.775-791.

Theilmann, M. John, "Political Canonization and Political Symbolism in Medieval England", The Journal of British Studies, Vol.29, No.3, 1990, pp.241-266.

Tumarkin, N., "Political Ritual and the Cult of Lenin", Human Rights Quarterly, Vol.5, No.2, 1983, pp.203-206.

Truman B. C., "History of the World's Fair: Being a Complete and Authentic Description of the Columbian Exposition from Its Inception", Arno Press, 1976.

William M. Johnston, "Celebrations The Cult of Anniversaries in Europe and the United States today", New Brunswich: Transaction Pres, 1991.

Wojciechowski, Ł.P., & Babjaková, "V. Necromarketing in the Media and Marketing Communications", Social Communication, Vol.2, No.2, 2015, pp.15-29.

索 引

专家推荐表

第八批《中国社会科学博士后文库》专家推荐表 1

　　《中国社会科学博士后文库》由中国社会科学院与全国博士后管理委员会共同设立，旨在集中推出选题立意高、成果质量高、真正反映当前我国哲学社会科学领域博士后研究最高学术水准的创新成果，充分发挥哲学社会科学优秀博士后科研成果和优秀博士后人才的引领示范作用，让《文库》著作真正成为时代的符号、学术的标杆、人才的导向。

推荐专家姓名	李韬	电　话	
专业技术职务	教授	研究专长	国际传播
工作单位	北京师范大学	行政职务	
推荐成果名称	国际传播范式的中国探索与策略重构——基于会展国际传播的研究		
成果作者姓名	郭立		

（对书稿的学术创新、理论价值、现实意义、政治理论倾向及是否具有出版价值等方面做出全面评价，并指出其不足之处）

　　该书基于中国国际传播一线的实践探索，分析中国对外传播机遇、挑战和新的策略可能，讨论了仪式传播在会展语境下的适用度，在研究视角上突破传统传播学理论上"传递观"与"仪式观"的二元对立，将会展等重大国际活动视同传播平台，在国家传播实践中调和两种传播观，在传统国际传播政治经济学范式、技术范式、文化范式之外，创造性地提出了中国国际传播的范式，既保留了国际传播新范式与经典范式的区别，又具有原创性的理论贡献。本书立足实际，分析框架完整、理路清晰，建构出会展国际传播研究的分析体系。但因为选题实践性强、立意宏大、分析维度较多，需要研究人员大量的实践观察和理论创新积累，对一个博士后而言，只有持续深入地跟踪、观察，才能更充分地证明和阐释一个全新的理论范式的生命力，进而为传播学科做出更多理论贡献。

签字：李韬

2018 年 12 月 28 日

说明：该推荐表须由具有正高级专业技术职务的同行专家填写，并由推荐人亲自签字，一旦推荐，须承担个人信誉责任。如推荐书稿入选《文库》，推荐专家姓名及推荐意见将印入著作。

国际传播范式的中国探索与策略重构

第八批《中国社会科学博士后文库》专家推荐表 2

《中国社会科学博士后文库》由中国社会科学院与全国博士后管理委员会共同设立，旨在集中推出选题立意高、成果质量高、真正反映当前我国哲学社会科学领域博士后研究最高学术水准的创新成果，充分发挥哲学社会科学优秀博士后科研成果和优秀博士后人才的引领示范作用，让《文库》著作真正成为时代的符号、学术的标杆、人才的导向。

推荐专家姓名	陆地	电　话	
专业技术职务	教授	研究专长	周边传播、媒介产业
工作单位	北京大学新闻传播学院	行政职务	
推荐成果名称	国际传播范式的中国探索与策略重构——基于会展国际传播的研究		
成果作者姓名	郭立		

(对书稿的学术创新、理论价值、现实意义、政治理论倾向及是否具有出版价值等方面做出全面评价，并指出其不足之处)

　　如果将传播学理解成信息在空间和主体间的传递和位移，那么基于传播信息技术的跨国传播相对于传统实体空间的传播更有优势，但在当下时空的场景中，世界与媒介的关系由真实和再现转变为意义同构关系。随着国家间力量对比的变化、新兴市场的发展，国际传播的意义建构价值开始凸显，逐渐超越简单追求信息传递的效果。经典的国际传播范式已经无法充分阐释和包容当下国际传播形式的变化。本书将会展视作一种有组织的空间范式传播，突破会展研究原有的经济学、管理学视角，通过主题、语境、身体在场、象征性符号的选择、取舍与安排重塑会展空间，发挥视觉表征、仪式等文化整合功能。该书研究分析、梳理了大量文献和中国近年来承办的一系列大型会展，探讨现有国际传播秩序下后发国家如何突破国家间传播资源分配不均的现实，思考发展中国家国际传播力的提升之道，提出了中国在会展传播实践中形成的新范式，对建构公平、对话的国际传播秩序提供了新的可能。

签字：陆地

2018 年 12 月 29 日

说明：该推荐表须由具有正高级专业技术职务的同行专家填写，并由推荐人亲自签字，一旦推荐，须承担个人信誉责任。如推荐书稿入选《文库》，推荐专家姓名及推荐意见将印入著作。

经济管理出版社
《中国社会科学博士后文库》
成果目录

第二批《中国社会科学博士后文库》（2013 年出版）

序号	书 名	作 者
1	《国有大型企业制度改造的理论与实践》	董仕军
2	《后福特制生产方式下的流通组织理论研究》	宋宪萍
3	《基于场景理论的我国城市择居行为及房价空间差异问题研究》	吴 迪
4	《基于能力方法的福利经济学》	汪毅霖
5	《金融发展与企业家创业》	张龙耀
6	《金融危机、影子银行与中国银行业发展研究》	郭春松
7	《经济周期、经济转型与商业银行系统性风险管理》	李关政
8	《境内企业境外上市监管若干问题研究》	刘 轶
9	《生态维度下土地规划管理及其法制考量》	胡耘通
10	《市场预期、利率期限结构与间接货币政策转型》	李宏瑾
11	《直线幕僚体系、异常管理决策与企业动态能力》	杜长征
12	《中国产业转移的区域福利效应研究》	孙浩进
13	《中国低碳经济发展与低碳金融机制研究》	乔海曙
14	《中国地方政府绩效评估系统研究》	朱衍强
15	《中国工业经济运行效益分析与评价》	张航燕
16	《中国经济增长：一个"被破坏性创造"的内生增长模型》	韩忠亮
17	《中国老年收入保障体系研究》	梅 哲
18	《中国农民工的住房问题研究》	董 昕
19	《中美高管薪酬制度比较研究》	胡 玲
20	《转型与整合：跨国物流集团业务升级战略研究》	杜培枫

第三批《中国社会科学博士后文库》(2014 年出版)

序号	书　名	作　者
1	《程序正义与人的存在》	朱　丹
2	《高技术服务业外商直接投资对东道国制造业效率影响的研究》	华广敏
3	《国际货币体系多元化与人民币汇率动态研究》	林　楠
4	《基于经常项目失衡的金融危机研究》	匡可可
5	《金融创新及其宏观效应研究》	薛昊旸
6	《金融服务县域经济发展研究》	郭兴平
7	《军事供应链集成》	曾　勇
8	《科技型中小企业金融服务研究》	刘　飞
9	《农村基层医疗卫生机构运行机制研究》	张奎力
10	《农村信贷风险研究》	高雄伟
11	《评级与监管》	武　钰
12	《企业吸收能力与技术创新关系实证研究》	孙　婧
13	《统筹城乡发展背景下的农民工返乡创业研究》	唐　杰
14	《我国购买美国国债策略研究》	王　立
15	《我国行业反垄断和公共行政改革研究》	谢国旺
16	《我国农村剩余劳动力向城镇转移的制度约束研究》	王海全
17	《我国吸引和有效发挥高端人才作用的对策研究》	张　瑾
18	《系统重要性金融机构的识别与监管研究》	钟　震
19	《中国地区经济发展差距与地区生产率差距研究》	李晓萍
20	《中国国有企业对外直接投资的微观效应研究》	常玉春
21	《中国可再生资源决策支持系统中的数据、方法与模型研究》	代春艳
22	《中国劳动力素质提升对产业升级的促进作用分析》	梁泳梅
23	《中国少数民族犯罪及其对策研究》	吴大华
24	《中国西部地区优势产业发展与促进政策》	赵果庆
25	《主权财富基金监管研究》	李　虹
26	《专家对第三人责任论》	周友军

第四批《中国社会科学博士后文库》（2015 年出版）

序号	书　名	作　者
1	《地方政府行为与中国经济波动研究》	李　猛
2	《东亚区域生产网络与全球经济失衡》	刘德伟
3	《互联网金融竞争力研究》	李继尊
4	《开放经济视角下中国环境污染的影响因素分析研究》	谢　锐
5	《矿业权政策性整合法律问题研究》	郗伟明
6	《老年长期照护：制度选择与国际比较》	张盈华
7	《农地征用冲突：形成机理与调适化解机制研究》	孟宏斌
8	《品牌原产地虚假对消费者购买意愿的影响研究》	南剑飞
9	《清朝旗民法律关系研究》	高中华
10	《人口结构与经济增长》	巩勋洲
11	《食用农产品战略供应关系治理研究》	陈　梅
12	《我国低碳发展的激励问题研究》	宋　蕾
13	《我国战略性海洋新兴产业发展政策研究》	仲雯雯
14	《银行集团并表管理与监管问题研究》	毛竹青
15	《中国村镇银行可持续发展研究》	常　戈
16	《中国地方政府规模与结构优化：理论、模型与实证研究》	罗　植
17	《中国服务外包发展战略及政策选择》	霍景东
18	《转变中的美联储》	黄胤英

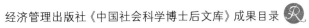

第五批《中国社会科学博士后文库》（2016年出版）

序号	书 名	作 者
1	《财务灵活性对上市公司财务政策的影响机制研究》	张玮婷
2	《财政分权、地方政府行为与经济发展》	杨志宏
3	《城市化进程中的劳动力流动与犯罪：实证研究与公共政策》	陈春良
4	《公司债券融资需求、工具选择和机制设计》	李 湛
5	《互补营销研究》	周 沛
6	《基于拍卖与金融契约的地方政府自行发债机制设计研究》	王治国
7	《经济学能够成为硬科学吗？》	汪毅霖
8	《科学知识网络理论与实践》	吕鹏辉
9	《欧盟社会养老保险开放性协调机制研究》	王美桃
10	《司法体制改革进程中的控权机制研究》	武晓慧
11	《我国商业银行资产管理业务的发展趋势与生态环境研究》	姚 良
12	《异质性企业国际化路径选择研究》	李春顶
13	《中国大学技术转移与知识产权制度关系演进的案例研究》	张 寒
14	《中国垄断性行业的政府管制体系研究》	陈 林

第六批《中国社会科学博士后文库》（2017 年出版）

序号	书　名	作　者
1	《城市化进程中土地资源配置的效率与平等》	戴媛媛
2	《高技术服务业进口技术溢出效应对制造业效率影响研究》	华广敏
3	《环境监管中的"数字减排"困局及其成因机理研究》	董　阳
4	《基于竞争情报的战略联盟关系风险管理研究》	张　超
5	《基于劳动力迁移的城市规模增长研究》	王　宁
6	《金融支持战略性新兴产业发展研究》	余　剑
7	《清乾隆时期长江中游米谷流通与市场整合》	赵伟洪
8	《文物保护经费绩效管理研究》	满　莉
9	《我国开放式基金绩效研究》	苏　辛
10	《医疗市场、医疗组织与激励动机研究》	方　燕
11	《中国的影子银行与股票市场：内在关联与作用机理》	李锦成
12	《中国应急预算管理与改革》	陈建华
13	《资本账户开放的金融风险及管理研究》	陈创练
14	《组织超越——企业如何克服组织惰性与实现持续成长》	白景坤

第七批《中国社会科学博士后文库》（2018年出版）

序号	书　名	作　者
1	《行为金融视角下的人民币汇率形成机理及最优波动区间研究》	陈　华
2	《设计、制造与互联网"三业"融合创新与制造业转型升级研究》	赖红波
3	《复杂投资行为与资本市场异象——计算实验金融研究》	隆云滔
4	《长期经济增长的趋势与动力研究：国际比较与中国实证》	楠　玉
5	《流动性过剩与宏观资产负债表研究：基于流量存量一致性框架》	邵　宇
6	《绩效视角下我国政府执行力提升研究》	王福波
7	《互联网消费信贷：模式、风险与证券化》	王晋之
8	《农业低碳生产综合评价与技术采用研究——以施肥和保护性耕作为例》	王珊珊
9	《数字金融产业创新发展、传导效应与风险监管研究》	姚　博
10	《"互联网+"时代互联网产业相关市场界定研究》	占　佳
11	《我国面向西南开放的图书馆联盟战略研究》	赵益民
12	《全球价值链背景下中国服务外包产业竞争力测算及溢出效应研究》	朱福林
13	《债务、风险与监管——实体经济债务变化与金融系统性风险监管研究》	朱太辉

第八批《中国社会科学博士后文库》（2019 年出版）

序号	书　名	作　者
1	《分配正义的实证之维——实证社会选择的中国应用》	汪毅霖
2	《金融网络视角下的系统风险与宏观审慎政策》	贾彦东
3	《基于大数据的人口流动流量、流向新变化研究》	周晓津
4	《我国电力产业成本监管的机制设计——防范规制合谋视角》	杨菲菲
5	《货币政策、债务期限结构与企业投资行为研究》	钟　凯
6	《基层政区改革视野下的社区治理优化路径研究：以上海为例》	熊　竞
7	《大国版图：中国工业化 70 年空间格局演变》	胡　伟
8	《国家审计与预算绩效研究——基于服务国家治理的视角》	谢柳芳
9	《包容型领导对下属创造力的影响机制研究》	古银华
10	《国际传播范式的中国探索与策略重构——基于会展国际传播的研究》	郭　立
11	《唐代东都职官制度研究》	王　苗

《中国社会科学博士后文库》
征稿通知

　　为繁荣发展我国哲学社会科学领域博士后事业，打造集中展示哲学社会科学领域博士后优秀研究成果的学术平台，全国博士后管理委员会和中国社会科学院共同设立了《中国社会科学博士后文库》（以下简称《文库》），计划每年在全国范围内择优出版博士后成果。凡入选成果，将由《文库》设立单位予以资助出版，入选者同时将获得全国博士后管理委员会（省部级）颁发的"优秀博士后学术成果"证书。

　　《文库》现面向全国哲学社会科学领域的博士后科研流动站、工作站及广大博士后，征集代表博士后人员最高学术研究水平的相关学术著作。征稿长期有效，随时投稿，每年集中评选。征稿范围及具体要求参见《文库》征稿函。

　　联系人：宋　娜

　　电子邮箱：epostdoctoral@126.com

　　通讯地址：北京市海淀区北蜂窝 8 号中雅大厦 A 座 11 层经济管理出版社《中国社会科学博士后文库》编辑部

　　邮编：100038

经济管理出版社